特殊教育概論
現況與趨勢

孟瑛如　主編

孟瑛如、陳志平、陳虹君、周文聿、謝協君、胡　瑀、李翠玲
黃國晏、江源泉、簡吟文、田仲閔、黃姿慎、陳國龍、黃澤洋　著

作者簡介
（按章節順序排列）

孟瑛如（主編，第一、二、四、九～十四章）

學歷：美國匹茲堡大學特殊教育博士
現職：國立清華大學特殊教育學系教授

陳志平（第一、十一、十二章）

學歷：國立彰化師範大學特殊教育博士
現職：苗栗縣后庄國民小學資源班教師
　　　國立清華大學特殊教育學系兼任助理教授

陳虹君（第二章）

學歷：國立新竹教育大學特殊教育研究所碩士
現職：新竹市陽光國民小學資源班教師

周文聿（第二章）

學歷：國立清華大學特殊教育研究所碩士
現職：國立清華大學特殊教育中心專任助理

謝協君（第三、十六章）

學歷：國立彰化師範大學特殊教育博士
現職：國立清華大學特殊教育學系教授

胡　瑀（第四章）

學歷：國立清華大學特殊教育研究所碩士

李翠玲（第五章）

學歷：英國伯明翰大學特殊教育哲學博士
現職：國立清華大學特殊教育學系退休教授

黃國晏（第六章）

學歷：美國威斯康辛大學哲學博士
現職：國立清華大學特殊教育學系副教授

江源泉（第七、八章）

學歷：美國麻州大學安姆斯特校區溝通障礙學博士
現職：弘光科技大學語言治療與聽力學系教授

簡吟文（第九、十、十三章）

學歷：國立新竹教育大學特殊教育研究所碩士
　　　國立彰化師範大學特殊教育博士候選人
現職：新竹市南寮國民小學資源班教師

田仲閔（第十四章）

學歷：國立新竹教育大學特殊教育研究所碩士
現職：桃園市水美國民小學資源班教師

黃咨愼（第十四章）

學歷：國立新竹教育大學特殊教育研究所碩士
現職：新竹縣六家國民小學資源班教師兼教務主任

陳國龍（第十五章）

學歷：美國北科羅拉多大學特殊教育博士
現職：國立清華大學特殊教育學系退休副教授

黃澤洋（第十七章）

學歷：美國德州農工大學教育心理學博士
現職：國立清華大學特殊教育學系副教授

三版序

　　自本書於 2021 年二版以來，經歷了一場改變校園學習樣貌的疫情，也終於等到特教法規修竣公布完成。在 AI 與電子科技當道，紙本閱讀式微的當下，本書仍能進行三版，我與作者團隊的心中都充滿著感恩，唯有更努力與精進方能回報心理出版社團隊的協助以及廣大讀者的愛護，我們仍然未曾忘記投身特教的初衷，各自使用自己的方法與定位在為特教努力！

　　本次新修訂《特殊教育法》之公布，強調為特教學生營造友善的融合教育環境，同時為因應社會與教育環境變遷，落實《身心障礙者權利公約》和《兒童權利公約》關於融合教育、通用設計、合理調整及兒童表意權等理念，提供更為明確的指引及資源挹注。此次修法的重點如下：

1. 強調特教學生及幼兒人格及權益應受尊重及保障。
2. 對特教學生之學習權益及教學活動參與，不得有歧視之對待。
3. 特殊教育及相關服務、設施應符合通用設計、合理對待及可及性之精神。
4. 落實學生個人表意權。
5. 推廣融合教育理念以提升學習支持。
6. 精進師資及課程規劃。
7. 統整提供就學及輔導資訊。
8. 強化特教支持系統與成效檢核。

而根據《特殊教育法施行細則》第 7 條，更明確界定了融合教育知能重點：

「……融合教育所需之知能，其內涵應考量學校與幼兒園全體
學生及幼兒所需之生活適應、人際互動與學習參與之重要知能，
包括下列內容：
一、人類多樣性、特殊教育學生及幼兒特質與輔導。
二、身心障礙學生及幼兒人權與平等措施。
三、通用設計、合理調整與個別化支持服務。
四、無障礙、可及性與社會參與。
五、課程教學調整、轉銜輔導及終身學習之教育。」
各級主管機關應依前項重要知能，建置融合教育行動方案及示
例，並彙整提供簡明、易讀之融合教育宣導課程及教材。」

正因這些變革趨勢，故而本書在三版時，每一篇章均依據前述的特
教相關法規修正及融合理念趨勢做改寫，但仍維持是大學階段認識特殊
教育的入門書之理念做撰寫，期盼能讓大家更了解特教領域的一切，在
孩子成長的每一個關鍵點，都能適時適性適切的介入，同時因為了解，
才能真正關懷，也願我們的每一個孩子都能擁有自己的尊嚴與自主，健
康平安長大，擁有天賦權利做最好的自己！

孟瑛如 謹識

2024 年 7 月

二版序

　　在本書第一版的序言曾道：「這本書的完成，幾乎代表著新竹教育大學特殊教育學系的成長史」，也幸而我們完成了，覺得這是送給新竹教育大學特殊教育學系一份有意義的禮物，因為本書第一版於 2016 年 6 月出版後，清華大學與新竹教育大學的兩校合併案歷經十年的討論，終於在 2016 年 10 月 14 日獲得教育部核定，同年 11 月 1 日兩校正式合併為「國立清華大學」。故而再次提筆，團隊依舊，卻已然時空轉換！

　　過去四年半，作者群持續秉持著希望本書能成為**大學階段認識特殊教育入門書**的概念，也希望能讓更多要投入教育領域的讀者，更快理解特殊教育領域中的類別定義、身心特質、鑑定與評量、可行的教學輔導策略，以及服務現況與問題。為因應**現行法規及相關理念之變革**，例如：《特殊教育法》等相關法規正面臨十年一次的檢視與修正；十二年國民基本教育課程綱要（簡稱 108 課綱）於 2019 年 8 月 12 年開始施行，十二年國民基本教育特殊需求領域亦同步執行，因此作者群決定進行改版工作。108 課綱的基本精神是倡導素養導向教學，希望突破原有的學科知識框架，讓知識不再只是知識，而是能解決實際問題的能力。前述理念與制度的推動，使得特殊教育教師培育制度產生了改變，再加上遊戲本位融入特殊教育翻轉教室概念的推行等，都使特殊教育領域在各方面產生了很大的變化。而原本可配合「有愛無礙融合教育網站」（https://www.dale.nthu.edu.tw）資源使用此書的特色，2018 年在教育部國民及學

前教育署重新思考特殊教育行政支持網絡的定位下，依據教育部國民及學前教育署第 1070000545 號分工協調會議決議，將「有愛無礙融合教育網站」定位修正為以**融合教育理念**為未來發展主軸，因此該網站的架構與資料庫內容須依據建構特殊教育行政系統之融合教育支援網站的理念，配合十二年國教課綱之執行，在整體內容上做了重新調整、研發、實驗與推廣。

正因這些變革，故而本書在第二版時，每一篇章均依據前述的法規修正及理念趨勢做了改寫，但仍維持針對大學階段認識特殊教育入門書的理念做撰寫。正因特殊教育領域之進展頗速，每日每分每秒均有變化，或許是法規修正、輔具科技研發、測驗評量工具更新、課程變革等，唯一不變的是大家正在朝向正向支持與融合教育之趨勢前進，如同我常開玩笑說：「特教形同科技業，每半年一個週期！」故而本書一定仍有不盡完美或未及改進之處，但在這電子科技當道的年代，本書仍能出版第二版，我與團隊的心中都充滿著感恩，唯有更努力與精進，方能回報心理團隊的協助以及廣大讀者的愛護。呼吸頻率一樣的人總能聚在一起，讓我們各自使用自己的方法與定位為特教努力，莫忘初衷～

孟瑛如 謹識

2021 年 2 月

主編序

本章緣起

　　提筆寫這本書的序言，心中其實充滿喜悅與成就感，因為這本書的完成，幾乎代表著新竹教育大學特殊教育學系的成長史，而本書能出版，要感謝的人除了每位作者、作者背後的支持者、有愛無礙研究團隊成員、繪圖者李品諭等人之外，我個人覺得最應該感謝的是心理出版社的副總經理兼總編輯林敬堯先生。

　　大約是在十年前，我、翠玲和國龍老師即已想到特殊教育學系除了自己系上的「特殊教育概論」課程外，還需協助其他學系開授這門課，若能有自己撰寫的大學教科書，在授課內容規劃上較能齊一與流暢，所以就與心理出版社簽下要撰寫《特殊教育概論》這本書的稿約。

　　但簽約容易、執行難，尤其是任教於師範校院的老師總被要求教學、服務與研究要並重，任一項的執行都會讓我們教師的生活自在空間極度被壓縮，若你現在不忙，就正在趕往忙的途中之情形下，每次的見面不是在會議上，就是在各種工作情境，匆匆交換數句未能完成此書的遺憾，日子也就在忙與盲中消逝，期間我們三位也各自發表許多期刊論文與出版書籍，但從未就此書認真再做考量。但敬堯會每一年不慍不火的來電問我《特殊教育概論》這本書寫得如何了，我只有在電話中被問及的那一刻，極度感到內疚，通常反應是看到翠玲和國龍老師時抱怨兩句，然後說我們要開始寫了，但轉頭後三人又各自忙自己的事了，等待下一次

罪惡感的來臨！敬堯也就靜靜地忍耐我們的拖稿，忍耐我在這期間從大學教科書、親職教育書籍、注意力訓練書籍、測驗評量工具、有愛無礙桌遊系列、融合之愛繪本系列等，玩遍各種類型的出版後，卻從不碰這本已簽約的《特殊教育概論》。猶記得 2015 年 6 月 2 日，安靜的敬堯終於給了我一封電子郵件，堅定的要求我們要出版這本書，而且給的時間很短，希望在半年內能寫完，我也在那一刻像被開啟了開關似的，看著桌上的資深服務證明，想著這一次一定要完成！

之後，腦中浮現這幾年來特殊教育法規的大幅修訂、DSM-5 的推出、十二年國民基本教育特殊需求領域的執行、特殊教育教師培育制度的改變、遊戲本位融入特殊教育翻轉教室概念的推行、融合教育的推展等，我在一天之內擬好本書的大綱，心中浮現可能的各章節撰稿者，開始我的撰稿、邀稿、催稿生涯！

系上氣氛開始產生微妙的變化，在研究室走廊跟系上撰稿老師碰面時，大家沒辦法自在的聊天，怕我突然提起截稿進度；電子郵件群組催覆時，沒有任何一位撰稿者回我的信；Line 上的訊息會出現 13 人已讀不回；有些撰稿者不斷要求我換人寫。這些現象真是有趣的體驗，我在細細體會敬堯十年催稿的一點一滴，他是總編輯，一定要催許多稿吧！為什麼他可以這麼平靜，當我收到第一篇稿件時，敬堯不計較我過去的拖稿紀錄，反而好好稱讚我做得很好，這使我信心大增，覺得此書一定可以在期限內完成。本書的特色有三，略述如下。

特色一：本書是大學階段認識特殊教育的入門書

基於融合教育理念的推展，所有教育學程及師培體系的學生均需修習「特殊教育概論」這門課，所以將這本書定位為大學階段認識特殊教育的入門書，在撰寫上盡可能深入淺出，並涵蓋理論與實務，同時將各

類別的大綱定為：

- ○○類別的定義及身心特質。
- ○○類別的鑑定與評量。
- ○○類別的教學輔導策略。
- ○○類別的服務現況與問題。

期盼讀者能很快熟悉各類特殊需求學生的定義及其在教育場域上可見的身心特質，並學習如何在教學現場進行篩選、鑑定與評量工作。每章的重點均會呈現各類特殊需求學生可行的教學輔導策略，希望每位接觸到特殊需求學生者均能有專業化的基本直覺，能讓每位特殊需求學生接受到適性的教學與輔導處遇。章末更以問題解決模式提出各類特殊需求學生的服務現況與問題，並附上相關建議與可能的解決方向。

同時，為了讓初接觸特殊教育領域的學生／讀者，能夠很快地窺探特殊教育之全貌，所以在全書前面放了四個章節，分別為特殊教育的發展與趨勢（第一章）、特殊教育行政支持網絡（第二章）、特殊教育專業團隊（第三章），以及個別化教育計畫（IEP）（第四章），以利讀者了解特殊教育未來的發展與趨勢，以及特殊教育整體的運作與重點。

此外，作者群在每一章的最後還提供了「問題與反思」，以利上課時的互動與討論。本書另附贈一張光碟，內容除了有目前最新的特殊教育相關法規外，作者群更為了使用此書的讀者製作了每一章節的心智圖，以利讀者能快速掌握各章的章節重點及節省做筆記整理的時間。此外，作者群亦為了執教「特殊教育導論」這門課而選用此書的大學教師，規劃了課程綱要以及每一章的 PowerPoint，任課教師可直接向出版社索取。

特色二：本書係因應現行法規及相關理念變革而撰寫

近幾年來，特殊教育法規的大幅修訂，DSM-5 的推出、十二年國民

基本教育特殊需求領域的執行、特殊教育教師培育制度的改變、遊戲本位融入特殊教育翻轉教室概念的推行、融合教育的推展等，都使特殊教育領域產生了很大的變化，故而本書在內容撰寫上除與時俱進地融入相關的法規及概念外，同時也在光碟的附錄部分放入相關的特殊教育法規、「教育部有愛無礙」網站電腦化 IEP 使用手冊、IEP 及 IGP 的相關參考表格等，各章排序亦按照現行的《身心障礙及資賦優異學生鑑定辦法》各類別條文先後順序作排列（在此特別感謝各章作者亦依此順序做為本書作者排名序的呈現，而未計較貢獻度之多寡）。同時，本書也因應除了歐美相關特殊教育變革外，內容融入了近年來新崛起的中國大陸特殊教育推展現況，期待能提升讀者快速進入特殊教育領域的理念變革世界之知能。

特色三：本書可配合「教育部有愛無礙」網站的資源

有愛無礙研究團隊多年來一直致力於建置一個篩選、鑑定、安置、教學與評量等相關事項之特教支援系統。在篩選、鑑定與安置上，目前「教育部有愛無礙」網站（http://www.dale.nhcue.edu.tw）結合智慧型學習障礙診斷系統的 Web-IEP 系統（Individualized Educational Program，簡稱 IEP），能初步診斷並分析學生的障礙類型；Web-IEP 系統則隨時依據最新法規及特殊教育課程綱要進行修改，讓教師能在減少書面工作負荷的情形下製作符合《特殊教育法》與《特殊教育法施行細則》規定的適性 IEP。另外，「教育部有愛無礙」網站的 For General 子網站及 For Teachers 子網站內含許多資料：For General 的資源區有特教法規、社福醫療機構、行政單位、諮詢機構與學者等資訊；For Teachers 有鑑安輔流程、鑑定工具、IEP 資訊等訊息。而在教學與學習上，For General 的特殊教育區內有各種障礙類別的介紹、定義、特徵、類型、成因、教學輔導方

法、諮詢單位、親職教育等；For General 的資源區有輔具、書籍、特教相關電影等；For Teachers 也有教材教法、班級經營等，都可提供特教教師豐富的資源。

此外，尚有 For Content 子網站的數位學習教材管理系統（Learning Content Management System，簡稱 LCMS），該系統係依照十二年國民基本教育課程、特殊需求課程、有愛無礙多媒體教材、有愛無礙多年來的參賽作品，以及補充教材等項目來分類，內含四千多筆可供下載。這個可以免費共享之自編教材與教案資料庫，讓需自編自製教材教具的特教教師得以分享彼此辛苦編製之教材，在共享中互相學習，且能減輕備課壓力，讓教師能投入更多時間於實際的教學活動及自我充實上。

使用此書的讀者可自行上網下載各項特教資源，或是給我們意見，只要能對特殊教育有幫助的事，有愛無礙研究團隊都會在評估自身能力後積極投入。

感謝的人

撰寫此書的期間，看到系上新進與資深老師逐步的同心協力完成此書，讓我非常感動！謝謝翠玲老師在身兼系主任行政工作的忙亂期間，仍然趕出智能障礙一章；謝謝源泉老師已調至國立臺北護理健康大學語言治療與聽力學系，而仍然支援我們撰寫聽覺及語言障礙兩章；謝謝協君老師在家庭與教學工作兩頭忙的情形下，仍能依進度撰寫特殊教育專業團隊及發展遲緩兩章；謝謝國龍老師忍著自己的病痛撰寫自閉症一章，並時時給我鼓勵；謝謝國晏老師在與自己的兩個小寶貝搶時間中，完成了視覺損傷一章；更要謝謝澤洋老師是在醫院照顧生病父親的過程中勉力完成資賦優異一章，在校稿期間，他的父親已不幸離世，哀慟之餘仍完成工作，令人萬分不捨，也希望他的父親在天之靈能為謙虛敦厚、總

是認真盡責的澤洋老師感到驕傲；最後，更要謝謝有愛無礙研究團隊中的吟文老師、志平老師、仲閔老師、虹君老師、姿慎老師、佩蓁、文聿等好夥伴，在無數腦力激盪的時刻、辯論的火花、電子郵件的頻繁交換與文稿修正下，我們終於完成了！

十年磨一劍，希望這劍磨得精采，更希望這劍磨得有貢獻，同時也希望現在是第一劍，所有磨劍人能棒棒銜接、時時磨劍、時時修整，感謝此書能順利付梓，更感謝心理出版社十年來的協助！

孟瑛如 謹識

2016 年 6 月

目次

・特殊教育相關法規

  1. 特殊教育法

  2. 特殊教育法施行細則

  3. 教育部特殊教育諮詢會設置辦法

  4. 特殊教育行政支持網絡聯繫及運作辦法

  5. 特殊教育學生及幼兒申訴服務辦法

  6. 教育部主管之高級中等以下學校特殊教育推行委員會設置辦法

  7. 高級中等以下學校特殊教育課程教材教法及評量實施辦法

  8. 國民教育階段身心障礙資源班實施原則

  9. 教育部主管之高級中等以下學校身心障礙學生就讀普通班之教學原則及輔導辦法

  10. 高級中等以下學校身心障礙學生就讀普通班調整班級人數或提供人力資源及協助辦法

  11. 身心障礙學生升學輔導辦法

  12. 高級中等以下學校及幼兒園特殊教育評鑑辦法

  13. 特殊教育學生調整入學年齡及修業年限實施辦法

  14. 特殊教育支持服務及專業團隊運作辦法

  15. 特殊教育學生及幼兒支持服務辦法

  16. 身心障礙學生考試服務辦法

  17. 高級中等以下學校及幼兒園特殊教育班班級與專責單位設置及人員進用辦法

  18. 特殊教育學生及幼兒鑑定辦法

附錄請於心理出版社網站「下載區」下載

網址：https://www.psy.com.tw

解壓縮密碼：9786267447506

第 一 章

特殊教育的發展與趨勢

孟瑛如、陳志平

　　本章將引導讀者了解誰是特殊學生，並回顧特殊教育的發展，以及說明特殊學生的安置與教學系統，最後再針對目前特殊教育所面臨的困境與挑戰加以說明。

第一節　拔尖與扶弱：誰是特殊學生

　　廣泛來說，特殊教育的議題應該從有人類開始就已經存在，因為人在生、老、病、死的過程中，必須時時刻刻面對環境的挑戰與威脅，充分發揮智慧，才能與大自然對抗而生存下來；這期間隨時可能因為天災劇變、意外事件，甚至是為了生存而搶奪、打鬥等因素，導致身體器官或心智功能產生缺損，進而顯著的影響日常生活之便利性。即使人生順遂、身體健康，但終究還是逃不過人類自然衰老的宿命，各種身心障礙特質終會慢慢出現，最常見的是視覺、聽覺、肢體、心智上出現障礙，或是身體呈現長期病弱的狀態，但由於醫療的日漸進步，這樣的狀態可能會持續相當多年，這也是近來身心障礙議題逐漸受到重視的重要因素。所以嚴格來說，生理與心理的無障礙環境建置，是與每個人息息相關。若就每個人生來具有不同的腦神經系統，對外在經驗會有不同反應的多元智能理念來看，不同頭腦裡都會有學習困難與資賦優異同時並存的現象，在與生存群體常態的比較下，一旦生活、學業和職業功能等有顯著差異時，特殊教育需求之

議題就會受到重視。相較於前述的醫學與多元智能理念，特殊教育更關心的是如何提升特殊兒童、青少年在求學階段的學習成就，以及解決身心障礙所帶來的各種特殊需求問題，且這是在普通教育普遍化後必然會被關注的議題，故特殊教育的發展也是一個國家普通教育進步的特徵。

壹、常態與異常

特殊或異常（abnormal）是相對於大多數人的常態（normal）而區別來的。一般而言，大多數人出現的特質或行為會被視為正常或常態，例如：每天準時上學；而只有少數人才出現的狀況，通常就會被視為特殊或異常，例如：經常性的蹺家或逃學。然而，這只是一般大眾都同意的分類概念，也就是所謂的概念性定義（conceptual definition），但究竟人我之間要保持多少共同的特質才算是常態，具有多大的差異才算是異常，可謂是見仁見智。為解開這個疑義，許多研究者以客觀的分類標準或明確數據做為操作性定義（operational definition），認為人的特質或行為是可透過一定的標準和測驗工具加以評量，例如：人的智力（intelligence）便可透過標準化的智力測驗（standardized intelligence test）而獲得所謂的智力商數（intelligence quotient，簡稱智商或IQ），且結果大致上是一種鐘型的常態分配，如圖 1-1 所示。

當智商被測得後，便給予每種分數不同的意義，常態與異常便涇渭分明。圖 1-1 顯示每一種智商區間具有一定的比例分配，以「魏氏兒童智力量表」（第五版）（Wechsler Intelligence Scale for Children, 5th ed.，簡稱 WISC-V）為例，智商在正負 1 個標準差內，也就是分數在 85～115 之間的人數最多，約 68.26%，這些人被視為能力中等；而智商在正負 1 個標準差到正負 2 個標準差之間，也就是分數在 115～130 之間或分數在 70～85 之間的人數次之，各約 13.59%，前者被視為能力中上，後者則被視為能力中下；智商在正負 2 個標準差以上者，也就是分數在 130 以上或是分數在 70 以下的人數最少，各約 2.27%，前者被視為資賦優異，後者則被視為智能不足或智能障礙（陳心怡，2018）。

圖 1-1　智商常態分配曲線圖

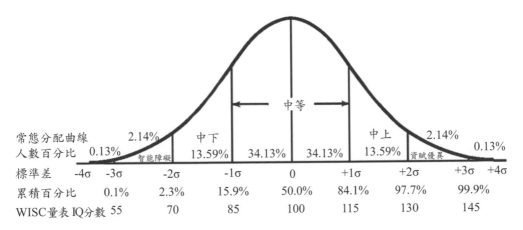

對約 95.44%的多數人而言，智商會落在 70～130 之間，這些人會被視為智力正常，其特質與行為也會被視為常態，而在這分配兩端各約 2.27%的少數人，則會被視為特殊或異常，他們正是特殊教育所要關心的對象。特殊教育的宗旨在資賦優異與身心障礙共存與並進，期待透過各種拔尖與扶弱的計畫或課程，讓教育機會均等的理想得以實現。拔尖是指，透過各種特殊的教育機會，讓具備高智力潛質或特殊才能的學生能夠充分發揮天賦，而成為各個專門領域的傑出人才。扶弱是指，面對學習速度緩慢或是心智功能薄弱的學生，能夠透過各種環境和課程的調整，教導這些學生相關的學習策略，使之能夠趕上或融入多數學生的學習，造就對社會有貢獻的個體，而成為「天生我才必有用」的最佳註解。

貳、個別間差異與個別內差異

從常態的概念得知，人與人之間存在很多的共同性，這種共同的特質讓我們能夠了解和預測彼此的行為，降低人與人之間的衝突，因此在各種日常生活的行為選擇上，多數人都會有相似的偏好，例如：選擇居住在同一城市、開同一款車等。不過有趣的是，從異常的概念我們也能知道人我

之間顯著的存在差異，這種個別間差異（inter-individual difference）正是讓我們能夠辨識彼此的不同和各自存在的價值；也因此當一群人同時出現時，我們仍可以輕易的辨識出不同的目標，憑藉的是我們幾乎很難找到完全相同的人，即使是身材相仿，也可能因為衣服或配件不同而被辨識出來，何況是在行為、語言、思考等特質上，更難找到完全相似的人。

以個別標準智力測驗 WISC-V 測得的 IQ 為例，表 1-1 呈現三位學生小孟、小文和小平的全量表智商（Full Scale IQ，簡稱 FSIQ），分別是 130、101 和 60。若單純的從前述智商常態分配曲線的概念可得知，小孟可能是資賦優異學生，小文是一般學生，而小平則可能是智能障礙學生。且從各項的智力特質來看，小孟可能在語文理解（verbal comprehension）、視覺空間（visual spatial）、流體推理（fluid reasoning）、工作記憶（working memory），以及處理速度（processing speed）等項目皆優於小文和小平，而小文優於小平的狀況也是如此。

這種情形在過去較重視個體間差異的年代，小孟和小平有可能會被視為特殊學生，需要接受特殊教育，只是小孟可能選擇接受資賦優異的教育，而小平則可能選擇接受身心障礙的教育。至於小文則可能會被視為正常學生，即使他的各種內在能力與學習表現，有可能出現與全量表智力商數不相稱的情況，也不會受到任何特別的關注與提供特殊的教育。若小文讓人感覺他的智力正常，但學習動機與成就低落，或是經常出現拖延、注意力與記憶力不佳的現象，這只會讓人誤以為他是故意搗蛋或是懶惰不肯學習。

表 1-1　三位學生的 WISC-V 分數摘要表

項目	全量表	語文理解	視覺空間	流體推理	工作記憶	處理速度
小孟智力	130	127	132	135	116	112
小文智力	101	127	99	113	84	73
小平智力	60	66	61	53	58	65

雖說我們可以用個別間差異的概念來簡單區分誰是特殊學生，然而現代特殊教育的概念與教育目標並非如此侷限。因為即便是單一個體，本身也存在個別內差異（intra-individual difference），並非個體的所有能力都可達到相同水準，例如：為人熟知的前蘋果電腦創辦人賈伯斯（Steve Jobs），生前在早年時，曾經是名高智商卻不擅長學習的學生，尤其是他有閱讀理解困難的問題，但這卻絲毫未減損他在創造力和商業方面的成就。

　　其次，儘管各種內在能力原本是無法直接進行比較的（何華國，2009），但經過統計轉換與其他學生比較相對位置後，還是能夠顯示出個別內差異的情形。以小文來說，圖1-2裡的全量表智力商數為101，接近平均水準100，而語文理解127和流體推理113，兩項能力皆高於平均水準，但視覺空間99、工作記憶84和處理速度73，則皆低於平均水準。尤其是最高能力127與最低能力73之間存在54分的落差，顯示小文本身的語文理解能力和處理速度的技巧存在相當大的差異，而這種個別內差異可能導致小文的學業成就表現不如自己的預期。

　　所幸，隨著心理測驗概念的進展與精緻程度，發現許多人確實會像小文一樣，內在能力之間存在某些嚴重落差，導致某方面的成就或表現不如預期；而這些內隱障礙很多是與個體的發展或是學業學習有關，這也正是

圖 1-2　三位學生的 WISC-V 分數側面圖

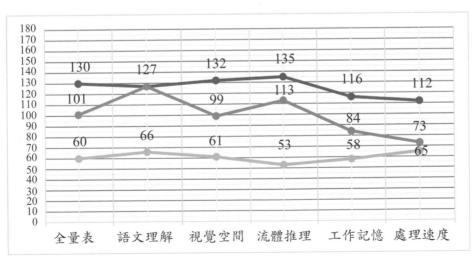

近年來特殊教育所關心的議題。一般而言，小文若經過縣市政府心理評量教師輔以其他相關資料綜合研判後，即可能會被判定具有某種學習障礙，而可以接受特殊教育的資源服務。

或許有人會質疑學習障礙或是某些內隱障礙的存在，其目的是希望減少標籤與歧視。然而，若從正面積極的角度而言，每個人或多或少都存在某些學習困難，否認障礙的存在並無法改善學習障礙或是某些內隱障礙的困難。唯有積極正向的看待障礙的存在，並且引進更多的資源幫助障礙者成功的適應環境，才是正本清源之道。

因此，誰是特殊學生，從過去到現在的爭議一直不曾停歇。許多研究者認為（Kirk et al., 2015），特殊教育其實就是在探討個別間與個別內這兩種差異所衍生出的教育現象，並尋求合理解決之道。Kirk 等人（2015）認為，特殊學生在以下五點與一般學生不同：(1)智力；(2)感官能力；(3)溝通能力；(4)行為與情緒發展；(5)生理特徵。不過，就算是透過一定程序定義出誰是特殊學生，但是這些特殊學生應該接受何種適切的教育，也會有各種不同的見解。

對多數的學生而言，接納與多數人不同的特殊學生，一開始並不是件容易的事，畢竟學校和社會需要有許多共同遵循的原則，才能運作正常。而這些他們眼中的「特異」分子，卻往往無法順理成章的達到共同性之要求，甚至會破壞這樣的原則，容易讓多數的師生和家長感到焦慮和困擾，嚴重時甚至會出手干預這些特殊學生的生活作息，使之遭到多數師生的隔離和排擠。

因此，這些狀況需要透過教育，同中求異，使多數學生願意包容和接納少數學生的不同，並逐漸降低讓他們回歸學校和社會的障礙，使他們能夠融合在整個學習環境中。相對的，異中求同，居於少數的特殊學生也須經由多數人的接納和包容，儘快的學習某些技巧和策略，以幫助自己發揮潛能，並以合宜的方式融入環境中，並且對社會有所貢獻，才能促進普羅大眾對於特殊學生的理解。但不論是同中求異或是異中求同，都須依照學生的特殊需求（special needs）因材施教，這才是人權發展和特殊教育所應該要積極努力的方向。

第二節　歷史的軌跡：特殊教育的發展

　　身心障礙者的故事從有人類歷史就已開始，不論被當作魔鬼附身，或是被丟棄到森林，甚至是被關在籠子裡沿街示眾等，充滿許多不人道的事跡。在文學作品中，更常被過度英雄化或是妖魔化，因此談到特殊教育的發展，就得了解幾個跟障礙相關的名詞和界定，才能清楚歷史的脈絡。

壹、障礙與特殊需求

　　如同「誰是特殊學生」一樣，障礙是種相對概念，而隨著時代的觀念演進，就像近視在發明眼鏡之前可能是項生活障礙，但有了眼鏡後，過去不便的障礙幾乎迎刃而解。身心障礙者對於形容他們的用詞相當敏感，因為用詞恰當與否，會傳遞人們是否尊重他們的訊息。過去人們常用低能（imbecile）、傻瓜（moron）、智能不足（mental retardate）等用語來形容身心障礙者，即使沒有惡意，但仍帶有負面意涵（Smith, 2007）。隨著人權發展，某些帶有負面意涵的用語逐漸被較具正面的詞彙替代，例如：特殊的（exceptional）用法就比殘障的（handicapped）用法來得周全，因前者涵蓋了心智能力中各種極端情形在內，資賦優異和智能障礙皆包含其中，而後者則是指個體缺乏功能性的表現，並無法將資賦優異涵蓋在內。其他經常交互使用的名稱還有身心障礙（disabilities）與損傷（impairments）。

　　根據世界衛生組織（World Health Organization，簡稱 WHO）在 1980 年「國際機能損傷、身心功能障礙與殘障分類」（International Classification of Impairments, Disabilities, and Handicaps，簡稱 ICIDH）中指出，損傷（impairments）是指任何心理、生理，以及解剖結構上的功能之喪失或偏異，如果這樣的損傷或缺損限制或影響了個人的日常活動範圍，就算是產生某種障礙（disabilities）；最後，如果損傷和障礙進一步影響到個人大部分的生活和社會角色的執行，那就構成所謂的殘障（handicaps）。舉例而言，視覺的損傷（impairments），例如：輕度近視經過戴眼鏡矯治後，並不一定會造

成日常生活的障礙（disabilities），但若是重度弱視，就可能影響到日常的學習而形成障礙；再嚴重些，全盲可能導致個人無法出門購物、消費或是維持正常的人際社交關係，就可能變成所謂的殘障（handicaps）。然而，全盲者也可能因為導盲犬和導盲設備的引導，仍然能維持相關的日常活動，如此也僅能將其視為一種障礙（WHO, 1980）。所以身心障礙者是不是會進入殘障的狀態，完全視環境的協助而定，這也是特殊教育者必須提供他們相關的協助和支持的原因。

更進步的方式是「以人為本」，把關注焦點放在人的特殊需求，而非損傷或障礙方面，並且遵守兩個基本原則：(1)把人放在前面；(2)不要把人和障礙畫上等號。例如：提及智能障礙學生，會偏好使用 students with mental retardation，而不是 retarded students；學習障礙者就會使用 individual who have learning disabilities，而不是 the learning disabled（Smith, 2007）；而現在更進一步以特殊需求學生（Students with Special Educational Needs，簡稱 SEN）來涵蓋這一廣泛的族群。萬一有學生雖然並未產生實際障礙的情形，但疑似一直處於不利於身心發展的狀態或環境，最終可能會產生某方面的特殊需求時，這時候就會以危機（at risk）的觀點提早介入，以免日後產生更多的問題（Heward, 2009）。

貳、特殊教育思潮與運動

特殊教育的起源與年代眾說紛紜，最普遍的說法是源自歐洲；且談到特殊教育，就必須將隔離（segregation）和歧視（discrimination）的歷史合併討論，因為這些事件是促使特殊教育發展的重要脈絡（張嘉文，2008，2009；Gerber, 2011; Winzer, 1993）。

一、國外的特殊教育發展歷史

Kirk 與 Gallagher（1983）認為，人們對特殊兒童的觀念及態度之轉變，約可依序分為摒棄、漠視、救濟，以及教育等四個階段（王文科，2009；何華國，2009；林寶貴，2012；Kirk & Gallagher, 1983）。

（一）摒棄階段

在基督教發展前的古希臘、羅馬時代，就常發生出生即帶有缺陷的嬰兒遭到虐待或殺害，甚至連哲學家 Aristole 也從優生學的觀點，主張不要讓有缺陷的小孩留下來（Smith, 2007）。

（二）漠視階段

屬於基督教擴展時期，人們受到基督教教義的影響，對身心障礙者採取憐憫和較多保護的方式。

（三）救濟階段

自 18～19 世紀啟蒙運動興起後，歐美各地開始出現有系統的養護機構和特殊學校來教育這群身心障礙者，不過採取的仍然是隔離的措施。這段期間最先發展出來的是聾盲教育，接著是啟智教育，以下介紹幾位著名人物標示著這些進程。

1760 年，法國的 Abbé Charles-Michel l'Épée 在巴黎成立世界第一所聾人學校，採用手語教導聾生；1784 年，盲人教育之父 Valentin Haüy 於巴黎創立了第一所盲人學校，採凸字訓練盲人閱讀；1800 年，被稱為特殊教育之父的法國醫生 Jean Marc Gaspard Itard，在亞維儂（Aveyron）山區發現一位狼童 Victor，並開始施以教育訓練，雖然試驗最後並未成功，但他堪稱是啟智教育的先驅者；爾後，受到 Itard 的影響，Eduard Seguin 在巴黎建立了第一所啟智學校，隨後他更應邀赴美演講，開啟各界對智障者教育的興趣。

這樣的浪潮也一直延續到 20 世紀中期。其中比較重要的事件有：1904 年，法國心理學家 Alfred Binet 和 Théodore Simon 為了鑑定智能障礙者，發展出第一套「比西智力量表」（Binet-Simon Scale）；1909 年，義大利的醫學兼教育學家 Maria Montessori 在義大利提出了蒙特梭利教學法（The Montessori Method），利用大量的教具引導身心障礙兒童學習；1924 年，美國盲聾啞作家兼教育學家 Helen Adams Keller 成立了海倫凱勒基金會，積極為盲聾啞人募集基金，而她的奮鬥故事也成為當代人的驕傲與傳奇。

（四）教育階段

　　從 20 世紀中期開始，身心障礙者從隔離式的機構回到社區生活，特殊學校學生回歸到普通公立學校，以及特殊教育班級學生逐漸融入普通班級已成趨勢（張世彗，2005）。這些概念乃源自北歐各國。1950 年代，丹麥人 N. E. Bank-Mikkelsen 提出了正常化概念，使每一個身心障礙者，盡可能的與所屬文化中之正常人一起受教育及生活；於此同時，德裔的美國人 Wolf Wolfensberger 也在美洲大陸宣揚此一觀念；1959 年，歐洲各國決議對「身體障礙者方便使用的公共建築物設計及建設」加以考慮，同時美國也訂定出世界上第一部有關無障礙環境設計基準的式樣書。

　　自此之後，幾乎每十年就會有一波身心障礙重大變革。首先是 1960 年代開始推動的正常化（normalization）、反隔離（desegregation）、反標記（anti-labeling），以及去機構化（deinstitutionalization）等運動揭開浪潮。瑞典人 Bengt Nirje 以 Bank-Mikkelsen 的概念創造正常化（normalization）這個詞彙，並於 1969 年發表文章闡述正常化原則，主張如果智能障礙者能在正常的生活環境中長大，他們會出現的行為問題就會大為減少。同年，國際復健協會將美國採用「坐輪椅人像」的圖案訂定為國際身心障礙人士專用標誌。

　　1970 年代初期，回歸主流（mainstreaming）以及在歐陸國家出現熱潮的統合（integration）與教育機會均等運動（the equal educational opportunity movement）相互呼應，希望逐步讓身心障礙者回到社區生活。此時，日本也在 1970 年經由私人團體，向政府爭取諸多為身心障礙者設計的設施，成為繼歐美國家後，加入推行無障礙環境的國家（邱大昕，2007；黃思綺等人，2010）。1973 年，美國國會通過《復健法》第 504 條款，要求政府透過建築物和其他物理環境的調整，來改善障礙者參與社會的機會。1975 年，美國通過《全體殘障兒童教育法案》（Education for All Handicapped Children Act，簡稱 EHA，或依法令編號稱為《94-142 公法》），規定身心障礙學生要在最少限制環境（Least Restrictive Environment，簡稱 LRE）下，接受免費、適當的公立教育（Free Appropriate Public Education，簡稱 FAPE）。

許多人誤把前述 LRE 的概念與安置普通班混淆，而忽略了替代性安置的範圍還包括：資源班、特教班，甚至是床邊教學等，例如：智能障礙學生除了普通班課程外，可能還需要以社區為主的教學，來學習功能性與生活技巧。不過事實上該法案通過後，一直到 1997 年才開始生效。期間的十年還經過三次重新簽署修正，透過逐步修訂，使條文內容更加完備。

　　1980 年代，美國的普通教育改革（Regular Education Initiative，簡稱 REI）開始。1981 年，英國的《教育法案》（Education Act）立法將「障礙」一詞從法令中移除，取而代之的是「特殊教育需求」（special educational needs，簡稱 SEN）一詞。1986 年，美國的 EHA 第一次重新簽署成為《99-457 公法》，目的在使嬰幼兒和其家庭都能接受服務。

　　1990 年代，開始提倡融合教育（inclusive education）。1990 年，美國第二次修正 EHA，並更名為《身心障礙者教育法案》（Individuals with Disabilities Education Act，簡稱 IDEA 或《101-476 公法》），增加轉銜計畫，並將自閉症和腦傷納入特殊教育的障礙類別；同年，美國也通過《殘障者法案》（the Americans with Disabilities Act，簡稱 ADA 或《101-336 公法》），立法保障身心障礙者享有參與就業、公共設施、交通運輸，以及電信傳播系統等權益。1994 年，聯合國教科文組織在西班牙通過「薩拉曼宣言」和「特殊需要教育行動綱領」，首次提出融合教育（inclusive education）的概念。1997 年，美國修訂 IDEA 成為 IDEA '97（或稱為《105-17 公法》），增加行為功能評估和行為介入計畫，以及將轉銜計畫變成個別化教育計畫的重要部分。

　　2000 年代，不再以無能的弱者或保護的觀點來看待身心障礙者，而是開始重視與支持身心障礙學生獨立與自主的議題，主張保障他們自我擁護（self-advocacy）與自我決策（self-determination）之權益。這樣的觀點早在 1972 年，瑞典人 Bengt Nirje 即指出自我擁護與自我決策對身心障礙者的重要性。1994 年，美國特殊兒童學會（The Council for Exceptional Children，簡稱 CEC）的生涯發展與轉銜支會（Division on Career Development and Transition），在身心障礙者轉銜的新定義中，加入自我擁護與自我決策之理念，不過該理想發展至 19 世紀末時，距離目標還有一段差距（林宏熾，1999）。

2001 年，美國簽署《沒有孩子落後法案》（No Child Left Behind Act，簡稱 NCLB），要求較高品質的教師以及所有孩子參與州與地方的考試，並在 2012 年前精熟數學與閱讀。2004 年，美國通過《輔助科技法案》（Assistive Technology Act，簡稱 ATA 或《108-446 公法》），透過提供學生和成人貸款方案、訓練活動、展示新設備，以及其他直接服務等，協助他們透過科技輔具進入學校系統和社區。同年，美國修正 IDEA 成為 2004 年《身心障礙者教育促進法案》（Individuals with Disabilities Education Improvement Act of 2004，簡稱 IDEA '04），除了繼續要求高素質的教師（highly qualified teachers）外，並命令所有障礙學生每年至少需要參加州與地方政府舉辦且有調整的考試，或是參加替代性評量；且除了那些參加替代性評量者外，並取消個別化教育計畫內的短期目標及基準，以減少書面的工作量。

2006 年，聯合國通過《身心障礙者權利公約》（Convention on the Rights of Persons with Disabilities，簡稱 CRPD），揭示八大原則：(1)尊重他人、尊重他人自己做的決定；(2)不歧視；(3)充分融入社會；(4)尊重每個人不同之處，接受身心障礙者是人類多元性的一種；(5)機會均等；(6)無障礙；(7)男女平等；(8)尊重兒童，保障身心障礙兒童的權利（United Nations, 2006）。上述原則強調，營造更為尊重、自主、多元、融合、機會均等和保障權益的無障礙環境。

綜觀國外的特殊教育思潮，是從人類有隔離和歧視的歷史便開始，直到近四百多年左右，才在歐洲出現有系統的隔離式教育。但隨著思潮的改變，近代特殊教育的發展是從正常化開始，接著是回歸主流與統合，並透過普通教育改革，逐漸融合邁進，最後希望透過自我決策與自我擁護的倡議，讓身心障礙者能過著真正獨立與自主的生活。

二、臺灣與中國大陸的特殊教育發展歷史

臺灣與中國大陸的特殊教育發展，在 1949 年以前是共同進展的，之後因為政治因素，彼此隔絕了一段時間。在改革開放前，臺灣特殊教育的發展相對中國大陸較為快速，且跟隨世界潮流。然而，中國大陸是世界身心障礙（中國大陸稱為殘疾人）人口最多的國家，2006 年推估約有 8,296 萬

人，約是全部人口的 6.34%。6～14 歲身心障礙兒童接受教育狀況為 246 萬人，占全體身心障礙者的 2.96%（中華人民共和國國家統計局，2007）。晚近中國殘疾人聯合會（2012）推估，中國大陸在 2012 年的身心障礙人口約有 8,502 萬人；更於 2014 年啟動實施「特殊教育提升計畫（2014～2016年）」，使得身心障礙者的受教權獲得更好的保障（中國殘疾人聯合會，2015）。2017 年通過的《殘疾人教育條例》（中華人民共和國國務院，2017），將學前教育、義務教育、職業教育、普通高級中等以上教育、繼續教育放到了同等重要的地位。2021 年發布《「十四五」特殊教育發展提升行動計畫》，以期推進融合教育，全面提高特殊教育品質（中華人民共和國國務院，2021）。上述在在顯示，近來中國大陸的特殊教育發展迅速，值得世界重視。

（一）臺灣特殊教育的發展

臺灣特殊教育的發展已超過百年，發展觀點也與國外及中國大陸等相仿，教育部將其概分成五個階段（諶淑婷，2011）。

1. 啟蒙植基期（1962 年以前）

如同國外的特殊教育發展一樣，盲聾教育開啟了臺灣特殊教育，一些陸續設立的學校奠定了臺灣特殊教育發展的基礎。1891 年，英國牧師 Willian Campbell 於臺南洪公祠成立訓瞽堂（現今的臺南大學附屬啟聰學校）；1917 年，臺北啞盲教育所（現今分為臺北啟明學校與臺北啟聰學校）設立；1956 年，基督教兒童福利基金會創立盲童育幼院（現今的惠明盲校），是為私人興辦特殊教育的開端；1960 年，臺灣豐原盲啞學校（現今分為臺中啟明學校與臺中啟聰學校）成立。

2. 實驗推廣期（1962～1983 年）

在此推廣期，學校開始重視特殊教育學生的教育需求。1962 年起，臺北市中山國小試辦啟智班；1963 年，屏東縣仁愛國小成立肢體殘障特殊班；1966 年，開始實施「盲生就讀國民小學混合教育計畫」；1978 年，高雄市福東國小成立語言障礙兒童構音諮商室；1967 年，設立仁愛實驗學校

（現今的和美實驗學校前身），期以實驗方式推動身心障礙學生的教育；
1968 年，《九年國民教育實施條例》第 10 條規定：「對於體能殘缺、智能
不足及天才兒童，應施以特殊教育或予以適當就學機會」；1970 年，頒布
《特殊教育推行辦法》，並於 1976 年辦理第一次全國特殊兒童普查。

　　資賦優異方面也有不小進展。1963 年，臺北市福星國小及陽明國小試
辦優秀兒童教育實驗班；1973 年，頒布《國民小學資賦優異兒童教育研究
實驗計畫》，開啟國民小學資賦優異教育之發展，六年後則延伸至國中階
段，使得資優教育正式成為特殊教育中的重要一環。

3. 法制建置期（1984～1996 年）

　　為了讓更多特殊需求學生都能接受合適的教育，這段時期開始利用法
規建置來規範和保障特殊教育學生的學習權益，使特殊教育措施得以全面
推展。1984 年，訂定《特殊教育法》，保障特殊教育學生之學習權益；
1990～1992 年間，實施第二次全國特殊兒童普查，除了將年齡擴增至 15 足
歲外，也增加了語言障礙、行為異常、學習障礙、顏面傷殘，以及自閉症
等五個新的障礙類別；1993 年，依據普查結果訂定「發展與改進特殊教育
五年計畫」，並於 1995 年舉辦了全國身心障礙教育會議，完成我國第一份
特殊教育白皮書——《中華民國身心障礙教育報告書：充分就學、適性發
展》。

4. 蓬勃發展期（1997～2007 年）

　　在此階段，身心障礙教育從學前、國民教育、高中職至大專教育階
段，皆在各項身心障礙教育政策的引導下蓬勃發展。1997 年，修訂《特殊
教育法》，將身心障礙學生的類別擴增為十二類，資賦優異擴增為六類；
同年，教育部設置特殊教育工作小組，成為第一個中央層級的特殊教育行
政專責單位，各縣市也設立特教科，以及特殊教育學生鑑定及就學輔導委
員會，掌管地方特殊教育的推動。

　　為進一步加強身心障礙學生的鑑定、安置、輔導及輔助支援，1998 年
訂定「發展與改進特殊教育五年計畫」；2001 年，推動「十二年就學安置
計畫」，協助身心障礙學生自願、免試、就近升學高中職。接著，為擴大

及落實學前兒童早期療育，2003 年開始執行「身心障礙學前五年發展方案」；2007 年，為因應十二年國民基本教育政策，訂定「十二年國民基本教育：身心障礙學生就學輔導發展方案」，協助身心障礙學生達到免試升學及入學普及化，同時也積極推動大專甄試，並鼓勵大專校院辦理身心障礙學生單獨招生，且設置資源教室提供各項學習與生活協助，以提高學習成效。

5. 精緻服務期（2008 年迄今）

此服務期旨在延續及檢討前階段身心障礙教育報告書及特殊教育發展計畫，營造優質精緻之教育環境，滿足學生個別之特殊需求，提供多元適性之支持措施，開拓更前瞻的發展方向。因此，2008 年頒布《特殊教育發展報告書》及《資優教育白皮書》，並訂定「特殊教育發展五年計畫」及「資優教育白皮書行動方案」；2009 年，修正《特殊教育法》，條文由原來的 33 條增加至 51 條；為滿足及促進教師因應學生的特殊需求進行課程調整，2011 年開始試行並於二年後全面實施「特殊教育課程大綱」；2013年，再度修訂《特殊教育法》，重點包括以下五項（吳武典，2013）：

(1)身心障礙學生類別增加腦性麻痺。

(2)因應幼稚園及托兒所整合，特殊教育服務年齡下修到 2 歲。

(3)因應十二年國民教育，將特殊教育相關服務延伸至高等教育階段，包括：校內行政需有特殊教育專責單位與人員、設置特殊教育推行委員會，以及提供校內身心障礙學生所需之支援服務。

(4)對於身心障礙學生所提供之評量、教學，以及行政等支援服務，適用於經機關許可在家實施非學校型態實驗教育。

(5)將「特教學生助理人員」正式明文列入法條中。

2019 年，教育部更以普通教育為首，以及「自發」、「互動」及「共好」為理念，頒布以素養為導向的《十二年國民基本教育特殊教育課程實施規範》（教育部，2019）及相關課綱，不以認知功能和障礙類別區分，而是視學生的學習需求加設特殊需求領域課程，以因應普通教育課程的不足，且採用區分性課程與教學方式，結合個別化教育計畫或個別輔導計畫，落實學前到大學階段的特殊教育課程之規劃與服務需求，並加強職業

生涯的準備與轉銜。

由於人權與特殊教育觀念隨著CRPD的原則逐漸開展，我國《特殊教育法》除了 2014 和 2019 年修訂部分條款，2023 年則進行全文修訂，重點包括：(1)強調特教學生及幼兒的人格及權益應受尊重及保障；(2)對特教學生之學習權益及教學活動參與，不得有歧視之對待；(3)特殊教育及相關服務、設施應符合通用設計、合理對待及可及性精神；(4)落實學生個人表意權；(5)推廣融合教育理念以提升學習支持；(6)精進師資及課程規劃；(7)統整提供就學及輔導資訊；(8)強化特教支持系統與成效檢核。這些改變對於落實《身心障礙者權利公約》、營造友善融合教育環境，提供了更為明確的指引及資源挹注。

總結臺灣特殊教育的發展脈絡，是從無到有、從有到好、從關懷少數到普及與多元發展，不論是量與質都有長足的進步。我們一方面要感念特殊教育領航者篳路藍縷開啟特殊教育的大門，另一方面要思考臺灣的特殊教育如何迎接新的挑戰，並與世界同步，再創新猷。

（二）中國大陸特殊教育的發展

中國大陸在 1949 年時，特殊教育學校之數量僅有 46 所（洪榮照，2011），但到了 2009 年時，特殊教育學校已發展擴充至 1,672 所，在校學生數有 428,125 人（中華人民共和國國家統計局，2009）。2019 年，特殊教育學校有 2,192 所，在校學生數有 794,612 人（中華人民共和國教育部，2020），顯示中國大陸特殊教育的發展，不論是質和量都有顯著成長。歸納相關文獻（洪榮照，2011；陳雲英，2006；劉春玲、江琴娣，2008），將中國大陸特殊教育的發展分為以下三個時期。

1.特教萌芽期（清末民初～1949 年）

此時，外國教會開始在中國成立聾盲學校。1874 年，英國牧師在北京創立了盲人學校——瞽叟通文館；1887 年，美國傳教士在山東煙台創立了聾人學校——啟瘖學館；1916 年，首位中國人在江蘇南通創立了盲啞學校；1927 年，國民政府在南京成立了南京市立盲啞學校。在當時，隔離式

的教育型態是唯一的安置方式，這些學校也曾因戰亂而停辦一段時間（陳雲英，2006）。

2. 緩慢發展期（1949～1988 年）

1949 年，中國大陸政權轉換後，歷經戰亂鬥爭和文化大革命，整個社會動盪不安，身心障礙兒童之入學率偏低，因此特殊教育發展不論在師資、經費和設施等，均相當困窘，屬於特殊教育發展的緩慢期。

3. 快速發展期（1988 年改革開放以後）

這段時間透過法律的制訂，特殊教育的發展體系由小學至大學逐漸成形。首先是 1988 年，北京召開第一次全國特殊教育工作會議，會議中審議了《關於發展特殊教育的若干意見》、《特殊教育補助費使用辦法》、《殘疾人教育條例》等法規；接著 1989 年，國務院簽發《關於發展特殊教育的若干意見》；1990 年，頒布《中華人民共和國殘疾人保障法》；1995年，訂定《中華人民共和國教育法》；1998 年，制訂《中華人民共和國高等教育法》，該法第 9 條規定：高等學校必須招收符合國家規定錄取標準的殘疾學生入學，不得因其殘疾而拒絕招收（中華人民共和國教育部，2010；劉春玲、江琴娣，2008）。

上述都是中國大陸特殊教育發展相當重要的政策。不過儘管近年來特殊教育發展快速，以及殘疾兒童多是在普通班隨班就讀，符合融合的趨勢，但仍有許多地方需要努力，例如：殘疾學童的入學率亟需提升。1987年全國殘疾人抽樣調查中，9,365 名 6 歲以上殘疾兒童的入學情況指出，已上普通學校的有 5,085 人，占 54.3%；已上特教學校的有 89 人，占 0.95%；沒有上學為 4,191 人，占 44.75%。其中，聾童入學率 9%，盲童入學率 3%，弱智兒童入學率 0.3%（中國殘疾人聯合會，2008）。2006 年第二次全國殘疾人抽樣調查顯示，在學齡殘疾兒童中，有 63.19%在普通教育或特殊教育學校接受義務教育，各類別殘疾兒童的入學比例高低依序為：聽力殘疾兒童 85.05%、肢體殘疾兒童 80.36%、視力殘疾兒童 79.07%、言語殘疾兒童 76.92%、精神殘疾兒童 69.42%、智力殘疾兒童 64.86%、多重殘疾兒童 40.99%（中華人民共和國國家統計局，2007）。

中國殘疾人聯合會（2011）指出， 2009 年調查學齡三類殘疾（盲、聾、弱智）兒童少年，合計 686,350 人，其中未入學之學齡三類殘疾兒童少年（盲、聾、弱智）合計 105,041 人（視力殘疾 31,461 人、聽力殘疾 29,473 人、智力殘疾 44,107 人），近 15.30%的適齡三類殘疾兒童沒有獲得教育，而未入學之學齡殘疾兒童少年（包括：視力、聽力、言語、肢體、智力、精神、多重殘疾）總人數達 211,190 人，是一個數量蠻大的利益受損人群。同時，這期間的調查均以三類殘疾兒童為主，在隱性障礙族群，尤其是學習障礙及情緒行為障礙，皆尚未納入調查類別。上述的種種數據皆顯示，各種障礙類別仍有許多學童的入學權益尚未受到保障。

為了提供殘疾兒童更健全的教育服務，融合教育於 2017 年首次寫進《殘疾人教育條例》，並將殘疾人教育納入《國家中長期教育改革和發展規劃綱要（2010～2020 年）》、《中國教育現代化 2035》等計畫，顯示中國大陸全面重視發展融合教育，以期建立從幼兒園到高等院校的殘疾兒童和殘疾學生資助體系，提高殘疾人受教育的水準。在普通學校就讀的殘疾學生數，由 2013 年的 19.1 萬人增加到 2018 年的 33.2 萬人，增長了 73.8%。近十年，殘疾學生在普通學校就讀的比例均超過 50%（中華人民共和國國務院，2019）。2021 年發布《「十四五」特殊教育發展提升行動計畫》，加快了學前融合教育發展，強化教師培養，全面提高特殊教育品質，促進殘疾兒童青少年自尊、自信、自強、自立，讓每一個特殊兒童都有人生出彩的機會（中華人民共和國國務院，2021）。

總結臺灣和中國大陸一百多年來的特殊教育發展脈絡，起始於西方教會的慈善事業，並提供隔離保護的學習環境。但隨著人權運動的發展，特殊教育逐漸成為政府社會福利措施的德政之一；現今則是邁入精緻發展階段，政府應以服務為目的，並且竭力滿足每位獨特個體的特殊需求，這不但是人民基本教育權利的一環，也成為國家的責任。在臺灣，隨著網路發達與通報系統的建立，以及《強迫入學條例》的實施，幾乎少有特殊學生不在教育單位的掌控中，即使在家的重度障礙者，教育單位都會派遣相關的專業人員介入；而中國大陸則因幅員遼闊，城鄉教育資源差距大，在入學方面仍須努力由點到面，以確保每位學生的受教權益。

第三節　因材施教：特殊學生的類別與教學安置

雖說特殊學生是少數族群，但因對象包含資賦優異及身心障礙兩類，異質性頗高，因此教育需依據其特質加以分類，實仍有其必要，如此才能依據其需求設計適當的課程，而達到因材施教的目的。

壹、特殊學生的類別

為每位特殊學生爭取免費、公平受教機會，是 IDEA 的主要精神，但不可否認的是，特殊教育也是昂貴的、花費多於一般教育。而人們對類別或障礙可能有不同觀點，因此必須經過適當的鑑定才能提供服務。

一、美國資賦優異及身心障礙學生的類別

美國資優教育的類別，主要是根據美國聯邦教育署（United States Department of Education，簡稱 ED）的 Sydney Marland 部長在 1972 年提出，資賦優異學生的出現率是 3～5%，他們的特質是在下列六種領域中，具有一種或一種以上的優異表現，包括：

　　1. 一般智能（general intellectual ability）。
　　2. 特殊學術性向（specific academic aptitude）。
　　3. 創造性或生產性思考（creative or productive thinking）。
　　4. 領導能力（leadership ability）。
　　5. 視覺與表演藝術能力（visual and performing arts）。
　　6. 心理動作能力（psychomotor ability）。

儘管後來各州實際執行和修訂的規範不一，而是持較廣義的態度看待資賦優異，認為資賦優異學生並非僅指智力優異者，對於具有特殊才能或創造能力者，也應包括在內。由此可知，美國逐漸擺脫傳統智力測驗僅將智力侷限在語文與邏輯方面的觀點，以避免造成許多具有其他方面天賦與

才能的學生受到貶抑與忽視。1983年，Howard Gardner進一步提出多元智能（Multiple Intelligences，簡稱 MI）之觀點，拓展教育更寬廣的發展方向，也為教育提供了重要意涵。一開始提出的 MI 只有七種，後來陸續增加為九種（Gardner, 1999, 2011; Gardner & Hatch, 1989; Morris, 2004），如下：

1.音樂（musical-rhythmic and harmonic）。

2.身體動覺（bodily-kinesthetic）。

3.內省（intrapersonal）。

4.人際（interpersonal）。

5.空間（visual-spatial）。

6.語文（verbal-linguistic）。

7.邏輯數學（logical-mathematical）。

8.自然（naturalistic）。

9.存在（existential）。

不過值得注意的是，Heward（2009）指出，IDEA 並不適用於資賦優異和特殊才能（gifted and talented）的孩子，而是使用 1988 年通過的《傑維斯資賦優異學生教育法案》（Jacob K. Javits Gifted and Talented Students Education Act，簡稱《10-297 公法》）。至於身心障礙的分類，美國聯邦教育署（ED）認可的障礙類別有以下十三種（Heward, 2009; Smith, 2007）：

1.自閉症光譜症候群（autism spectrum disorders）。

2.聾盲（deaf-blindness）。

3.聾（deafness）。

4.情緒困擾（emotional disturbance）。

5.聽覺損傷（hearing impairment）。

6.智能不足（mental retardation）。

7.多重障礙（multiple disabilities）。

8.肢體器官損傷（orthopedic impairment）。

9.其他健康損傷（other health impairment）。

10.特定學習障礙（specific learning disability）。

11.說話或語言損傷（speech or language impairment）。

12.腦傷（traumatic brain injury）。

13.視覺損傷，包含全盲（visual impairment including blindness）。

　　為了取得特殊教育的合法資格，所有特殊學生都需要給予一種障礙類別，也就是必須被標記。不過，IDEA 也允許 3～9 歲被鑑定為發展遲緩（developmental delay）的孩子接受特殊教育服務，而不需要被歸類在哪一類的障礙（Heward, 2009; National Information Center for Children and Youth with Disabilities [NICHCY], 2012）。

　　此外，隨著特殊教育的推展，有幾個類別的改變值得注意：一是自閉症光譜症候群、特定學習障礙，以及情緒困擾逐漸受到重視；二是特殊教育服務逐漸朝不分類發展，並透過類別的更名來減少標籤和刻板印象，例如：美國智能不足協會（American Association on Mental Retardation，簡稱 AAMR）在 2006 年更名為美國智能與發展障礙協會（American Association on Intellectual and Developmental Disabilities，簡稱 AAIDD），原因是智能障礙（intellectual disabilities）會比智能不足（mental retardation）來的友善（鈕文英，2010a）。2010 年，美國總統歐巴馬（Barack Obama）簽署了《羅沙法案》（Rosa's Law，簡稱《111-256 公法》），更是第一次將智能障礙（intellectual disabilities）納入正式的法案內容，取代過去智能不足（mental retadation）的用法（NICHCY, 2012）。

　　從這些改變都可看出，學生需要的是接受特殊教育服務，而不是需要被歸類為某類障礙。即便是因為法令與預算的限制，而必須將其歸類為特定的障礙，也非常強調去標籤化，以及提供讓身心障礙學生感到舒服和尊重的名稱。這對輕度障礙學生而言尤為重要，因為他們的特殊需求可以被滿足，卻不必背上沉重的負面標籤；對重度障礙者而言，則可以讓大眾重視他們的優勢能力，而不會因為障礙的因素限制其天賦的發揮。

二、臺灣與中國大陸的身心障礙類別

（一）臺灣的身心障礙類別

　　臺灣的特殊教育發展幾乎依循著國外的腳步，因此分類的概念極為相似，也經歷了多次改變，過去演變的歷史會在各章詳述，在此不加以贅

述，只針對晚近的發展加以說明。根據教育部公布的《特殊教育法》，身心障礙學生共有十三種類別（教育部，2023）：

1. 智能障礙。
2. 視覺障礙。
3. 聽覺障礙。
4. 語言障礙。
5. 肢體障礙。
6. 腦性麻痺。
7. 身體病弱。
8. 情緒行為障礙。
9. 學習障礙。
10. 自閉症。
11. 多重障礙。
12. 發展遲緩。
13. 其他障礙。

雖說教育部的分類系統還是以損傷和障礙等缺陷觀點為分類基礎，但其鑑定系統已開始依據 WHO 於 2001 年修正的標準（WHO, 2001）。此分類系統是修訂自 1980 年發展的「國際機能損傷、身心功能障礙與殘障分類」（ICIDH）以及 1997 年發展的「國際機能損傷、活動與參與分類」（International Classification of Impairments, Activities and Participation，簡稱 ICIDH-2），而進一步提出的「國際功能、障礙和健康分類系統」（International Classification of Functioning, Disability and Health，簡稱 ICF），將原本具有負面含意的殘障用語，改用較正面的功能一詞加以代替，包含功能、障礙和健康三個向度。功能涵蓋身體功能、社會活動和參與；障礙意味著個體之身體構造或功能受損，造成其在社會活動和參與上的表現；健康是指個體在生理、心理和社會等方面的健康情形；同時強調情境因素對個人功能表現之影響（鈕文英，2010a；WHO, 2007）。

整體而言，現今的分類系統是採取「多向度」的診斷模式，主張智力、適應行為、參與、健康、情境和支持會影響個人功能表現，身心障礙是這六方面因素之動態、交互影響下產生的結果。

（二）中國大陸的身心障礙類別

中國大陸的分類，則是根據全國人民代表大會常務委員會於 2008 年頒布的《中華人民共和國殘疾人保障法》第 2 條：殘疾人是指在心理、生理、人體結構上，某種組織、功能喪失或者不正常，全部或者部分喪失以正常方式從事某種活動能力的人，包括以下八類（中華人民共和國民政部，2008）：

1.視力殘疾。
2.聽力殘疾。
3.言語殘疾。
4.肢體殘疾。
5.智力殘疾。
6.精神殘疾。
7.多重殘疾。
8.其他殘疾。

中國大陸的特殊兒童是在醫院進行鑑定，分類後可向當地的殘疾人聯合會申請殘疾人證，享受國家的各項福利政策，但是身體病弱、學習障礙、腦性麻痺、自閉症等，還未獨立成類或是納入特殊教育的範圍內。此外，雖然中國大陸的資賦優異教育（中國大陸稱為超常教育或英才教育）已超過三十年的歷史，但因為資優教育並未納入特殊教育體系，也無相關法令與政策推行，所以目前還有許多爭議（于曉平，2014）。因此，中國大陸的特殊教育發展，尤其是在身心障礙者的分類與鑑定方面，仍需要教育相關的專業人員投入和參與，才能更加完備。

貳、身心障礙學生的出現率

廣泛來說，人的一生其實都可能面臨某種障礙。根據 WHO 的研究指出（WHO, 2011），全球約有超過十億的人口，在生活中可能面臨某種形式的障礙（disability），這其中約有二億人可能在功能上具有相當的困難（considerable difficulties in functioning），此顯示若以廣義的觀點來說，身心障礙的出現率其實相當高，只是礙於法令與預算的限制，世界各國皆會以較嚴格的方式來定義各種身心障礙類別。即便定義出很多類別，有些類別常會合併出現，例如：聾盲是聽覺與視覺合併受損，因此估計單一類別的出現率會發生些許落差。此外，若是按照盛行率（prevalence）與障礙人數來區分，可歸納成兩類：一是高出現率的障礙（high incidence disabilities）；二是低出現率的障礙（low incidence disabilities）。前者通常是指學習障礙、智能障礙、語言和溝通障礙、情緒行為障礙等人數較多的一群；後者則是泛指多重障礙、聽覺障礙、視覺障礙、肢體障礙與身體病弱等障礙人數較少的類別。至於各種障礙的出現率，茲分述如下。

一、美國身心障礙學生的人數與出現率

美國聯邦教育統計中心（National Center for Education Statistics，簡稱NCES）統計IDEA的執行狀況（NCES, 2024a），發現自1976年開始至2023年，3～21歲特殊兒童與青少年的人數逐年從369.4萬增加至752.6萬，占就學人數的百分比也從8.3%增加至15.2%。

圖1-3為2022～2023年間，3～21歲身心障礙學生的出現情況，該圖顯示超過10%的前四類，分別是特定學習障礙32.0%、說話或語言損傷19.0%、其他健康問題15.3%、自閉症13.0%，因此未來學校在提供學生學習、語言溝通、健康和自閉症方面的服務，將與日俱增。早期出現率較低的其他健康損傷，從3.8%逐年攀升到15.3%，成為高出現率的障礙，顯示醫學科技進步所衍生的健康問題與教育議題已不容小覷。而自閉症從2000年後從1.5%升高至13.0%，更會是學校和教師面對融合教育的一大挑戰。

其次是發展遲緩、智能障礙、情緒困擾等，大約都在4～7%之間，顯示心智發展障礙依然是特殊教育需要繼續努力的課題。不過較特別的是，智能障礙是從26.0%逐年下降至5.8%，情緒困擾也是從7.7%降至4.3%，只是降幅不如智能障礙明顯。推測下降的原因可能是，早期容易被鑑定為這兩類的障礙，其特質已經逐漸被釐清而單獨成為一類，例如：早期被稱為自閉症（autism）、亞斯伯格症候群（Asperger syndrome），以及待分類的

圖 1-3 美國 3～21 歲學童接受 IDEA 特殊教育服務的障礙類別與比率

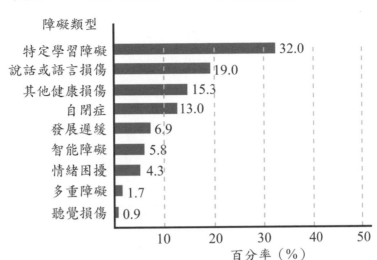

障礙類型

特定學習障礙	32.0
說話或語言損傷	19.0
其他健康損傷	15.3
自閉症	13.0
發展遲緩	6.9
智能障礙	5.8
情緒困擾	4.3
多重障礙	1.7
聽覺損傷	0.9

百分率（%）

註：引自 NCES（2024a）。

廣泛性發展障礙（pervasive developmental disorder not otherwise specified，簡稱 PDD-NOS），現今已經被歸納為自閉症光譜症候群（autism spectrum disorders，簡稱 ASD）。

　　至於多重障礙、聽覺損傷、肢體器官損傷、視覺損傷、腦傷等人數較少的類別，則是相對穩定。除了多重障礙 1.7%、聽覺損傷 0.9%，其餘皆低於 0.5%，因此圖中並未列出。此也顯示，即便醫學與科技逐漸進步，特定障礙發生的比例並未有多大變化，即發生障礙的特定關鍵因素仍然存在，相關的服務仍有其必要與重要性。

二、臺灣與中國大陸身心障礙學生的出現率

（一）臺灣身心障礙學生的出現率

　　根據教育部統計處與《特殊教育統計年報》的資料顯示（教育部，2023），112 學年度全體高中職階段以下身心障礙學生（含學前）共 131,884 人，占全體學生 2,909,863 人的 4.53%，顯示我國身心障礙學生接受特殊教育

服務的人數和比例並未因少子化浪潮而減少，反而有稍稍逆勢成長的趨勢。若從各類障礙學生占全體身心障礙學生的百分比來看（如表 1-3 所示），前四項分別是學習障礙、發展遲緩、自閉症、智能障礙，皆超過10%，除了智能障礙的比例有逐年降低的情形外，其餘三者皆呈現增加狀態。其次是情緒行為障礙，也逐漸增至 6.68%，其他類別則在 1～3%，或是更低。

表 1-3　2023 年臺灣高中職階段以下各類身心障礙學生（含學前）人數與百分比

類別	人數	占障礙學生百分比	占全體學生百分比
智能障礙	19,725	14.96%	0.68%
視覺障礙	744	0.56%	0.03%
聽覺障礙	3,323	2.52%	0.11%
語言障礙	1,331	1.01%	0.05%
肢體障礙	1,213	0.92%	0.04%
腦性麻痺	3,084	2.34%	0.11%
身體病弱	1,386	1.05%	0.05%
情緒行為障礙	8,815	6.68%	0.30%
學習障礙	43,398	32.91%	1.49%
多重障礙	2,223	1.69%	0.08%
自閉症	20,692	15.69%	0.71%
發展遲緩	24,262	18.40%	0.83%
其他障礙	1,688	1.28%	0.06%
小計	131,884	100.00%	4.53%

註：全體學生人數：2,909,863 人。引自教育部（2023）。

與美國的情形相比，相同點是學習障礙乃目前出現率最高的類別，智能障礙與自閉症的出現率也相當高；相異的地方是臺灣的身體病弱與語言障礙所占的比例較低。此現象推測可能是語言溝通方面的問題，因美國是個多元文化的社會，來自世界各地語言文化的差異會造成溝通上的障礙，

尤其是早期不完善的語言發展經驗，很容易造成語言學習上的困難；而國內家長則有「大隻雞晚啼」的觀念，很多家長不願意因為溝通問題就認定孩子需要接受特殊教育服務。至於健康損傷的問題，則可能是國內外文化的差異，國內家長可能尚不習慣或不願意因為單純的健康問題就讓自己的孩子被貼上特殊兒童的標籤，而放棄了特殊教育服務。

（二）中國大陸身心障礙學生的出現率

相對世界各國來說，特殊教育在中國大陸是發展較緩慢的，特殊教育的基礎資料相當缺乏，直到 1988 年召開第一次全國性的特殊教育工作會議，才算是進入快速穩定發展的階段。

根據 2012 年第六次全國人口普查及第二次全國殘疾人抽樣調查，推算殘疾人總人數約8,502萬人。各類殘疾人的人數，分別為：視力殘疾1,263萬人占 14.86%；聽力殘疾 2,054 萬人占 29.45%；言語殘疾 130 萬人占 1.53%；肢體殘疾 2,472 萬人占 29.08%；智力殘疾 568 萬人占 6.68%；精神殘疾 629萬人占 7.40%；多重殘疾 1,386 萬人占 16.30%。各殘疾等級人數，分別為：重度殘疾有 2,518 萬人占 29.62%；中度和輕度殘疾有 5,984 萬人占 70.38%（中國殘疾人聯合會，2012）。

從上述的數字發現，雖然中國大陸的特殊教育正快速發展，但由於幅員遼闊，想要了解殘疾兒童詳細的出現率，可能有其人力和物力上的限制。從各方的統計數據僅能概略了解殘疾人口約在8,502萬人，占13億多人口的6%左右，殘疾兒童出現率的估計約在3%左右，較臺灣低但相去不遠，相較於美國的 14%左右則是明顯低了許多；學前的資料更少，出現率更低，約在 1%左右。此顯示中國大陸在學齡前的殘疾兒童教育，還需要更多的研究與努力，才能獲得更多的重視。

在障礙類別方面，1987 年第一次全國殘疾人抽樣調查，出現率較高的分別是智力、聽力和言語等殘疾，占殘疾兒童 10%以上，多重等殘疾接近10%次之，而肢體、視力與精神殘疾則較低。2001 年 0～6 歲殘疾兒童的抽樣調查，出現率較高的為智力和肢體殘疾，占殘疾兒童 10%以上，聽力、視力和精神殘疾較低。2006 年第二次全國殘疾人抽樣調查，出現率較高的

為智力、多重、肢體殘疾，占殘疾兒童 10%以上，聽力、言語次之，視力與精神殘疾仍屬出現率較少的類別。總歸來說，智力殘疾仍是出現率最高的類別，而視力與精神殘疾仍屬出現率較少的類別；多重與肢體殘疾則有明顯增加趨勢，而聽力和言語殘疾則有略微減少的趨勢。

上述與美國和臺灣相同的地方是智力殘疾是高出現率的類別，視力殘疾則是低出現率的類別；精神殘疾的出現率雖然仍低，但近年來的出現率大致與美國和臺灣相去不遠。不同的地方是，多重殘疾可能是因為中國大陸的分類僅有八類，許多類別會被納入，故出現率較美國和臺灣高；肢體殘疾可能是因為部分偏遠地區受到環境因素與醫學技術的限制，導致出現率仍然偏高。未來，中國大陸在殘疾人的分類上是否能與世界潮流同步，將會影響各障礙類別的出現率。

參、身心障礙學生的安置與教育型態

教育安置不是一個對與錯的選擇，而是對特殊兒童來說適合與不適合的決定。每位特殊兒童的教育都需要大量的人力、物力，以及付出很大的經濟代價。不過，優質的特殊教育可以讓一般學生和特殊學生，以及他們的教師和家長都從中受益，同時也充實豐富了教育本身的發展，如此才是一件各方皆贏的政策。特殊學生安置時必須考量兩個因素：一是特殊學生與普通班學生之差異，以及在量方面的情形；二是學校與社區能夠提供多少的資源（王文科，2009）。

關於特殊學生的安置服務，Reynolds提出階梯式服務模式。該模式是根據特殊學生的障礙程度輕重，以及受環境限制的多寡，盡量將學生安置在與一般環境或同儕互動最多的連續型安置方式（Reynolds, 1962）。這是一種連續與變通性特殊教育體制，如圖 1-4 所示，圖中愈往下層，其學習環境受到的限制愈少，障礙程度也最輕，學生遇到的多數問題通常可以在普通班的環境解決。相反的，愈往上層的學習環境限制愈大，障礙程度也愈重，最上面的障礙，多數問題並無法在普通班中解決，可能會安置在比較限制的環境，例如：住宿制特殊學校、醫院附設的學校，或是在醫院或治

圖 1-4 Reynolds 的階梯式服務模式

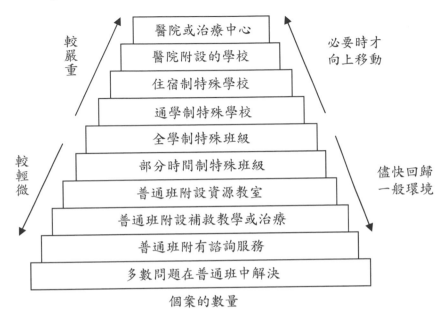

較嚴重

較輕微

必要時才
向上移動

儘快回歸
一般環境

醫院或治療中心
醫院附設的學校
住宿制特殊學校
通學制特殊學校
全學制特殊班級
部分時間制特殊班級
普通班附設資源教室
普通班附設補救教學或治療
普通班附有諮詢服務
多數問題在普通班中解決

個案的數量

註：引自 Reynolds（1962, p. 368）。

療中心。所以特殊兒童的安置應視障礙程度與其適應程度而彈性移動，非必要時應儘快讓學生回歸一般環境，只有在必要時才會向較限制的方向移動。在個案人數上，安置在普通班或愈接近普通班的一般環境，人數會愈多，只有少數較特殊的個案需要安置在較限制的環境或醫院中（王文科，2009；吳武典，2005；Reynolds, 1962）。

　　吳武典（1990）根據我國的制度修正 Reynolds（1962）的階梯式服務模式，提出最適當安置（optimum placement）模式，如圖 1-5 所示。最適當安置即是最適應個別差異的安置，除了考慮 Reynolds 所提的兩個因素：一是障礙程度，輕者盡量融合，重者可以隔離；二是進步情形，有進展者盡量往下回歸，情況惡化者可向上安置外，尚可考慮另外兩個因素：三是障礙類別，例如：語言障礙、學習障礙以統合為佳，智能障礙、多重障礙則勢必要有某種程度的隔離；四是居家遠近，考慮以靠近住家或能通勤上學為原則，以便於享受家庭溫暖及獲得家人的協助，此尤以年幼者為然。以上

圖 1-5　吳武典的最適當安置模式

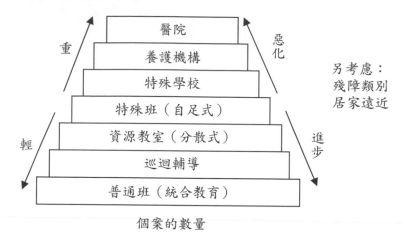

　　個案的數量

註：引自吳武典（1990，頁 192）。

四種因素可彈性運用，即是最適當的安置，符合的情形愈高，則安置對當
事人的成長發展愈有利（吳武典，2005）。

　　基本上不論國內外，儘管內容稍有不同，特殊學生的安置與教育型
態，大致依循上述模式，茲將其他相關研究的說明一併歸納如下（王文
科，2009；何華國，2009；吳武典，2005；Reynolds, 1962）：

　　1.醫院或在家教育：針對無生活自理能力，需接受 24 小時專業護理照
顧的學生，可將其安置在教養機構或醫院接受特殊教育服務。此安置類型
的學生，若是安置在醫院，教育當局會派遣教師前往安置醫院，並實施床
邊教學的輔導。

　　2.特殊學校或教養機構：針對無法或有部分生活自理能力且性質類似的
中重度障礙學生，可將其安置在教養機構或特殊學校接受特殊教育服務。
特殊學校或教養機構又可依家庭住處離校遠近，以及交通接送等因素，分
為住宿制與通學制。此類安置型態的優點是具備較多受過訓練的特殊教育
師資及相關專業服務人員，缺點是容易受到外界的標籤與隔離；所以近年
來除非必要，家長多不願意讓孩子進入特殊學校或教養機構接受特殊教育
服務。

3.自足式特殊班：針對有部分生活自理能力的中重度障礙學生，可在一般學校附設的自足式特殊班接受特殊教育服務。此類安置的特色，是特殊教育教師提供大部分時間的教學服務，必要時會在部分時間讓學生回歸或是融合在普通班的教學活動；缺點是學生大部分時間仍舊和普通班的學生隔離。

4.資源班：針對輕度和中度障礙的特殊學生，資源班教師提供部分時間進行診療教學，或是提供普通班教師特教專業知能的諮詢，其餘大部分的時間學生被安置在普通班和一般的同儕進行相同的學習。資源班是標籤較低的一種安置型態，經常被視為特殊兒童回歸主流的過渡橋樑（何華國，2009）；但缺點是資源班的專業人力與資源不足，經常導致提供的服務時間不足。

5.巡迴輔導：特殊學生大致上被安置於普通班，但因為他們仍有少部分的特殊需求，校內無法或無資源班教師可提供服務時，另由教育當局派遣巡迴教師提供普通班教師特殊教育專業知能諮詢，或是直接提供特殊學生相關的服務，例如：視障巡迴輔導教師提供學生點字教學。

6.普通班：針對學習問題輕微，或是無學習問題而僅需某些輔助即可完全克服障礙的學生，可將其完全安置於普通班。普通班教師只要接受部分訓練，或是由特殊教育教師提供諮詢服務，即可應付自如。此類安置的最大特色在於最容易幫助學生融合在一般環境之中，特殊學生被標籤的程度最低，也是大勢所趨。缺點是普通班教師對於某些問題輕微，但仍有特殊需求的學生，往往會忽略他們的需求，而導致問題惡化，反而使得學生需要巡迴輔導或是資源班的介入。

第四節　如何走得更遠：挑戰與展望

特殊教育的發展水準是人類文明和社會進步程度的重要指標，相信相關的專業人員一定逐漸感受到因為零拒絕（zero rejection）理念的落實，以及最少限制環境（LRE）的推廣，特殊教育正由過去的冷門事業變成教育中的顯學。以前受到公立學校排斥在外的特殊學生已經能夠入學，並和普通

班學生一同享有相同的受教權益，加上學校師生、家長，以及社區共同配合科技的進步，讓許多學生能夠克服身心上的障礙。然而，儘管這個領域似乎已經進步不少，但展望未來仍有許多挑戰，必須一一加以克服，才能讓特殊教育的發展更為長久。以下就幾個主要議題加以介紹。

壹、優障共存，拔尖與扶弱兼容並蓄

　　吳武典（2013）指出，現今教育的主要課題有二：一是求其普及；二是求其卓越。前者涉及全民教育，必須有教無類；後者涉及人才培育，務求因材施教。兩者之實踐皆有賴於特殊教育的推廣，因為特殊教育服務的對象包括資賦優異與身心障礙兩大類，在學理上已經包含所有可能在學習上因先天或是後天因素而產生障礙的學生。不過，實務上一旦談及特殊教育，一般社會大眾還是會有既定印象，認為特殊教育就是針對身心障礙兒童所提供的補救教學。

　　事實上，我們對資優兒童除了實施充實性教育，以期發揮其長處外，資優兒童也可能因為情緒、經驗或環境不利等因素，產生學習障礙而需要補救教學。相同的，身心障礙兒童也可能在某項特殊才能方面具有天賦，而需要接受充實性教學。因此，特殊學生之長短處並非絕對，兩者可能並存，也就是資賦優異與身心障礙可能同時並存，是故國內外研究者習慣以雙重殊異學生（twice/dual exceptional students）來稱呼身心障礙資賦優異學生（鄒小蘭、盧台華，2011；Bracamonte, 2010; Colorado Department of Education, 2006）。

　　對一般資優學生而言，他們不用太多的重複練習，就很容易學會基本技巧，但對身心障礙資優學生而言，常因為認知訊息受到障礙的限制而出現困難，甚至有不尋常的想像力或是觀察技巧強，卻因為口語、閱讀、記憶力和注意力等方面的缺陷，導致其無法有效解決問題和在學習上產生挫敗，進而將原是良好資賦優異特質的好奇心、創造力、冒險性、幽默感、成熟度、情緒敏感、社交技巧、領導才能，以及興趣廣泛等天賦，反向發展成為不專心、怪異、衝動、違抗、扮演小丑、逗弄自己和他人、不成

熟、易怒、固執,以及批判他人等負向行為,而成為家長、老師和學生自己都不願意見到的結果(鄒小蘭、盧台華,2011)。

一般而言,在資賦優異的學生中,約有 2～5%的學生伴隨著某種身心障礙。相反的,身心障礙學生當中也有 2～5%的學生,伴隨有資賦優異的潛質(Colorado Department of Education, 2006)。鄒小蘭與盧台華(2011)依據文獻估計,這樣的資賦優異身心障礙學生約有3～5%,因此未來的特殊教育除了思考如何在一般的學生當中,發現資賦優異的學生,並給予發揮潛能的機會外,更應思考如何在表現一般的普通班學生和身心障礙學生當中發掘伴隨良好資賦優異特質的個案,以達到拔尖與扶弱兼容並蓄的目標,以免因為教育者的誤判而白白錯失一塊璞玉。

若進一步從多元智能(MI)的角度延伸上述的目標,即便是未達到身心障礙資賦優異學生潛質的身心障礙學生,如果能夠採取拔尖的概念針對其優勢能力給予開發,相信一定可以獲得不錯的成效,過去這樣的例子比比皆是。相反的,綜觀史上所有具有資賦優異特質的傑出人士,不論他們是否曾經被正式鑑定,其終其一生的傑出事業或成就,不論是社會人文或是科學研究等領域,幾乎無一例外是與關懷世界上弱勢族群所面臨的議題有關;相信這是透過扶弱的過程,讓這些優秀人士逐漸達到自我實現的境界。倘若缺乏這樣的胸襟與過程,這些人才反而容易陷入人生發展的困境,以及找不到自我存在的價值,最終陷入情緒困擾的深淵而無法自拔,或是演變為永久遺憾的事件。因此,如何達到拔尖與扶弱兼容並蓄,相信是關心特殊教育發展者未來必須共同努力的目標。

貳、落實融合教育理念

毫無疑問的,融合教育已不再只是一項理想而已,即便完全融合(full inclusion)的理念未必完全獲得認同,但多數的特殊教育工作人員都贊成某種程度的融合,學校也逐漸習慣設計各種策略,來幫助身心障礙學生與一般學生在相同的環境下接受教育。

根據美國聯邦教育署(ED)的統計,2000 至 2022 年間,6～21 歲障礙

學童安置於普通班時間在 80% 以上的學生百分比，從 46.5% 攀升至 67%。相反的，安置於普通班時間介於 40～79% 的學生百分比，從 29.8% 降至 15.8%，安置於普通班時間低於 40% 的學生百分比，也從 19.5% 降至 12.5%（NCES, 2024）。這些百分比的增減，正可說明身心障礙學生被安置於普通班的時間和百分比明顯提升。

雖說 95% 接受 IDEA 服務的 6～21 歲兒童和青少年會被安置於普通班，不過融合過程仍需要相當多的配套措施，導致目前理念與實務運作的結果有段差距。2022 年的資料顯示，仍有 2% 的學生會被安置於隔離的特殊學校，2% 的學生會由家長安置於一般的私立學校，其餘 1% 的學生則會被安置於住宿型機構、醫院或是相關環境。其次，不同障礙類別接受融合教育的時間與百分比也有所不同，89% 的語言障礙學生大部分時間都被安置於普通班，百分比最高，其他依序是學習障礙 76%、健康損傷 71%、發展遲緩 70%、視覺損傷 69%、聽覺損傷 31%、智能障礙 21%、多重障礙 16%（NCES, 2024b）。這樣的結果顯示，高出現率障礙的融合時間和百分比都會較低出現率障礙高。

儘管圖 1-6 的學習障礙和語言障礙也顯示出這樣的差異，不過並非所有的障礙類別皆是如此，反倒是障礙呈現的心智功能和情緒特質會影響融合時間的百分比，以高出現率的智能障礙和情緒障礙與低出現率的視覺、健康、肢體和聽覺障礙進行比較，反而是低出現率的障礙融合之時間較多。

針對這些差距，以下歸納許多研究者的建議，以深化融合教育目標的推行（傅秀媚，2003；Gagliardi, 2014; Kirk et al., 2015; Storey & Hunter, 2014）。

一、成立轉介前介入小組

轉介前介入（pre-referral intervention）是項早期預防措施，尤其是在轉介前介入的程序中，學生對教學的反應（response to intervention，簡稱 RTI），可做為身心障礙學生與低成就學生的判別依據（陳淑麗，2010）。美國甚至已於 2004 年將 RTI 列為身心障礙鑑定的參考依據，並定義其執行方式與設置標準（National Center for Learning Disabilities [NCLD], 2006）。只是轉介前介入的過程牽涉各類專業人員的合作和資源的整合，透過轉介前

圖 1-6　高出現率障礙與低出現率障礙的融合時間百分比

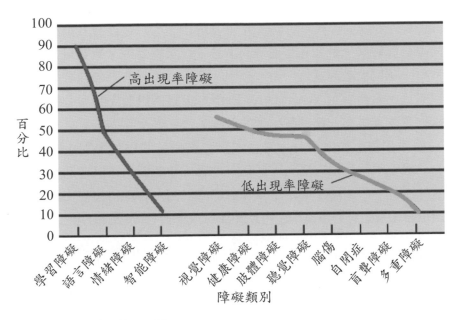

註：引自 Smith（2007, p. 13）。

介入小組（pre-referral intervention team）的成立，可以讓普通班教師和其他小組的成員一起發展執行策略，來教導學習有困難的特殊學生，降低普通班教師將這類學生不合理轉介到特殊班級的機率。

二、提供普通班諮詢與合作教學

　　普通班教師最常面對的困境是，除了要面對為數不少的普通班學生進行有效教學外，更要思考如何設計區分式課程（differentiated curriculum）和多層次教學（multi-level teaching），以滿足特殊學生的特殊需求。此時，特殊教育教師應該適時的提供普通班諮詢服務，並主動和普通班教師一起發展身心障礙學生的教學策略。必要時，普通班教師和特殊教育教師可在普通班教室內進行各種形式的合作教學，此種方法不僅有助於學生的融合，更能促進特殊教育教師了解普通班的運作情形。要能讓這兩類專業人員一起合作的前提，其彼此的關係是建立在信任和共享責任與權威之上。

三、運用同儕交互指導，促進學生們合作學習

同儕交互指導（peer tutoring）是種基於學生可以彼此有效指導，而用來幫助身心障礙學生融合在普通班的方法。在過程當中，教師可以針對共同的教材，讓同儕之間進行一對一教學，此方法可針對團體經驗較少的學生加以實施。合作學習（cooperative learning）是透過教師將身心特質與能力不同的學生安排在一起進行學習的教學方法，其學習內容可以針對學生的個別差異和需求加以設計，適合團體經驗較多的學生參與（傅秀媚，2003）。儘管兩個教學方法和目標略有差異，教師還是可以在進行合作學習的教學過程中，依據不同學生教學目標的異同，將兩種策略交錯運用，讓普通班學生或是身心障礙學生可以輪流扮演學習者或教師的角色。

四、設計改變普通班學生對身心障礙學生態度的課程

理解與包容和自己不同特質的群體，對任何人來說都是相當重要。教育便具有此項功能，可教導學生學習和認知人我之間的差異，並維持友善態度去接納身邊的身心障礙同儕。這種普世核心價值有賴學校和全體教師設計一系列的課程和教材，以增進普通班學生對於身心障礙學生的了解。

美國廣播公司（American Broadcasting Company，簡稱 ABC）製作的電視節目「你會怎麼做？」（What would you do?）即是一例。2012 年 4 月和 2016 年 6 月，該節目分別播出由演員扮演身心障礙者在工作場所和餐廳遭受顧客排斥和言語霸凌的情境，藉以描述和觀察大眾對於身心障礙者的理解和包容程度以及可能採取的反應，結果顯示多數人對於身心障礙者不但具備同理態度，也有不少人願意挺身而出，協助在場的身心障礙者和家庭化解此一尷尬危機，尤其是兩部影片都有特殊教育教師願意仗義執言。從影片更可看出教育宣導確實能讓社會大眾對於身心障礙者有更多的接納。有關影片的詳細內容可參考以下說明，以作為特教宣導與教學使用：

2012 年 4 月的內容提到：當你看到自閉症孩童在餐廳被其他顧客抱怨，你會怎麼做？（ABC's "What Would You Do?" Segment on Autism Discrimination），網址為：https://reurl.cc/gGyGy7。

2016 年 6 月的內容提到：當你看到唐氏症店員被欺負時，
你會怎麼做？（Customer Abuses Employee with Down Syndrome
| What Would You Do?），網址為：https://reurl.cc/70Q0Nb。

五、逆向回歸

逆向回歸（reverse mainstreaming）是相對於回歸主流（mainstreaming）
而產生的，主要是針對學前年紀尚小的階段或是針對某些身心障礙學生確
實無法實施回歸主流或是部分融合時的彈性策略，例如：安置在醫院且無
法離開的病童。實施的方法是將普通班學生安排在身心障礙學生明顯較多
的班級中一起學習，藉由普通班學生的參與，讓多數的身心障礙學生可以
學習到與同儕互動的技巧，普通班學生可以經由這樣的接觸，增進他們對
特殊學生的友善態度（Gagliardi, 2014; Storey & Hunter, 2014）。

不過，由於此項策略較為特殊，與回歸主流的方式相反，也與贊成完
全融合者的觀點出現歧異，實施時會有互動情境不自然、學童反應性的技
能無法類化、提供的服務依舊是隔離式的，也不存在人際互動擴展的機會
等缺點（Storey & Hunter, 2014）。若要實施，教師必須縝密規劃課程，而且
對象為年幼或完全無法實施融合教育的情境以及無標籤歧視的狀態下才能
使用，如此才能真正促進普通班學生真正感受到特殊學生的融合教育需
求，以便將來更加接納普通班中的特殊學生。

針對融合教育的爭議，鈕文英（2015）比較分析發現，不論贊成與否
的人都認同融合教育的觀點與益處，差別只在於反對者認為學校的準備度
還不足以實施，以及主張多元、彈性的安置模式給不同特殊需求的學生，
因此現在的教育工作者應該強調的是在各種情境中提供學習者所需的介
入，而不是著重在特定的地點提供服務，學校也必須為所有學生重新建
構，以促進融合教育理想的落實。

上述這些策略經由相關的研究已經證實能夠成為一個有意義和可信賴
的資料庫，可惜的是這些知識和策略，未必都能夠直接或是有效的應用在
教學實務當中。因此，美國自 2001 年公布《沒有孩子落後法案》

（NCLB）以來，特別重視證據本位實務（evidence-based practices，簡稱EBP），強調教育計畫和實務須以科學研究為基礎，以避免所謂的專家或權威者用一般常識、傳統或前例，甚至是個人直覺和經驗造成過度推論與錯誤決策。同時，要求改變過去等待學生失敗（wait to fail）之模式，及早停止一些無效的介入方案，以及提供實證有效的早期介入和處理攻擊行為的策略（鈕文英，2010b；Conroy et al., 2014; Cook & Odom, 2013; Kauffman, 2014; Marder & Fraser, 2013）。

執行這些與證據本位實務有關的策略，就有賴高素質的教師透過發展有組織和有效率的記錄學生學習資料之方法，例如：讓學生去蒐集、記錄和繪製自己學習表現的曲線圖，或是使用非正式的表現評量，或是參與教師研究社群等，方便自己進行實務研究，以便縮短研究與實務的差距，減少無效教學的禍害，並提升自己的教學品質。

參、運用輔助科技與專業團隊整合，創造無障礙環境

由於身心障礙學生的個別差異極大，無法僅藉由單一專業教師的教學策略就能夠滿足所有學生的需求，尤其是仍然有部分學生被排斥在普通教育之外，亟待相關人員運用輔助科技（assistive technology）與專業團隊整合，確保他們可以接受高品質和全方位的特殊教育服務，朝融合和無障礙的環境邁進。科技輔具應用的範圍極廣，大致可歸納為以下幾類（吳亨芳、陳明聰，2012）：

1.控制介面：是指能讓一個人更接近使用設備的介面，例如：各種運用機械、電磁、紅外線與聲波所開發出來的特殊開關。

2.擺位：是指能協助個人維持坐姿與平衡能力的設備，例如：輪椅的坐墊、支架、安全帶、椅背和保護頭部的頭盔等。

3.電腦：是指能協助個人單獨或配合其他設備使用，以達到和一般人一樣能夠運用電腦設備的輸入和輸出系統，解決個人、家庭、學校和工作環境需要面對的任務。

4.溝通：是指能協助個人運用語言以外的管道或方式，建立與外界聯繫和溝通的設備，例如：電腦語音溝通板。

　　5.移行：是指能協助個人增進獨立移動與行走能力的設備，可分為移動輔具與步行輔具兩大類，前者如輪椅，後者如助行器。

　　6.生活相關：是指能協助個人學習或是增進生活自我照顧的設備。凡是與進食、盥洗、如廁、沐浴、穿脫衣物、環境控制，甚至是複雜性的日常生活有關的設備都能歸為此項目。

　　7.感官類：是指能以擴大或替代方式協助個人接受外界視、聽、嗅、味、觸等感官知覺的設備，例如：擴視機和助聽器。

　　要完成上述這些科技輔助任務，吳亭芳（2012）指出，除了教師外，還必須要靠醫師、物理治療師、職能治療師、語言治療師、聽力師、社會工作師、臨床心理師、職業輔導人員，以及其他相關人員的通力合作才能完成。尤其是未來必須從各專業單獨作業的多專業團隊整合模式（multidisciplinary model），以及專業間僅有部分合作與討論的專業間團隊整合模式（interdisciplinary model），朝向完全以身心障礙學生的需求為主和各專業間充分合作的貫專業團隊整合模式（transdisciplinary model），凡事皆能考量所有人的學習需求，並同時能夠預先設計在整體的環境需求之下，達到全方位設計（universal design）之理想，創造真正的無障礙環境。

肆、協助身心障礙學生落實生涯教育與轉銜成人生活

　　自 18～19 世紀興起的特殊教育風潮，發展至今已不再以無能的弱者和保護觀點來看待身心障礙者。畢竟特殊教育最終的成果就是協助身心障礙學生在學校習得未來生活的技能，並順利離開學校，適應社區的生活。然而，有太多的身心障礙學生一旦離開學校後，就會因為生活的種種困境而感到挫折，變得不快樂（邱滿艷，2012）。如何透過生涯教育和成功的轉銜計畫，改善目前年輕的身心障礙畢業學生過渡到社區生活適應不良的問題，著實有其必要性和迫切性。

一、生涯教育

有關生涯（career）的定義頗多，廣義的是指生活中各種事件發展的方向和歷程，會隨著年齡和身心發展狀況，有不同的發展需要和目標，例如：在成長期的兒童會透過家庭和學校重要他人的認同來察覺和發展自我概念。不過，一般的生涯發展理論未必都能適用在所有的身心障礙者，因為許多身心障礙者的生涯發展任務會因為障礙的限制而停滯或延遲。也正因為受限於認知、溝通、行動、情緒及互動技巧等因素，讓人誤以為他們無法為自己表達意見，剝奪了做自我表達與自我決定的機會，因此未來要保障他們自我擁護（self-advocacy）與自我決策（self-determination）之權益，實有必要針對身心障礙者的生涯教育相關議題加以研究和討論，以適合他們真正的發展（林宏熾，1999，2003；鈕文英，2010c）。

二、轉銜計畫

在每個人的生涯發展過程中，均會經歷不同階段或情境的轉銜，例如：從國小到國中，從國中到高中，甚至是從高中到大學，最後再從學校轉換到成人生活或是職業工作的角色。轉換過程會面臨許多議題，例如：從學校進入成年階段早期會面臨生涯的選擇，包含升學、就業或是接受職業訓練等不同選擇，其中最大的生涯轉變就是從學生的身分要轉銜到成人的角色。Cronin 與 Patton 指出，轉銜到成人是否成功的指標，包括：身體／情緒健康、居家生活、休閒生活、個人責任與社會關係、社區參與、職業／教育等六大議題（鈕文英，2010c）。此時，特殊教育相關人員必須詳細了解學生的能力，並為其擬定詳細和合適的個別化轉銜計畫（individual transition plan，簡稱 ITP）；倘若能夠詳盡規劃與準備，相信能減少許多學生適應上的問題和具備良好的生活品質（quality of life）。

問題與反思

基本題

1. 請以某種社會或學習的現象，說明常態與異常的概念。
2. 請以某種社會或學習的現象，說明個別間差異與個別內差異的不同。
3. 請以實例說明下列四個名詞的意義與差異：特殊（exceptional）、身心障礙（disabilities）、損傷（impairments）、殘障（handicapped）。
4. 請簡述自 1960 年代開始的特殊教育發展思潮與變革。
5. 請說明美國、臺灣與中國大陸的身心障礙類別之差異所在？
6. 請以階梯式的服務概念，說明最適當的特殊教育安置應該注意哪些事項？
7. 請說明資賦優異與身心障礙共存的概念如何在目前的教育制度上落實？
8. 請說明教育相關工作者應如何促進融合教育的落實？
9. 請說明如何運用輔助科技與專業團隊整合，創造無障礙的環境？
10. 請說明如何協助身心障礙學生落實生涯教育與轉銜成人生活？

進階題

1. 請試以無障礙環境的建置與人的不同發展階段（如嬰兒出生前後、學齡前後、青少年、成年、老年）都有相關之觀點，說明如何替各類身心障礙者提供適當的特殊教育服務？
2. 請以實例說明個體存在個別間差異的優點與缺點。
3. 請以實例說明個體存在個別內差異的優點與缺點。
4. 請參酌本書身體病弱的相關內容，說明與比較過去的鑑定分類制度與「國際功能、障礙和健康分類系統」（ICF）的差異與影響。
5. 請以 Gardner 的多元智能（MI）觀點，討論特殊教育對每個人的重要性。
6. 請指出國內外高出現率和低出現率的身心障礙類別，以及變化較大的類別與其隱含的意義。
7. 請就接觸過有關身心障礙的書籍、影片、圖文資料或個案等，說明如何結合本身的科系、專長或興趣，對身心障礙學生提供具體的幫助。
8. 請以拔尖、扶弱與融合教育的觀點，討論現有的特殊教育應如何改進，才能破除「特殊教育只是少數人教育」的迷思。

中文部分

于曉平（2014）。中國大陸資優教育的推展與轉變。特殊教育與輔助科技，**10**，1-6。

中國殘疾人聯合會（2008）。**1987 年全國殘疾人抽樣調查研究資料：全國殘疾兒童基本數據**。https://reurl.cc/zzaQX0

中國殘疾人聯合會（2012）。**2010 年末全國殘疾人總數及各類、不同殘疾等級人數**。https://reurl.cc/v1zEEA

中國殘疾人聯合會（2015）。**2014 年中國殘疾人事業發展統計公報（12 號）**。https://reurl.cc/LdO229

中華人民共和國國家統計局（2007）。**2006 年第二次全國殘疾人抽樣調查主要資料公報（第二號）**。https://reurl.cc/8naeYM

中華人民共和國國家統計局（2009）。**各級各類學歷教育學生情況**。https://reurl.cc/Z7k2gl

中華人民共和國國務院（2017）。**殘疾人教育條例**。https://reurl.cc/DjkljO

中華人民共和國國務院（2019）。**特殊教育與融合教育**。http://www.scio.gov.cn/ztk/dtzt/39912/41159/41170/Document/1660536/1660536.htm

中華人民共和國國務院（2021）。**「十四五」特殊教育發展提升行動計畫**。https://reurl.cc/XGMRRM

王文科（2009）。特殊教育的定義、發展與趨勢。載於許天威、徐享良、張勝成（主編），**新特殊教育通論（第二版）**（頁 1-30）。五南。

何華國（2009）。**特殊兒童心理與教育（四版）**。五南。

吳武典（1990）。**特殊教育的理念與做法（增訂版）**。心理。

吳武典（2005）。融合教育的迴響與檢討。**教育研究月刊**，**136**，28-42。

吳武典（2013）。臺灣特殊教育綜論（一）：發展脈絡與特色。**特殊教育研究學刊**，**129**，11-18。

吳亭芳（2012）。相關專業服務團隊。載於林寶貴（主編），**特殊教育理論與實務（第三版）**（頁 509-534）。心理。

吳亭芳、陳明聰（2012）。科技輔具的應用。載於林寶貴（主編），**特殊教育理論與實務（第三版）**（頁 635-580）。心理。

林宏熾（1999）。身心障礙者自我擁護與自我決策之探討。**特殊教育季刊**，**73**，

1-13。

林宏熾（2003）。**身心障礙者生涯規劃與轉銜教育**。五南。

林寶貴（2012）。特殊教育的發展與趨勢。載於林寶貴（主編），**特殊教育理論與實務**（第三版）（頁 3-35）。心理。

邱大昕（2007）。無障礙環境建構過程中使用者問題之探討。**臺灣社會福利學刊，7**（2），19-46。

邱滿艷（2012）。身心障礙學生生涯發展與職涯輔導。載於林寶貴（主編），**特殊教育理論與實務**（第三版）（頁 615-680）。心理。

洪榮照（2011）。改革開放後中國大陸特殊教育發展因素之探究。**特殊教育與輔助科技學報，3**，37-78。

張世彗（2005）。融合教育的遞嬗與在融合班中協助身心障礙學生的方法。**國教新知，52**（3），1-11。

張嘉文（2008）。二十世紀末期英國障礙與特殊教育的社會學觀點。網路社會學通訊，**72**。

張嘉文（2009）。檢視臺灣融合教育的研究與發展實務。網路社會學通訊，**83**。

教育部（2019）。**十二年國民基本教育特殊教育課程實施規範**。作者。

教育部（2023）。**特殊教育法**。作者。

陳心怡（2018）。**魏氏兒童智力量表**（第五版中文版）：技術和解釋手冊。中國行為科學社。

陳淑麗（2010）。轉介前介入在學障鑑定的重要性與可行性。**特殊教育季刊，115**，14-12。

陳雲英（2006）。**中國特殊教育學基礎**。北京市教育科學出版社。

傅秀媚（2003）。融合班級中教學策略之應用（二）：交互教學法與過程本位教學法。載於**特殊教育論文集**。國立臺中師範學院。

鈕文英（2010a）。美國智能和發展障礙協會 2010 年定義的內容和意涵。國小特殊教育，**49**，21-32。

鈕文英（2010b）。特殊教育證據本位實務之建立、鑑識與運用。**南屏特殊教育，1**，1-24。

鈕文英（2010c）。轉銜評量在發展個別化轉銜計畫之應用探討。**臺中教育大學學報：教育類，24**（2），129-149。

鈕文英（2015）。**擁抱個別差異的新典範：融合教育**（第二版）。心理。

黃思綺、蔡依伶、蕭婉莉、鍾寧、洪郁芬、曹玉舫、謝孟揚、柯佳吟（2010）。文山特殊教育學校：無障礙環境介紹。**中等教育，61**（4），178-189。

鄒小蘭、盧台華（2011）。身心障礙資優生優弱勢分析結果之探究。**特殊教育學**

報，**33**，57-92。

劉春玲、江琴娣（2008）。**特殊教育概論**。華東師範大學。

諶淑婷（2011 年 12 月 30 日）。營造優質教育環境保障特教生學習權益。國語日報特殊教育專欄。https://reurl.cc/3Lnk0O

英文部分

Bracamonte, M. (2010). Twice-exceptional students: Who are they and what do they need? *The 2e Newsletter*. https://reurl.cc/KjW2Nj

Colorado Department of Education. (2006). *Twice-exceptional students: Gifted students with disabilities: An introductory resource book*. https://reurl.cc/e82p17

Conroy, M. A., Sutherland, K. S., Algina, J. J., Wilson, R. E., Martinez, J. R., & Whalon, K. J. (2014). Measuring teacher implementation of the BEST in CLASS intervention program and corollary child outcomes. *Journal of Emotional and Behavioral Disorders, 23*(3), 144-155.

Cook, B. G., & Odom, S. L. (2013). Evidence-based practices and implementation science in special education. *Exceptional Children, 79*(2), 135-144.

Gagliardi, L. (2014). Level of instruction in each setting. In J. Mulvey, B. S. Cooper, K. Accurso, & L. Gagliardi (Eds.), *Education is special for everyone: How schools can best serve all students* (pp. 71-88). Rowman & Littlefield.

Gardner, H. (1999). *Intelligence reframed: Multiple intelligences theory into 21th century*. Basic Books.

Gardner, H. (2011). *Multiple intelligences: The first thirty years*. https://reurl.cc/A8r9Gd

Gardner, H., & Hatch, T. (1989). Multiple intelligences go to school: Educational implications of the theory of multiple intelligences. *Educational Researcher, 18*(8), 4-9.

Gerber, M. M. (2011). A history of special education. In J. M. Kauffman, & D. P. Hallahan (Eds.), *Handbook of special education* (pp. 3-14). Taylor & Francis.

Heward, W. L. (2009). *Exceptional children: An introduction to special education* (9th ed.). Merrill/Prentice-Hall.

Kauffman, J. (2014). Opinion on recent developments and the future of special education. *Remedial and Special Education, 36*(1), 9-13.

Kirk, S. A., & Gallagher, J. J. (1983). *Educating exceptional children* (4th ed.). Houghton Mifflin.

Kirk, S. A., Gallagher, J. J., & Coleman, M. R. (2015). *Educating exceptional children*

(14th ed.). Cengage.

Marder, T., & Fraser, D. (2013). Evidence-based practice for special educators teaching students with autism. *New Horizons for Learning, X*(2). http://education.jhu.edu/PD/newhorizons/Journals/specialedjournal/MarderandFraser

Morris, M. (2004). The eight one: Naturalistic intelligence. In J. Kincheloe (Eds.), *Multiple intelligences reconsidered* (pp. 3-28). Peter Lang.

National Center for Education Statistics. [NCES] (2024a). *Table 204.30. Children 3 to 21 years old served under Individuals with Disabilities Education Act (IDEA), Part B, by type of disability: Selected school years, 1976-77 through 2022-23.* https://reurl.cc/Ejl6gA

National Center for Education Statistics. [NCES] (2024b). *Table 204.60. Percentage distribution of school-age students served under Individuals with Disabilities Education Act (IDEA), Part B, by educational environment and type of disability: Selected years, fall 1989 through fall 2022.* https://reurl.cc/RqGeYn

National Center for Learning Disabilities. [NCLD] (2006). Response to Intervention (RTI). In National Center for Learning Disabilities (Ed.), *IDEA parent guide* (pp. 12-15). https://reurl.cc/m9OznY

National Information Center for Children and Youth with Disabilities. [NICHCY] (2012). *Categories of disability under IDEA.* https://reurl.cc/14Vlx9

Reynolds, M. C. (1962). A framework for considering some issues in special education. *Exceptional Children, 28*(7), 367-370.

Smith, D. D. (2007). *Introduction to special education: Making a difference* (6th ed.). Allyn & Bacon.

Storey, K., & Hunter, D. (2014). *The road ahead: Transition to adult life for persons with disabilities* (3rd ed.). IOS Press.

United Nations. [UN] (2006). *Convention on the Rights of Persons with Disabilities.* https://reurl.cc/MO5j3X

Winzer, M. A. (1993). *The history of special education: From isolation to integration.* Gallaudet University Press.

World Health Organization. [WHO] (1980). *International classification of impairment, disability and handicaps* (ICIDH). Author.

World Health Organization. [WHO] (2001). *International classification of functioning, disability and health* (ICF). Author.

World Health Organization. [WHO] (2007). *International classification of functioning, disability and health for children and youth (ICF-CY)*. Author.

World Health Organization. [WHO] (2011). *World report on disability*. https://reurl.cc/x0meDN

第二章

特殊教育行政支持網絡

孟瑛如、陳虹君、周文聿

第一節　前言

　　隨著融合教育的推行，我國有超過八成的身心障礙學生被安置在普通班，並接受資源班或是巡迴輔導班等相關特殊教育服務（教育部統計處，2018）。然而，融合教育並非僅指一個安置的地點，而是需要依據學生不同的需求，提供系統性的支持與服務（Zigmond & Baker, 1995）。根據研究顯示（王天苗，2003；鈕文英，2008；蘇文利、盧台華，2006；Bricker，1995），支持系統的提供有助於融合理念的推廣與實踐。我國的《特殊教育法》從 1984 年制定公布後，隨著時空、環境的轉換，以及國際潮流之趨勢，為了保障特殊需求學生之受教權益，提升其受教品質與學習競爭力，具體實踐充分就學與適性發展，於 1997 年進行第一次修正，之後於 2009 年進行十二年來最大幅度之修正，由原來的 33 條增加至 51 條，其中第 44 條即明訂（教育部，2009）：

> 「各級主管機關為有效推動特殊教育、整合相關資源、協助各級
> 學校特殊教育之執行及提供諮詢、輔導與服務，應建立特殊教育
> 行政支持網絡；其支持網絡之聯繫與運作方式之辦法及自治法
> 規，由各級主管機關定之。」

該法條於 2023 年新修正之《特殊教育法》中變更為第 51 條第 3 項，並配合特殊教育實施教育階段，增列幼兒園階段：

> 「各級主管機關為有效推動特殊教育、整合相關資源、協助各級
> 學校及幼兒園特殊教育之執行及提供諮詢、輔導與服務，應建立
> 特殊教育行政支持網絡；其支持網絡聯繫、運作方式與其他相關
> 事項之辦法及自治法規，由各級主管機關定之。」

換句話說，由於資訊網路的發達，各級主管除須設置相關單位、整合相關資源，協助各級學校特殊教育之執行及提供諮詢、輔導與服務外，更應建立特殊教育支持網絡，運用資訊網路連結各特教相關單位與人員，協助特教事項推動上的資源整合，以利提升特教諮詢、輔導與服務效能。

第二節　現況與組織

為了保障身心障礙學生之學習權益，我國於 1984 年 12 月 17 日制定公布《特殊教育法》，為臺灣的特殊教育奠定基礎（教育部，1984），其中歷經 1997 年及 2009 年兩次大幅度之修正，條文亦從 25 條增加至 51 條（教育部，1984，1997，2009），並於 2013 年及 2014 年再次修正相關法條（教育部，2013，2014），其目的是為了保障特殊教育學生受教權益，提升其受教品質與學習競爭力，具體實踐充分就學與適性發展；2019 年新修正的《特殊教育法》，則是針對特教相關人員之任用提供明確的法源依據之外，更能達到特殊教育學校的校務順利運作及評鑑簡化、行政減量之目的（教育部，2019）。如今立法已超過三十年，彰顯特殊教育的質量並趨發展。其中，在 2009 年修法中，特教法規系統架構開始採分章節系統之呈現方式，其中第三章「特殊教育支持系統」即訂定出有關特殊教育支持系統的相關辦法及施行方式。而在 2023 年最新修訂的《特殊教育法》第 51 條第 3 項中即明訂：「……其支持網絡聯繫、運作方式與其他相關事項之辦法及自治法規，由各級主管機關定之。」我國於 2011 年即針對 2009 年的《特殊教育法》訂定《特殊教育行政支持網絡聯繫及運作辦法》，並於 2023 年進行修正，其中第 3 條明訂如下（教育部，2023b），其架構如圖 2-1 所示：

圖 2-1　特教行政支持網絡架構圖

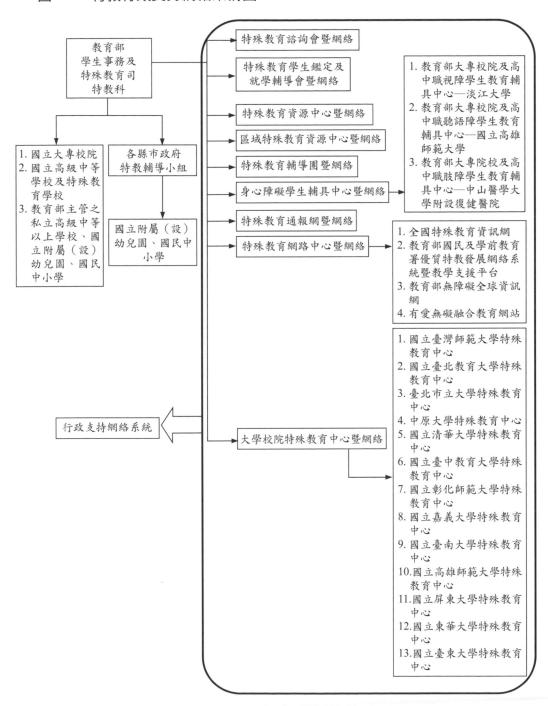

「本部建立之支持網絡，包括下列各單位：

一、本部特殊教育諮詢會（以下簡稱特諮會）。

二、本部特殊教育學生鑑定及就學輔導會（以下簡稱鑑輔會）。

三、本部特殊教育資源中心（以下簡稱資源中心）。

四、本部區域特殊教育資源中心（以下簡稱區域資源中心）。

五、本部特殊教育輔導團（以下簡稱輔導團）。

六、本部身心障礙學生輔具中心（以下簡稱輔具中心）。

七、本部特殊教育通報網（以下簡稱通報網）。

八、本部特殊教育網路中心（以下簡稱網路中心）。

九、大學校院特殊教育中心（以下簡稱大學特教中心）。」

其中，上述的網路中心目前又包含了：(1)全國特殊教育資訊網；(2)教育部國民及學前教育署優質特教發展網絡系統暨教學支援平台；(3)教育部無障礙全球資訊網；(4)有愛無礙融合教育網站；而大學校院特殊教育中心網絡系統則包含了國內十三所學校中所設立的特殊教育中心。

在上述架構圖中，各單位之任務係依據《特殊教育行政支持網絡聯繫及運作辦法》（教育部，2023b）第 4 條之規定：

「支持網絡各單位之任務如下：

一、特諮會：提供支持網絡發展之諮詢及成效評估。

二、鑑輔會：辦理特殊教育學生鑑定、就學安置、輔導及支持服務。

三、資源中心：

（一）整合支持網絡相關資源，並規劃及分配提供特殊教育學生所需服務。

（二）協助各校學生轉介鑑定、通報與建立人力及社區資源庫。

（三）提供教學資源與輔助器材、特殊教育教師巡迴服務、專業人員服務、支持服務、諮詢及輔導。

（四）彙集支持網絡運作成效之檢核及建議。

四、區域資源中心：提供社區、學校及幼兒園相關資源與支持服務。

五、輔導團：協助特殊教育政策之推展，提升高級中等以下學校及特殊教育學校特殊教育相關人員教學、輔導效能，並協助直轄市、縣（市）主管機關特殊教育輔導團運作行政協調、合作及諮詢服務。

六、輔具中心：辦理學生輔具需求申請、評估、借用、操作訓練、諮詢及維修。

七、通報網：建置特殊教育學生通報、轉銜及大專校院申請支持網絡各單位之作業平台，並提供教育訓練及網路操作諮詢。

八、網路中心：建置國立高級中等學校、國立特殊教育學校及本部主管之私立高級中等學校申請支持網絡各單位之作業平台，並提供特殊教育學生就學安置、轉銜通報等諮詢服務。

九、大學特教中心：協助有關特殊教育學生之鑑定、教學、諮詢及輔導工作。」

《特殊教育行政支持網絡聯繫及運作辦法》（教育部，2023b）第 5 條也規定：

「學校得依據特殊教育學生個別化教育計畫或特殊教育方案所需，向支持網絡各單位申請提供特殊教育教師巡迴輔導、專業人員服務、教育及運動輔具、諮詢及其他相關支持服務；支持網絡各單位應於學校申請後二星期內，評估個案需求，並提供必要之諮詢、輔導及服務。

通報網或網路中心所建置支持網絡各單位之作業平台，得提供學校向支持網絡各單位申請前項必要之諮詢、輔導及服務，並公告支持網絡各單位最新訊息及動態。」

依據《特殊教育行政支持網絡聯繫及運作辦法》（教育部，2023b）第 3 條規定，包含了上述九個單位，將分別介紹如下。此外，各縣市政府也依據《特殊教育法》（教育部，2023a）第 51 條建立其特殊教育行政支持網

絡，統籌推動特殊教育諮詢與輔導業務。

壹、特殊教育諮詢會暨網絡

依據《特殊教育法》（教育部，2023a）第 5 條之規定：「各級主管機關為促進特殊教育發展，應設立特殊教育諮詢會⋯⋯。」我國於 2011 年發布《教育部特殊教育諮詢會設置辦法》，並於 2023 年修正。該法第 4 條規定：「本會為因應特殊教育相關事項諮詢之需要，得分設身心障礙組及資賦優異組。」第 6 條規定：「本會每四個月開會一次，必要時得召開臨時會議。會議召開時由召集人擔任主席，召集人無法出席會議時，由副召集人代理主席。⋯⋯」第 3 條明定（教育部，2023c）：

「本會置委員二十三人至二十七人，其中一人為召集人，由本部部長兼任；一人為副召集人，由本部部長指定次長兼任；其餘委員由本部部長遴聘（派）學者專家、教育行政人員、學校及幼兒園行政人員、身心障礙及資賦優異學生、全國性教師及教保服務人員組織代表、特殊教育相關家長團體代表、身心障礙與資賦優異學生及幼兒家長代表、特殊教育相關專業人員、相關機關（構）及團體代表兼任之。

本會委員名額，其中教育行政人員、學校及幼兒園行政人員、相關機關（構）代表人數，合計不得超過委員總數二分之一；任一性別委員人數，不得少於委員總數三分之一。

本會委員任期為二年，期滿得續聘（派）兼之。但代表機關出任者，應隨本職同進退。⋯⋯」

該法第 6 條明定（教育部，2023c）：

「⋯⋯本會開會時，其委員由學者專家出任者，應親自出席；代表機關團體出任者，得派員代表出席。

本會開會時，本部相關單位應派員列席；必要時，得邀請有關機關或人員列席。⋯⋯」

而該法第 2 條明定，諮詢會應針對下列事項提供諮詢意見（教育部，2023c）：

「……一、研擬訂修特殊教育法規。

二、規劃特殊教育資源分配。

三、培訓特殊教育師資及相關人員。

四、建置特殊教育行政支持網絡。

五、提供特殊教育教學及輔導。

六、提供特殊教育服務措施。

七、提供社會福利、勞工及衛生等有關特殊教育轉銜服務。

八、其他有關促進適性及融合之特殊教育研究發展之相關事
　　項。」

　　各縣市政府也應依據《特殊教育法》（教育部，2023a）第 51 條之規定，設置相關單位，提供該縣市參與諮詢、規劃及推動特殊教育相關事宜。依據《特殊教育行政支持網絡聯繫及運作辦法》（教育部，2023b），特殊教育諮詢會的主要任務為提供支持網絡發展之諮詢及成效評估；然而，各縣市依據該縣市之狀況會有些許差異，如表 2-1 中的臺北市和新北市之比較，可發現在設置人員方面，臺北市依最新之《特殊教育法》做修訂，所訂定的人員較細，且在權責／任務之訂定較為詳細；而依據 2023 年所規定之《教育部特殊教育諮詢會設置辦法》第 6 條，該會應每四個月召開一次，但臺北市及新北市目前在這個部分均訂為六個月開一次會。

表 2-1　臺北市及新北市政府特殊教育諮詢會設置辦法之比較

	臺北市	新北市
法源依據	《特殊教育法》（2023）第 5 條第 4 項	《特殊教育法》（2009）第 5 條第 3 項
主管機關	臺北市政府教育局	條文中並未明確指出
設置人員	臺北市特殊教育諮詢會置委員 23 人至 33 人，主任委員由教育局局長兼任，副主任委員 1 人，由教育局局長指派之教育局副局長或主任秘書兼任，其餘委員由教育局就下列人員聘（派）兼之： 1. 臺北市政府社會局代表 1 人。 2. 臺北市政府勞動局代表 1 人。 3. 臺北市政府衛生局代表 1 人。 4. 教育局代表 1 人。 5. 學校及幼兒園行政人員。 6. 特殊教育學者專家。 7. 身心障礙及資賦優異學生。 8. 臺北市政府核准立案之教師及教保服務人員組織代表。 9. 身心障礙及資賦優異者家長團體代表。 10. 身心障礙與資賦優異學生及幼兒家長代表。 11. 特殊教育相關專業人員。 12. 其他相關團體代表。	本會置委員 17 人至 23 人，其中 1 人為主任委員，由市長兼任；2 人為副主任委員，由副市長及新北市政府教育局局長兼任；其餘委員由市長就下列人員聘（派）兼之： 1. 特殊教育及相關領域學者專家 8 人至 9 人。 2. 教育行政人員 1 人。 3. 學校行政人員 1 人至 2 人。 4. 新北市教師組織代表 1 人至 2 人。 5. 特殊教育學生家長代表 1 人至 2 人。 6. 特殊教育相關專業人員 1 人至 2 人。 7. 特殊教育相關機關（構）及團體代表 1 人至 2 人。

表 2-1　臺北市及新北市政府特殊教育諮詢會設置辦法之比較（續）

	臺北市	新北市
權責／任務	本會任務為參與諮詢、規劃及推動下列特殊教育相關事宜： 1.研擬修訂特殊教育法規。 2.規劃特殊教育資源分配。 3.培訓特殊教育師資及相關人員。 4.建置特殊教育行政支持網絡。 5.提供特殊教育教學及輔導。 6.提供特殊教育服務措施。 7.提供社會福利、勞工及衛生等有關特殊教育轉銜服務。 8.其他有關促進適性及融合之特殊教育研究發展之相關事項。	1.特殊教育政策之研議事項。 2.特殊教育工作之諮詢事項。 3.特殊教育工作執行之協助推動事項。 4.其他有關特殊教育之規劃與推動事項。
開會時間	本會每六個月召開會議一次，必要時得召開臨時會議；會議由主任委員擔任主席，主任委員因故不能出席時，由副主任委員代理之；主任委員及副主任委員均因故不能出席，由主任委員或副主任委員指定委員一人代理之。……本會會議應有過半數委員出席始得開會；經出席委員過半數同意，始得作成決議。	本會每半年召開會議一次，必要時得由主任委員召集或經委員人數二分之一以上連署，召開臨時會議。 本會會議由主任委員召集，並為會議主席；主任委員不能出席時，由副主任委員為主席；主任委員、副主任委員均不能出席時，由出席委員互推一人為主席。 本會會議應有全體委員過半數之出席，及出席委員過半數同意之決議行之。

表 2-1　臺北市及新北市政府特殊教育諮詢會設置辦法之比較（續）

	臺北市	新北市
執行秘書	本會置執行秘書一人，由教育局特殊教育科科長兼任，綜理會務推動；置工作人員一人，由教育局指派相關人員兼任，辦理會務。	本會置執行秘書一人，由本局特殊教育科科長兼任，承主任委員之命，處理會務。

註：引自臺北市政府教育局（2023）；新北市政府教育局（2012）。

貳、特殊教育學生鑑定及就學輔導會暨網絡

依據《特殊教育法》（教育部，2023a）第 6 條之規定：「各級主管機關應設特殊教育學生鑑定及就學輔導會……，辦理特殊教育學生及幼兒鑑定、就學安置、輔導及支持服務等事宜；……」，並發布《教育部特殊教育學生鑑定及就學輔導會組織及運作辦法》（教育部，2023d），該法第 4 條規定：

「本會置委員三十一人至三十九人，其中一人為召集人，一人為副召集人，均由本部部長指派本部國民及學前教育署相關人員兼任；其餘委員，由本部部長就下列人員聘（派）兼之，並予公告：
一、學者專家。
二、教育行政人員。
三、學校行政人員。
四、全國教師組織代表。
五、特殊教育相關家長團體代表。
六、身心障礙學生家長代表。
七、資賦優異學生家長代表。
八、專業人員。
九、中央衛生主管機關代表。

十、相關機關（構）代表。

十一、相關團體代表。

前項召集人、副召集人及第二款、第三款、第十款教育行政人員、學校行政人員與相關機關（構）代表人數合計，不得超過委員總數二分之一；任一性別委員人數，不得少於委員總數三分之一。

本會置執行秘書一人，由本部部長指派人員兼任，承召集人指示辦理本會相關行政事務，所需工作人員由本部指定相關人員擔任之。」

該法第9條規定（教育部，2023d）：

「本會每六個月至少應召開會議一次，必要時得召開臨時會，由召集人召集，並擔任主席；召集人不能出席會議時，由副召集人代理之；副召集人不能出席會議時，由召集人或副召集人指定委員一人代理之。

各小組應於本會會議召開前，召開會議進行綜合評估；小組會議，由小組召集人召集，並擔任主席；小組召集人不能出席會議時，由小組召集人指定成員一人代理之。

各分組應不定期召開會議進行初評；分組會議，由分組召集人召集，並擔任主席；召集人不能出席會議時，由召集人指定成員一人代理之。

本會委員及各小組、分組成員應親自出席會議。但機關（構）、團體或組織代表未能出席會議時，得指派代理人出席，並得發言及參加表決。

本會、各小組、各分組會議，應有二分之一以上委員或成員出席，始得開會；會議決議，應有出席委員或成員過半數之同意行之。

本會、各小組、各分組會議，得邀請學者專家、有關機關（構）代表或人員，列席報告、說明，或提供諮詢意見。」

該法第 3 條規定該會的主要任務如下（教育部，2023d）：

「本部依本法第六條第一項所設之特殊教育學生鑑定及就學輔導會（以下簡稱本會），其任務如下：
一、審議鑑定、安置相關事項。
二、審議特殊教育學生輔導及支持服務相關事項。
三、審議各小組及分組之年度工作計畫。」

以桃園市特殊教育學生鑑定及就學輔導會為例：桃園市特殊教育工作之推展，依據教育部規劃之特殊教育輔導區，係由國立臺灣師範大學、國立清華大學與私立中原大學之特殊教育中心負責輔導。在市政府層級設置「特殊教育諮詢委員會」，遴聘學界、醫療、機構、家長團體、特教實務等特教領域之菁英擔任委員，對本市特殊教育之發展方針提出建言並依據《特殊教育法》設置「特殊教育學生鑑定及就學輔導會」，以跨專業合作方式進行特殊教育之鑑定、安置與就學輔導工作（桃園市特殊教育學生鑑定及就學輔導會，無日期）。

桃園市特殊教育主管行政單位為桃園市教育局，下設特殊教育科，負責規劃與推動特殊教育工作。針對特殊教育之經營與教學輔導，遴選特殊教育教師及學校行政人員組成「特殊教育輔導團」；成立南北兩區「特殊教育資源中心」，以提供特殊教育教師進修研習、教材輔具借用等支援服務；為同時兼顧「融合教育」發展與提供「在家教育」服務，成立「身心障礙巡迴教育中心」；並成立「特殊教育教材資源中心」，以蒐集與發展特殊教育教材資源；再依據地區分布設置六所「知動教室」及六所「特殊教育中心學校」，同時規範每一學校需組織「特殊教育推行委員會」，將特殊教育行政與輔導形成一完整而綿密之網絡（桃園市特殊教育學生鑑定及就學輔導會，無日期）。

參、特殊教育資源中心暨網絡

　　依據《特殊教育行政支持網絡聯繫及運作辦法》（教育部，2023b）第4條之規定，各縣市特殊教育資源中心之設立目的是教育部及各縣市政府教育局（處）為了：

　　1.整合支持網絡相關資源，並規劃及分配提供特殊教育學生所需服務。

　　2.協助各校學生轉介鑑定、通報與建立人力及社區資源庫。

　　3.提供教學資源與輔助器材、特殊教育教師巡迴服務、專業人員服務、支持服務、諮詢及輔導。

　　4.彙集支持網絡運作成效之檢核及建議。

　　各縣市政府特殊教育資源中心之相關網址，如表2-2所示。

表 2-2　各縣市特殊教育資源中心暨網絡

	縣市	分區	網址
	基隆市		https://kse.kl.edu.tw/
北部	臺北市	東區	http://www.terc.tp.edu.tw/
		資優	http://trcgt.ck.tp.edu.tw/
		西區	http://www.syrc.tp.edu.tw/
		南區	https://reurl.cc/Q3qmXq
		北區	http://nse.tpmr.tp.edu.tw/
		視障	http://trcvi.tmsb.tp.edu.tw/
		聽障	https://reurl.cc/14VMvW
	新北市	秀山特殊教育資源中心	https://reurl.cc/N6Mnpq
		國光特殊教育資源中心	https://reurl.cc/Y6aG9o
		分區特殊教育資源中心（新莊國中）	https://reurl.cc/4mzq1R
		分區特殊教育資源中心（三峽國中）	https://reurl.cc/7o8nDl
		分區特殊教育資源中心（北新國小）	https://reurl.cc/e82nOM
		分區特殊教育資源中心（鄧公國小）	https://reurl.cc/k0ekEK
		分區特殊教育資源中心（金龍國小）	https://reurl.cc/6lm9Ly

表 2-2 各縣市特殊教育資源中心暨網絡（續）

縣市		分區	網址
北部	新北市	分區特殊教育資源中心（瑞芳國小）	https://reurl.cc/LdOVXX
		分區特殊教育資源中心（永福國小）	https://reurl.cc/3LnR3X
		資優資源中心	https://reurl.cc/MdQ9XW
	桃園市	南區	https://reurl.cc/gmAxZz
		北區	https://reurl.cc/bRrqVv
	新竹市特教資源中心		https://reurl.cc/3LnROX
	新竹縣特教資源中心		http://serc.hcc.edu.tw/
	苗栗縣特殊教育網		http://www.spc.mlc.edu.tw/
中部	臺中市	中區	http://210.71.166.88/
		山線	https://reurl.cc/E2rRR1
		海線	https://reurl.cc/NXARGm
	彰化縣特教資源中心		http://www.rcse.chc.edu.tw/
	南投縣特教資源中心		http://spec.ntct.edu.tw/
南部	雲林縣特殊教育網		http://special.ylc.edu.tw/
	嘉義市特教資源中心		https://reurl.cc/OqNzVR
	嘉義縣特教資訊網		https://reurl.cc/8naz0j
	臺南市特教資源中心		http://web.tn.edu.tw/serc
	高雄市特教資源中心		http://www.spec.kh.edu.tw/
	屏東縣特殊教育資源網		http://ser.ptc.edu.tw/
東部	臺東縣教育處特教資源中心		http://serc.boe.ttct.edu.tw/
	花蓮縣特教資源服務網		https://reurl.cc/Y6aGVD
	宜蘭縣特教資源中心		https://2blog.ilc.edu.tw/26151
外島	澎湖縣特殊教育資源中心		https://reurl.cc/Gr6Qev
	金門縣特殊教育資訊服務網		https://spe.km.edu.tw/
	連江縣教育處學管科		https://reurl.cc/Q3qm4q

肆、區域特殊教育資源中心暨網絡

依據《特殊教育法》（教育部，2023a）第 28 條：

「各級主管機關或私人為辦理高級中等以下學校之身心障礙學生
及幼兒教育，得設立特殊教育學校；……
特殊教育學校應與普通學校、幼兒園及社區合作，增進學生及幼
兒之社會融合；並設立區域特殊教育資源中心，提供社區、學校
及幼兒園相關資源與支持服務。……」

因此，《特殊教育行政支持網絡聯繫及運作辦法》（教育部，2023b）
第 3 條加入了區域特殊教育資源中心的設立。

伍、特殊教育輔導團暨網絡

依據《特殊教育法》（教育部，2023a）第 51 條：

「高級中等以下學校及幼兒園之主管機關，得商借公立學校或幼
兒園教師組成任務編組性質、具專業自主性之特殊教育資源中心
及特殊教育輔導團，推動特殊教育。……」

而依據《特殊教育行政支持網絡聯繫及運作辦法》（教育部，2023b）
第 4 條規定：

「……輔導團成立之目的，係為了協助特殊教育政策之推展，提
升高級中等以下學校及特殊教育學校特殊教育相關人員教學、輔
導效能，並協助直轄市、縣（市）主管機關特殊教育輔導團運作
行政協調、合作及諮詢服務。……」

目前的輔導團可以劃分為中央分團、特校分團、高中分團，詳細介紹
請見本書第 80～81 頁。

陸、身心障礙學生輔具中心暨網絡

　　身心障礙學生在求學過程中，若能適當地運用輔具，便能克服環境與身體功能限制，融入校園學習活動，滿足就學需求與保障學習權利。根據《特殊教育法》及其相關子法，學校應依身心障礙學生的學習及生活需求，提供教育輔助器材、校園無障礙環境等支持服務，協助學生順利學習，充分參與學校生活。目前，中央及縣市均有成立輔具中心（如表 2-3 所示），以辦理學生輔具需求申請、評估、借用、操作訓練、諮詢及維修。依據學習階段的不同，專屬負責身心障礙學生輔具服務之單位，亦有所不同。在學前及義務教育階段，身心障礙學生輔具服務主要是由各縣市教育局（處）的輔具中心負責；大專校院暨高中職階段之身心障礙學生，則是以教育部委託之學習輔具中心為主（教育部，無日期 a）。

　　隨著大專校院及高中職身心障礙學生的增加，為了幫助學生能順利學習，針對學生需求提供適切的輔具協助其學習，便是介入的關鍵。然而，有關大專院校學習輔具的補助，大多是依據《大專院校輔導身心障礙學生實施要點》，納入「補助大專院校輔導身心障礙學生工作計畫」中一併辦理，連同辦理輔導學生業務所需要之設備，並由學校填寫申請補助購置設備清單，報教育部審查後，再由教育部補助各校之需求進行購置。然而，這樣很容易面臨以下兩大問題：第一，身心障礙學生因個別差異大，其特教學習輔助極具個別化及差異化，若僅依據學校之身心障礙學生數及申請說明等書面資料，卻缺乏諮詢學校及個案之相關資訊，很容易導致學校申請的學習輔具與學生的需求不相符而無法使用；第二，過去由各校自行採購輔具，因數量較少，相對採購成本也提高，容易造成資源浪費之現象（教育部，無日期 b）。

　　因此，教育部為建立身心障礙學生學習輔具需求專業評估與集中採購機制，於 92 學年以專業、鄰近、方便、快速等四個面向進行考量，並依當時的《特殊教育法》第 24 條規定：「學校應提供身心障礙學生必要之教育輔助器材，教育部每年均編列預算補助大專院校，協助其購買身心障礙學

表 2-3　中央及縣市輔具中心網站

單位	網址
衛生福利部社會及家庭署多功能輔具資源整合推廣中心	https://newrepat.sfaa.gov.tw/repat-cat-rap
基隆市輔具資源中心	http://www.klatrc.tw/
臺北市西區輔具中心	https://tpap.taipei/app37/cognition-View/detail2
臺北市南區輔具中心	https://tpap.taipei/app37/cognition-View/detail3
臺北市合宜輔具中心	https://tpap.taipei/app37/cognition-View/index
新北市輔具資源中心（蘆洲／新店）	https://atrc.aihsin.ntpc.gov.tw/
桃園市北區輔具資源中心	http://www.tyad.org.tw/
桃園市南區輔具資源中心	http://ntyc.com.tw/index.php
新竹市輔具資源中心	http://www.hcarc.com.tw/
新竹縣北區／南區輔具資源中心	http://www.mlatc.artcom.tw/ap/
台中市北區／南區／海線輔具資源中心	https://www.society.taichung.gov.tw/461772/post
彰化縣輔具中心（二林／田尾）	http://www.chcgat.org.tw/
南投縣輔具資源中心	https://natrc.nantou.gov.tw/
雲林縣輔助器具資源中心	https://ylad.yunlin.gov.tw/
嘉義市輔具資源中心	http://www.mpccc.com.tw/
嘉義縣輔具資源中心	https://chiayiat.tw/
臺南市輔具資源中心	https://www.tnatrc.com.tw/
高雄市北區輔具資源中心	http://www.penganfg.org.tw/
高雄市南區輔具資源中心	http://www.kssouth.org.tw/
屏東縣屏北區／中區輔具資源中心	http://www.ptat-sbptclinic.com.tw/
臺東縣輔具暨生活重建中心	https://repat.taitung.gov.tw/
花蓮縣輔具資源中心	https://hlatrc.hl.gov.tw/
宜蘭縣輔具資源中心	http://www.yilanatrc.com.tw/
澎湖縣輔具資源中心	http://www.phadc.org.tw/
金門縣輔具資源中心	https://www.kinmen-atc.org.tw/
連江縣輔具資源中心	https://www.matsuhb.gov.tw/Chhtml/content/2264?webaid=5

生所需學習輔具」，以及 2003 年訂定之《教育部補助大專院校身心障礙學生學習輔具原則》，分別委託淡江大學成立「教育部大專校院及高中職視障學生教育輔具中心」（http://assist.batol.net/）、國立高雄師範大學成立「教育部大專校院及高中職聽語障學生教育輔具中心」（http://cacd.nknu.edu.tw/cacd），以及中山醫學大學附設醫院成立「教育部大專院校及高中職肢障學生教育輔具中心」（http://www.eduassistech.org/）。藉由各個輔具中心聘請相關專家學者與特殊需求學生面對面諮詢，除能更了解個案需求，進而更能具體針對特殊學生需求，建議提供何種學習輔具；教育部則可依據其所提供之建議，逕行補助學校（或輔具中心）採購，無須再召開審查會議，縮短補助流程，使學生可更快獲得相關輔具（教育部，無日期 b）。

柒、教育部特殊教育通報網暨網絡

為了協助直轄市及各縣市政府鑑輔會能充分掌握特殊教育學生人數與安置情形，據以規劃特殊教育增班設校，辦理相關服務，以達提供特殊教育學生適當就學之目的，教育部特殊教育工作小組於 1996 年 9 月成立了「身心障礙學生通報系統專案小組」，著手規劃建立「身心障礙學生通報系統」，預定待教育需求架構建立完成後，結合醫療、社政、勞政、戶政等系統，建立橫貫整合完備之通報體系（教育部，無日期 c）。

通報系統發展之試驗期，主要是以縣市為單位之通報運作架構，從各縣市的回饋中不斷修正運作方式與資料內容，並著手規劃特殊教育學校及高中職教育階段之特殊教育學生資料庫建置策略。在此階段，通報系統發展重點為以下三項（教育部，無日期 c）：

1.以縣市為單位，建立通報模式的可行性；從評估現有環境中找尋最方便、最有效的作業管道，彙整各縣市不同教育階段通報資料，以及聯繫橫貫之不同單位。

2.為處理跨縣市、縣市內特殊教育學生因安置場所改變而產生之資料移轉問題，避免移轉過程中，學生資料重複、流失或資料結構不同所造成的缺失，通報系統一開始就以建立全國單一格式之動態資料庫為發展目標，

以期能掌握最新之全國特殊教育學生的動態統計資料。

　　3.通報系統捨棄以往由各縣市填報各類特殊教育學生人數之方式，取而代之以在學生資料庫中建立統計欄位需求，從每一名特殊教育學生通報資料中擷取分析，可產出多樣性的統計數據。就統計方式而言，通報系統因資料庫逐年建立下，減少縣市管理端以人工計算各項統計結果，取而代之應用資料庫記錄欄位統計分析，提供即時動態統計，每週更新之統計紀錄兩種查詢模式，供關心特殊教育工作者上網查詢。

　　在此期間，通報網也積極擴大學生資料蒐集範圍，先進行國立特殊教育學校及公私立高中職特殊教育學生之通報作業；並規劃、建置大專校院的通報架構。此外，通報網與內政部早期療育通報轉介中心進行結合，蒐集學齡前幼兒資料；也與內政部委任之兒童福利聯盟合作，增設身心障礙失蹤兒童協尋網頁。後來，開始著手整合朝向單一資料庫方向前進，原各縣市獨立運作之特殊教育通報網站停止運作，劃分教育階段，以國立特殊教育學校及公私立高中職特殊教育學生之通報作業，建置 SET 特殊教育通報網（https://www.set.edu.tw/）；以大專校院特殊教育學生之通報作業，建置 SEN 特殊教育通報網（https://www.sen.edu.tw/），延續開發各縣市進入通報系統後的獨立作業介面。自此，各縣市教育主管機關、各級學校都可直接進入網站通報特殊教育學生，填報學校、特殊教育班級、特殊教育教師等資料，達成單一資料庫全面網路化的設置目標（教育部，無日期 c）。

　　另外，為了給予身心障礙學生適宜的特殊教育方式，並提供相關服務或支持措施，協助學習，增進其學習成果，通報網以學生資料為核心，建立互相連結的轉銜服務系統、鑑定安置系統，以及各種相關服務或措施的申請、審核、督管作業系統。以特教需求服務學生為主軸，全面了解學生的需求，以及所獲得之服務內容，包括：相關專業服務、大字體或點字教科書、教育輔助器材、獎助學金等。其中轉銜通報系統的建置，更克服了跨縣市之間、縣市內各學校間，特殊教育學生因轉學、升學，必須完成資料移轉，確實做到持續追蹤、服務到位的目標（教育部，無日期 c）。

　　同時，為協助提升特殊教育服務品質，通報網也著手開發教師進修研習系統、特殊教育相關出版品網路瀏覽與下載等子系統，以增進教師知能，達到資訊交流之功能（教育部，無日期 c）。

此外，為加強與其他教育單位或相關單位之合作，通報網也協助開發了「適性輔導安置」、「無障礙校園環境管理」、「學習輔具管理」、「特教學校校務管理」、「青年圓夢計畫」、「教育訓練網」等網站，提供社會大眾、家長、教師或教育行政人員運用（教育部，無日期c）。

綜合上述，通報網系統包含全國、縣市及學校三個層級；蒐集之學生資料範圍跨越學前教育到高等教育階段；同時，還包含學校、特殊教育班級、特殊教育人力（教師、專業人員、教師助理員及助理人員）等多元資訊；亦涉及功能完整之各項相關服務申請作業系統，使得資料庫之架構與內容十分錯綜複雜，同時也提高維持資料正確性的難度。為了提升資料的正確性（教育部，無日期c）：

1.各縣市負責特殊教育通報之人員每年將定期施以教育訓練，使其對通報之內容、格式、作業方式、問題處理具一定專業能力，並要求各縣市對所屬學校負責人員亦應定期辦理教育訓練。

2.設計查核程式，進行資料庫的連結與各相關欄位相互查核功能，對輸入之資料可進行錯誤偵測，降低人工作業造成的誤差。

3.定期檢核通報資料：為了提升特殊教育各層面重要的實證數據，通報網上的資料庫已具備優質統計資料之特質，每年除了延續開發不同面向統計分析，並提供發展重要特殊教育統計指標之參考與應用價值，期望在政策規劃與學術研究上能發揮功能，以協助提升我國的特殊教育品質。

捌、特殊教育網路中心暨網絡

國內現有的特殊教育網路中心暨網絡系統，包含：全國特殊教育資訊網（https://special.moe.gov.tw/）、教育部國民及學前教育署優質特教發展網絡系統暨教學支援平台（https://sencir.spc.ntnu.edu.tw/）、教育部無障礙全球資訊網（http://www.batol.net/），以及有愛無礙融合教育網站（https://www.dale.nthu.edu.tw/），分別介紹如下。

一、全國特殊教育資訊網

「全國特殊教育資訊網」（https://special.moe.gov.tw/，原名為「全國特殊教育資訊網路」），是國立臺灣師範大學特殊教育中心自 1991 年起受教育部委託規劃建置，其目的是為了推展我國特殊教育研究和實務工作，並使全國從事特殊教育或即將從事相關身心障礙領域工作者能夠輕易方便的獲得相關資訊，以利迅速掌握全國特教的現況與資源服務（教育部，無日期 d）。

該網站「以學術為導向，提升特教工作者結合理論與實務之終身學習，並建構其支持、支援系統」之概念，致力於「特教資訊國際化」、「特教知能學習系統化」、「特教自學系統網路化」和「特教知識管理整合化」，因此不斷地加強國內外資料蒐集，並隨時更新國內外之特教資訊，亦提供《身心障礙者權利公約（CRPD）教育人員宣導手冊》、《特殊教育法易讀手冊：我要去上學》（電子書）、《特殊教育與輔助科技半年刊》和《國立臺中教育大學特教中心電子報》全文下載服務，以及提供各大學特殊教育中心出版品的相關連結，亦提供特教相關影音，並結合特教相關資源，例如：專業團隊、無障礙環境、人力資源庫、國際交流，以及特教團體等，以帶動全國特教工作者及相關領域人員的學習和參與，活絡大家的經驗分享和資訊交流，以充分發揮全國特殊教育資訊網之功能（教育部，無日期 d）。

二、教育部國民及學前教育署優質特教發展網絡系統暨教學支援平台

為因應普通教育與特殊教育接軌之融合趨勢，教育部特殊教育工作小組於 2012 年委託國立臺灣師範大學特殊教育中心規劃建置「優質特教發展網絡系統暨教學支援平台」（https://sencir.spc.ntnu.edu.tw/）。該平台為一全國性之特教資訊交流及教學支援平台，配合政府組織改造，後續由國民及學前教育署繼續委託該中心維護該平台，其功能亦有所調整與擴大，為因應未來平台資訊龐大，於 2017 年全新改版，整合多個資料庫並擴充建置其

他功能（教育部，無日期 e）。

　　為達到全國特殊教育相關領域之資訊交流，該平台會不定期更新特教法規資訊以及各大專校院特殊教育中心所辦理之研習活動等各類特教訊息，以達到資訊交流之目的。針對 2019 年推行的「十二年國民基本教育課程綱要」，提供十二年國民基本教育課程綱要總綱、特殊教育課程實施規範暨領綱、研修說明、會議紀錄、課綱 Q&A、前導學校相關資訊，以及最新消息發布；依據特殊教育輔導團劃分中央分團、特校分團、高中分團等，提供組織目的任務及相關資訊；以及建立高中職以下階段特殊教育新課綱與非新課綱之教材與教具、研習課程與實務經驗的教學資源共享資料庫，以供各大專校院特殊教育中心、各縣市政府及各級學校所編製之教材教育與辦理研習後存放檔案及分享教學資源；並提供中文學習補救教學的相關資訊，還有教育部教材比賽之得獎作品和資優教育資源網和評量工具的相關連結，作為全國各相關領域之教師、家長及學生等不同特殊需求人士獲得特殊教育資訊與進行經驗交流之分享平台（教育部，無日期 e）。

　　自 2014 年起，收錄教育部委託全國大專校院特殊教育中心辦理輔導區相關業務之成果報告，提供全國各大專校院特教中心承辦教育部輔導區業務所需上傳之教材、研習課程、刊物資料和其他檔案供各界查閱瀏覽，讓實務教學工作者及社會大眾等相關人士獲得更多元更豐富的特教資訊（教育部，無日期 e）。

三、教育部無障礙全球資訊網

　　由於政府極力倡導資訊化社會，加上電腦的使用日益普及，為了促進身心障礙者使用的可能性及擴大他們的生活空間，教育部開始注意到身心障礙者的需求，進而設計出一些適合他們使用的輸入方式。以視障者來說，彼此間的溝通大多利用六鍵的點字打字機，但除了視障者之外，一般人無法了解這些點字文件，也因此造成溝通上的些許不便。為了解決這個困擾，淡江大學視障資源中心於是開發了無字天書輸入法，配合原有點字習慣，以電腦鍵盤上的 S、D、F、J、K、L 六鍵來輸入中文及英文，再結合中央研究院設計的自然輸入法自動選字，透過系統轉換成一般人看得懂的

文字。點字本來就是依注音設計，但因盲人對圖形的認知較有困難，對中文字型也無概念，只求音同即可，並不計較確實的用字。不過，中文的同音字實在太多，為避免一般人看了會無法了解，所以視障使用者必須再學習選出正確字（教育部，無日期 f）。

　　近年來，國外有些組織開始注意到，在一般的 HTML 網頁中，為了吸引網友的注意，除了文字以外，往往使用大量的圖片及動畫，但是這些網頁內容，並沒有考慮身心障礙者的不便，例如：視覺障礙者因為眼睛看不到，一旦遇有網頁內的圖片，即無法以點字輸出入工具閱讀內容，就完全無法理解其意，因此開始提倡 Universal Web Access 的概念，意指全球資訊網必須具有可及性，藉由網頁設計技術的改進，讓一般人或身心障礙者，都能夠享受全球資訊網的服務（教育部，無日期 f）。

　　我國政府亦注意到身心障礙者在使用網路上的困擾，因此行政院研究考核委員會即根據目前主導國際全球資訊網技術的標準組織 W3C（World Wide Web Consortium），所屬之資訊網可及性推動組織 WAI（Web Accessibility Initiative）訂定的「無障礙網頁內容可及性規範」（Web Content Accessibility Guide-lines，簡稱 WCAG），以作為開發準則依據，並將國內政府機關、商業網站及民間企業等公共資訊服務網站重新翻修，提供一個資訊網站在處理無障礙網頁的規劃、開發、設計、檢測和認證等工作時，依各發展階段，對無障礙網頁開發，提供相關指引，建構一個「無障礙的網路空間」，使身心障礙者在使用網路上無所限制（教育部，無日期 f）。

四、有愛無礙融合教育網站

　　臺灣特殊教育的發展一直面臨師資不足、資源不夠（包括空間和經費），以及城鄉差距這三項主要困難，加上學習障礙的觀念逐漸普及，國內學障及情障的人口愈來愈多，而國內外卻缺乏相關專屬的網站，除了家長與教師缺乏相關資訊來源，一般社會大眾也因不了解而無法對此族群產生真正關懷，加上特殊教育的個別化，使得特教教師比起一般教師需負擔的業務更重，例如：IEP 的撰寫、個別化教材的編輯等。然而，透過資訊科技是最能幫助舒緩現有特教的困境，例如：人工智慧之分類技術（Classification）或資料探勘技術（Data Mining），能協助建立學障個案特質模型，進而協助學障個案之鑑定、導入數位學習，能建立共享之自編教材與教案資料庫，取代現有資源班之經常性及重複性資料輸入工作，提供互動式多媒體教學，以作為資源班教學之額外課外輔助學習等。因此，「教育部有愛無礙」網站於 1998 年創立，並於 2005 年開始積極轉型為特教數位學習網站，以人工智慧演算法在特教診斷或學習模型之建立方面之效果，進行平面教材／教案之開發，針對學障學生特質及相對之各種教材設計與教學技巧方面進行研究，並發展電腦化 IEP、建立數位學習教材庫（LCMS）平台，期望達到資源共享與快速傳播的目的（如圖 2-2 所示）。

圖 2-2　特教資訊交換閘道（內建個案學習特質模型）之應用

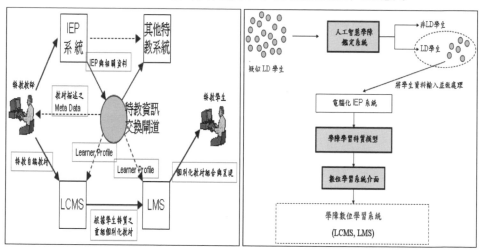

「有愛無礙融合教育」網站（https://www.dale.nthu.edu.tw）的主要目的是能提供一個園地，讓所有關心學習障礙、情緒障礙、自閉症，以及發展遲緩等特殊教育領域的家長、教師、在學學生，以及所有關心特教的朋友，有一個相互支援與經驗分享及傳承的園地；同時，也希望能讓社會大眾用更多元化的觀點，來看待孩子的學習歷程與結果，協助大家了解：用孩子喜愛的方式來愛他，他才能真正感受到愛；用孩子能接受的方式來教

他，他才能真正享受到學習的成就感。然而，隨著融合教育的推行，再加上「十二年國民基本教育」陸續施行，教育部國民及學前教育署重新思考特殊教育行政支持網絡的定位，將有愛無礙網站定位修正為以融合教育理念為未來的發展主軸。

　　自 1998 年創立以來，在不斷地努力下，「有愛無礙融合教育網站」針對不同對象的需求特質，建立了四個子網站提供特教相關資訊及教材分享平台：[For General]社會大眾（https://general.dale.nthu.edu.tw/）、[For Teachers]特教教師（https://teachers.dale.nthu.edu.tw/）、[For Content]數位學習教材管理系統（https://contents.dale.nthu.edu.tw/），以及[For IEP]電腦化個別教育計畫（https://webiep.dale.nthu.edu.tw/）。

玖、大學校院特殊教育中心暨網絡

　　國內目前的大學校院特殊教育中心設置於國內的十三所大學中（如表 2-3 所示），各特教中心成立時間不一，其中臺灣師範大學為國內最早成立特殊教育中心，於 1974 年成立，接著為了增進學前及國民小學特殊教育之研究發展及協助解決有關特殊教育之問題，其他校院亦相繼設置特殊教育中心，最後一所中原大學特殊教育中心則是在 1997 年成立。各特殊教育中心成立的主要目的為下列四點：

　　1.輔導：針對各輔導區擬定特殊教育輔導計畫，提供學前至大專教育階段特殊教育學生之篩檢、鑑定、安置與輔導等服務。

　　2.師資培訓：協助辦理特殊教育師資相關培訓及特殊教育研討會。

　　3.研究：各級政府機關、學校及國科會等相關研究機構委託進行特殊教育理論及實務相關研究，以及研究各種教材教法之成效，並研發與管理特殊教育評量工具。

　　4.圖書資料：蒐集國內外特殊教育圖書資料以及編印特殊教育刊物、叢書，分送特殊教育學校（班級）、特教行政機構及殘障福利機構。

表 2-3　各大學校院特殊教育資源中心暨網絡

地區	縣市	名稱	網址	成立時間
北部	臺北市	國立臺灣師範大學特殊教育中心	https://reurl.cc/6lmelr	1974 年
		國立臺北教育大學特殊教育中心	https://spec.ntue.edu.tw/	1980 年
		臺北市立大學特殊教育中心	https://reurl.cc/Gr6ldx	1979 年
	桃園市	中原大學特殊教育中心	https://sec.cycu.edu.tw/	1997 年
	新竹市	國立清華大學特殊教育中心	https://reurl.cc/R1VQ6e	1981 年
中部	臺中市	國立臺中教育大學特殊教育中心	https://reurl.cc/Y6anWa	1982 年
	彰化市	國立彰化師範大學特殊教育中心	https://reurl.cc/k0eQV3	1977 年
南部	嘉義縣	國立嘉義大學特殊教育中心	https://reurl.cc/4mzGa3	1981 年
	臺南市	國立臺南大學特殊教育中心	https://reurl.cc/Z7kz73	1980 年
	高雄市	國立高雄師範大學特殊教育中心	http://ksped.nknu.edu.tw/	1978 年
	屏東市	國立屏東大學特殊教育中心	https://reurl.cc/n03R0l	1980 年
東部	花蓮縣	國立東華大學特殊教育中心	https://reurl.cc/k0eQ03	1982 年
	臺東市	國立臺東大學特殊教育中心	https://sect.nttu.edu.tw/	1979 年

第三節　實務說明

　　從第二節之說明可以發現，國內的特殊教育支持網絡系統不斷地在發展中，為了使大家能更為便利之使用，上述之網絡系統大多都有成立相關網站，供民眾能夠快速的查詢到相關資訊，但仍有少數系統並未提供相關網站，例如：(1)各縣市已成立特殊教育諮詢會並訂定相關設置辦法，但僅提供電話或是書面上的相關諮詢；(2)特殊教育學生鑑定及教學輔導會，也並非每個縣市都有成立相關網站，但有些縣市為了便利民眾則有成立相關網站，例如：桃園市特殊教育學生鑑定及教學輔導會（https://reurl.cc/7o8Wr5），而各縣市特殊教育資源中心，則可透過表2-2整理出的網址，進去了解各縣市特殊教育資源中心針對該縣市提供的資源及服務。而在身心障礙學生輔具中心暨網絡系統中，又可分為三個，分別介紹如下。另外，亦介紹了特殊教育通報網及特殊教育網路中心的相關資料。

壹、教育部大專校院及高中職視障學生教育輔具中心

　　為建立身心障礙學生學習輔具需求專業評估與集中採購機制，教育部於 2003 年以專業、鄰近、方便、快速等四個面向為考量，提供學習輔具相關服務。該網站（http://assist.batol.net/）由淡江大學設置管理（如圖 2-3 所示），從首頁中之右上角可看到該網站各項功能，其中若有任何問題，可透過「Skype 線上諮詢」做相關諮詢服務，若要申請輔具，凡大專校院在學身心障礙學生，含大學部各年級，研究所碩士班、博士班學生皆可申請。各校身心障礙學生可自行下載「大專校院視、聽、語、肢障學生學習輔具需求申請意願調查表」填寫基本資料與意願，回函傳真至輔具中心後，即可接受輔具中心之各項服務，程序如圖 2-4 所示。

　　而在輔具查詢系統中，提供各項輔具之查詢，以利尋找適合的學習輔具。視障與輔具研究，提供認識視覺障礙、輔具新知、研究論文、視障教育、法令規章及其他相關資訊，協助大家更了解視障及相關輔具之使用。

圖 2-3 「教育部大專校院及高中職視障學生教育輔具中心」之首頁

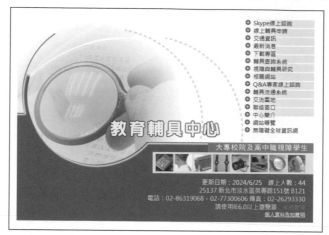

圖 2-4 申請輔具相關流程

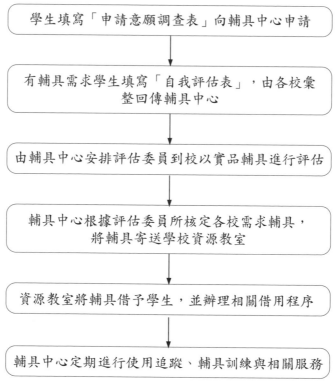

學生填寫「申請意願調查表」向輔具中心申請

↓

有輔具需求學生填寫「自我評估表」，由各校彙整回傳輔具中心

↓

由輔具中心安排評估委員到校以實品輔具進行評估

↓

輔具中心根據評估委員所核定各校需求輔具，將輔具寄送學校資源教室

↓

資源教室將輔具借予學生，並辦理相關借用程序

↓

輔具中心定期進行使用追蹤、輔具訓練與相關服務

註：引自教育部（無日期 b）。

而在相關網站的部分，該網站彙整了我國輔具中心、視障教育、大專校院、視障服務機構，視障輔具廠商，以及國外相關網站等。

貳、教育部大專校院及高中職聽語障學生教育輔具中心

　　該網站（https://cacd.nknu.edu.tw/cacd）是由國立高雄師範大學聽力學與語言治療研究所辦理，目的是執行各項與高中職、大專校院聽語障學生學習輔具相關之業務，包括：評估聽力損失學生調頻輔具、評估語言障礙學生學習輔具、採購聽語障輔具與建置網站等（教育部，無日期 g）。從網站的首頁（如圖 2-5 所示）進去，可在上方處，看到該網頁有以下幾項功能：

　　1.教育輔具介紹：針對聽語障學生所需要用到的學習輔具給予相關詳細資料介紹。

　　2.輔具影片教學：由於聽語障的學習輔具大多屬於高科技輔具，因此該網站提供各個輔具使用的教學影片，協助借用者了解如何使用該輔具。

　　3.留言板、問答集：這兩個部分提供給民眾或是有相關疑問的人在此提出疑問，網站管理者會負責回覆留言，並整理了相關問答放置於該處。

圖 2-5　「教育部大專校院及高中職聽語障學生教育輔具中心」之首頁

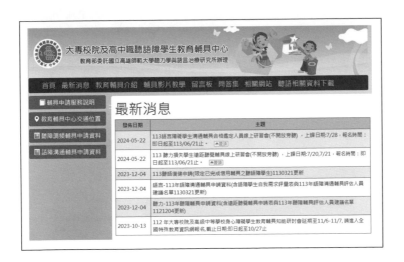

此外，該網站也整理了國內相關網站及聽語相關資料，放置於網站中，有需要的人可以直接點選連結或是下載使用。

參、教育部大專院校及高中職肢障學生教育輔具中心

　　該網站（http://www.eduassistech.org/）是由中山醫學大學附設復健醫院負責建置管理，該中心採與各縣市衛生局或內政部輔具中心合作之模式，讓學生能在鄰近縣市接受專業評估，經由各地評估中心專業人員的介入，大專校院及高中職肢障學生學習輔具服務正式展開。其服務的對象包括全國高中職及大專校院以上領有身心障礙手冊之肢體障礙或多重障礙學生（教育部，無日期 h）。從首頁（如圖 2-6 所示）進去，在左上角的部分輸入身分證字號與條件，可以快速查詢到輔具申請的進度、維修進度以及回收的相關進度。在進度查詢的下方有提供全省評估中心的資料，協助了解

圖 2-6　「教育部大專院校及高中職肢障學生教育輔具中心」之首頁

全省的評估中心有哪些地方，其相關聯絡人、電話、電子郵件、地址、服務時段等相關資訊。此外，網站也提供了肢障學生學習輔具的相關介紹，讓肢障學生能藉由了解學習輔具找到適合自己的輔具，增進自我就學的獨立性、學習品質並減輕照顧者的負擔。

肆、教育部特殊教育通報網

該網站掌管了國內特殊教育許多相關事宜，依據不同教育階段可以分為 SET 通報網（如圖 2-7 所示）和 SEN 通報網（如圖 2-8 所示），以下分別加以介紹。

一、SET 通報網

該網站（https://www.set.edu.tw/）是以國立特殊教育學校及公私立高中職特殊教育學生之通報作業所建置，分成以下幾個部分：

1.SET 通報網：內容包含(1)特教登錄：各個學校可在此登錄，填寫自己學校的特教相關資訊，以利教育部做彙整和統計；(2)學校通訊：提供主管教育行政機關、高中職、特殊學校、國中小學前等通訊；(3)問卷調查：提

圖 2-7　「教育部特殊教育通報網：SET 通報網」之首頁

圖 2-8 「教育部特殊教育通報網：SEN 通報網」之首頁

供國中畢業未升學追蹤調查；(4)縣市設置特教班查詢；(5)各學校特教實施概況。

2.資源與其他：內容包含(1)電子書區：提供每年之特教統計年報全文下載；(2)團隊資源：涵蓋各縣市教育局特教科、專業人員等聯絡資訊；(3)特殊教育執行績效：提供特教學生通報追蹤、轉銜服務追蹤、視障用書到書追蹤等服務；(4)問答集錦；(5)定期統計查詢。

二、SEN 通報網

該網站（https://www.sen.edu.tw/）是以大專校院特殊教育學生之通報作業所建置，分成以下幾個部分：

1.SEN 通報網：內容包含(1)特教登錄：各大專校院可在此登錄，填寫自己學校的特教相關資訊，以利教育部做彙整和統計；(2)各大專校院身心障礙學生鑑定用表單；(3)無障礙設施設備盤點等業務。

2.資源與其他：內容包含(1)統計數據：大專校院身心障礙學生統計數據；(2)出版品（年報）：提供每年之特教統計年報全文下載服務；(3)大專

校院辦理單獨招收身心障礙學生學校資訊。

伍、特殊教育網路中心

特殊教育網路中心包含「全國特殊教育資訊網」、「教育部國民及學前教育署優質特教發展網絡系統暨教學支援平台」、「教育部無障礙全球資訊網」，以及「有愛無礙融合教育網站」，而各網路系統分別提供身心障礙學生不同的支持，以下分別介紹各網站的相關使用說明。

一、全國特殊教育資訊網

該網站（https://special.moe.gov.tw/）的首頁（如圖 2-9 所示）可以依個人需求調整字級的大小，總共分成八個區塊：

1.特教消息：提供最新消息、校園采風錄、CRPD 宣導等資訊。
2.行政法規：提供行政組織、特教法規等資訊。

圖 2-9　「全國特殊教育資訊網」之首頁

3.行政支持：分為特教行政及相關資源、特教鑑定及就學輔導、特教評鑑等。前兩個部分再細分為大專校院和學前至高中職兩區塊。

4.教學輔導：分為大專校院和學前至高中職；針對大專校院提供特殊教育方案、個別化支持服務計畫 ISP、學生輔導原則等資訊；學前至高中職階段則提供個別化教育計畫 IEP、個別輔導計畫 IGP、課程教學等資訊。

5.輔助科技：提供教育輔具中心和各種輔具資源的介紹。

6.轉銜輔導：針對大專校院提供畢業前和畢業後、學前至高中職轉銜等資訊。

7.特教出版：分為圖書期刊、手語專區、政府出版品、大學特教中心出版品等資訊。

8.特教資源：整理提供國內專業團隊、無障礙環境、人力資源庫、國際交流、特教團體等，方便有需要的人可以直接獲得資訊。

二、教育部國民及學前教育署優質特教發展網絡系統暨教學支援平台

該網站（https://sencir.spc.ntnu.edu.tw/）於 2012 年由國立臺灣師範大學特殊教育中心所協助規劃建置而成（如圖 2-10 所示），分成十四個部分，介紹如下：

1.12 年國教課程綱要：提供十二年國民基本教育課程綱要總綱、特殊教育課程實施規範暨領綱、研修說明、會議紀錄、課綱 Q&A、前導學校相關資訊，以及最新消息發布。

2.資賦優異：提供教育部國民及學前教育署補助之資賦優異相關檔案下載，包含課程教學模組與優良教學設計。

3.特教教材資料庫：提供各縣市政府、各級學校等編製之高中職以下身心障礙與資賦優異相關的教材。

4.特殊教育輔導團中央分團：主要任務為(1)辦理中央分團輔導員專業知能共識營，提升輔導成效；(2)定期辦理與地方輔導團之聯繫會議，促進交流及觀摩；(3)分區為地方輔導團辦理特殊教育課程教學輔導研討會各一場，協助直轄市、縣（市）政府輔導員專業成長；(4)提供地方輔導團特殊

圖 2-10　「教育部國民及學前教育署優質特教發展網絡系統暨教學支援
　　　　　平台」之首頁

教育課程相關諮詢（教育部國民及學前教育署優質特教平台，無日期 a）。

　　5.特殊教育輔導團特校分團：主要任務為(1)建立特殊教育行政、教學
與輔導支持服務系統，提升國立特殊教育學校行政協調運作及特殊教育相
關人員教學與輔導效能；(2)促進特殊教育相關政策之推展，落實十二年國
民基本教育特殊教育各課程綱要；(3)建置正向行為支持及完善親師生輔導
與諮詢體系，強化特教學校教學及輔導工作，提升特殊教育成效（教育部
國民及學前教育署優質特教平台，無日期 b）。

　　6.特殊教育輔導團高中分團：主要任務為(1)提供身心障礙學生情緒及
行為問題專業支援服務；(2)辦理特殊教育特定主題工作坊或研習；(3)編制
特殊需求領域課程參考素材；(4)提供電話與入校資訊；(5)建立特殊教育跨
校專業社群（教育部國民及學前教育署優質特教平台，無日期 c）。

　　7.特教評鑑暨追蹤輔導：配合高中職學校特教評鑑事務，提供資料庫系
統運作。

　　8.特殊教育網路中心：提供中心簡介、實施計畫、特教相關資源、特殊
教育助理增能課程平台，以及資通安全管理政策等。

9.服務群課程推動工作圈及課程中心：提供各種相關課程。

10.評量工具：提供國立臺灣師範大學評量工具的系統連結、管理要點、第一類和第二類評量工具借用流程、第三類評量工具銷售流程，以及相關評量的研習資訊。

11.中文學習補救教學：提供文章分析、字庫查詢與中文學習相關教學等資源。

12.線上課程：分成主題式課程及線上手語課程。以觀看對象的不同討論課程影片主題與內容以及腳本與劇本之撰寫，並與專業拍攝剪輯廠商合作完成線上課程影片。

13.在家教育：提供在家教育相關網站連結及檔案下載。

14.相關連結：提供各類特教相關網站連結資訊。

三、教育部無障礙全球資訊網

該網站（http://www.batol.net/）（如圖 2-11 所示）是由淡江大學視障資源中心負責管理，該網站主要可以分為一般類和專區類兩大區塊。

一般類包括：

1.最新消息：主要刊登身心障礙相關消息。

圖 2-11 「教育部無障礙全球資訊網」之首頁

2.視障資源中心：該中心服務的項目包含身心障礙生輔導、點字圖書製作、華文點字電子圖書館之架設與經營維護、視障資訊網路之建構與經營維護等。

3.資源教室：會連結至淡江大學視障資源中心的資源教室網頁。

4.Q&A：提供常見的相關問題與回答。

5.視障新知：提供視障最新的相關消息，包含盲用電腦、無障礙網頁、輔助工具、就業總覽、醫學保健、教育訓練、生活資訊及其他等。

6.相關網站：提供政府、協會及學校等相關特教網站。

7.中時電子報：每天更新《中國時報》的今日新聞，並保留過期的相關新聞，以利查詢。

8.部落格：共有35項視障及相關電子報、部落格和臉書（Facebook），協助需要的人可以瀏覽相關訊息。

另外，該網站第二大區塊為專區類，可分為：(1)近期新書專區：提供視障相關電子圖書；(2)教育訓練專區：內容包含視障電腦相關課程、報名資訊及訓練教材；(3)蝙蝠電子報專區；(4)歷屆考古題。

四、有愛無礙融合教育網站

1998 年「教育部有愛無礙」網站創立後，於 2005 年轉型為特教數位學習網站，並於 2018 年改名為「有愛無礙融合教育網站」（https://www.dale.nthu.edu.tw/），目前包含四個子網站（如圖 2-12 所示）：(1)[For General]社會大眾；(2)[For Teachers]特教教師；(3)[For Content]特教教材；(4)[For IEP]電腦化個別教育計畫。分別介紹如下。

（一）[For General]社會大眾

「有愛無礙融合教育網站」成立了[For General]社會大眾子網站（https://general.dale.nthu.edu.tw/）（如圖 2-13 所示），以社會宣導提升社會大眾對融合教育的接納度，同時提升身心障礙者家長之知能，以強化親職教育效能。該網站依據特教相關法規、「十二年國民基本教育課程綱要」及 DSM-5 等新資訊，修正各分頁的資訊，並持續更新資料。該子網站包含八個部分：(1)認

圖 2-12　「有愛無礙融合教育網站」之首頁

圖 2-13　「有愛無礙融合教育網站」之[For General]社會大眾子網站

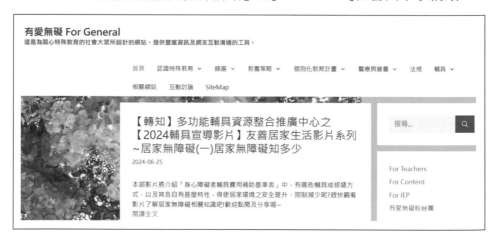

識特殊教育：含歷史沿革、融合教育學生專區、推薦書籍、電影、名人榜、身障經驗分享等；(2)篩選：含鑑定基準；(3)教養策略：含親子共處、資訊融入；(4)個別化教育計畫：含起源與定義、實施理由、轉銜服務；(5)醫療與營養：含醫療社福資源、特殊兒童飲食教育；(5)法規；(6)輔具；(7)相關網站；(8)互動討論。

（二）[For Teachers]特教教師

　　「有愛無礙融合教育網站」成立了[For Teachers]特教教師子網站（https://teachers.dale.nthu.edu.tw/）（如圖 2-14 所示），這是一個專為特殊教育第一線尖兵所設的網站，提供各種進修資訊、教材教案及互動溝通的工具。該網站依據特教相關法規、「十二年國民基本教育課程綱要」及 DSM-5 等新資訊，修正各分頁的資訊，並持續更新資料。該子網站包含八個部分：(1)認識特殊教育：含歷史沿革、融合教育、推薦書籍、電影、名人榜、身障經驗分享等；(2)鑑定安置輔導事項：含鑑定、安置、輔導；(3)教學：含輔導策略、班級經營、教材教法、資訊融入教學；(4) 個別化教育計畫：含資訊及轉銜服務；(5)醫療營養與專團：含醫療社福資源、特殊兒童飲食教育、輔具、特殊教育相關專業團隊；(6)法規；(7)相關網站；(8)互動討論。

圖 2-14　「有愛無礙融合教育網站」之[For Teachers]特教教師子網站

（三）[For Content]特教教材

　　「有愛無礙融合教育網站」成立了[For Content]特教教材子網站（https://contents.dale.nthu.edu.tw/（如圖 2-15 所示），介紹數位學習教材管理系統（Learning Content Management System，簡稱 LCMS）。這是一個專門用來儲存教材的系統，透過這樣的一套系統，教材製作者可以輕鬆的將自己所製作的教材上傳，達到和其他人分享之目的。同樣的教材則可避免被重複製作，可以直接使用他人製作的教材，可說是相當的方便。而老師們可以直接挑選想要使用的教材，不但可以直接下載使用，也可以對該教材來評分並加以推薦或留言，增加其他人下載教材前的參考依據（教育部，無日期 i）。

圖 2-15　「有愛無礙融合教育網站」之[For Content]特教教材子網站

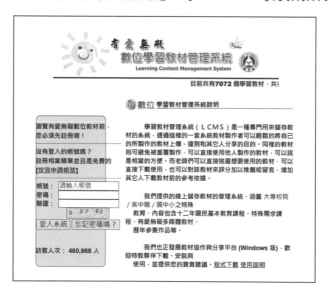

　　現階段功能已相當完整，有個人資料管理、上傳教材、推薦教材機制、教材回饋機制、教材評鑑觀看、搜尋教材功能等。預計未來會加入 RSS 功能，加速網路資訊的傳播，以達知識傳播之功效。該網站所提供之線上

儲存教材的管理系統，涵蓋大專校院／高中職／國中小之特殊教育，內容包含十二年國民基本教育課程、十二年國民基本教育特殊需求領域課程有愛無礙多媒體教材、全國教材教具、輔具暨電腦輔助教學設計比賽得獎作品和有愛無礙歷年教材比賽參賽作品等（教育部，無日期 i）。其中，有愛無礙教材發展一開始是以身心障礙平面教材為主，在發展的過程中，除可豐富本子網站之分享與交換平台，透過示範教材的試教與推廣，更能提升工作團隊及專業知能，而這些教材可根據不同障礙類別學生所需之學習策略來調整教學順序及單元，當設計出一套模組後，有愛無礙研究團隊之後會將其教材繼續發展為多媒體教材，提供更多元的教材讓特教教師使用，例如：互動式多媒體教材融入社交技巧之應用，其目的是為了改善特殊需求學生在社會適應上的表現困難，故社交技巧訓練對於特殊需求學生有其一定之重要性，以國中小有社會互動困難之特殊學生為主要教學對象。

（四）[For IEP]電腦化個別教育計畫

為了使特教教師能快速、省時，並針對身心障礙學生撰寫適性的 IEP，有愛無礙研究團隊於 1999 年曾提供 Web-based 電腦化 IEP 系統，2000 年開始發展單機版電腦化 IEP，並於 2007 年成立了網路版之 Web-IEP 系統（https://webiep.dale.nthu.edu.tw/）（如圖 2-16 所示）。為了因應「十二年國民基本教育課程綱要」的實施，持續修正原 Web-IEP 中「學年學期目標」為十二年國教課綱之相關核心素養、學習表現與學習內容指標，同時置換特殊需求課綱領域指標，目前先以提供團隊整理之各領域學年學期目標與評量 Excel 檔案的方式，於 WebIEP 網站供大家下載，目的就是希望提供一個整合特教專家及資深教師知識與經驗所發展之 Web 版電腦化 IEP，提供教師撰寫 IEP 所需之流程與豐富之各式 IEP 資料庫。

圖 2-16 「有愛無礙融合教育網站」之[For IEP]電腦化個別教育計畫

第四節　結語

隨著資訊網絡系統的發展，有愈來愈多的身心障礙學生被發掘出來，因此如何針對學生的特殊需求提供適性的支持及資源，就顯得非常重要，因此國內在特教支持網絡系統這方面也持續地蓬勃發展中，除了有《特殊教育法》（教育部，2023a）第51條及《特殊教育行政支持網絡聯繫及運作辦法》（教育部，2023b）之法律上明文的規範外，各個網絡系統亦針對不同的族群提供不同的相關資源，並且在各個網絡系統中亦提供其他特教相關資源之連結，讓身心障礙學生或其相關人士，能透過無遠弗屆的網路獲得相關資訊，期望透過這樣的方式能給予無障礙的支持及支援。

問題與反思

基本題

　1.試論述國內特殊教育行政支持網絡的現況與問題。

　2.試論述國內特殊教育行政支持網絡的組織與架構。

　3.試舉例說明國內任一特殊教育行政支持網絡的組織與功能。

　4.試陳述你曾使用過國內相關特殊教育行政支持網絡的心得與感想。

進階題

　1.試說明特殊教育諮詢會暨網絡的功能與運作方式。

　2.試說明特殊教育學生鑑定及就學輔導會暨網絡的功能與運作方式。

　3.試說明特殊教育資源中心暨網絡的功能與運作方式。

　4.試說明身心障礙學生輔具中心暨網絡的功能與運作方式。

　5.試說明特殊教育通報網暨網絡的功能與運作方式。

　6.試說明特殊教育網路中心暨網絡的功能與運作方式。

　7.試說明大專校院特殊教育中心暨網絡的功能與運作方式。

參考文獻

中文部分

王天苗（2003）。學前融合教育實施的問題與對策：以臺北市國小附幼為例。**特殊教育研究學刊，0，1-25。**

桃園市特殊教育學生鑑定及就學輔導會（無日期）。**中心簡介。**https://reurl.cc/3LnRNR

教育部（1984）。**特殊教育法。**作者。

教育部（1997）。**特殊教育法。**作者。

教育部（2009）。**特殊教育法。**作者。

教育部（2013）。**特殊教育法。**作者。

教育部（2014）。**特殊教育法。**作者。

教育部（2019）。**特殊教育法。**作者。

教育部（2023a）。**特殊教育法。**作者。

教育部（2023b）。**特殊教育行政支持網絡聯繫及運作辦法。**作者。

教育部（2023c）。**教育部特殊教育諮詢會設置辦法。**作者。

教育部（2023d）。**教育部特殊教育學生鑑定及就學輔導會組織及運作辦法。**作者。

教育部（無日期 a）。**全國特殊教育資訊網：肢障教育輔具中心。**https://reurl.cc/6lm9Gb

教育部（無日期 b）。**大專校院及高中職視障學生教育輔具中心：中心簡介。**https://reurl.cc/R1V8Dr

教育部（無日期 c）。**教育部特殊教育通報網。**https://www.set.edu.tw/ 與 https://www.sen.edu.tw/

教育部（無日期 d）。**全國特殊教育資訊網：系統簡介。**https://reurl.cc/x0mXpz

教育部（無日期 e）。**優質特教發展網絡系統暨教學支援平台：平台簡介。**https://reurl.cc/Xk83Q3

教育部（無日期 f）。**教育部無障礙全球資訊網。**http://www.batol.net/

教育部（無日期 g）。**大專校院及高中職聽語障學生教育輔具中心。**https://cacd.nknu.edu.tw/cacd

教育部（無日期 h）。**教育部大專校院及高中職肢障學生教育輔具中心。**http://www.eduassistech.org/

教育部（無日期 i）。有愛無礙融合教育網站：數位學習教材管理系統。https://contents.dale.nthu.edu.tw/

教育部統計處（2018）。高級中等以下學校身心障礙類特殊教育概況。 https://reurl.cc/OqNn2D

教育部國民及學前教育署優質特教平台（無日期 a）。**特殊教育輔導團中央分團**。https://reurl.cc/OM3mNg

教育部國民及學前教育署優質特教平台（無日期 b）。**特殊教育輔導團特校分團**。https://reurl.cc/vaOLRa

教育部國民及學前教育署優質特教平台（無日期 c）。**特殊教育輔導團高中分團**。https://reurl.cc/1vAONp

鈕文英（2008）。建構生態的融合教育支持模式。載於中華民國特殊教育學會（主編），**中華民國特殊教育學會九十七年度年刊：邁向成功的融合**（頁31-56）。中華民國特殊教育學會。

新北市政府教育局（2012）。**新北市政府特殊教育諮詢會設置辦法**。作者。

臺北市政府教育局（2023）。「**臺北市特殊教育諮詢會設置辦法」修正條文**。https://reurl.cc/6vOKeV

蘇文利、盧台華（2006）。利用自然支援進行融合式班級合作諮詢模式之行動研究。**特殊教育研究學刊，30**，53-73。

英文部分

Bricker, D. (1995). The challenge of inclusion. *Journal of Early Intervention, 19*(3), 179-194.

Zigmond, N., & Baker, J. M. (1995). Concluding comments: Current and future practices in inclusive schooling. *The Journal of Special Education, 29*(2), 245-25.

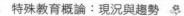

第 三 章

特殊教育專業團隊

謝協君

第一節　專業團隊的合作與溝通

依據《特殊教育支持服務及專業團隊運作辦法》（教育部，2023）第 4 條：

> 「……所稱專業團隊，由普通教育教師、教保服務人員、特殊教育教師、輔導教師、特殊教育相關專業人員、學校行政人員及護理人員、職業重建、視覺功能障礙生活技能訓練及輔具評估等人員組成，依學生或幼兒需求彈性調整，以合作提供統整性之服務。……前項所稱特殊教育相關專業人員，指醫師、物理治療師、職能治療師、臨床心理師、諮商心理師、語言治療師、聽力師、社會工作師及職業輔導、定向行動等專業人員。……」

在專業團隊運作模式方面，目前國內外的模式分為：多專業團隊模式、專業間團體整合模式，以及跨專業間整合模式，說明如下：

1.多專業團隊模式：此模式是由醫療系統發展出來的模式，係透過平行的服務模式——獨立評量、診斷、擬定計畫。此模式的優點是可以深入評量與治療、自由提供醫療服務；其缺點是缺乏資料的統整、不同專業間的衝突、較無法提供全面性的服務。然而，在制度建立良好之機構中，不同

專業間若有相同的共識，書面資料齊全，則可採多專業團隊模式，以非正式、非定期方式交換訊息。

2.專業間團體整合模式：此模式強調互動與合作，可讓各專業間達成共識、共同分工與資料共享。此模式的優點是可顧及案主的全方面發展；而其缺點是此模式會花費過多時間在討論會上、無法提供個案統整性的專業服務。

3.跨專業間整合模式（transdisciplinary model）：此模式為各專業人員同時評估發展遲緩兒童，並相互溝通整合意見，家長也參與評估過程，再由專業團隊負責人整合各專業的建議，向個案的家屬做完整的說明評估結果，並指導居家訓練技巧與親職教育知識。此模式的優點為重視專業人員與個案家屬的溝通互動、專業人員間溝通討論以取得共識、互相學習不同領域的知識與經驗（Darcy et al., 2020）。

從成員間的角色和工作內容來看特殊教育相關專業人員的專業服務，可從各專業類別來呈現服務重點。以物理治療師而言，主要是在解決特殊需求學生在行走、移動、身體平衡、動作協調、關節活動度、體能，以及行動等方面的問題。以職能治療師而言，主要是在解決特殊需求學生在校課程學習、生活和參與活動的問題，其中包括：手功能、手眼協調、日常生活自理或工作能力、感覺統合、輔具使用，以及環境改造。以語言治療師而言，主要是在解決特殊需求學生在口腔功能、吞嚥、構音、語暢、嗓音、語言理解、口語表達，以及溝通輔具的使用等問題。聽力師的專業服務項目，是以解決特殊需求學生在聽力、聽知覺、助聽器的選用，以及教室環境聲響之改善等問題。以臨床心理師而言，主要是在解決特殊需求學生在思想、情緒及行為嚴重偏差的問題。在社會工作師方面，強調特殊需求學生的家庭問題處理，整合並連結相關的社會資源，提供資訊或協助申請福利補助等。在學校方面，特教教師主要是在協助特殊需求學生獲得適性的個別化教育，並提供普通教育教師相關特殊教育服務與福利資訊等的諮詢。以下分別從專業團隊常用的評估方式、治療原理和相關服務方式介紹之。

第二節　專業團隊成員常用的評估向度 與施行方式

壹、昏迷程度的評估

「格拉斯哥昏迷指數」是現今醫學上使用最廣的評估病患昏迷程度之指標，該指數是由格拉斯哥大學（University of Glasgow）的兩位神經外科教授 Graham Teasdale 與 Bryan J. Jennett 在 1974 年所發表。「格拉斯哥昏迷指數」的評估有三個方面，其分數加總後即為昏迷指數：睜眼反應（eye opening）、說話反應（verbal response），以及運動反應（motor response），記述以 E、V、M 三方面的加總分數為評定大腦功能的指標。此評估法的施行方式以上肢為主要刺激部位，觀察個案在此刺激下的反應（Jain & Iverson, 2024）。

「格拉斯哥昏迷指數」的明確評分如下：

1.睜眼反應（E）：4 分是指個案能自然睜眼（spontaneous）；3 分是指個案聽到呼喚會睜眼（to speech）；2 分是指個案會對外來刺激或覺得痛楚而睜眼（to pain）；1 分是指個案對於刺激無反應（none）。

2.說話反應（V）：5 分是指個案說話有條理（oriented）；4 分是指個案可應答，但有答非所問的情形（confused）；3 分是指個案可說出單字（inappropriate words），但無法完整應答；2 分是指個案只可發出聲音（unintelligible sounds），但不是單字；1 分是指個案對於呼喚無任何反應（none）。

3.運動反應（M）：6 分是指個案可依指令做出動作（obey commands）；5 分是指對個案施以刺激時，個案可定位出疼痛位置（localize）；4 分是指個案對外在的疼痛刺激有反應，肢體會回縮（withdrawal）；3 分是指個案對疼痛刺激有反應，全身肢體異常屈曲（decorticate flexion）；2 分是指個案對疼痛刺激有反應，全身肢體異常伸直（decerebrate extension）；1 分是指個案對於外在的疼痛刺激無任何反應（no response）。其中，異常屈曲又稱為去皮質反應（decorticate response），即是指當個案受到疼痛刺激，上肢呈內收和內旋和屈曲，而下肢呈現伸張之姿勢。而異常伸張又稱為去大腦反應（decerebrate response），即是指當個案受到疼痛刺激，上肢與下肢呈內收和內旋和伸張。

個案的昏迷程度以 E、V、M 三者分數加總來評估，正常人的昏迷指數是滿分 15 分，昏迷程度愈重者的昏迷指數愈低分。輕度昏迷是指加總分數為 13 至 14 分；而中度昏迷的加總分數為 9 至 12 分；重度昏迷的加總分數為 3 至 8 分。

貳、感覺功能的評估

由於脊椎骨有 31 對脊髓神經，提供特定的刺激所產生之不自主反應的傳導途徑，包括：8 對頸椎神經、12 對胸椎神經、5 對腰椎神經、5 對骶椎神經，以及 1 對尾椎神經。脊椎神經的背側神經根分枝分布於身體表面，稱之為感覺皮節圖（Dermatome chart）。皮節是指每一節脊髓之感覺神經所支配的皮膚區域，感覺功能的評估是可藉由痛覺、觸覺、溫覺等外在刺激來評估 28 個部位之皮膚圖的感覺功能，由不正常部位中心，向外測至感覺正常處，以了解脊椎感覺區損傷的部位。脊椎神經分布並控制於一群肌肉上，並可控制個案在該肌群的動作反應。

參、關節活動度的量測

關節活動度是指人體關節的活動範圍，常用人體上、下肢各關節的活動範圍來鑑定關節運動活動度，因此鑑定被檢關節的整體功能，其活動度值按正常人體關節活動度綜合分析做出結論。治療師在檢查關節活動度時，也會特別注意關節過去的功能狀態，並與健側關節運動活動度對比，而量測關節活動度還有分成主動關節活動度（active range of motion，簡稱 AROM）和被動關節活動度（passive range of motion，簡稱 PROM）。

AROM 是指受測者自己施力可以達到的關節活動度，PROM 是指以外力可以使關節達到的活動度，所以 PROM 必大於 AROM。身體各關節（如頸、肩關節的活動範圍），以肩關節為例，上臂下垂為中立位，前屈：70°～90°；後伸：40°～45°；外展：80°～90°；內收：20°～40°；內轉：70°～90°；外轉：40°～50°，而量測工具又分為大關節和小關節的量測尺（goniometer）。

肆、肌肉力量的測試

肌肉力量主要是由施測者請個案從事主動性運動以及抵抗施測者的阻力來評定肌力強度，此肌力測定標準可分為六個等級：肌肉無收縮（完全癱瘓）、肌肉有輕微收縮，但不能夠移動關節（接近完全癱瘓）、肌肉收縮可帶動關節水準方向運動，但不能夠對抗地心引力（重度癱瘓）、能夠對抗地心引力移動關節，但不能夠對抗阻力（輕度癱瘓）、能對抗地心引力運動肢體，且對抗一定強度的阻力（接近正常），以及能抵抗強大的阻力運動肢體（正常）。簡易的評量標準說明如表 3-1 所示。

表 3-1 肌肉強度之評量標準

等級	「拉維特量表」	說明
0	零	沒有任何收縮跡象
1	差	肢體無法移動，可見肌肉收縮
2	不良	在無重力下，可做 Full ROM
3	稍好	在有重力下，可做 Full ROM
4	好	在無阻力下，可做 Full ROM
5	正常	在有阻力下，可做 Full ROM

註：1.「拉維特量表」（Lewis-Langdon Manual Muscle）是一個標準化的臨床徒手肌肉測試方法，常用來評估骨骼肌肉群的力量，測量肌肉強度（MMT）的起始位置是以肌肉的抗地心重力之位置為起始測試點。

2. Full ROM：全關節活動度。

伍、平衡能力之評估方式

　　平衡能力是指維持身體姿勢的能力，特別是指控制身體重心在較小的支撐面上之能力。平衡能力與前庭功能有關。Hejda等人（2015）亦以3D身體晃動角度評量，身體直立時，壓力中心在矢狀軸與橫軸上搖動的角度來評估受測者的平衡能力，由研究中發現，身體直立時在矢狀軸上的偏移大於橫軸。一般來說，以特定時間內的身體重心或某部位的偏移面積（或標準差），來評估受測者的平衡能力受到相當的肯定。當我們在評量人體平衡能力的優劣時，愈輕微的全身重心或特定部位偏移，表示受測者的平衡能力愈佳。人體靜態平衡能力的測驗方式相當多，最簡單且普遍的方式即為「單腳閉眼站立測驗」（目前最流行的測驗方式）。測驗時受測者以慣用腳單腳站立，非慣用腳前舉（或後舉），其腳跟至少需離地面15公分以上；測驗開始時受測者必須將支撐腳的腳跟提高，當支撐腳的腳跟著地或身體其他部分觸及地面時，即以其時間（秒）的長短來評估受測者的平衡能力。

　　動態平衡（dynamic balance）為人體重要的基礎能力之一，主要是在維持人體活動狀態下的重心與姿勢穩定。其測量方法有別於靜態平衡，包含最簡單的「走平衡木之動態平衡測驗」（balance beam walk test）、「矇眼踏步一百測驗」（stepping test），以及「平衡測定儀測試」。其方法說明如下：

　　1.走平衡木之動態平衡測驗（范姜逸敏，2001）：此為最簡便安全的測量方式之一，較無年齡限制，一般在6歲以上無嚴重下肢障礙者，皆可接受此測驗。測驗工具為寬4英吋、離地高4至6英吋之標準低平衡木。測試方法為受測者以左右腳交替，從平衡木之一端開始步行前進至另一端，停留5秒鐘（由施測者讀秒）後，再轉身180度，以相同之步行方式走回出發處。一般只記錄受測者是否成功完成，亦可記錄其完成之時間長短。

　　2.矇眼踏步一百測驗：此為一項簡便的動態平衡測驗，先將受測者雙眼矇住，並以立正姿勢站立於原點上，聽聞開始測驗之口令，以原地踏步之

方式盡可能維持在原點上。受測者邊踏步邊讀出踩踏次數，直到踏步一百次結束，結束時需回復立正姿勢，再量取其移動距離（距離圓點之距離）及偏移角度。受測者移動距離愈短者，其平衡感愈佳，反之則愈差；另外，其偏移角度愈小者，其平衡感愈佳，反之則愈差。

　　3.平衡測定儀測試：Posture Scale Analyzer（PSA）平衡測定儀，產自以色列，母公司 Shekel Electronic Scales 公司自 1971 年創設迄今，以製造品質精良的電子磅秤享譽全球。由於壓力中心移動軌跡的平衡評估與訓練需求，遂由 Midot Medical Technology 公司採用主要製造技術並開發 PSA 軟體搭配，在醫療臨床使用上有不錯療效及評估準確度，是實用穩定的平衡儀機種。平衡測量台上有橫縱座標之電子感應器，其所感應之數值以 X 軸和 Y 軸座標顯示，經軟體處理而獲得平衡指數，以精確偵測前、後、左、右重量分布情形，壓力中心移動及分布軌跡。

陸、動作協調障礙的評估方法

　　指鼻試驗是檢測個案是否有動作協調障礙時所做的一個試驗。測驗時個案將手臂伸直外展，先觸摸個案自己伸出的食指指尖，然後再指自己的鼻尖，以不同方向、速度、睜閉眼重複多次進行比較。小腦病變時，指鼻的動作會不準確，接近鼻尖時動作會變慢，不能正確調整距離，會出現辨距不良或出現動作性震顫。這種動作協調主要靠小腦的功能以協調肌肉活動、維持平衡、幫助控制姿勢；也需要運動系統的正常肌力，前庭神經系統的平衡功能，眼睛、頭部、身體動作的協調，以及感覺系統對位置的感覺共同參與作用。這些部位的任何損失均可出現動作協調障礙，其中用來檢測患者是否有動作協調障礙的工具，包括：指鼻試驗、跟部至脛骨試驗、快速輪替動作、對指動作等。跟部至脛骨試驗（heel to shin）的測試是一腳之跟部置於另一腿膝部，沿脛骨滑至足背由腳踝到膝蓋來回平順地滑行，當個案在施測過程中，腳出現左右搖擺，閉眼時表現更差時，顯示個案在下肢協調功能上出現障礙。

柒、前庭功能的檢測

前庭功能評估（vestibular function test）是根據前庭系統病變時所產生的一系列症狀，或以某些方法刺激前庭系統，觀察其誘發的眼震、眩暈之程度。方法包含自發性眼球震顫和閉目直立試驗（Romberg's test）。其中，自發性眼球震顫是指個案在無誘發因素的情況下，眼球出現的一種持續的、不隨意的、節律性的往返運動，也稱自發性眼震，簡稱眼震。前庭功能障礙的表徵在檢查時固定患者頭部，兩眼注視眼前 60 公分處檢查者的手指，並隨檢查者手指之向前（正中）、上、下、左、右五個方向來追視，檢查其自發性眼球震顫的程度。閉目直立試驗是指，受測者直立，兩腳併攏，雙上肢下垂，閉目直立，維持 30 秒，觀察受測者有無站立不穩或傾倒，當閉眼時無法維持直立姿勢，即可評定為前庭功能的障礙（Hsieh, 2019）。

第三節　專業團隊常採用的治療理論

壹、布朗斯壯理論

布朗斯壯理論（Brunnstrom Theory），是由美籍瑞典治療師 Brunnstrom 於 2008 年所提出的一種主要適用於偏癱患者復健的方法。他認為患者在偏癱後所出現的基本肢體協同動作、原始姿勢反射及共同運動，在運動發育早期是正常存在的，在恢復其肢體運動功能的過程中，也必須經過這幾個階段。因此，Brunnstrom 在治療上主張於運動功能恢復的最初階段，強調患者側肢體的可動性，即要誘導並利用和控制這些異常的運動模式以獲得一些運動反應，之後隨著時間的推移，運動功能恢復階段的遞增，共同運動的動作能夠較隨意和自由地進行後，再訓練病患擺脫共同運動模式，逐漸

完成分離運動動作及隨意運動動作的目標。由於 Brunnstrom 認為在嚴重的病患中，先以原始反射和協同肌群動作等不正常的動作型態誘發出動作控制能力，再藉由訓練回到正常動作型態，並在訓練動作過程中給予本體覺刺激和其他刺激，但此看法與其他復健理論相違背，現今治療者認為 Brunnstrom 理論使用過多原始反射和協同肌群動作等不正常的動作型態之訓練，可能會使正常的動作型態更難達成。因此，目前的復健科醫療人員只以此理論為基礎，擬定中風病患的狀態評估，較少論及其治療手法的部分。在臨床評估上，依此理論將中風者的身體功能分類有上肢／前肢、手、下肢這三部位，在前肢分別需達到之動作目標的六個階段，來設計中風者的功能評估表，如表 3-2 所示。

表 3-2　中風者的功能評估表

階段級數	各階段動作說明
階段一	癱瘓～無支配性動作。
階段二	發展出協同作用動作—張力，只有聯合反應與反射，有點弱。
階段三	在協同作用的模式下可有意識動作，張力增加。
階段四	由協同作用動作下分離，可做出意識性動作：手可觸摸臀部、手可往前伸直及手肘可做 90°屈曲，並可有旋前—旋後的動作。
階段五	可由協同作用動作分離出獨立動作：手可外展舉高、手可高舉過頭、手肘可完全伸直，並可有旋前。
階段六	可做出獨立關節活動，有幾近正常的協調動作，有些微張力。

貳、玻巴斯理論

玻巴斯理論（Bobath Theory）是 1940 年代由 Bobath 夫婦所提出，主要用於中樞神經系統受損的患者，像是中風病患、唐氏症兒童、腦性麻痺兒童等。他們認為，患者因為釋放出不正常的肌肉張力和原始反射，以致於抑制了正常反應，像是保護伸直反應、平衡反應、翻正反應，並造成不正常的動作型態，所以主要的目標就是要抑制不正常的反射活動和肌肉張

力，並進而誘發正常的動作型態。因此理論而興起的治療手法常見於現今的復健醫療方法，包含：

1.徒手操作（therapeutic handling）：治療師的手給予病人觸覺的輸入，用來抑制或誘發動作，對於動作起始較困難的病患給予幫助，對於力量較弱的病患給予支持，並有動作引導和穩定等效果。

2.關鍵點控制（key points of control）：治療師控制身體的某個部分，像是肩膀、骨盆等，可以抑制不正常的動作，並使病患有效率的做出動作，誘發出正確的動作型態。此技巧也可以降低肌肉張力。

3.反射抑制（reflex inhibition pattern，簡稱 RIP）：將痙攣的肌肉做長時間的牽拉，而降低其不正常的張力。

4.避免代償動作（compensatory movements）：動作代償的方法是不被允許的，病患不能以無效或多餘的動作取代主動肌的動作型態。

參、本體覺神經肌肉促進法

本體覺神經肌肉促進法（proproiceptive neuromuscular facilitation，簡稱 PNF）系統是 1950 年代由 Herman Kabat、Maggie Knott 與 Dorothy Voss 所提出的要點，他們認為功能性的動作和運動大多是斜向和旋轉方向的，不僅是單純解剖平面上的動作，目的是給予刺激，使肌肉產生斜向和旋轉方向的動作，以誘發出整體、協調的功能性動作。本體覺神經肌肉促進法是指通過對本體覺感受器進行刺激，從而促進神經、肌肉反應能力的治療方法，係利用運動覺、姿勢感覺等刺激，增強有關神經肌肉反應，促進相應肌肉收縮；此技術使用牽張、關節壓縮、牽引和施加阻力等本體覺刺激，促進功能恢復。這種根據神經生理學原理的施行方法和技術有很多種，隨著刺激強度和時間的增加，刺激的後續效應也隨之增加；在維持肌肉張力收縮後，其後續效應是肌肉力量得以增加。PNF 可以是單側或雙側，甚至結合身體的動作，依照目的及病患的需求選擇方法，以牽張（stretch）手法為例，當肌纖維被被動地伸長時會自動產生牽張刺激，該刺激反過來可促進被拉長的肌肉及相關的協同肌群產生收縮；牽張反射可從肌肉被拉長或

正在收縮的位置引出，而牽引和擠壓（traction and approximation）的手法一樣，只是關節間隙變化的差異，牽引是增大關節間的間隙，而擠壓則增加血液迴流的壓力，從而達到緩解疼痛的目的。誘發的方式強調給予病患本體覺刺激，像是觸覺、阻力、壓力、牽拉等，可以增強效果，並給予有利的肌肉較強之阻力，讓同一肌肉群的較弱肌肉產生收縮；同時，在施行中也會加入聲音和視覺的引導，作為輔助。訓練時的姿勢包括 D1 extension、D1 flexion、D2 extension、D2 flexion，如表 3-3 所示。PNF 適用於多種神經疾患，包括：中風後偏癱、腦癱、腦外傷、脊髓損傷、巴金森氏症、脊髓灰質炎後的運動功能障礙之恢復，同時也適用於骨關節疾病、軟組織損傷等疾患，例如：骨折、手外傷。

表 3-3　本體覺神經肌肉促進法

姿勢	訓練姿勢說明
D1 extension	伸直—外展—內旋
D1 flexion	屈曲—內收—外旋
D2 extension	伸直—內收—外旋
D2 flexion	屈曲—外展—內旋

肆、路德動作發展理論

路德系統（Rood system）（Rood 技術）又稱為多種感覺刺激治療法或皮膚感覺輸入促通技術，是由 Margaret Rood 治療師在 1960 年代所提出來的，其實施的要點有：強調給予適當的感覺刺激，誘發出正確的動作型態，而正確的動作型態又提供更進一步的感覺回饋，此過程反覆持續，可加強正確動作的建立。除感覺刺激外，也強調依循發展過程給予治療，故在個案的訓練姿勢會以仰躺開始，之後進行翻身訓練，從趴臥（pivot prone）訓練頸部伸直反應，之後加入趴著手肘撐地姿勢（prone on elbow）和小狗趴（all four）姿勢，以訓練肩關節穩定度，最後才訓練功能性姿勢，如站立平衡和行走能力。另外，Rood 治療師也認為肢體的活動性要建立在姿

勢的穩定性下，不能在姿勢還無法維持穩定性時，就先訓練肢體活動性，故其訓練目標的順序為：先建構同時收縮之抗地心穩定性動作，之後在穩定姿勢中有重心移動，最後才訓練技巧性的動作。治療原則如下：

1.先誘導出一些早期的粗大動作。

2.開展姿勢控制訓練時，首先要固定遠端肢體，然後再予以近端肢體本體覺輸入。

3.當肢體的近端關節控制能力提高後，固定近端關節，誘導遠端肢體在空中進行自主運動。

依照此理論所施行的介入手法，包括：

1.用刷子刷、用冰刺激、敲打、輕撫、牽拉、壓力等。

2.感覺輸入和動作輸出的關聯，包含：(1)短而快速的刺激：全身性、大而短暫的反應；(2)持續性快速刺激：全身持續穩定的反應、清醒反應；(3)慢而規律的刺激：舒緩身心、降低緊張；(4)穩定不變的刺激：穩定反應、放鬆反應。

伍、動作學習理論

動作學習理論（motor relearning）是由 Carr 與 Shepherd 基於動作學習策略理論所提出的，常見的有 Fitts 與 Posner 的動作分期說（stages of motor learning）、Adams 的閉鏈式動作學習理論（closed-loop theory of motor learning），以及 Schmidt 的基模理論（schema theory）。訓練要點有：一個一個階段循序漸進的進行，分析動作不會或是不熟練的地方（了解目標、指導、練習缺失的地方），再加以練習，練習任務於不同情況的類化能力，並且注重動作功能性，目的是要達到病患功能上的進步和獨立（Carr & Shepherd, 1998）。

最早提出的動作學習理論是動作分期說，該理論是將學習的過程分為三期：認知期、連結期、自動化期，隨著學習的過程，所需的注意力會隨之減少。閉鏈式動作學習理論認為，神經中樞會先存在一個告訴你動作應該如何執行的記憶痕跡，動作一旦開始，就會有一個感知痕跡出來作用，

這個感知痕跡是一種正確動作之感覺的參考值，會與實際得到的感覺回饋相比較，練習重複的次數愈多，參考值的強度就會愈強，記憶愈深刻，但如果是練到錯誤的動作，反而是有害於學習的，因為它會讓所形成的記憶痕跡不正確。

　　基模理論目前是最廣泛使用的動作學習理論，其認為學習的過程會逐漸形成基模，等基模建立好就可以用動作程式來完成動作目標。所謂基模，是一種記錄動作過程、感覺回饋、動作起始狀態、動作結果之間關係的記憶或概念，用在動作的基模，就是指儲存所有關於某個動作的相關知識。基模可以分為兩種：一種是召回基模（recall schema），它告訴我們某個動作應該在什麼時間下出多少力等動作變數的設定；另一種是再記憶基模（recognition schema），它是一種感覺的基模，在動作開始但尚未完成前就可以預知應有什麼感覺。學習的過程就是在建立基模，由起始狀態與預知成果所推知的動作變數就會愈準確，成功率就會愈高。好的基模可以用動作程式來完成動作目標，因為動作程式是依據基模的動作變數來完成固定順序的肌肉收縮，其中的方程式包括：肌肉收縮的順序、收縮起始時間、相對力量（Carr & Shepherd, 2000）

　　動作學習的訓練方式有很多種，包括集中練習和分散練習的比較、段落式練習和隨機練習的比較（Teixeira-Salmela et al., 2001）。集中練習的定義是每次練習的時間大於每次休息的時間，而分散練習則反之；研究結果顯示，集中練習和分散練習的學習表現可能會受到「累」的影響，例如：練爬直立階梯的動作是比較耗體力的，做得比較好的人因為爬的比較高會比較累，如果用集中練習的話就會對做得好的人不利，而影響到之後練習的動作表現，所以可以利用動作耗能的多寡來決定選擇集中練習還是分散練習；若站在平衡板（tilting board）上練習平衡能力，這是屬於連續性的動作且較不耗能，較適合採用集中練習。就段落式練習和隨機練習的效果之實驗結果發現，就當下練習後的表現而言，純段落式練習比純隨機練習來得好。但是，由於不知道段落式練習的好表現是否只是暫時性的，因此又做了另一個實驗，將原本只用段落式練習的人再細分為兩組：一組仍是從頭到尾都是用段落式練習，而另一組則是在段落式練習後再做隨機練習；原本只用隨機練習的人也同樣細分為兩組：一組仍是從頭到尾都是用隨機

練習，而另一組則是在隨機練習後再做段落式練習；結果發現只要一開始採用隨機練習，其練習成果的保持性會比較好，且最差的練習方式是一開始用段落式練習再用隨機練習。可能原因是隨機練習會讓學習者在每次練習中都得再一次的重新思考，分析處理的方式較為精細，所以在練習效果的保持性較佳。

第四節　相關專業團隊的服務項目

壹、物理治療

一、物理治療的定義

所謂物理治療，即透過冷、熱、光、電、水、超音波、力學等物理方式來加強患者的自然治癒力，減輕功能及動作上的障礙，不需打針、開刀、吃藥，利用儀器治療（modality therapy）、運動治療（movement therapy）、徒手治療（manual therapy）來治療病患（Gordon, 2000）。物理治療師會提供患者全方位的服務，包括：輔具評估諮詢與使用訓練指導、居家服務、環境改造等。

物理治療師使用的徒手治療之技術有相當多種：

1.利用肌筋膜鬆弛術（myofascial release）、肌內效貼布（kinesiotaping）等，使肌肉張力改變及正常化。

2.針對不同的病理狀況，使用不同的醫學病理按摩技術，以促進淋巴循環或鬆開沾粘緊繃的組織，如淋巴按摩法、結締組織按摩法、瑞典式按摩法、軟組織按摩法、軟組織鬆動術。

3.利用神經生理原理的肌能療法（muscle energy technique）與收縮放鬆、停留放鬆原理，使軟組織與關節疼痛解除與活動度正常化。

4.使用多種的關節鬆動技術，如 SNAG、MWM、joint moblization，使關

節動作正常化。

5.利用本體覺神經肌肉促進法（PNF）、玻巴斯系統或稱為神經發展誘發促進系統（Bobath system or neurodevelopment system）、波以塔系統（Vojta system）、路德系統等治療系統，促進正確的動作型態和姿勢控制能力及改變中樞神經系統。

6.使用動作學習理論來達成功能性的行為目標，甚至常需搭配行為改變技術來減少患者的社會情緒發展問題。

因此，物理治療的服務對象，包含：

1.在兒童方面，常見的有早產、發展遲緩、腦性麻痺、斜頸、臂神經叢損傷、唐氏症、扁平足、神經肌肉系統疾病、神經痛、神經炎。

2.在青少年方面，有脊柱側彎、運動傷害、脊髓損傷、頭部外傷。

3.在上班族方面，有腕隧道症候群、椎間盤突出、胸廓出口症候群、板機指、肌筋膜疼痛症候群、眩暈症、神經麻痺。

4.在婦女方面，有尿失禁、產前產後保健、媽媽手、腰酸背痛、骨質疏鬆、冰凍肩、乳癌。

5.在老年人方面，常見的有中風、心肺循環障礙、骨折、關節炎、骨刺、人工關節置換術、巴金森氏症、腦部退化性疾病。

二、物理治療師的工作內容

物理治療最大的特色是運用物理因子，包括：聲、光、電、水、冷、熱、超音波、力、運動與機械等的物理特性，提供病患一種非侵入性醫療服務的選擇（如手術開刀、吃藥、打針以外的選擇等）。因此，物理治療的介入方法包括操作治療、運動治療、冷熱光電水及超音波設備治療、牽引、震動或其他機械性治療、義肢、輪椅、助行器、裝具之使用訓練及指導。

物理治療師施行復健療程，其實是靠治療師手上的三大利器（Campbell, 1997）：儀器治療、徒手治療，以及運動治療。儀器治療是運用各類物理因子儀器，達到減輕疼痛、放鬆軟組織、消除水腫、增進循環、增加關節角度等作用，創造利於受傷組織恢復的身體環境，大致可分為：(1)光：

紫外線、低能雷射、紅外線；(2)水：熱水療、溫水療、冰水療、冷熱交替治療；(3)冷：冰敷、冰按摩；(4)熱：短波、蠟療、超音波、熱敷包；(5)電：低週波電刺激、中頻干擾波、功能性電刺激；(5)力：頸椎牽引器、腰椎牽引器、被動式關節活動器。徒手治療是利用治療師的雙手，施行關節鬆動、軟組織放鬆、肌筋膜放鬆、被動關節運動等手法，看起來跟推拿很相似，但其中可是大大的不同；透過徒手治療可以減輕疼痛、伸展及放鬆表層和深層的軟組織、促進關節活動、增進血液循環等。運動治療是透過治療師的動作分析後，設計出針對性的動作，以放鬆緊繃的肌肉、強化受傷的肌肉、促進動作的協調性，甚至改善日常生活不良的姿勢以及習慣。

骨科物理治療的個案，包含：五十肩（冰凍肩）、網球肘、退化性關節炎、肌筋膜疼痛症候群、下背疼痛、骨折術後、韌帶扭傷、肌肉拉傷、截肢和人工關節置換術後等。而神經疾病物理治療的個案，包含：腦中風、脊髓損傷、頭部外傷、小腦病變、巴金森氏症、小兒麻痺、多發性硬化症和周邊神經損傷。而兒童疾病物理治療的治療對象，包括：腦性麻痺、智能不足、發展遲緩、臂神經叢損傷、先天性肌性斜頸和早產。呼吸循環系統物理治療的主要服務病患為心臟血管系統與呼吸系統病變，或其他肌肉骨骼與神經系統疾病造成心臟血管與呼吸系統的併發症。此外，尚有其他的物理治療次專科正在臺灣蓬勃發展中，例如：婦科物理治療、癌症物理治療、老人物理治療、職業傷害物理治療、燒燙傷物理治療、運動傷害物理治療、長期照護物理治療、社區物理治療、居家物理治療、加護病房物理治療等。

貳、職能治療

職能治療的服務對象與治療模式相當廣泛，包含：成人生理職能治療（神經科、骨科職能治療）、小兒職能治療，以及心理疾病職能治療等三大部分。骨科職能治療的治療對象為因骨骼、肌腱、周邊神經損傷等問題，造成手部功能障礙者，其服務內容是利用徒手治療及運動治療，協助患者手功能之恢復。神經科職能治療的治療對象為因疾病、創傷、症候群

等因素，造成頭、頸、軀幹、上肢或下肢功能缺損者。職能治療的服務內容包括各種副木製作及鞋墊製作。生理疾患職能治療主要處理神經方面損傷的對象，包含：腦血管病變（中風）、腦腫瘤、頭部外傷、脊髓損傷、退化性疾病、心臟疾病、腦神經病變、失智症、巴金森氏症、截肢等病患。服務內容主要提供個案穩定期的神經肌肉功能、感覺功能、知覺認知功能、平衡功能、協調功能、手功能、日常生活功能、休閒娛樂、工作能力等評估與治療；也提供個案急性期的床邊訓練與衛教。目前職能治療設備有站立訓練桌、交替式推拉箱、治療床、熱敷箱等。

小兒職能治療的服務對象，包含有腦性麻痺、身心發展遲緩、感覺統合功能障礙、學習障礙、自閉症、注意力缺陷過動症或多重障礙的個案。小兒職能治療的模式，以神經發展或感覺統合治療為主要參考架構，合併採用其他必要之治療理論或原則，例如：行為理論、學習理論、自我發展理論、自導式遊戲治療之原則、認知治療及補救或調適原則等。

小兒職能治療動作訓練的原則，首重依據兒童動作發展的里程來設計方案，這些訓練原則大致可歸納如下（謝協君，2014；Hsieh, 2020）：

1.首尾原則：兒童的動作發展是從頭部動作開始發展，而腳部動作的建構則是最後才完成的。所以兒童先學會抬頭、俯撐、翻身、坐和爬，最後是站和走。

2.近遠原則：兒童的動作發展是從最靠近身體中線的頭部及軀幹開始發展，當離身體中線動作建構完成，身體即完成了穩定性的功能，之後才開始發展出上肢及下肢動作的活動性，最後建構的是手指精細動作。

3.大小原則：兒童的動作發展是從粗大動作開始發展，之後精細動作才漸漸的建構完成，而粗大動作包括翻身、坐、爬、站、走、跑、跳、上下樓梯；精細動作包括拿筷子、穿衣服、拿杯喝水、畫畫、寫字。

4.無有原則：動作發展最先是從嬰兒的無意識動作開始，這當中包含了嬰幼兒的反射動作，之後有意識動作才逐漸發展成熟。

5.整體到局部原則：動作的發展強調先建構出全身性的整體動作，之後再依據身體局部分化建構出準確且專門化動作（Lekskulchai & Cole, 2001）。

小兒職能治療也結合科技輔具、情境回饋、電腦認知訓練，以及兒童

團體藝術治療形式來提供服務。

　　精神科職能治療則以職能治療團體、個別治療與就業輔導的訓練為主，並結合院內工作實習、庇護性工作場所、康復商店訓練、農牧、園藝治療團體、麵包烘焙之職業訓練和中式餐飲之職業訓練模式。

參、語言治療

　　語言治療的理論起源於 1960 年代至今的行為學派，此模式強調語言的習得是經由模仿、增強、逐步形成所達成的，就如同其他各種行為一樣，例如：古典制約、操作制約。其強調環境對語言學習的重要性。行為學派對語言療育治療計畫擬定教學目標，需要是可觀察的語言行為，而行為學派的教學目標需提及溝通或社會互動的情境，並說明長程和短程目標之間的關係。在 1970 年代發展心理學派慢慢崛起時，此模式強調語言是一種先天具備的能力，而每個人先天就具備有語言習得裝備，只是此學派強調語言能力是由不同階段依序發展出來的行為。發展心理學派對語言療育治療計畫擬定語言療育目標的決定，是依據語言行為或是神經動作發展類別與類型而定的，並依照發展順序列出優先考量之療育目標。

　　源於 1980 年代的語用學派則著重強調語言的溝通功能。由於語言能力的發展是受到社會與情意互動的需求所激發，此語用學派強調使用語言的不同功能，以及交談對話的規則，強調非語言及語言脈絡或情境對溝通功能的影響。語用學派對語言療育治療計畫擬定，以能影響或是幫助個體達成溝通功能為優先考量，提供或是創造溝通環境以幫助兒童發展形式－內容－使用的交互運作能力，其在擬定語言目標時，會考慮語言及非語言因素。而最後發展出的訊息處理模式起源於 1940 年代至今，訊息處理歷程是語言正常運作與語言障礙的基礎。此模式著重視覺記憶、聽覺記憶、聽覺區辨、視覺連結、視覺接收、視覺合成等，是語言的認知運作處理歷程。透過與大腦的語言處理皮質區相呼應，以及語言學習與短期工作記憶和長期記憶之關係，增加語言表達時符號的提取能力。訊息處理模式學派對語言療育治療計畫擬定語言教學目標時，會考慮訊息處理歷程，例如：知

覺、區辨與提取。擬定語言教學目標時，會考慮影響溝通表現的語言及非語言層面。2020 年，由於新冠肺炎疫情，又開啟聽語訓練創新模式，著重感染控制的切入角度（Zaga et al., 2020）。

由上述模式的觀點看語言學習原則，可著重以下教學原則：

1.獲取兒童注意：可使用一些誘發／引起注意的線索、故意做出某些明顯的肢體動作、提高聲音或放大說話音量。

2.回顧／激發回想先前知識或治療課程所學習的內容：可使用前次教學活動／教材，並使用一些有趣的新教材複習先前的課程內容。

3.指出重要的語言訊息：圖卡、實物或其他教具的使用，並特別強調目標語言。

4.提供系統化、有組織的教學活動：教導的概念或技能要合乎邏輯、教材的呈現應由簡單到困難。

5.教導兒童分類相關的訊息：以類別呈現訊息、安排有意義的溝通互動情境，讓學童發現語言的意義或規則。

6.提供機會讓兒童整合新的訊息：將新的語言目標與舊的已建立的語言知識連結、比較概念之間的異同並教導記憶策略。

語言問題的處理向度包含：

1.構音／音韻障礙：口齒不清、省略（西瓜→一哇）、替代（草莓→倒霉）、贅加（小狗→小果）等都是構音問題。

2.語音：孩子不知道如何將音發正確，不知道如何送氣或者是舌頭的位置，以致於發不出正確語音。

3.語意：孩子的語彙不足，造成不能理解或是語意受限，而使用錯誤的情形，例如：看到「狐狸」說成是「小狗」。

4.語法：孩子將語彙組成句子時，出現語彙位置相反或放錯的情況。

5.語形：字體左右顛倒或上下相反。

6.語用：在表達方式的運用上，人事時地物有任何一項不正確就會造成問題。

肆、心理治療

　　臨床心理師的服務項目，包含：心理衡鑑、心理健康諮詢、心理發展偏差之心理處置、認知、情緒與行為偏差之心理處置、社會心理偏差之心理處置、精神官能症之心理治療、精神病之心理復健，以及腦部心智功能之訓練。其中，心理衡鑑之目的在評估一個人智能、性格、氣質模式，或職業潛能與職業性向等。而心理健康諮詢之目的在針對個人、家庭、社區所出現之心理困擾，提供適當諮詢。至於心理發展偏差之心理處置之目的在以心理學的原理與方法來預防、減輕或消除兒童及青少年發展過程中之情緒發展障礙、社會發展障礙、認知發展障礙、動作發展障礙、語言發展障礙，以及學習障礙等。認知、情緒與行為偏差之心理處置，其目的在以心理學的原理與方法來減輕或消除個人不適應或不當的情緒或行為，並增加其生活適應及心理健康。社會心理偏差之心理處置，其目的為改善個人與社會互動的關係，也就是針對一個人的工作責任與態度、求職技巧、工作壓力調適、職業適應能力、社交技巧、人際互動關係等提供適當的訓練。精神官能症之心理治療，其目的在以心理學的原理與方法，來減輕或消除精神官能症狀或心身症狀，進而增進其人格成熟度。精神病之心理復健，其目的在經過診斷確定為精神病症狀時，以適當的心理治療之原理與方法，來改善或消除症狀形成之心理因素。至於腦部心智功能之訓練，其目的在評估一個人腦部功能之運作是否正常，並對功能之損傷擬定訓練計畫，以及訓練計畫的執行。

　　心理治療主要模式包含個別心理治療和團體心理治療，其中的個別心理治療方式是運用心理治療各派的理論觀點，對病患進行一連串的會談或訓練，以改善其症狀、行為、心理及性格特點。然而，團體心理治療是運用團體動力學之理論，催化團體討論互動，以達到改善人際關係或相互支持、自我了解等目的。常用的團體治療主題，例如：社交技巧訓練，主要運用行為學習理論、模仿、重複練習、增強、回饋、認知學習的訓練過程，來達到改善社交技巧行為的目的。

伍、生理回饋療法

生理回饋療法（electromyographic biofeedback）係指利用電子儀器設備，將人體的生理現象（如腦波、皮膚溫度、肌肉電位、呼吸狀態、血壓、心跳等）轉化成可以辨認的數值，這些電子儀器設備會再將生理數值以視覺或聽覺的訊號回饋（feedback）給個案知道，藉由嘗試錯誤的學習歷程，學會控制或操控自己的生理指標，以達到控制身體或情緒緊張的狀態。目前臨床上常用的生理指標和適配的生理回饋儀，包括：肌肉活動電位（electromyography electromyography，簡稱 EMG）、心跳、體表溫度（thermal temperature）、皮膚導電度（skin conductance，簡稱 SC）、血壓（blood pressure，簡稱 BP）、腦波（electroencephalogram，簡稱 EEG）、呼吸速率（respiration rate，簡稱 RT）、末稍血液流量（blood vessel pulse，簡稱 BVP）等。

以 EMG 生理回饋為例，係將人體內肌肉收縮的訊號蒐集，經過一連串的處理，轉成聲音、圖像等刺激回饋給病患，使病患利用此回饋去調整自己的肌肉控制，在動作過程中給予口頭提醒，會讓病患更了解機器所給的訊息；也可以使用一些誘發方式，像是拍打、震動等感覺刺激，提醒病患該用力的地方，然後重複練習，目標是能沒有機器就能完成動作控制。此方式可以增加動作控制能力和增加肌肉收縮活動性。除了生理疾患如中風或腦性麻痺個案適用外，目前生理回饋療法也用於精神科個案，簡單的說就是經由電子儀器設備將人體的生理現象（如心跳、體溫、肌肉鬆緊程度等）以視覺或聽覺的方式來呈現，讓個案了解自己的身體症狀和情緒（如緊張、焦慮、害怕等）之間的關係，再由治療師的協助，輔以許多其他的治療技術，例如：放鬆訓練、學習界定引發症狀的情境、如何避免或調適壓力情境、改變生活習慣、學習自我控制等，來幫助個案學習控制或操縱這些訊號，並體會這些訊號（亦即身體症狀）和情緒之間的關係，增加個案對本身情緒狀態的敏感度，以獲得更大的效果。通常經由不斷的練習，最後就可以直接透過自己的身體症狀（不再經由電子儀器設備）較清楚知

道自己的情緒狀態，並透過放鬆技巧等讓身體症狀減輕，而進一步改善情緒，反之亦然。此種生理回饋療法主要適用於與壓力、性格特質、情緒困擾有關的生理或心理症狀，例如：(1)恐慌症、強迫症、恐懼症、廣泛性焦慮症等焦慮症患者；(2)失眠；(3)偏頭痛、緊張性頭痛與其他部位之緊張性疼痛，或與壓力有關之反應；(4)身心症（如非器質性之消化系統疾病）、高血壓、低血壓、雷諾症（手腳冰冷）與心律不整等 （Lehrer et al., 2020）。

陸、輔具相關知能

輔具亦被稱為輔助科技（Assistive Technology），包括各式能促進或維持身心障礙者個人能力的產品，常見的產品包括副木、義肢、輪椅、拐杖、助聽器、支架和電腦溝通板等，如果以功能來區分，可分成行動輔具、手功能輔具、學習輔具、生活輔具和治療性輔具。

副木的主要功能是對關節提供支持、擺位之作用，以期達到：(1)讓關節休息;(2)穩固該關節;(3)降低疼痛;(4)預防及矯正畸形;(5)提升功能等目的。從副木的分類及適用症，可分為以下幾種類型：(1)豎腕副木：適用於腕隧道症候群、關節炎及矯正變形;(2)長／短姆指人形副木：適用於媽媽手、正中神經受損;(3)減痙攣型副木：適用於腦性麻痺及中風高張型的病患;(4)矯正型副木：適用於各種手指的變形;(5)燒傷副木：適用於燒傷病患的擺位;(6)休息性副木：適用於關節炎的擺位及中風高張型的病患;(7)功能性副木：適用於中風病患低張期;(8)腳支架：適用於中風病患及腦性麻痺之病患。

在副木製作上，臨床上使用的材料會因病患的類型、治療師的喜好及材料特性而有所不同。一般低溫副木的質料具有操作及功能上的特色，以方便治療師使用；在操作上，因低溫素材之塑膠，軟化溫度為 50～60 度，故能直接接觸患部控制，其形狀可塑性大，可隨時修改。在功能上，因可緊貼身體輪廓，紋路、舒適感佳，具堅固性，穿戴在大關節上可支撐身體，又具有透氣性，材料輕巧，穿脫方便，常見的使用狀況如下：(1)保護

性副木：主要是針對一些工業傷害之患者，保護刀傷及肌腱神經受損之患者，給予保護並方便復健之療程；(2)支持性副木：針對骨科患者，如骨折，或神經科之患者，如肩關節之半脫位；(3)防止畸形副木：針對已經變形之關節或以後可能變形之關節給予副木預防或矯正；(4)功能性副木：針對一些脊髓損傷及腦中風之患者，由於身體功能有缺失，可提供副木輔具，加強其日常生活功能。

　　擺位輔具可以協助將病患身體或肢體擺在正常或功能性位置，以避免畸型或維持姿勢。擺位輔具的益處包含：

　　1.改進身體的體準線與對稱性：藉著輔具將個案擺在一個與異常姿勢相反的姿勢，除了可以保持關節活動度以外，還可以降低產生結構性畸型的機會。另外，也可改善身體載重力量的分布情形，減少壓瘡的產生。

　　2.促進痙攣肌肉的放鬆：將個案擺在一個抑制張力的姿勢下，可以提供給痙攣肌肉一個長時間伸展的機會，而達到放鬆的效果。利用輔具的特點，可以補償喪失或沒有的功能。一般較常用的擺位姿勢包括臥姿（平躺、修正式俯臥、側臥）、坐姿及站姿。

　　擺位處方的原則（Anne et al., 2009），包含：

　　1.由近端擺位先開始：如骨盆的固定要在軀幹與肩胛之前，因近端部分的固定會影響到遠端肢體的活動，由近端開始才不會有過度支持的現象。

　　2.要給予最少的有效支持：如此才可讓個案表現出最大的主動控制與功能；由近端開始，通常較能達到此目的。

　　3.矯正功能性畸型，避免發展出結構性的畸型：較硬的材質（如木頭與塑膠）包上泡綿，可以有矯正功能，但要發揮效果，力量必須大於或等於異常張力。若畸型已定型，就必須採順應技巧或其他治療方法。

　　4.順應結構性畸型：由於會產生疼痛與皮膚磨損，結構性畸型就無法用硬性材質來矯正。若結構性畸型是因為肌肉攣縮與過高的靜止張力所造成，手術治療與神經阻斷可能有助於解決這些問題。否則，就可以採較軟的物質為擺位輔助，利用加大身體的載重面積，以避免產生皮膚磨損。

　　選用適當的擺位輔具，除了可以改進身體的體準線與對稱性外，還可以放鬆痙攣的肌肉，增進功能。在正常的情況下，神經肌肉系統會自動地調整張力，以保持人體一個良好的直立姿勢。但對於神經系統受損的患

者，就無法提供這些必須的張力變化，需靠外來的支撐力來達到或保持日常生活中的姿勢變化。目前輪椅的量測標準如圖 3-1 所示，座深為臀後至膝膕窩減 1～2 吋；座寬為臀最寬距離加 2 吋；座高為腋下至椅面減 4 吋；扶手高度為手肘彎曲至椅面減 1 吋；腳踏板長度為下肢曲膝 90°時，膕窩到腳底板長度再減 1 吋。

圖 3-1　輪椅的測量

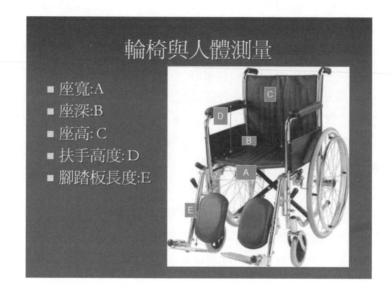

問題與反思

基本題

1. 特殊教育專業團隊常用的評估向度為何？評估策略有哪些？試任舉一項並做說明。
2. 特殊教育專業團隊常採用的治療理論基礎有哪些？試任舉一項理論說明。
3. 特殊教育專業團隊的服務項目包含哪些部分？需經過哪些步驟或項目？
4. 身心障礙學生的輔具相關使用策略有哪些？試任舉一項並做說明。
5. 試以特殊教育專業團隊常用的昏迷程度評估為例，說明你所曾接觸過的相關個案、書籍、新聞影片等有關昏迷程度評估的部分，說明現行的使用方式。

進階題

1. 試討論根據身心障礙學生的感覺功能評估結果，學校教師可如何結合課程內容來進行教學？
2. 試討論適用於身心障礙學生的專業團隊成員常用之評量工具有哪些？如何解釋其中的結果？
3. 試討論特殊教育專業團隊常採用的治療理論和教學原理如何加以結合？如何尋求學校資源進行整合？
4. 試討論如何規劃一個適合身心障礙學生輔具使用的情境？如何配合輔具使用原則來規劃無障礙環境？

參考文獻

中文部分

范姜逸敏（2001）。平衡能力的測量及訓練方法初探。**中華體育，15**（2），65-72。

教育部（2023）。**特殊教育支持服務及專業團隊運作辦法。**

謝協君（2014）。虛擬實境動作復健機對腦性麻痺兒童上肢動作訓練之成效。**國立臺灣科技大學人文社會學報，10**（3），203-223。

英文部分

Anne, S., Holly, J., & Chad, A. (2009). Principles of casting and splinting. *American Family Physician, 79*(1), 16-22.

Campbell, S. K. (1997). Therapy programs for children that last a lifetime. *Physical and Occupational Therapy in Pediatrics, 17*(1), 1-15.

Carr, J. H., & Shepherd, R. B. (1998). *Neurological rehabilitation: Optimizing motor performance.* Butterworth-Heinemann.

Carr, J. H., & Shepherd, R. B. (2000). A motor learning model for rehabilitation. In J. H. Carr & R. B. Shepherd (Eds.), *Movement science foundations for physical therapy in rehabilitation* (2nd ed.) (pp. 33-110). Aspen Publishers.

Darcy, S., Ollerton, J., & Faulkner, S. (2020). "Why Can't I Play?": Transdisciplinary learnings for children with disability's sport participation. *Social Inclusion, 8*(3), 209-223. https://doi.org/10.17645/si.v8i3.2750

Gordon, J. (2000). Assumptions underlying physical therapy interventions: Theoretical and historical perspectives. In J. H. Carr & R. B. Shepherd (Eds.), *Movement science foundations for physical therapy in rehabilitation* (2nd ed.) (pp. 1-31). Aspen Publishers.

Hejda, J., Cakrt, O., Socha, V., Schlenker, J., & Kutilek, P. (2015). 3-D trajectory of body sway angles: A technique for quantifying postural stability. *Biocybernetics and Biomedical Engineering, 35*, 185-191.

Hsieh, H. C. (2019). Use of a gaming platform for balance training following a stroke: A randomized trial. *Archives of Physical Medicine and Rehabilitation, 100*, 591-597.

Hsieh, H. C. (2020). Preliminary study of the effect of training with a gaming balance bo-ard on balance control in children with cerebral palsy: A randomized controlled trial. *American Journal of Physical Medicine & Rehabilitation, 99*(2), 142-148. https://doi.org/10.1097/PHM.0000000000001300

Jain, S., & Iverson, L. M. (2024). *Glasgow Coma Scale*. In StatPearls [Internet]. Treasure Island (FL): StatPearls Publishing; 2024 Jan-. https://www.ncbi.nlm.nih.gov/books/NBK513298/

Lehrer, P., Kaur, K., Sharma, A., Shah, K., Huseby, R., Bhavsar, J., Sgobba, P., & Zhang, Y.-T. (2020). Heart rate variability biofeedback improves emotional and physical health and performance: A systematic review and meta analysis. *Applied Psychophysiology and Biofeedback, 45*, 109-129. https://doi.org/10.1007/s10484-020-09466-z

Lekskulchai, R., & Cole, J. (2001). Effect of a motor development program on motor performance in infants born preterm. *Australian Journal of Physiotherapy, 47*, 169-176.

Teixeira-Salmela, L. F., Nadeau, S., & McBride, I. (2001). Effects of muscle strengthening and physical conditioning training on temporal, kinematic and kinetic variables during gait in chronic stroke survivors. *Journal of Rehabilitation Medicine, 33*, 53-60.

Zaga, C., Pandian, V., Brodsky, M. B., & Wallace, S. (2020). Speech-language pathology guidance for tracheostomy during the COVID-19 pandemic: An international multidisciplinary perspective. *American Journal of Speech-Language Pathology, 29*(6), 1-15. https://doi.org/10.1044/2020_AJSLP-20-00089

第 四 章

個別化教育計畫（IEP）

孟瑛如、胡瑀

第一節　IEP 之發展與建立

特殊教育強調個別化適性教學，特殊教育教師需要根據不同學生編製不同的個別化教育計畫（individualized educational program，簡稱 IEP），使得他們的工作負荷一直是相當大的，而電腦處理效能持續提升，資訊相關領域的研究，諸如人工智慧、類神經網絡或模糊邏輯等之發展也逐漸成熟，應用電腦及資訊科技輔助教學、學習，甚或診斷，以補足目前特教人力之不足，似乎可為目前發展的趨勢。

在特殊教育界，IEP 為強調成功適性化教學不可或缺的重要因素之一。所謂的 IEP，泛指一份書寫與整理完善的學生個別學習方案與歷程，其主要目的為：(1)建立學生個別化的適性學習目標；(2)決定學校應提供哪些資源與服務，以協助學生達成第一點所稱之學習目標；(3)藉由IEP的參與完成，強化父母、教師與專業團隊間的溝通聯繫，使學生能有最適合的學習環境與最有效的學習成果。

美國早在 1970 年代即已將 IEP 的精神列入法律中，例如：《94-142 公法》（Education for All Handicapped Children Act，簡稱 EHA）強調，每位學生均須有 IEP，且須定期檢視與修正。而至 1990 年的《101-476 公法》（IDEA），更將轉銜服務內容列為 IEP 之必要項目，以期更能保障每位特

殊學生於生涯轉銜點皆能得到應有的協助。我國亦於 2023 年修正《特殊教育法》（教育部，2023a），其中第 31 條明文規定：

「高級中等以下學校應以團隊合作方式對身心障礙學生訂定個別化教育計畫，訂定時應邀請身心障礙學生本人，以及學生之法定代理人或實際照顧者參與；必要時，法定代理人或實際照顧者得邀請相關人員陪同參與。」

而為了能期待訂定個別化教育計畫時的團隊合作運作方式，《特殊教育法》（教育部，2023a）第 32 條規定：

「為增進前條團隊之特殊教育知能，以利訂定個別化教育計畫，各級主管機關應視所屬高級中等以下學校及幼兒園身心障礙學生及幼兒之特殊教育需求，加強辦理普通班教師、教保服務人員、特殊教育教師及相關人員之培訓及在職進修，並提供相關支持服務之協助。」

另外，在 2023 年修正的《特殊教育法施行細則》第 10 條（教育部，2023c）中，亦明文規定了 IEP 須包括的事項：

「本法第三十一條所稱個別化教育計畫，指運用團隊合作方式，針對身心障礙學生個別特性所訂定之特殊教育及相關服務計畫；其內容包括下列事項：
一、學生能力現況、家庭狀況及需求評估。
二、學生所需特殊教育、相關服務及支持策略。
三、學年與學期教育目標、達成學期教育目標之評量方式、日期及標準。
四、具情緒與行為問題學生所需之行為功能介入方案及行政支援。
五、學生之轉銜輔導及服務內容。
學校應將身心障礙且資賦優異學生之個別輔導計畫內容，併入個別化教育計畫規劃。
幼兒園為身心障礙幼兒訂定個別化教育計畫時，應準用第一項規定。」

針對高等教育階段特殊教育方案，《特殊教育法施行細則》（教育部，2023c）第 12 條規定：

「前條特殊教育方案，學校應運用團隊合作方式，整合相關資源，針對身心障礙學生個別特性及需求，訂定個別化支持計畫；其內容包括下列事項：

一、學生能力現況、家庭狀況及需求評估。

二、學生所需特殊教育、支持服務及策略。

三、學生之轉銜輔導及服務內容。」

個別化教育計畫在執行過程中採滾動式修正方式進行，在《十二年國民基本教育特殊教育課程實施規範》（教育部，2019）中，更對其訂定過程、行政程序及注意事項做了相關規範，茲分述如下：

1. 訂定過程：「(1)個別化教育計畫必須以團隊合作方式進行評估，並成立個別化教育計畫小組，小組成員需於個別化教育計畫會議中依學生之個別特性訂定特殊教育及相關服務計畫；(2)個別化教育計畫小組參與訂定之人員應包括學校行政人員、特殊教育與相關教師、學生家長及學生本人；必要時，得邀請相關專業人員參與，學生家長亦得邀請相關人員陪同。學校應確保身心障礙學生有權就所有影響其本人之事項自由表達意見，並獲得適合其身心障礙狀況及年齡之協助措施。」

2. 行政程序：「(1)須將身心障礙學生的課程規劃送學校特殊教育推行委員會審議，融入學校課程計畫後，再送學校課程發展委員會通過並陳報各該主管機關備查；(2)個別化教育計畫需經家長同意後確實執行，若有意見得再召開個別化教育計畫會議修正；若仍有爭議時，應依據《特殊教育學生申訴服務辦法》，以書面向學校提起申訴；(3)學生之個別化教育計畫經特殊教育推行委員會審議不通過達二次者，應再送主管機關審議。若主管機關認為該委員會不通過之決定係無理由者，學校應依該個別化教育計畫進行課程調整。」

3. 注意事項：「(1)個別化教育計畫團隊進行評估時，需檢視調整措施能否符合相關之客觀標準，包括①相關性：該調整措施與有效實現該名身心障礙學生權利之目的具相關性；②比例性：該調整措施與能為該名障礙者實現之權利符合比例；③可能性：該調整措施在事實上與法律上可能做到（如：現行科技可以做到的調整措施），或是實現該調整措施不會違反現行法律；④財政上的可行性：窮盡可得的財政支援還是可以提供；⑤經濟上的可行性：提供該調整措施不會危害義務承擔方（如：學校）之營運與生存，或實質傷害其核心功能之執行。若學生所提出的調整措施，不符合上述標準之任何一項，學校得拒絕調整；(2)學生之個別化教育計畫團隊評估且經學校特殊教育推行委員會確認之調整需求，若非有不可抗力之因素，學校與教師需盡其義務與職責實踐該調整措施，以免使身心障礙學生遭排拒於普通教育系統之外，而違背《身心障礙者權利公約》第 24 條所明定之教育權。」

在國外，IEP 的制度由於已行之多年，故而其專業團隊的服務早已與各學校緊密結合，基本上，IEP 是專業團隊的心血結晶，由學校輔導室將內容彙整後，普通班與特教班教師及父母多扮演 IEP 內容之執行者與回饋者的角色，教師在專業知識與紙上作業方面較能得到充分的協助。相對的，我國由於落實 IEP 制度的時日甚短，各縣市專業團隊之服務多僅限於召開特殊教育學生鑑定及就學輔導委員會時，IEP 的平日撰寫工作多落在特殊班教師身上，其所能得到的專業協助甚少，在 IEP 的實施過程中，教師最感困難者為工作負荷過重、參考資料與專家諮詢的缺乏、教學資源不足、評量困難與耗時過多，以及設計與執行難以配合等（孟瑛如，2019b；林幸台等人，1994；紀瓊如，2006，胡翠珊，2013）。而 IEP 內容中最為繁瑣的是學期目標與學年目標的擬定，以及學期目標的評量標準與記錄，使得撰寫 IEP 成為特教教師揮之不去的夢魘；有些研究也顯示，IEP 的工作是教師主要的工作困擾及焦慮來源（林淑玲，2003；柳健玫，2006；張郁樺，2004；莊子鄰，2011；湯君穎，2007；蘇雅芬，2004）。在解決這部分的困難方面，教師們

提出希望能提供豐富的參考資料、減輕工作負荷、建立教學目標、資料庫、有適用之電腦軟體、擬定簡要明確之 IEP 格式等方法（林幸台等人，1994）。

依據《高級中等以下學校特殊教育班班級及專責單位設置與人員進用辦法》（教育部，2020a）之規定，分散式資源班及巡迴輔導班的每班學生人數依各級主管機關規定辦理，但在 2024 年新修正的《高級中等以下學校及幼兒園特殊教育班班級與專責單位設置及人員進用辦法》（教育部，2024b）中規定，自 2029 年 8 月 1 日起，由中央主管機關依執行情形檢討精進，因此各縣市資源班的每班服務人數不等。以新竹市為例，《新竹市辦理身心障礙特殊教育資源班實施要點》（新竹市政府，2021）規定，國民中小學階段資源班的每班管理個案數以 20 至 30 人為原則，因此依照目前國民小學資源班每班編制 2 位教師，國民中學每班編制 3 位教師來看，平均每位教師每學期至少約需撰寫 10～15 份的 IEP，這對資源班教師而言可說是相當繁重的工作。一般特殊教育教師設計一份 IEP 約以 1～3 小時為最普遍，亦有需花費十數小時者，此尚且不論平常對 IEP 之檢視與修改時間。在現今，已有法源規定要求每位特殊兒童均應擬定個別化教育方案，且依《特殊教育法施行細則》（教育部，2020b）第 10 條之規定：「……身心障礙學生個別化教育計畫，學校應於新生及轉學生入學後一個月內訂定；其餘在學學生之個別化教育計畫，應於開學前訂定。前項計畫，每學期應至少檢討一次。」特殊教育在擬定 IEP 的工作上不僅加重，且具有時間上的急迫性。而在 2003 年新修正的《特殊教育法施行細則》中，針對身心障礙學生的個別化教育計畫，並無規定訂定的時間。

近幾年來，由於教育政策與特教趨勢的轉變，以及資源班由以往的單類或跨類型態轉變為以身心障礙不分類為主，其在撰寫 IEP 方面，資源班教師較以往更感困難之處在於：

1.資源班學生除了涵蓋各個年級之外，內容部分亦須包括不同補救教學科目與向度，且大多需因應學生適性需要自編教材、自製教具，但因教科書來源多元化的影響，補救教學之教科書版本可能每年換一次，致使教學實務應用成果無法累積。

2.資源班服務型態轉型為以身心障礙不分類為主後，學生異質性較以往大幅提高，在融合教育趨勢及全方位課程設計理念的要求下，多數資源班教師在這方面的訓練並不充裕，IEP 內容之撰寫與實際教學執行之困難皆躍升。

根據吳東光與孟瑛如（2004）之調查研究發現，特教教師要完成一份 IEP 相當費時，若不包括平時的檢視及修改所耗費的時間，少則一至三小時不等，多則五小時以上亦大有人在。

資訊融入教學已經成為目前各級教育教學的趨勢，而對教學與文書工作負荷均相對沉重的特殊教育教師而言，其需求則更為強烈。一方面可透過多媒體的聲光表現呈現教學內容，輔助資源班／特教班學生之學習；另一方面，應用資訊技術亦能取代許多現有資源班／特教班之經常性及重複性的資料輸入工作，大幅減少資源班／特教班教師在文書處理及行政上的負擔。「IEP 電腦化」就是在如此背景下受到特殊教育界之關注。以 IEP 內容而言，其中如學生基本資料、身心狀況、家庭與學校環境等，都屬於較固定的重複性資訊，而在學年學期目標部分，亦可經由教師經驗的累積或特教專家的建議，逐步建立教學目標、方法及步驟的資料庫。而在 2004 年 12 月 3 日，美國修正通過 IDEA（Individuals with Disabilities Education Improvement Act of 2004），法案中亦強調應盡量減少教師在 IEP 工作上所耗費的紙上作業時間（IDEA, 2004），IEP 的電腦化正符合所提倡的未來走向。

美國由於特殊教育發展較早，對 IEP 的要求非常重視，且因其市場較大，因此 IEP 電腦化在美國相對普及，許多商業軟體公司均紛紛投入開發電腦化 IEP 系統，且適合各障礙類別的系統均一應俱全，例如：Leader 的 IEPWriter（http://www.leaderservices.com/）、Technical Perspe-ctives 的 CLASS-S BRIDGE IEP（http://www.classplus.com/）、Contour Data 的 The Student Tracker（http://www.contourdata.com/）、MediaNet Solutions 的 e-IEP PRO（http://www.e-ieppro.com/）、Public Consulting Group 的 EasyIEP（http://www.publicconsultinggroup.com/）等（孟瑛如等人，2014；張乃云、孟瑛如，2015；張貽秀等人，2007）。

相對於國外相關軟體的蓬勃發展，國內於早期曾有勝利之家開發的啟智類電腦化 IEP 系統（張英鵬，1995；彭日貴、劉侃，1989）、嘉義啟智學

校亦開發區域網路版之啟智類電腦化 IEP 系統，但這些都未有後續升級或對外推廣（王華沛，2002；蔡秉樺、蘇俊鴻，2003）；另外，由臺灣省特殊教育網路中心（現為國教署特教網路中心）規劃建置的網路版 IEP 系統——「阿寶的天空」（https://www.aide.edu.tw/），曾結合電子績效支援系統的概念，配合關聯性資料庫作業，整合網際網路特性，透過網路的連結，不論是特教教師、學生家長及專業團隊人員等都能登入該系統查看，並獲得最新的資訊及即時的互動；不過最近一次修正為 2012 年 10 月，並未再隨新的《特殊教育法》及《十二年國民基本教育特殊教育課程實施規範》做調整，目前已無法連上。而有愛無礙融合教育網站（https://www.dale.nthu.edu.tw/）的 IEP 系統則從 5.0 版本後進入網路版，並依據「十二年國民基本教育課程綱要」發展學習內容、學習表現及學年學期目標之 Excel 檔案，供使用者依個別需求自行點選、編輯，是目前少數仍不斷根據新頒布的教育政策、課程綱要、教學目標，以及教師需求而更新的系統。

　　過去在 IEP 電腦化的研究議題，多集中在系統之發展、測試、應用，以及探討系統的方便性與省時性等（吳東光、孟瑛如，2004；張英鵬，1995；陳小娟，2003），事實上，上述研究都肯定 IEP 電腦化在省時省力方面的效果。另一方面，在 IEP 電腦化相對於 IEP 品質的討論上，早期曾有研究者對於透過電腦選單式的項目快速點選製作的 IEP 是否會流於形式，而教師是否可能在缺乏思考情況下，做出一份不一定符合學生需求的教學計畫等感到憂慮（Smith & Kortering, 1996）；最近則有學者（Wilson et al., 2005）提出如何衡量電腦化 IEP 系統在合法性（格式符合法律規定）之外，達到其功能性（即建立符合需求的 IEP），其原則包括：(1)系統是否能適切地記錄或描述學生在學業上之現況能力；(2)系統是否能允許使用者修改及新增學年學期目標；(3)系統是否能協助學年學期目標執行成果之評量（assessment）；(4)系統之學年學期目標及成就標準（Performance Criteria）是否能與部訂（原文為州訂）之普通教育課程目標與標準有關聯；(5)系統是否能促進家庭與學生之參與。

　　除此之外，電腦化 IEP 系統之分類（包括單機版、區域網路版或網際網路版等）及其各自的優缺點，亦為討論之議題（蔡秉樺、蘇俊鴻，2003；Margolis & Free, 2001）。在上述三種架構中，有愛無礙融合教育網站發展之

電腦化 IEP 系統選擇單機架構，此項決定之背景在於單機版具有教師撰寫 IEP 時，得以免除網路塞車之苦的優點。事實上，有愛無礙融合教育網站初期曾提供 Web-based 電腦化 IEP 系統供特教教師使用，然而試用結果，多數教師反映當網路較擁擠時，使用者很容易在等待過程中分心，因而較無法一氣呵成地完成一筆 IEP 案例的新增或修改（孟瑛如等人，2000）。對此結果，國外文獻亦有類似看法（Margolis & Free, 2001; Wilson et al., 2005）；此外，國內針對啟智學校高職部教師所做之實際調查研究，亦有高達 99.4 % 的網路 IEP 使用者認為，「上網人數多而造成網路壅塞問題」為使用類似系統最需協助及解決的使用障礙（陳小娟，2003）。然而，單機版系統的缺點卻也是因其缺乏網路連線，使得 IEP 資訊的分享（在教師、家長及學生間）受到限制。因此，如何找出一個能夠兼具單機版與網路版之優點的解決方案，一直是有愛無礙融合教育網站工作團隊的研究方向。

第二節　電腦化 IEP 系統之功能性評估

為讓教師能夠節省大量的時間以製作符合法律規定之 IEP，應該只是 IEP 電腦化的消極目標；在實務上，筆者期望電腦化應該能更積極地進一步達到「個別化教育」的功能性。以下將根據學者提出之五個面向（Wilson et al., 2005），逐一檢視新版有愛無礙融合教育網站電腦化系統在達成 IEP 功能性上的表現；同時，若有不足之處，也將檢討此系統未來之修正方向。

壹、系統能否適切地記錄或描述學生在學業上之現況能力

若要達到上述原則，電腦化 IEP 系統必須避免使用一成不變的拼湊式敘述或片斷語句來描述學生的能力現況，主要原因在於能力現況為驗證學年學期目標及其他相關服務之選擇是否合理的基礎。因此，Wilson 等人（2005）建議，能力現況最好應避免勾選式選單，而應採取由教師輸入敘述性的文句為主。

針對此需求，有愛無礙融合教育網站電腦化 IEP 系統在過去經由分類及結構化的選單，導引教師如何面面俱到地撰寫學生在各領域之能力現況，再提供所謂「自然語言」的輸入介面，讓教師能夠寫出真正「個別化」的學生能力現況描述（如圖 4-1 所示）。

圖 4-1　電腦化 IEP 系統的「能力分析」介面

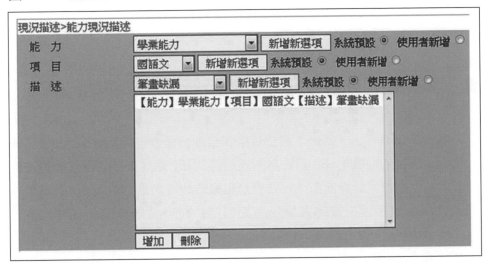

　　而今，有愛無礙融合教育網站編修空白的 IEP 表格（如本章附錄 1），在學生能力現況、家庭狀況及需求評估方面有詳盡的表格供填寫、紀錄，包含基本資料、家庭狀況、身心狀況、學生能力評估、現況及整體需求分析、現況描述、在班級的影響及調整方式等。檔案存放於電腦化 IEP 系統中常用檔案下載區，供各縣市參考，並可於下載後自行依據需求做調整。其中也包含「優弱勢能力綜合評估」、「特殊學習需求」、「參與特教班情形」等項目（功能均類似能力分析）（如圖 4-2 所示），將足夠作為教師撰寫學年學期目標及其他相關服務之充分與完整的基礎。

圖 4-2　空白 IEP 表格的「學生能力現況描述、在班級的影響及調整方
　　　　式」表單

| 健康狀況 | 優勢：(生理健康、心理健康…等)
限制：(身體病弱或長期服藥應詳細填寫) | 對上課或生活的影響
☐無☐有，請填寫以下調整方式
☐提供學習輔具：＿＿＿＿＿
☐提供專業團隊服務
☐提供教師助理員協助
☐提供醫療服務
☐其他，說明：＿＿＿＿＿ |

貳、系統能否允許使用者修改及新增學年學期目標

　　誠如 Wilson 等人（2005）指出，學年學期目標資料庫乃電腦化 IEP 系統之核心，而好的電腦化 IEP 系統必須能夠協助 IEP 團隊選擇合適且能夠具體評估成效之目標。針對此需求，有愛無礙融合教育網站電腦化 IEP 系統以往依據九年一貫課程指標建置學年學期目標；而不論是學業性或發展性目標，均使用「具體可評量的動詞」，例如：將「能認識常用中國文字1,000」中較為廣泛抽象的「能認識」修改寫成「能讀出常用中國文字1,000」。如同上述的能力現況所述，該系統亦經由分類及結構化的選單，導引教師找到各領域之適當學年學期目標（如圖 4-3 所示）。

　　同樣的，即使研究人員很努力地嘗試整理出所有可能的 IEP 項目，但事實上，這些資料或許仍未能滿足所有教師的需求。因此，系統的「使用者新增」項目，能讓資源班或特教班教師自行建構（新增／修改／刪除）屬於自己的資料庫，建立適合自己的電腦化 IEP 工作環境。透過此資料庫管理功能，其範圍不僅涵蓋學年學期目標，亦包括現況描述、測驗與評量、支援服務，以及參與特教班情形等主要表單內之任何細部項目。在格式（Form）符合《特殊教育法》規範的情況下，足夠提供未來任何 IEP 團隊於此角度之功能性需求（Function）。

　　有愛無礙融合教育網站電腦化 IEP 系統於 2019 年開始依據「十二年國民基本教育課程綱要」編修空白的 IEP 表格及相關學年學期之 Excel 表單，

圖 4-3　電腦化 IEP 系統的「學年學期目標」介面

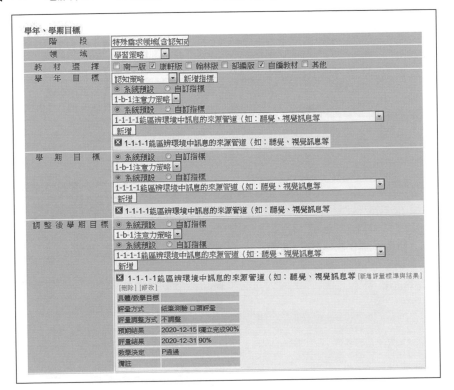

期待讓老師們快速尋找適合的 IEP 指標和完成撰寫，依序將「學習表現」、「學習內容」、「學年目標」、「學期目標」合併編碼存在各工作頁面（如圖 4-4 所示），可依據使用者個別需求做增刪、選用，並具有評量功能。

　　2020 年開始，依據前一年 Excel 表單作發想，發現隨著電腦技術的進步，用 Word 檔即可做出下拉式選單（如圖 4-5 所示），使用者將檔案存成 Word 檔啟用巨集的文件（*.docm）後，可直接在 Word 檔案（須）內進行編輯使用，將這項功能運用在「學習表現」、「學習內容」、「學年目標」、「學期目標」上，能讓老師們可以輕易地把電腦化 IEP 的概念用在個人的電腦上面，以 Word 檔的方式直接迅速有效率的製作一份完整 IEP。再加上雲端技術不斷提升，IEP 可以結合雲端技術和下拉式選單，讓很多的老師共同去協作一份 IEP，使愈來愈多的指標可以逐漸形成資料庫的概念。

圖 4-4　Excel 表單的「學習表現」、「學習內容」、「學年目標」、「學期目標」表單

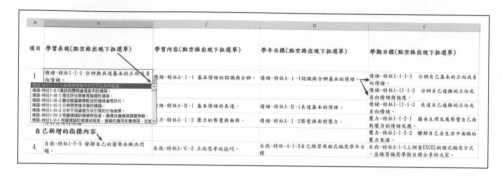

圖 4-5　Word 檔的「學年目標」、「學期目標」下拉式表單

參、系統能否協助學年學期目標執行成果之評量

　　Wilson 等人（2005）指出，一個好的（即具備 IEP 功能性）電腦化 IEP 系統，需能夠針對評量準則、評量條件與持續性評量等面向，彈性地描述、製作及個別化每一位個案之 IEP 學年學期目標執行成果之評量。

　　評量準則通常採用達成率。然而，針對不同學習目標，有些 80%的達成率已經足夠，有些則需要更高，因此，達成率不應該是一體適用於所有目標。針對此需求，有愛無礙融合教育網站電腦化 IEP 系統提供之「預期結果」（即預期達成率），允許個別學習目標間有所差異（如圖 4-6 所示），使用者亦可透過前述資料庫管理功能，建構更個別化之評量準則。

圖 4-6　電腦化 IEP 系統的「學年學期目標」輸出內容

學年度	104	階段	九年一貫	領域	本國語文 1
教材選擇	南一版、康軒版			教師	陳OO
學年目標	1-1-1 能正確認念、拼讀及書寫注音符號。				
學期目標	1-1-1 能正確認念、拼讀及書寫注音符號。				

調整後學期目標（2015-10-01～2015-11-01）	具體/教學目標	評量方式	評量調整方式	預期標準	評量結果	教學決定	備註
1-1-1-1 能正確認念注音符號。		口頭評量	不調整	2015-11-09 I 70%	90%	P	

調整後學期目標（2015-10-01～2015-12-31）	具體/教學目標	評量方式	評量調整方式	預期標準	評量結果	教學決定	備註
1-1-1-2 能正確拼讀注音符號。		檔案評量	報讀	2014-12-29 O 100%	80%	P	

預期標準：I-獨立完成 O-口頭提示 H-他人協助 A-使用輔具 E-其他方式。
教學決定：P 通過 C 原目標繼續 M 原目標調整 G 放棄。

　　評量條件指的是評量方式（例如：口頭、紙筆或觀察方式）。在此面向，有愛無礙融合教育網站電腦化 IEP 系統的使用者同樣可透過前述資料庫管理功能，建構契合其個案之適當評量方式。

持續性評量指的是確定學生精熟某特定知識後一段時間，繼續監控學生於「維持」該特定知識之狀況。若學生無法維持獲得之知識，一方面可能造成特教教師在進入新的教學單元時，可能會錯誤地以為該學生已經具備應該有的起點能力，但其實不然；另一方面，亦可能表示教師需要提供進一步的教學活動或修正其教學方式。針對此面向，有愛無礙融合教育網站電腦化 IEP 系統在學年學期目標輸出文件中，提供可新增多個欄位之評量紀錄，教師可在較長的不同時間點對個案進行持續性評量，以確認學生在某特定目標學習過程獲得知識之維持程度，再調整其教學進度或方法。

　　而 2019 年開始，有愛無礙融合教育網站依據「十二年國民基本教育課程綱要」持續開發的 Excel 表單中，評量的部分在日期輸入上選擇以不同色塊做區隔，黃色代表開學日，橘色代表第一週的星期日(結束日)，綠色為形成性評量，可依評量次數自行設定間隔日數（如圖 4-7 所示）。評量與教學決定的判斷也可依需求重新編寫程式（如圖 4-8 所示）。

　　有愛無礙融合教育網站團隊在 2020 年陸續將 Word 檔之下拉式選單功能運用在「教學起迄日期」、「評量方式／預期目標」、「評量日期／達成方式／達成率」、「教學決定」上（如圖 4-9 所示），讓所有的格式填寫皆可透過下拉點選，結構、系統化的簡單完成。

圖 4-7　Excel 表單的「評量」表單

開始日期(黃色，請自行輸入開學日)	結束日期(橘色請自行輸入第一週的星期日)	評量方式(複選)	支持策略(複選)	第一次評量(A2+3)，自行決定間隔日數	第一次評量(E2+4)，自行決定間隔日數	第一次評量(F2+2)，自行決定間隔日數	評量結果	預期標準	教學決定
2019/8/30	2019/9/1	A	G				0	7	P
2019/9/2	2019/9/8	B	H	2019/9/5	2019/9/9	2019/9/12	1	8	C
2019/9/9	2019/9/15	C	H	2019/9/12	2019/9/16	2019/9/19	2	9	M
2019/9/16	2019/9/22	D	J	2019/9/19	2019/9/23	2019/9/26	3	10	S
2019/9/23	2019/9/29	E	K	2019/9/26	2019/9/30	2019/10/3	4		G

圖 4-8　Excel 表單的「評量與教學決定」表單

| R7 | ▼ | ✕ ✓ *fx* | =IF(P7>=8,"P",IF(P7>=5,"C",IF(P7>=3,"M",IF(P7>=1,"S",IF(P7=0,,"G"))))) |

三、數學科學期目標與評量內容(108學年度上學期)	
評量方式	A：紙筆測驗　B：口頭測驗　C：指認　D：觀察評量　E：實作評量　F：其他（請註明）
支持策略	G：獨立完成　H：口頭提示　I：手勢提示　J：動作協助　K：圖片提示　L：使用輔具　M：團體合作　N：專人協助(教師、家長、義工、替代役、助理員……等)
評量結果/教學決定	達成率　0：0%　；1-10：達成率 10-100%　；P：8-10 通過　C：5-7 原目標繼續　M：3-4原目標調整　S：1-2暫時擱置　G：0放棄
預期標準	達成率　0：0%　；1-10：達成率 10-100%

學期目標(點空格出現下拉選單)	開始日期	結束日期	評量方式(可複選)	支持策略(可複選)	第一次評量	結果	第二次評量	結果	第三次評量	結果	總評結果	預期標準	教學決定
數與量-2-n-01-3-2(簡化)認讀100以內的數。	9/2	9/15	AB	HK	9/5	6	9/9	7	9/11	8	8	10	P
數與量-2-n-01-3-3(簡化)寫出100以內的數。	9/2	9/15	AB	HK	9/5	5	9/9	6	9/11	7	7	10	P

圖 4-9　Word 檔的「教學起迄日期」等的下拉式表單

學年目標(請自行調整)	學期目標(請自行調整)	教學起迄日期(請自行調整)	評量方式/預期目標(請自行調整)	評量日期達成方式/達成率%(請自行調整)			教學決定(請自行調整)
1-1-1 養成專心聆聽的習慣，尊重對方的發言。	1-1-1-3 聆聽時禮貌的看著說話者。	8/31至1/21	E I/80%	8/31 I/80%	8/31 I/80%	8/31 I/80%	△
	1-1-1-4 聆聽過程中，遵守提示、不插嘴。	2021年1月	E I/80%	8/31 I/80%	8/31 I/80%	8/31 I/80%	△
	1-1-1-5 說出聆聽到的主角、事件經過、結果。		E I/80%	8/31 I/80%	8/31 I/80%	8/31 I/80%	△
2-1-1 以正確發音流利的說出語意完整的	2-1-1-3 清楚明白的口述一件事情(或事)。		E I/80%	8/31 I/80%	8/31 I/80%	8/31 I/80%	△

肆、系統之學年學期目標及成就標準能否與部訂之普通教育課程目標與標準有關聯

　　特殊教育的目標仍應在於盡可能地讓身心障礙學生能夠獲致與普通教育一樣的目標，因此特教學生 IEP 之學年學期目標及其成就標準（除某些特定障別之外），亦應連結至「十二年國民基本教育特殊教育課程實施規範」。針對此項，有愛無礙融合教育網站電腦化 IEP 系統根據 2019 年的課

程綱要，建置了十二年國民基本教育基本課程領域、特殊需求領域等學年學期目標資料庫，以 Excel 檔案的方式供使用者隨時依實際需求做調整，並發想 Word 檔下拉式選單的概念，期待能為現職老師們帶來更簡潔且直覺性的使用體驗。

伍、系統能否促進家庭與學生之參與

IDEA'97 特別強調，應加強與支持家庭與學生主動參與 IEP 之過程。然而，即使對 IEP 發展相對重視且歷史悠久的美國，在這方面也面臨許多問題，家庭成員對 IEP 會議的貢獻似乎僅止於點頭或以沉默取代同意，而來自於學生本身的意見更是有限（Wilson et al., 2005）。基本上，電腦化 IEP 系統對此面向的幫助仍有限，頂多在於 IEP 會議後能方便及迅速地修改並底定最終版本的 IEP。

以國內而言，目前在家庭與學生參與 IEP 過程中，主要仍透過 IEP 會議、親師座談或個案研討會等機會。有愛無礙融合教育網站電腦化 IEP 系統、空白 IEP 表件、Excel 表單則進一步在表單中加入學生成長史、家庭生活環境調查、家長義務工作及家長晤談等項目，這將「強迫」教師在撰寫 IEP 過程中，即能與家長做充分溝通。未來是否可能加入一些機制，讓家長與學生在學年學期目標的擬定及轉銜過程之抉擇等，將是未來的努力方向。

第三節　IEP 表格、Excel 表單及 Word 檔之各項目設計說明

本節將針對有愛無礙融合教育網站IEP之格式以及項目之規劃與設計理念做逐項及詳細的說明。有愛無礙融合教育網站IEP 表格的整體架構係根據《特殊教育法施行細則》（教育部，2023c）第 10 條的內容，包括五大項法律規定項目：

1.學生能力現況、家庭狀況及需求評估：包括學生基本資料、學生家庭狀況、學生身心狀況、學生能力評估、現況及整體需求分析、學生能力現

況描述、在班級的影響及調整方式整體需求分析。

2.學生所需特殊教育、相關服務及支持策略：包括相關服務（醫療服務、福利服務、學習輔具、成績計算方式、行政支援、巡迴輔導服務、教師助理員服務、專業團隊服務）、學生所需特殊教育（主要安置環境及課表）。

3.學年及學期教育目標、達成學期教育目標之評量方式、日期及標準：包括十二年國民基本教育基本課程領域、特殊需求領域等學習表現、學習內容、學年學期目標資料庫。

4.具情緒與行為問題學生所需之行為功能介入方案及行政支援：包括情緒或問題行為之標的行為、行為功能、介入目標、介入策略、執行方式、負責人員、執行情形、所需行政支援、危機處理流程、執行成效評估及後續建議。

5.學生之轉銜輔導及服務內容：包括升學輔導、生活輔導、就業輔導、心理輔導、福利服務、其他相關專業服務及追蹤輔導紀錄。

壹、學生、家庭現況與需求評估

為增加特教教師對學生的掌握與了解，表格設計以涵蓋各種身心障礙類別為主，期使特教教師能設計出最適合學生的 IEP。相關表格內容編修說明如下。

一、學生基本資料

基本資料除了包含姓名、生理性別、生日、身分證字號、父母親資訊、戶籍及通訊地址、身障證明、鑑輔會鑑定安置結果等，另新增監護人、主要照顧者，以利未來個案升學時能順利將資料匯入教育部通報系統中的個別化轉銜計畫（ITP）；而為了因應臺灣社會外籍新娘日益增多的現況，新增本國籍、外國籍、原住民的欄位，藉此了解與記錄學童父母親的文化背景。

二、學生家庭狀況

家庭生活調查主要是記錄家長提供的相關資料，可涵蓋各種不同的身心障礙類別。家庭狀況簡述的部分，包含：學生生長史、家庭成員、成員中是否有其他特殊個案、經濟狀況、主要照顧者（學習協助者）、家庭對學生的教養態度、支持、接納情形、父母對個案管教態度、父母婚姻狀況、同住家人、個案與人相處情形。此外，還有家長對孩子感到困擾的問題、家長對孩子學習的期望，包含：家人對孩子的期望、家長對學校教育的期望等。透過此表的填寫將有助於教師更了解學生的家庭狀況、與家人相處的情形，以及家長的期望。

三、學生身心狀況

身心狀況包含學生的「成長史」、「健康狀況」、「醫療史與教育史」等三部分，讓老師能夠記錄學生成長過程的重要里程碑外。此外，為因應不同身心障礙類別，新增障礙狀況表格，障礙類別包含智能障礙、視覺障礙、聽覺障礙、語言障礙、肢體障礙、腦性麻痺、身體病弱、情緒行為障礙、學習障礙、多重障礙、自閉症、發展遲緩、其他障礙。因多重障礙涵蓋兩項障礙以上，故採可複選而不重複設計表格。建置過程主要參考《臺北市高中職個別化教育計畫表格》、《特殊教育學生及幼兒鑑定辦法》（教育部，2024a）、《特殊教育相關專業服務作業手冊》（王天苗主編，2003），以及《學習障礙與補救教學：教師與家長實用手冊》（孟瑛如，2019a），並參酌相關文獻資料整合編修而成。

四、學生能力評估、現況及整體需求分析

包含評量紀錄、學生能力現況描述、在班級的影響及調整方式、整體需求分析。其中評量紀錄的向度中，包含評量工具／評量方式、評量日期、評量者、評量結果摘要。學生能力現況描述、在班級的影響及調整方式的向度中，會就健康狀況、感官功能、知覺動作能力、生活自理、認知能力、溝通能力、人際關係及情緒行為、學業能力—國語文領域、學業能

力—英語（文）領域、學業能力—數學領域、學業能力—其他領域、職業教育能力、其他能力等方面作詳盡的記錄及了解，並確認這些行為狀況對上課或生活的影響，以做後續相關調整配合。整體需求分析的向度則是針對學習內容、學習歷程、學習環境、學習評量四個部分作相關撰寫，以確認該提供哪些支援。

由於資源班／特教班學生並非能力全面低下，若加以調整適合的學習方式，他們亦能有參與普通班之學習機會。《身心障礙學生考試服務辦法》（教育部，2023b）第 4 條規定：「考試服務之提供，應以達成該項考試目的為原則。各級學校及試務單位應依身心障礙考生障礙情形、程度及需求，提供考試服務。……」多元評量、替代性評量、無障礙考試評量服務，主要是針對不同障礙類別學生的特殊需求與考試目的所做的調整方式，藉此讓學生的能力不受身心障礙的限制，主要從時間、施測場所、試題呈現與反應方式、試題指導語等向度，整理出考試調整的原則（邱上真，2004；教育部，2023b）。

貳、學生所需特殊教育、相關服務及支持策略

一、相關服務

相關服務包括「醫療服務」、「福利服務」、「學習輔具」、「成績計算方式」、「行政支援」、「巡迴輔導服務」、「教師助理員服務」、「專業團隊服務」。

其次，特殊學生在學校需要許多行政單位的支援，透過詳細列出的行政支援內容，也讓學校其他單位了解：特殊學生不只屬於特教班，他們也是學校的一分子，需要透過各處室的協調，提供他們支援與幫助。

最後，在專業團隊服務部分，主要依據教育部通報系統中的個別化轉銜計畫（ITP），整合學前階段、國小、國中、高中職，以及大專等不同階段，根據其需求分成物理治療、職能治療、語言治療、心理治療、社工輔導等項目，提供教師記錄不同身心障礙學生對於相關專業服務的特殊需求。

二、學生所需特殊教育

學生所需特殊教育包含主要安置環境及課表兩方面。從主要安置環境可選擇適合學生的安置方式。課表則詳列科目、節次及教師，並標註此課程為合作教學、抽離、外加，還是彈性學習課程時間，讓教師能了解如何滿足學生的特殊學習需求。

而近年來融合教育的提倡，不管是資源班或是特教班，身心障礙學生接受特殊教育服務的目的都是希望達到在普通班的學習生活或是人際互動有更好的適應及表現。有鑑於此，鼓勵加強在普通班的教室觀察，以及家長對於孩子在普通班的學習適應情形觀察，能讓教師隨時掌握及記錄身心障礙學生在普通班學習的情形，以隨時調整特殊教育相關服務的協助或是教學目標。

參、學年及學期教育目標、達成學期教育目標之評量方式、日期及標準

學年學期目標係依據最新頒訂的「十二年國民基本教育課程綱要」建置 Excel 資料庫，分為十二年國民基本教育基本課程領域、特殊需求領域等學年學期目標資料庫。

十二年國民基本教育基本課程領域分成語文、數學、社會、自然科學、藝術、綜合活動、科技、健康與體育、服務類群等科目。特殊生若在特定領域／科目的學習功能上與一般同年齡／同年級之學生能力相近，則可以完全依總綱以及各領域課程綱要之規範去進行課程規劃，但仍要考量依學生個別需要，提供必要的學習輔具、進行環境與評量調整或其他支持策略、相關服務等。若特殊生因身心障礙的限制，造成在特定領域／科目有輕微或嚴重缺損的學習表現，則需要提供必要之課程調整。課程調整的方式不調整部定課程（含語文、數學、社會、自然科學、藝術、綜合活動、科技、健康與體育）或校訂課程之學習學分數（節數）和內容，僅提供環境或評量調整，並得提供學習歷程的調整與外加式課程。依特殊學生

之能力和需求，可參考「十二年國民基本教育特殊需求領域課程綱要」，經專業評估後提供特殊需求領域課程（包括生活管理、社會技巧、學習策略、職業教育、溝通訓練、點字、定向行動、功能性動作訓練、輔助科技應用、情意發展、創造力、領導才能、專長領域、獨立研究等）。

有愛無礙團隊將上述的課程綱要指標都內建在 Excel 表單中，讓教師可快速點選來設定學年學期目標，更發想 Word 檔下拉式功能，使老師可以直接在個人電腦上完成 IEP 並可直接儲存、列印。另外，教師也可依實際教學需要，將內容自行修改，使 IEP 之內容更具彈性，達成個別化、適性化之目的。

肆、具情緒與行為問題學生所需之行為功能介入方案及行政支援

情緒行為功能介入方案於《特殊教育法施行細則》（教育部，2023c）第 10 條有相關規定，用於記錄學生的問題行為或情緒問題、介入方法和成效。行為介入（Behavior Intervention）著重在改善個人的行為及所處環境，因此針對行為問題，除了減少與解決外，更要積極的培養和增進良好行為（侯禎塘，2003；Bateman & Linden, 2006）。

在有愛無礙融合教育網站所發展的行為功能介入方案模式中，除了參考行為分析的概念外，更重視過去情緒與行為發生時的介入過程，以做為現階段發展介入方案時參考評估的依據，同時在評估後的持續追蹤以期問題能確實獲得改善，其內容如下：

1.標的行為：包含行為類別，在何種情境下（A）出現目標行為，目標行為的型態次數或頻率、強度、持續時間（B），對於行為問題的處理情形（C）以及個案的反應（R）。

2.行為功能：勾選其行為功能或目的為獲得注意／事物／活動、獲得自我刺激、逃避要求、逃避注意／事物／活動、逃避內在不舒服的情緒、其他。

3.介入目標：具體描述希望達成之目標為何。

4.介入策略：分為行為介入的前事處理與先兆控制、行為教導、後果處理三部分。分別記錄介入策略、執行方式、負責人員、執行情形。此外還有所需行政支援、危機處理流程的具體描述。最後作執行成效評估及後續建議，目的在了解現階段的介入是否有效，並提出下個階段行為介入的建議。

簡吟文等人（2011）指出，針對情緒行為問題學生設計個別化教育方案時，融入行為介入方案是最有效率的解決問題行為方式之一，因此有愛無礙團隊在設計情障介入方案的 IEP 內容時，除內建了許多行為介入方法，更在每個方法後面列上淺顯易懂的例子，使教師能一邊撰寫 IEP，一邊了解情緒行為障礙學生的問題行為與解決方法（如圖 4-10 所示）。目前針對行為介入策略、成效及後續建議，有愛無礙融合教育網站所提供的 IEP 空白表格也針對策略介入給予下拉式選單（如圖 4-11 所示），提供教師在執行介入時相關策略之參考。

圖 4-10　情障行為功能介入方案的內容介面與例子

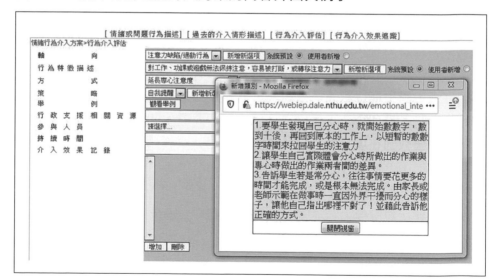

圖 4-11　IEP 空白表格之下拉式選單

行為介入策略、成效及後續建議			
項目/說明	介入策略	介入時間	參與人員
前事控制策略	1.調整教室環境 選擇一個項目。 2.調整教材教法 選擇一個項目。▾ 選擇一個項目。 確定學生聽懂老師的指令 將冗長的教材切割成數個較短的段落 容許工作中間短暫的休息 提供同儕輔導（指定小老師） 其他： 選擇一個項目。 選擇一個項目。 6.藥物生理 選擇一個項目。		□家長/稱謂： □教師 (□導師 □資源班老師 □輔導教師 □科任：_____) □行政 (□校長 □主任 □組長 □助理員 □其他：_____) □相關專業人員 (□物理 □職能 □語言 □心理 □社工 □其他：_____) □其他

伍、學生之轉銜輔導及服務內容

　　轉銜服務是特殊需求學生升學的一個重要環節，尤其轉銜計畫對於學生在進入新階段的教育安置環境是相當重要的，而新階段的教師也可根據轉銜計畫對學生進行新的教學設計與教育安置，前一階段的教育人員也能針對學生做定期追蹤輔導。

　　為方便教師在填寫轉銜資料時能有統一的標準，有愛無礙融合教育網站版電腦化 IEP 系統參照教育部特殊教育通報網（https://www.set.edu.tw/）中所提供的轉銜服務表格，設計出電腦化 ITP，其中包括學生基本資料、學習記錄摘要、現況能力分析、相關服務記錄，以及安置與輔導五大項，其內容說明如下：

　　1.學生基本資料：包括基本資料、障礙狀況、活動狀況與健康狀況。在本系統的功能下，若是在 IEP 中已經填過學生的基本資料，在 ITP 中將會自動顯示在基本資料裡。

　　2.學習紀錄摘要：包括學制、教育安置型態、學習狀況摘要等紀錄。

3.現況能力分析：包括生活自理能力、社會化及情緒行為能力、綜合評估個案優弱勢能力、認知能力、溝通能力，以及學業能力。本項中的資料內容，摘選自 IEP 資料庫的相關項目，便利教師使用。

4.相關服務記錄：包括經濟補助、支持性服務、復健與醫療服務、就學服務，以及安置服務等項目。

5.安置與輔導：針對未來安置與輔導建議，由教師填寫建議與相關意見。

有愛無礙團隊在 2019 年所開發之空白表格則分為同級學校間轉銜、各教育階段間轉銜兩部分。同級學校間轉銜包含學生適逢轉換安置型態、導師變更或轉學等狀況，需確實記錄關於轉換安置型態、導師變更以及轉學等情形，並留下轉銜追蹤輔導紀錄。各教育階段間轉銜則包含學生適逢畢業、升學、就業、就醫或就養等情況，需設計轉銜相關課程、召開轉銜相關會議、安排轉銜活動、完成特教通報及書面資料轉銜，須針對升學輔導、生活輔導、就業輔導、心理輔導、福利服務、其他相關專業服務等轉銜服務內容作規劃，並一樣需留下轉銜追蹤輔導紀錄。

第四節　電腦化 IEP 格式示例

根據《特殊教育法施行細則》（教育部，2023c）第 10 條之規定，IEP 共有五大項主要內容，有愛無礙融合教育網站網路版 IEP 系統廣受特教教師使用，目前已根據最新法規及課程綱要做了修改，IEP 空白表格以及 Excel 表單可自有愛無礙融合教育網站 IEP 網站的常用檔案區下載（https://webiep.dale.nthu.edu.tw/），在此，僅提供本書讀者作為參考。「個別化教育計畫目標 IEP Excel 與 Word 下拉選單使用說明」請見本章附錄 2，提供讀者參考。

問題與反思

基本題

1.試論述 IEP 在特殊教育領域的功能與重要性。

2.試論述 IEP 在特殊教育領域的發展與沿革。

3.試論述特殊教育教師如何在校內依現行法規發展每位身心障礙學生的 IEP？

4.試論述電腦化 IEP 系統的可行性與功能性評估。

5.若身為特殊教育教師，請試著為你的學生編製一份適性 IEP。

進階題

1.試論述如何依現行法規召開 IEP 會議，並與家長溝通。

2.試論述如何編製一份適性 IEP。

3.試論述在編製適性 IEP 中的學生所需特殊教育、相關服務及支持策略之應注意原則。

4.試論述在編製適性 IEP 中的學生能力現況、家庭狀況及需求評估之應注意原則。

5.試論述在編製適性 IEP 中的行為功能介入方案之應注意原則。

6.試論述在編製適性 IEP 中的學年與學期教育目標、達成學期教育目標之評量方式、日期及標準之應注意原則與執行可能性。

7.試論述在編製適性 IEP 中的學生之轉銜輔導及服務內容的應注意原則。

參考文獻

中文部分

王天苗（主編）（2003）。**特殊教育相關專業服務作業手冊**。教育部。

王華沛（2002）。**IEP 網路化**。http://enews.aide.gov.tw/enews/doc/talk/020505.htm

吳東光、孟瑛如（2004）。資源班教師對 IEP 電腦化之接受度與應用現況探析。**特殊教育研究學刊，26**，61-87。

孟瑛如（2019a）。**學習障礙與補救教學：教師與家長實用手冊**（第四版）。五南。

孟瑛如（2019b）。**資源教室方案：班級經營與補救教學**（第四版）。五南。

孟瑛如、吳東光、陳虹君、謝瓊慧（2014）。因應新修正特教法施行細則高中職以下教育階段電腦化 IEP 之建置。**國立臺灣科技大學人文社會學報，10**（4），281-306。

孟瑛如、吳東光、魏光民、簡吟文（2000）。LDAP-based 學習障礙學生個案管理暨電腦化 IEP 系統之研究與實作。載於八十九學年度師範學院教育學術論文**發表會論文集**。

林幸台、林寶貴、洪儷瑜、盧台華、楊瑛、陳紅錦（1994）。我國實施特殊兒童個別化教育方案現況調查研究。**特殊教育研究學刊，10**，1-42。

林淑玲（2003）。**高雄市國小資源班實施現況調查研究**（未出版之碩士論文）。國立臺東大學。

邱上真（2004）。**特殊教育導論：帶好班上每位學生**（第二版）。心理。

侯禎塘（2003）。特殊兒童行為問題處理之個案研究：以自閉症兒童的攻擊行為為例。**屏東師院學報，18**，155-192 。

柳健玫（2006）。**桃園縣國小特教教師支援普通班教師撰寫個別化教育計畫之研究**（未出版之碩士論文）。中原大學。

紀瓊如（2006）。**臺南縣市身障學生家長參加 IEP 會議及 ITP 會議之調查研究**（未出版之碩士論文）。國立臺南大學。

胡翠珊（2013）。**屏東縣國小普通班導師參與個別化教育計畫的現況與困難之研究**（未出版之碩士論文）。國立屏東教育大學。

張乃云、孟瑛如（2015）。國小特教教師對 Web-IEP 系統使用現況及需求調查研究。**特教論壇，19**，1-23。

張英鵬（1995）。國立臺北師範學院輔導區國小特殊班使用個別化教育方案電腦

軟體之成效及其相關研究。臺北師院學報，**8**，413-450。

張郁樺（2004）。**桃園縣國民中小學資源班實施現況之調查研究**（未出版之碩士論文）。中原大學。

張貽秀、孟瑛如、吳東光（2007）。國小資源班教師對電腦化 IEP 系統使用滿意度之研究：以有愛無礙電腦化 IEP 系統為例。**特殊教育學報**，**26**，85-110。

教育部（2002）。**教育部九年一貫課程學生成績評量及學籍電子資料交換規格標準**。作者。

教育部（2019）。**十二年國民基本教育特殊教育課程實施規範**。作者。

教育部（2020a）。**高級中等以下學校特殊教育班班級及專責單位設置與人員進用辦法**。作者。

教育部（2020b）。**特殊教育法施行細則**。作者。

教育部（2023a）。**特殊教育法**。作者。

教育部（2023b）。**身心障礙學生考試服務辦法**。作者。

教育部（2023c）。**特殊教育法施行細則**。作者。

教育部（2024a）。**特殊教育學生及幼兒鑑定辦法**。作者。

教育部（2024b）。**高級中等以下學校及幼兒園特殊教育班班級與專責單位設置及人員進用辦法**。作者。

莊子鄰（2011）。**國小普通班教師對電腦化個別化教育計畫（IEP）編寫困擾之研究：以臺中市某國小為例**（未出版之碩士論文）。國立彰化師範大學。

陳小娟（2003）。**啟智學校高職部網路個別化教育計畫推廣實施現況調查之研究**（未出版之碩士論文）。國立彰化師範大學。

彭日貴、劉侃（1989）。**個別化教學計畫撰寫應用程式使用手冊**。基督教勝利之家。

湯君穎（2007）。**國民小學普通班教師參與個別化教育計畫之研究**（未出版之碩士論文）。國立臺中教育大學。

新竹市政府（2021）。**新竹市辦理身心障礙特殊教育資源班實施要點**。作者。

蔡秉樺、蘇俊鴻（2003）。特殊教育網路個別化教育計畫系統之規劃與發展。**特殊教育季刊**，**89**，17-24。

簡吟文、孟瑛如、黃姿慎（2011）。行為介入方案融入情緒行為障礙學生個別化教育計畫之可行性評估與發展。載於中華民國特殊教育學會（主編），**2011年中華民國特殊教育學會年刊**（頁361-383）。中華民國特殊教育學會。

蘇雅芬（2004）。**宜蘭縣國小資源班實施現況調查研究**（未出版之碩士論文）。國立臺東大學。

英文部分

Bateman, B. D., & Linden, M. A. (2006). *Better IEPs* (4th ed). Attainment.

Fayyad, U. M., Piatetsky-Shapiro, G., & Smyth, P. (1996). From data mining to knowledge discovery: An overview. In U. M. Fayyad, G. Piatetsky-Shapiro, P. Smyth, & R. Uthurusamy (Eds.), *Advances in knowledge discovery and data mining* (pp. 1-34). AAAI Press/The MIT Press.

IDEA (2004). http://idea.ed.gov

Margolis, H., & Free J. (2001). Computerized IEP programs: A guide for educational consultants. *Journal of Educational and Psychological Consultation, 12*(2), 171-178.

Smith, S. W., & Kortering, L. J. (1996). Using computers to generate IEPs: Rethinking the process. *Journal of Special Technology, Fall*, 81-90.

Wilson, G. L., Michaels, C. A., & Margolis, H. (2005). Form versus function: Using technology to develop individualized education programs for students with disabilities. *Journal of Special Education Technology, 20*(2), 37-46.

第五章

智能障礙

李翠玲

案例：被隱藏的女兒

羅絲瑪麗（Rosemary Kennedy, 1918-2005）是美國前總統約翰‧甘迺迪的大妹，出生時由於產科醫生因病患眾多遲到了，她的母親為了等醫生來，於是雙腿緊閉，迫使嬰兒頭部停留在產道中長達2個小時，此導致新生兒缺氧而釀成羅斯瑪麗天生的缺陷，埋下她日後成為智能障礙的主要原因。

羅絲瑪麗學會爬、站、走路和開口說話的時間，都比哥哥們晚，在讀寫方面，也有困難。11歲時，她被父母送到賓州的啟智寄宿學校。隨著羅絲瑪麗的年歲漸長，美麗外表開始吸引異性注意，然而她的行為不受控，父親擔心她惹出醜聞，影響到其他家人的前途，最後決定採用「大腦額葉切斷術」，希望根治女兒的毛病。但手術沒成功，反而使她成為重度與多重障礙者。之後，父親便偷偷安排她進療養院，從此不再提及這個女兒，羅絲瑪麗就成了被隱藏的女兒。

羅絲瑪麗的妹妹尤妮絲知道這件事後，震驚於她的遭遇，開始挺身倡導身心障礙者的權益。她說服父親動用財富資助研究，而在哥哥當選總統後，也遊說他建立兒童健康與人類發展的政府研究機構，促使社會大眾正視這類人的存在，也促成了「特殊奧運」之成立。她的弟弟泰德在擔任參議員四十餘年間，提出了不少開創性立法，為身心障礙者爭取國家資源，開全球風氣之先的《美國身心障礙者法案》，這些都是因被隱藏的女兒羅絲瑪麗而起。

思考議題：

1.在智能障礙成因中，羅絲瑪麗的智能障礙屬於哪一種？
2.羅絲瑪麗的遭遇對啟發身障人權、特殊教育和醫療倫理的影響為何？

我國曾經在民國 65 年（西元 1976 年）與民國 81 年（西元 1992 年）辦理特殊兒童普查，結果皆顯示智能障礙（簡稱智障）兒童所占的人數最多，特殊學校與特教班所招收的學生也是以智能障礙學生為大宗。隨著其他障礙類別的定義與智能障礙定義的修正與改變，昔日被鑑定為智能障礙類者，今日可能被歸為非典型自閉症或學習障礙等類型，再加上融合教育思潮興起，目前的輕度智能障礙者以安置資源班為原則，中重度、極重度智能障礙以及智能障礙為主之多重障礙學生，則安置於特教班與特殊學校。然而，針對智能障礙者的認知、學習與人格特徵，安置於不同的特殊教育方式，如果只以單一智能障礙課程為規劃，勢必面臨挑戰。本章針對智能障礙者成因的定義、身心特質、鑑定與評量、可行的教學輔導策略，以及服務現況與問題等主題加以闡述。

第一節　智能障礙的定義

　　早期對於「智能障礙」的名稱多稱之為「智能不足」，此乃取自於英文之 Mental Retardation，今日則以「智能障礙」或「發展遲緩」或「特殊教育需求」來稱呼。對此名稱的改變，Kirk 等人（2005/2011）指出，數十年來，對智能障礙兒童的處遇已有進步，其關注焦點不只是在認知能力測驗及分類上，也關注適應行為的構成要件，最近的關注焦點則是個別認知與社會情緒適應方案的設計與支持。茲以當今國內外對智能障礙之定義歸納如下。

壹、美國智能與發展障礙協會的定義（2013）

　　美國智能與發展障礙協會（American Association on Intellectual and Developmental Disabilities，簡稱 AAIDD）對智能障礙的定義歷經幾次修正，最近一次（2013 年）的定義為：

　　「智能障礙（Intellectual Disability）是一種顯現於智力功能併同適

應行為兩方面的重大限制之缺陷，後者係表現於眾多每日社交與
適應的技能。此等缺陷通常出現在 18 歲之前。」

此定義包含兩個領域的低下才可定義為智能障礙者：一個是低於平均
智力功能以下；另一個是在概念、社交與實際生活等三個領域的能力受
限。

貳、我國的《特殊教育與幼兒鑑定辦法》（2024）

依據《特殊教育學生及幼兒鑑定辦法》（教育部，2024）第 3 條：

「本法第三條第一款所稱智能障礙，指個人在發展階段，其心智
功能、適應行為及學業學習表現，較同年齡者有顯著困難。
前項所定智能障礙，其鑑定基準依下列各款規定：
一、心智功能明顯低下或個別智力測驗結果未達平均數負二個標
　　準差。
二、學生在生活自理、動作與行動能力、語言與溝通、社會人際
　　與情緒行為等任一向度及學科（領域）學習之表現較同年齡
　　者有顯著困難情形。」

智力測驗結果的智商（IQ）得分多寡在傳統上也是劃分智能障礙程度
的方式，通常以「魏氏智力量表」的結果劃分（如圖 5-1 所示），情形如
下：

- 輕度智能障礙：IQ 55～70。
- 中度智能障礙：IQ 40～55。
- 重度智能障礙：IQ 25～40。
- 極重度智能障礙：IQ 25 以下。

圖 5-1 「魏氏智力量表」常態分配圖

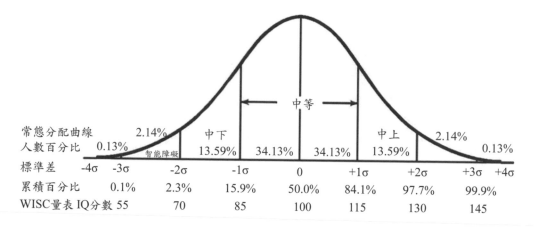

常態分配曲線
人數百分比 | 2.14%
0.13% | | 中下
13.59% | 34.13% | 34.13% | 中上
13.59% | 2.14% | 0.13% |

標準差　　　 -4σ　-3σ　　-2σ　　 -1σ　　 0　　 +1σ　　 +2σ　　 +3σ +4σ

累積百分比　 0.1%　　 2.3%　 15.9%　 50.0%　 84.1%　 97.7%　 99.9%

WISC量表 IQ分數 55　　 70　　 85　　 100　　 115　　 130　　 145

第二節　智能障礙的成因

有些智能障礙之成因仍不明，就已知者大致可分為五類，說明如下。

壹、先天因素

唐氏症（Down syndrome）、苯酮尿症（phenylketonuria, PKU）及 X 染色體脆裂症（fragile X syndrome, FXS）是三種最常見的基因異常而引起的智能障礙先天因素（Kirk et al., 2015），分述如下。

一、唐氏症

唐氏症俗稱「蒙古症」（mongolism），1866 年由英國醫生 J. Langdon Down 發現而命名，亦稱道恩氏症候群。病患的頭顱形狀特殊，英國人稱為蒙古人種形狀，且斜眼、短頸、五指短小、手掌鬆軟具有單掌紋、舌厚而有裂溝且經常伸出、皮膚乾燥、腹部挺突、第二性徵出現較遲。根據 1959 年法國遺傳學者 J. Lejeune 的研究發現，唐氏症者係染色體異常，而在第 21

對染色體多出一個，成為具有 47 個染色體所致。至於何以導致這種染色體的錯失，迄今醫學界上猶乏明確解釋，但有統計稱與高齡產婦有關。

依照調查的結果，每 600 至 900 個生產案例中，平均會有一個蒙古症智能障礙者的出現。然而，若從產婦年齡來分析，如果產婦臨盆時的年齡在 15 至 24 歲之間，僅有一千五百分之一的可能性；如果在 25 至 34 歲之間，那麼出現率就可能達到千分之一；35 歲以後的機會更多，平均每一百五十個生產案例中，就有一個唐氏症者出現。產婦年齡愈高，機會愈大：40 至 45 歲間臨盆，出現率為七十分之一；45 歲以後則高達三十五分之一。此外，墮胎未遂後產出的嬰兒，或是長期失去生育能力再懷孕的胎兒，其唐氏症的比率亦很高。

屬於唐氏症成因的智能障礙兒童，其智商多數在 30 至 50 之間，屬於中度智能障礙，這類兒童在性格上一般是相當溫順、樂觀，喜與人親近。整體而言，唐氏症者在性格方面通常較其他智能障礙者溫順且樂觀。

二、苯酮尿症

此為新陳代謝失調所引起的一種重度智能障礙。這類患童先天缺乏使牛乳、母乳和其他蛋白質裡的氨基丙酸（amino acid 或 phenylalanine）氧化為酥氨基酸（tyrosine）的能力，因而在體內形成一種對大腦組織有害的毒素。如果從幼嬰時未能及早自小便中以化學反應檢查發現，予以低苯氨基丙酸的食物，則日久而會造成嚴重的智能障礙。這類先天性新陳代謝病例，大約每十萬人中才有四人，其外表特徵為皮膚、毛髮與眼珠的色素稀少，成白灰色；肌肉常有不隨意運動與痙攣；性格浮躁好動，極易分心。

三、X 染色體脆裂症

X 染色體脆裂症被認為是遺傳缺陷所造成的發展障礙，是因為 X 染色體長臂末端有斷裂現象，發生率大約每四百人中會出現一位，對男性的影響大約是女性的兩倍。約有 86% 的 X 染色體脆裂症男性患者會有智能障礙，而 6% 的患者同時也可能會合併有自閉症的問題（Smith & Tyler, 2010）。

當自閉症與智能障礙兩種情況並存時，許多自閉的行為，例如：眼神

迴避、重複行為、低模仿力、對感官刺激的高敏感度（如大聲的噪音）等症狀則會更加明顯，也較容易出現攻擊行為（Roberts et al., 2001）。

貳、胎兒期因素

一、梅毒與德國麻疹

產婦在懷孕開始三、四個月間，如感染梅毒時，病菌會由產道胎盤而傾入胎兒體內，通常會導致死產。如果係在懷孕後期，則對胎兒的腦部發育造成傷害，除導致重度智能不足外，同時會造成癲癇、重度聽障、腦性麻痺等病態。至於德國麻疹，多發生在懷孕早期，除造成後來嬰兒的智能障礙外，也可能兼有先天性心臟病、白內障及腦性麻痺等。

二、小頭症

小頭症（microcephaly）的生理特徵為頭部特小，頭圍在 44 公分以下，成人的腦容量約為 2 歲幼童的腦容量，前額狹窄，身材亦短小，在智力發展上多成為重度智能障礙。其成因難以確定，有基因突變所引起，亦有腦部經過核子塵放射，可能導致胎兒大腦發育過早而停頓或異常，例如：日本廣島原子彈爆炸後倖存的孕婦，其後來生下的嬰兒中，小頭症嬰兒有一定比例。另外，在懷孕期間接受過量 X 光照射，也可能傷害胎兒的腦部發育，或是孕婦在懷孕過程中嚴重的營養不良、酒精中毒或服用藥物不當等，均可能導致小頭症。

三、水腦症

水腦症（hydrocephalus）亦俗稱大頭症，是由於腦脊髓液（cerebrospinal fluid）分泌異常，過多的髓液壓制腦皮質部的發育，並從腦內部擴展頭蓋骨使其漲大。此類病患的前額突出，臉孔與頭顱相形之下，顯得特別小，常伴隨四肢麻痺與痙攣，身體彎曲、運動能力缺損的情形，在智力上

屬於重度智能障礙。水腦症的成因尚不確定，梅毒感染、產婦嚴重營養不良、藥物中毒等均屬可能因素。水腦症亦可能發生於出生之腦部病變，包括：腦膜炎、腦炎與腦傷等。

四、Rh 血因子不合症

Rh 血因子不合症（Rh incompatibility）發生於具有 Rh 陽性血型的男性與具有 Rh 陰性血型的女子結合而懷孕的胎兒，大多數胎兒具有 Rh 陽性因子。到了胎兒可以自己造血時，其 Rh 抗原體流入母體而在母體的血清中製造另一種抗體。此一抗體再度進入胎兒血管後，對具有 Rh 陽性抗原體的紅血球發生破壞作用，或使胎兒死亡，或在嬰兒出生後留下腦部傷害後遺症，而造成智能障礙。目前，在醫學上可經早期診斷於出生時甚或懷胎後期進行嬰兒或胎兒之換血或進行光照療法。母子 Rh 血液因子不合的情形並不罕見，大約每兩百個生產案例中可能出現一次，故產前檢查至為重要。在臺灣，RH 陰性的人數只占人口的 0.3 ％，遠比歐洲白人少，因此發生 RH 陰陽不合的機率並不高。

參、生產過程因素

胎兒經產道出生的過程中，稍一不慎，就可能導致胎兒的腦部缺氧或大腦損傷，此時可能導致智能之缺陷，而成為智能障礙。生產過程的因素包括：當胎兒過大、產婦骨盆過小、子宮收縮不夠，或其他因素而使得胎兒留在產道過久，胎兒的大腦組織血液循環受阻，可能發生缺氧現象，而造成智能障礙之可能，例如：本章一開始的案例羅絲瑪麗。在一般難產的情形下，產科醫生也會藉助鉗子分娩，以產鉗挾住胎兒身體的一部分將胎兒自產道拉出，如果此一部分為頭部，有可能因不慎弄破皮頭骨而傷及大腦組織，而造成腦傷性智能障礙。

肆、後天性腦部病變

這是指嬰幼兒因腦部感染腦炎、腦膜炎，或受虐與家暴而傷到腦部所引起的後遺症，造成腦部病害而形成智能障礙的情形。除此之外，亦有鉛中毒，通常發生在貧民區，住在破舊而家徒四壁的幼童，父母經常忙於生活而無法充分照顧幼童，這些幼童有時會玩弄剝落的漆牆碎塊，且常將手放入口中，由於油漆牆壁通常加有鉛的成分，而鉛在體內容易凝結而不易排出到體外，長期累積到相當分量後，即對大腦組織構成傷害，因而導致智能障礙，甚或有死亡的危險。另外，尚有孩子被忽略、家庭暴力、不當的安全措施、社會剝奪、兒童有挑戰性行為等因素。

伍、社會文化因素

兒童在出生後五年間的學習黃金期，其生活經驗的刺激與其智力發展有密切關係，亦即豐富的社會文化刺激是未來有效學習的基礎。倘若長期缺乏有意義的生活經驗，文化刺激不足，則智力發展可能較為遲滯，1798年法國巴黎的狼童即屬於此類案例。在臺灣，通常發生於低社經家庭，或是生在窮鄉僻壤而父母照顧又缺乏或是在貧民區的家庭，父母不關心子女教育且很少與兒童相處。

所謂文化家族性智能障礙包含下列幾種條件：

- 輕度智能不足者。
- 沒有腦部病變。
- 家庭成員中至少有一人以上為智能障礙。
- 可能是遺傳因素累積或環境因素的阻抑。

第三節　智能障礙者的身心特質

壹、理論

智能障礙者的認知發展論有兩派說法：一派稱為發展論（developmental position）；另一派稱之為差異論（difference position），茲分述如下。

一、發展論

持發展論者認為，智能障礙者之認知發展和一般人一樣有著相同的次序發展，只是發展速度較慢，且到達的最高階段有限。對照皮亞傑（Jean Piaget）的認知發展階段論，臨界智能障礙者可達到簡單的形式運思期，輕度智能障礙者可達到具體運思期，中度智能障礙者可達到運思前期，重度與極重度智能障礙者最高可達到感覺動作期（引自何華國，1996）。

發展論的觀點是強調智能障礙者的認知能力與一般人在「量」上之不同。對照皮亞傑的認知發展階段論，教師在編選教材與課程時，對臨界智能障礙者之課程，其編擬的最高程度可達國小六年級左右，也就是說即使智能障礙學生的生理年齡已達國中階段，倘若所編擬的課程選用國中教材，則已超過臨界智能障礙學生之程度，難有效果，不如選用國小六年級以下的教材與課程，才符合臨界智能障礙學生的認知程度。同樣地，輕度智能障礙者應朝國小一至五年級的課程編擬，中度智能障礙者宜朝學前課程編擬，重度與極重度智能障礙者則宜以感覺統合和知覺動作訓練為主。

在1983年以前，當時啟智課程綱要尚未制訂，國中益智班常以國小課本為教材，國小啟智班也會以幼稚園教材為編製原則，這些主要是受到「發展論」的影響。最近一次修正的特殊教育課程綱要（簡稱特教新課綱）乃因應融合教育的趨勢，主張特殊教育與普通教育課程接軌，可根據學生的認知及學習功能調整應用普通教育課程，使每位學生盡可能參與普通教育課程（何素華，2013；盧台華，2008），這可說是循著發展論的路線。

二、差異論

差異論者則認為，智能障礙者與一般人在認知內容上存在著「質」的差異，包括智能障礙者在理解力、抽象思考能力或類化能力上與一般人明顯不同。差異論的意涵對課程與教學的啟示，則是規劃上應朝智能障礙者在認知上「質」的缺陷進行補救教學，因此要運用特殊教育的專屬課程與教材教法，例如：教育部於 1983 年所頒布之專為智能障礙學生編製依據的「啟智課程綱要」後，所採用的六大領域課程為實用語文、實用數學、社會適應、生活教育、休閒生活與職業教育等，這些領域與普通教育中的國語、數學等科目明顯不同，課程編擬方向則以功能性、生活化為主，這種方式則是「差異論」的實踐。

貳、特徵

智能障礙兒童在注意力、記憶力、辨別力與學習態度等學習特徵上與一般兒童存有差異，以下就此四方面學習特徵說明教學與課程之因應。

一、注意力

注意力是學習成效的關鍵，智能障礙者存在著注意力缺陷的特徵，如不適時調整，將會造成學習的低落，難以發揮教學的成效。智能障礙者的注意力通常可歸納為四個特徵，分別為注意廣度窄、注意力短暫、注意力易分散與不善於選擇性注意（引自陳榮華，1992）。針對這些特徵，教師在課程編擬與教學策略上應有所因應，才能發揮教學的成效。

針對智能障礙者在注意力四方面的缺陷，在教學實務上可採用下列措施因應：

1.注意廣度窄：教具的呈現方式應採用「一次一物」為原則，亦即在白（黑）板上呈現教材與教具（刺激物）時，應把握住只呈現正在進行的該教學活動者，其餘教完或尚未教到者儘量收起來，以免學生無法把注意力聚焦於教師正在進行的教學活動。

2.注意力短暫：教學的活動設計宜掌握「操作多、講解少」之原則，且單元底下的每個小活動時間不宜太長。

3.注意力易分散：教室布置不宜過於花俏，教學者之服裝顏色以素雅為宜，不必要的配件、首飾盡量不要配戴，以免學生分心無法聚焦於教學內容之刺激物。

4.不善於選擇性注意：教師可透過教學策略訓練學生的組織能力，來進行有意義的組織能力，例如：利用工作分析法之策略進行如廁與掃地等生活訓練。教師也可使用構圖、大綱、列表等方式來幫助學生組織學習內容。

二、記憶力

智能障礙者普遍存在著記憶力的缺陷，短期記憶又較長期記憶差。Ellis指出，智能障礙學生在記憶上的缺陷，主要在於他們的短期記憶方面，而短期記憶之困難，主要在於無法善用適當的複習策略所致（引自何華國，2012）。因此，過度學習（overlearning）是一種常使用於智能障礙者之記憶策略，透過不斷地複習來深化所學的內容，使學生最後得以記住所學之內容。

陳榮華（1992）針對智能障礙學生記憶力之缺陷，提出了一些極具參考價值的建議：(1)提示教材時，應注意各部分之相等刺激值，並明確地逐一反覆陳述這些部分；(2)記憶作業之變換必須由易而難，從「大類目」到「小類目」；(3)呈現刺激物時，若進一步標示其名稱，更能增進短暫記憶之效果；(4)瞬間呈示器、速示卡或錄音裝置都可以作為訓練短暫記憶的工具；(5)訓練短暫記憶所使用的刺激物，盡可能選用與智能障礙學生之生活經驗或其學科有關的東西；(6)指導智能障礙學生做過度學習時，可藉由具體操作方式學習各種事物與概念，或使用各種感官來學習同一種教材。

三、辨別力

由於智能障礙者的腦部分化較為單一，難以覺知較為複雜的事件，因此其辨別力較差，例如：學會澆花之後，無法分辨雨天與晴天澆花的區

別，所以可能連雨天也在澆花；另外，如果習慣每天等公車上下學，但是突然有一天公車有狀況沒有來，還是可能在那裡癡癡地等，不會像其他人改用其他交通工具，缺乏變通能力。

由於智能障礙者的分辨能力差，影響所及，對人事物的學習遷移能力也差。Denny 曾經指出，智能障礙學生比普通學生在學習遷移方面，面臨了更多的困難（引自何華國，1996）。智能障礙者即使已經學會某一項技能，一旦學習環境改變，常常無法有效應對，例如：已經在教室學會「綠燈行，紅燈停」之過馬路技能，但是移到社區過馬路時，卻出現手足無措之情形。針對這樣的情形，教師之教學現場盡量與該技能使用的場所相同或接近，教材的內容要強調功能性與生活化，以降低其學習遷移困難的特質。

四、學習態度

智能障礙者的學習態度包括預期失敗、仰求外助與動機低落等。茲分述如下。

（一）預期失敗

智能障礙學生常常經驗到失敗的滋味，所以缺乏信心，抱負水準也較低，在面臨各種測驗或是學業活動時，未曾嘗試即已期待失敗，並焦慮於如何逃避失敗後所要承受的挫折（陳榮華，1992）。

針對智能障礙者預期失敗的學習態度，教師應多使用「多層次教學」，製造課程參與的機會，也就是說即使他們無法完全參與，也要使其部分參與，進而創造更多的成功經驗，以建立其自信心。黃富廷（2012）指出了一個創造成功經驗的例子：在《窗邊的小豆豆》一書中，小林校長為了幫助個子長得比較矮的小朋友建立自信心，在進行運動會的賽跑項目之前，特別把跑道改裝成隧道模樣，於是個子長得比較高的學生必須低頭彎腰才可以辛苦跑完全程，而個子長得比較矮的學生則可以一路抬頭挺胸、毫無阻礙地向前衝，競賽結果下來，個子矮的學生第一次在運動會大獲全勝，個個信心大增。

（二）仰求外助

　　智能障礙學生常因失敗的經驗造成他們對自己失去信心，因此多數呈現仰求外助態度，尋求外助對象通常是與智能障礙學生接觸較多的學校導師與家中父母。這種仰求外助的情形若無法改善，則會養成孩子依賴的習性，難以使智能障礙兒童未來成為獨立的個體，不利社會適應。

　　「自我決策」（self-determination）係指一種由了解與認識自己的長處與限制，進而為自身相關的事物做決定，並且願意為自己的決定負責，以達成自我設定目標的內在心理歷程。「自我決策」強調選擇、行動、控制、目標達成，以及個人有意義的成功，讓智能障礙者能做自己的主人。對智能障礙學生而言，「自我決策」是削弱其仰求外助的習慣，培養其獨立能力的必備技能。教師在教導智能障礙學生相關課程時，應多鼓勵學生表達自己的想法及參與活動，以增進其自我決策的能力。

　　「自我決策」訓練的內容主要以「做決定」為目標，範圍從日常生活到參加個別化教育計畫會議與轉銜會議決定等都可以納入課程，教師可以透過設計「你怎麼辦？」的問題或學生即將面臨的問題加以教導，例如：「迷路了，怎麼辦？」、「在 IEP 會議中應該說什麼話？」、「到餐廳要如何點菜？」等。

（三）動機低落

　　智能障礙兒童常被認為沒有學習動機，缺乏主動學習的意願，也不願意學習較困難的教學內容，這是由於過去所遭到的失敗經驗，使他們的學習動機和態度都變得低落（洪榮照，2001；Haring & McCormick, 1986）。

　　儘管智能障礙兒童的動機低落，但是他們也跟一般兒童一樣心理上希望得到他人的讚美與誇獎，掌握此一原則，在教學的過程中可制訂「增強」措施，善用行為改變技術，透過增強板的使用與代幣制度，可有效提升智能障礙兒童學習的動機，增進學習的意願。除此之外，善用電腦輔助教學也可使他們的學習動機獲得提升（陳榮華，1992；黃富廷，2012）。

第四節　智能障礙者的鑑定與評量

　　鑑定（identification）的首要步驟是讓智能障礙兒童適應一般常態教育所需要的特殊服務（Kirk et al., 2005/2011），因此智能障礙的鑑定與評量有其必要性。然而，智能障礙學生之稱呼對諸多的家長與學生來說是一項「標記」（labeling）的作用，因此在進行智能障礙之鑑定與評量時必須特別慎重。以下說明智能障礙之鑑定原則、鑑定程序與鑑定方法。

壹、鑑定原則

　　智能障礙兒童的鑑定原則如下。

一、鑑定可能造成「標記」作用

　　智能障礙亦即表示智能低下，一旦鑑定為智能障礙，易成為負面的標記，因此在進行智能障礙的鑑定與評量時必須非常謹慎。針對學前階段的幼兒，由於身心狀況並非十分穩定，也容易造成誤判，而成為個人的標記；因此如果是為了早期療育或復健措施的需要，必須進行鑑定時，其判定通常以「發展遲緩」取代「智能障礙」，主要也是為了不要太早將孩子「標記」與「分類」。郭為藩（2007）指出，如果鑑定之後，造成標記的後果，使父母對兒童產生低成就的期待，甚而形成排拒的態度，便會使所謂「自行應驗的預言」（self-fulfilling prophecy）在兒童身上發生。

二、不同就學階段再鑑定之需要

　　一個人的智商及智商測試分數可能會有明顯的改變，尤其是那些分數落在 70～85 分之間，被鑑定為臨界智能障礙者，在系統化和密集介入之後，通常他們的智商得分會增加（Heward, 2008/2011）。可見孩童隨著年齡漸長，學習的成果也可能逐漸改進，因此鑑定工作不宜一次終結，因為如

果鑑定過程有錯誤與疏忽，日後再鑑定則可補正。再加上兒童在不同就學階段的發展差異很大，也為了每一階段提供適性安置與適性教育的需要，因此不同就學階段之再鑑定是有其必要，不宜「一試定終身」。

三、採多元資料作為判定結果

智力測驗是主要判定智能障礙的工具，但是 Heward（2008/2011）指出，有眾多因素可以影響智力測驗的準確性，例如：動機、測試地點和時間、測試管理者的偏見、不一致，以及對於評分手冊使用的準確性、使用哪個量表、使用量表的哪個版本等。因此，除了智力測驗總分數外，各個分測驗的分數亦應列出，以利區別性診斷的分析，而觀察學生的表現，或訪談與學生密切接觸過的家長或老師等質化資料，也應列出供判讀參考。

四、檢查孩童可能存在的附帶障礙

智能障礙兒童往往非單純智能上的缺陷，而可能附帶其他障礙。特殊兒童依據《特殊教育法》規定就有 13 類，因此在鑑定過程中常要求助於其他學科的專家，包括：臨床心理師、精神科醫師、聽力與語言病理專家等，必要時尚需社會工作者的協助。

貳、鑑定程序

在一般學校中，為了鑑定出智能障礙學生，以配合其特殊教育需求，來擬定與實施個別化教育計畫，下列是通常使用的鑑定程序。

一、提列與轉介疑似對象

及早發現與及早教育是進行特殊教育的重要指標，此種初選或清查工作，主要由家長或教師提出。在學校，各班導師可以依其平日觀察及學業考核的結果，再根據相關的智能障礙特徵來填寫檢核表，以做為提供疑似對象名單的依據，並轉介至鑑輔會。

二、實施智力測驗

進入第二階段的智力測驗部分，則必須經由受過專業訓練的人員實施智力測驗，此部分可由醫院體系之心理師或各縣市政府鑑輔會之心評老師進行。智力測驗可藉助團體智力測驗，或進行個別智力測驗。目前，國內應用較普遍的團體智力測驗為「瑞文式智力測驗」，個別智力測驗則為「魏氏智力量表」。

三、進行適應行為評量

適應行為係預測學生在班級上參與團體活動能否適應的重要指標，美國智能與發展障礙協會（AAIDD）在界定智能障礙時，亦以行為適應的觀察當作跟智力評量同等重要的指標。目前國內較常使用之適應行為量表為徐享良修訂的「中華適應行為量表」、盧台華與陳心怡修訂美國 Patti L. Harrison 與 Thomas Oakland 所編製的「適應行為量表」（第二版）（Adaptive Behavior Assessment, 2nd ed.，簡稱 ABS-2），以及張正芬等人修訂的「文蘭適應行為量表」（Vineland Adaptive Behavior Scales, 3rd ed.，簡稱 Vineland-3），這些皆為適用的評量工具。

四、補充個案相關資料

為對兒童的學習能力有完整的了解，應徵詢與訪談過去任教的教師，蒐集過去學科成績與有關學習與行為的表現資料；同時應進行家庭訪問，了解兒童之發展史與家庭生活情形；其父母的教養態度與配合程度亦為重要的參考資料。此外，應查詢學生的醫療史、教育史等資料。

五、研判鑑定之結果

根據學生的智力測驗與適應量表之結果，參考個案史資料與其他專家提供的檢查報告，並斟酌兒童目前的學習能力、情緒狀況、社會成熟度，研判智能障礙程度，並盡量區別其智能障礙的類型。

六、決定個別化教育計畫的方向

鑑定之結果應作為教育安置與個別化教育計畫之規劃方向才有意義，學生家長若對鑑定結果有異議，則需進一步開會協商。

參、鑑定方法

智能障礙之鑑定標的主要是評量智力功能與評估適應行為（Heward, 2008/2011），因此在鑑定方法上，主要是使用智力測驗與適應量表，針對此兩種評量之重點，說明如下。

一、評量智力功能

在智能缺陷或智能障礙的診斷上，有兩個最廣泛被使用的 IQ 測驗：「兒童智力量表」和「史丹佛—比奈智力量表」，我國則主要使用「魏氏智力量表」，其中得分最多 70 分或 70 分以下，才能算是智能障礙。另外，當兒童的個別化智力測驗得分低於 98% 之同齡兒童組別時，也會被列為智能障礙，但是此項結果必須要排除文化差異的影響。智力測驗雖然可以提供孩子起點能力的參考，但是智力測驗也可能有文化偏見，某些題項可能是中產階級有此類經驗；智力測驗的題目也可以經過練習而提高測驗分數，因此在判別智能障礙孩子時，不應只當成唯一的評量方式，應再加上評量生活適應能力。

二、評估適應行為

適應行為（adaptive behavior）是「認知、社會和實際的技巧，是個人為了使其日常生活產生功能而必要做的練習」（Luckasson et al., 2002, p. 73）。目前已發展出許多測量適應行為的量表，它們大多包含了一系列由與當事者很熟悉的教師、家長或是主要照顧者來填答的問題，其中較常使用的評估適應行為之工具為「適應行為量表」（第二版）（ABS-2）。該量表包含了兩個部分：第一部分為日常生活技巧和獨立性的相關問題（如飲

食、如廁、錢的使用、數字和時間概念）；第二部分為評估個人在七個領域的適應困難或不當行為（如可靠性、自我辱罵行為、參與社會活動的能力）；其他的項目則評估學生在家庭和社區裡的適應行為（Lambert et al., 1993）。適應行為則較難評量，因為適應行為以不同型態在環境中呈現，例如：評定適應等級所顯示的結果，可能會是兒童在大環境中適應良好，但在教室中卻產生脫序行為。

除上述兩個面向之評估外，Fuchs 與 Deno（1992）介紹運用非智力或性向測驗來評定學生能力，該測驗是採用學校內的課本內容為評估基準，要求學生大聲朗讀文章（約 100 個字），並以每分鐘正確朗讀的字數作為表現指標。藉由各種不同難度的朗讀測驗來對照兒童的閱讀等級，這種測驗方法的所得結果與閱讀技能具有高度的關聯性，也能明確提供教師該學生閱讀能力之發展，並依此調整學生課業的難度水準。

第五節　智能障礙者的教學輔導策略

早在二百多年前，法國的 Jean Marc Gaspard Itard 就記載了狼童的發現與教育過程，他傳遞了智能障礙的可教育性概念，因此智能障礙教育的發展相較於其他認知發展障礙的教育歷史是所有障別中較為悠久的，所開發出來的課程類別與教學策略亦較為多元與豐富。課程類別大致計有發展性課程、功能性課程、生態課程與生活核心課程等；教學策略則有直接教學法、記憶策略、合作學習策略、自我教導策略（方案）、自我決策、過度學習、同儕教學、工作分析法、行為改變技術、感覺統合，以及結合電腦輔助教學等。另外，在另類教育中之藝術治療、園藝治療與華德福教育之療癒教育等，亦提供有助於智能障礙學生學習之課程。近年來，由於融合教育的思潮，增進教學技巧和提供支持，使得許多輕到中度智能障礙學生能有意義的參與普通教育課程（Soukup et al., 2007）則成為重點。

針對智能障礙可行的輔導策略，舉例說明如下。

壹、直接教學法

　　針對智能障礙所發展之教學策略中，又以直接教學法（Direct Instruction）在智能障礙教學應用上最為廣泛。直接教學法是由美國 Engelmann 與 Becker 及其同事在 1966 年所發展，其教育理念為「只有不會教的老師，沒有教不會的學生」，強調教師主導教學，是一種高度結構化的教學。直接教學法是一套完整之課程教學設計、教材、評量紀錄，以及教學技術（林素貞，1996）。教學時，老師會經由說明、示範、重述策略，幫助學生掌握策略要領；教學技術包括同聲反應、清晰反應訊號、立即修正、重測錯誤題、半圓形座位安排、積分制等（李翠玲，2001）。直接教學法的技術乃針對智能障礙學生之大多數學習特徵整合而來，因此能有較佳的效果。茲以生字生詞教學為例說明如下（畫線部分＿＿＿為直接教學法的使用技巧）：

　　1.老師選擇一個生字「穫」，將此字安插於一個學生曾聽過、也知道它意義的詞彙，例如：「收穫」。

　　2.老師將此詞彙安插於句中，例如：「農夫在春天播種，到秋天就可以收穫。」書寫於黑板或卡片上，老師範唸，加重新詞的音，新詞可用色筆書寫或畫線。

　　3.老師把新詞寫在黑板或卡片上，請學生說明它的意義。

　　4.老師將新字挑出，寫於黑板或卡片上，老師範唸後請學生唸。

　　5.用此字造詞，再造句，讓學生唸二個句子，正確率達 100%。

　　6.學生默唸此字，並用此字回答相關問題。

　　7.安排不同情境讓學生大量練習。

　　8.使用增強策略維持學習行為。

貳、工作分析法

　　工作分析（Task Analysis）是屬於應用行為分析的一個技巧，來自 1930

年代行為學派所應用之「刺激—反應連結」原理，訓練兒童將某項工作的基本歷程或項目依次序分化，經由反覆練習，增強建立其連結，以習得技能。這種將工作分成較小、較容易學的小步驟，然後讓這些小步驟或任務按照自然的規則，或是從簡單到困難的順序排列，可以提供智能障礙學生成就感的機會，並發掘學習困難之所在。因此，在教導智能障礙學生生活自理以及職業訓練技能方面尤具意義，另外，根據工作分析法原理所衍生出之編序教學也是適用於中重度智能障礙兒童的一種教學法，較常使用於數學學科與生活教育。

以下為「倒開水」之工作分析步驟：

1.伸出右（左）手。

2.握住水壺把手。

3.提起水壺。

4.倒水超過一半水杯的高度。

5.放下水壺。

對智能障礙學生以工作分析進行教學時，原則上程度愈重的學生，其工作分析的步驟應愈多愈細，對於程度較好的學生，則工作分析的步驟可以較少、較粗略。但是，建議技能的步驟細分仍盡量不超過十個為宜。

參、課程調整

受到融合教育思潮的影響，智能障礙學生在普通班與普通學生一起學習，不但是法令的要求，也漸漸成為一種事實。大部分智能障礙學生都能從完全或部分融入普通班中獲益（Heward, 2008/2011），為了因應此一趨勢，為智能障礙學生進行課程調整則是相當必要的。因此，教導智能障礙學生的普通和特殊教育教師應該調整學科，在進行普通教育課程時，可採用簡化、減量等策略來調整課程的量，盡可能根據個別化教育計畫，使他們也能習得基本的讀寫算等學科技能，同時也習得他們在生活上可用的功能性技能。

肆、社交互動技巧

以人類社會化的需求而言，隔離的學習環境會阻礙學生獲得學習的機會，不管障礙程度或是類型，所有學生應該就讀於住家鄰近的學校（Stainback & Stainback, 1996）。把身心障礙學生放進普通班並不代表他們就能被同儕接受，並且獲得符合他們需求的課程（Siperstein et al., 2007）；因此，有許多適用於融合教室的教學方法和方案被開發出來，這些方案強調經過系統的計畫促進學生之間的融合，例如：透過團隊遊戲、合作學習和團隊研究方案，教師直接訓練智能障礙學生與普通學生互動時該有的技巧，這是眾多促進障礙學生成功安置於普通班策略裡的其中一個。另外，教導智能障礙學生尋求班上老師的協助，也是讓他們在普通班裡成功學習和扮演主動學習者的策略之一。

第六節　智能障礙者的服務現況與問題

過去，輕度智能障礙的孩子通常被安置在公立學校的自足式特殊班，而中、重度智能障礙的孩子則習慣上被安置在特殊學校。近年來，受到融合教育思潮的影響，現在則有愈來愈多輕度智能障礙的孩子就讀普通班，或再加上資源教室的輔助，自足式特殊班則改以安置中度或重度學生為主，而特殊學校以重度或極重度為主。重度無法至學校接受教育者，政府提供在家教育及安置於教養機構之服務。

智能障礙者之教育與輔導需求可依其智能障礙程度之嚴重性或需要支持系統的程度而定。障礙程度愈輕者，其教育重點會較偏重於學科技能的培養和建立；而障礙程度愈重者，教育重點較著重於生活自理能力的建立，以及在社區裡能有獨立自主之生活能力。

文獻資料顯示，在國中、小階段的智能障礙學生能從融合教育中獲益，但是對那些高職階段的智能障礙學生而言，整天留在普通班上課是否適切值得重新評估，因為此時參與社區本位課程，讓他們替未來的職業和生活技巧做準備，顯得更為重要。

問題與反思

基本題

1.試論述如何定義智能障礙？

2.試論述智能障礙者的身心特質？

3.試論述如何鑑定智能障礙學生？

4.試論述智能障礙學生的分類方式為何？

5.試論述智能障礙學生的鑑定原則？

6.試論述智能障礙學生的教學輔導策略？

7.試論述智能障礙教育目前所遭遇的困境與因應之道？

8.試說明智能障礙的五大成因為何？

進階題

1.試舉例說明直接教學法在智能障礙教育的應用方式。

2.試舉例說明工作分析法在生活自理課程的應用方式。

3.試舉例說明智能障礙學生「仰求外助」的特性，並以「自我決策」的課程為例做為因應。

4.因應融合教育的思潮，智能障礙學生的課程應加強哪些方面的訓練？

參考文獻

中文部分

何素華（2013）。新修訂特殊教育課程綱要實施之挑戰與因應措施。**特殊教育季刊，126**，1-8。

何華國（1996）。**啟智教育研究**。五南。

何華國（2012）。**特殊兒童心理與教育（第四版）**。五南。

李翠玲（2001）。**特殊教育教學設計**。心理。

林素貞（1996）。直接教學法的故事。載於中華民國特殊教育學會（主編），**中華民國特殊教育學會八十五年年會專輯**。中華民國特殊教育學會。

洪榮照（2001）。智能障礙兒童。載於王文科（主編），**特殊教育導論（第三版）**（頁 50-110）。心理。

教育部（2024）。**特殊教育學生及幼兒鑑定辦法**。作者。

郭為藩（2007）。**特殊兒童心理與教育**。文景。

陳榮華（1992）。**智能不足研究：理論與應用**。師大書苑。

黃富廷（2012）。**啟智教學活動設計**。心理。

盧台華（2008）。**高級中等以下學校特殊教育課程發展共同原則及課程綱要總綱**。教育部。

Heward, W. L.（2011）。**特殊教育導論：教與學的理論與實踐**〔黃麗鳳、蘇祐萩、劉心筱、黃澤洋、薛明里、宣崇慧、林玉霞、賀夏梅、王碧霞、張茹茵、楊碧桃譯〕。華騰。（原著出版年：2008）

Kirk, S., Gallagher, J. J., Coleman, M. R., & Anastasiow, N. J.（2011）。**特殊教育概論**〔韓福榮、曹光文譯〕。雙葉書廊。（原著出版年：2005）

英文部分

Fuchs, L. S., & Deno, S. L. (1992). Effects of curriculum within curriculum-based measurement. *Exceptional Children, 58*, 232-243.

Haring, N. G., & McCormick, L. (1986). *Exceptional children and youth: An introduction to special education*. Merrill.

Kirk, S. A., Gallagher, J. J., & Coleman, M. R. (2015). *Educating exceptional children* (14th ed.). Cengage.

Lambert, N., Nihira, K., & Leland, H. (1993). *AAMR Adaptive Behavior Scale-School* (2nd ed.). Pro-ed.

Luckasson, R. et al. (2002). *Mental retardation: Definition, classification, and systems of support* (10th ed.). AAMR.

Roberts, J. E., Hatton, D. D. & Bailey, D. B. (2001). Development and behavior of male toddlers with fragile X syndrome. *Journal of Early Intervention, 24*(3), 207-223.

Siperstein, G. N., Parker, R. C., Bardon, J. N., & Widamon, K. F. (2007). A national study of youth attitudes toward the inclusion of students with intellectual disabilities. *Exceptional Children, 73*(4), 435-455.

Smith, D. D., & Tyler, N. C. (2010). Intellectual disabilities or mental retardation. In D. D. Smith & N. C. Tyler (Eds.), *Introduction to special education: Making a difference* (7th ed.) (pp. 262-295). Pearson.

Soukup, J. H., Wehmeyer, M. L., Bashinski, S. M., & Bovaird, J. (2007). Classroom variables and access to the general education curriculum of students with intellectual and developmental disabilities. *Exceptional Children, 74*, 101-120.

Stainback, S., & Stainback, W. (1996). *Inclusion: A guide for educators*. Paul H. Brookes.

第 六 章

視覺損傷

黃國晏

第一節　視覺損傷學生的教育發展、定義與身心特質

壹、視覺損傷學生的教育發展

　　法國慈善家 Valentin Haüy 於 1784 年創建世界第一所教導視覺損傷學生的學校,並使用具有浮凸文字的教材教導視覺損傷學生。18 世紀初期,Louis Braille 設計一套六個凸點系統改革傳統視覺損傷者浮凸文字,為現今重度視覺損傷者主要閱讀與書寫的工具。1821 年,Samuel Howe 依據歐洲考察經驗,於美國創立第一所盲人中心學校,為後來波士頓柏金斯盲校的前身;1832 年,紐約與賓州相繼設立私立視覺損傷兒童寄宿學校;1872 年,蘇格蘭首度嘗試安置視覺損傷學生與非視覺損傷學生同班上課;1900 年,伊利諾盲人學校校長 Frank Hall 倡議,促使芝加哥盲校學生進入公立學校與非視覺損傷學生一起學習。Edward Allen 於 1913 年開始嘗試在波士頓教導低視力學生,隔年 Robert Irwin 也開始這類教導低視力學生之實驗課程。

　　法國於 1918 年與德國於 1925 年開始訓練導盲犬,協助第一次世界大戰

受傷失明的退伍軍人，重建其獨立行動的能力；1928 年，美國引進導盲犬協助視覺損傷者進行定向與行動訓練（Tuttle & Ferrel, 1995）；1944 年，Richard Hoover 致力於研發定向與行動系統，首創視覺損傷者定向行動技術，以系統化的方式教導視覺損傷者如何在環境中自由的移動。

1950 年代，由於醫學進步，許多早產兒藉由保溫箱的氧氣得以存活，卻發生早產兒視網膜病變（Retinopathy of Prematurity）的問題，醫學名稱為晶狀體後纖維增生症（Retrolental Fibroplasias）。1960 年代，因德國麻疹大流行，造成許多兒童多重障礙且多數伴隨視覺損傷的問題，導致視多障學生大量增加，也因此促使住宿型特殊教育學校的擴展。在第二次世界大戰前，有 85%的視覺損傷學生接受住宿型學校服務（Sacks & Rose, 1994）。美國教育部於 2005 年的調查發現，目前視覺損傷學生就讀住宿型特殊教育學校的比例已大幅降低，在小學低於 4%，中學低於 8%，大多數視覺損傷學生能就近就讀學區當地的公立學校，不需就讀住宿型特殊教育學校（Smith, 2007/2008）。

臺灣視覺損傷教育的起源，最早起於英國長老會牧師甘為霖（William Campbell, 1841-1921）於 1891 年在臺南洪公祠成立的訓瞽堂。甘為霖牧師為臺灣視覺損傷教育之父，他親自研究臺灣視覺損傷者的點字，編寫視覺損傷者閱讀的聖經與讀本，且積極鼓勵大眾關懷視覺損傷者的問題。在訓瞽堂，視覺損傷學生能透過點字閱讀三字經、四書五經等書籍。1915 年，當時的日本治臺總督撥款給訓瞽堂，並增設啞生部，改為私立臺南盲啞學校，屬慈惠院所有。1922 年，盲啞學校由政府接手，改為臺南州立盲啞學校，國民政府於 1962 年改名為臺灣省立臺南盲聾學校。1968 年，因為盲聾分校的制度，將臺南盲聾學校原有的視覺損傷學生與豐原盲啞學校的視覺損傷學生合併，設立省立臺中啟明學校，現為國立臺中啟明學校。1917 年，由日本人本村僅無於臺北市創立臺北盲啞學校；1975 年，盲科部獨立並命名為臺北市立啟明學校。1956 年，基督教兒童福利基金會創立盲童育幼院；1972 年，定名為私立惠明盲校。

視覺損傷學生為接受教育，常須離家進入住宿型特殊教育學校——啟明學校就讀。1966 年，臺灣省政府透過美國海外盲人基金會（American Foundation for Overseas Blind）與聯合國兒童基金會（United Nations Children's

Fund）的協助，成立「盲生就讀國校計畫委員會」，策畫與指導「盲生就讀國校計畫」。在臺南師範專科學校羅人杰校長的爭取下，創設「臺灣省盲生就讀國校師資訓練班」，現為國立臺南大學視覺障礙教育與重建中心。1967 年，臺灣省政府執行「臺灣省教育廳試辦盲生就讀國民學校實施計畫」，視覺損傷學生從此可就近就讀住家附近的國民中學與國民小學，不再因無法就讀啟明學校而失去教育機會。此項計畫協助視覺損傷學生在學區學校與非視覺損傷同儕一起接受教育，協助視覺損傷學生能更適應社會環境、同儕文化，增加社會競爭力（教育部，2011）。

　　臺灣目前負責培育、繁殖與訓練導盲犬的機構，為臺灣導盲犬協會與惠光導盲犬教育基金會。惠光導盲犬教育基金會於 1993 年從澳大利亞皇家導盲犬協會，引進一對導盲種犬，開始本土配種導盲幼犬的工作。1996 年，在日本專家的協助與訓練下，臺灣第一隻導盲犬正式上路。2004 年，臺灣本土訓練成功的導盲犬加入服務視覺損傷者的行列，證明了臺灣擁有本土訓練導盲犬的能力。臺灣導盲犬協會成立於 2002 年，主要目標是建立並推動導盲犬本土化培訓制度，除了負責本土導盲犬培育之外，亦協助香港導盲犬服務中心培育導盲犬訓練員與贈送多對導盲幼犬，促進國際導盲犬之培育技術交流。

貳、法律從醫學角度定義視覺障礙

一、《特殊教育學生及幼兒鑑定辦法》

　　《特殊教育學生及幼兒鑑定辦法》（教育部，2024）係依據《特殊教育法》（教育部，2023）第 19 條第 2 項及第 46 條第 2 項訂定，該法第 4 條指出：

> 「本法第三條第二款所稱視覺障礙，指由於先天或後天原因，導致視覺器官之構造缺損或視覺機能發生部分或全部之障礙，經矯正後其視覺辨認仍有困難，致影響參與學習活動。

前項所定視覺障礙，其鑑定基準依下列各款規定之一：

一、遠距離或近距離視力經最佳矯正後，優眼視力未達〇‧四。

二、兩眼視野各為二十度以內。

三、視力或視野無法以一般標準化工具測定時，以其他醫學專業
　　採認之檢查，綜合研判之。」

二、《身心障礙者鑑定作業辦法》

《身心障礙者鑑定作業辦法》（衛生福利部，2024）係依據《身心障礙者權益保障法》（衛生福利部，2021）第 6 條第 3 項訂定，該法第 8 條指出：

「鑑定機構應依本法第六條第一項規定，組成專業團隊，進行鑑
　定；其鑑定，應依附表二甲、附表二乙及附表三判定。……」

在該法附表二甲「身體系統構造或功能之類別、鑑定向度、程度分級與基準」的「二、眼、耳及相關構造與感官功能及疼痛」之「視覺功能」一項中提到：

障礙程度 0：未達下列基準。

障礙程度 1：1.矯正後兩眼視力均看不到 0.3，或矯正後優眼視力
　　　　　　　　為 0.3，另眼視力小於 0.1（不含）時，或矯正後優
　　　　　　　　眼視力 0.4，另眼視力小於 0.05（不含）者。

　　　　　　2.兩眼視野各為 20 度以內者。

　　　　　　3.優眼自動視野計中心 30 度程式檢查，平均缺損大
　　　　　　　　於 10 dB（不含）者。

障礙程度 2：1.矯正後兩眼視力均看不到 0.1 時，或矯正後優眼視
　　　　　　　　力為 0.1，另眼視力小於 0.05（不含）者。

　　　　　　2.優眼自動視野計中心 30 度程式檢查，平均缺損大
　　　　　　　　於 15 dB（不含）者。

障礙程度 3：1.矯正後兩眼視力均看不到 0.01（或矯正後小於 50
　　　　　　　　公分辨指數）者。

2.優眼自動視野計中心 30 度程式檢查，平均缺損大
於 20 dB（不含）者。

三、視覺損傷的類別

1.視皮質盲：視皮質盲主要是因為大腦皮質的視覺區與視覺通路受到干
擾或損傷，而造成視覺損傷。視皮質盲的兒童能接收清楚的視覺訊息，卻
無法處理與解釋所接收到的視覺訊息，也就是有「看」沒有「到」。許多
皮質性視覺損傷的兒童多會伴隨多重障礙，例如：腦性麻痺、癲癇等。

2.青光眼：正常眼睛在睫狀體處會分泌一種透明清澈的液體，稱為房
水，其由後房流到前房再經隅角排水口排出，如此可以保持眼睛內部壓力
的平衡。一旦房水排出管道受阻，房水不斷聚積在眼球內，便會造成眼壓
不斷上升，壓迫視網膜神經，進而造成視野缺損、縮小、視力減退，青光
眼末期甚至會造成失明現象。

3.白內障：此病症起因於外傷、胎兒期間的營養不良、德國麻疹、遺傳
與老化，導致眼部水晶體組織混濁、視覺模糊、視覺扭曲與視野缺損。

4.黃斑部病變：此病症係因眼部視網膜中心區域漸進性惡化，導致中心
視野的視力損傷；常發生於老年階段，較少發生於兒童或青少年階段。

5.早產兒視網膜病變：此症狀之起因為早產兒吸入過高濃度的氧氣，氧
氣濃度的變化引起眼睛血管的不正常增生，導致視覺損傷，甚至重度視覺
損傷。

6.視網膜色素變性：這是一種遺傳性疾病，會出現視網膜漸進性地退
化。最初的症狀為夜間視力的困難，其次是周邊視野的喪失。

7.視網膜母細胞瘤：這是一種傳播迅速的癌症，發生於視網膜之上。
95～98%的患病兒童能夠康復，超過 90%的患者能存活至成年。視網膜母細
胞瘤是一種較為罕見的疾病，一般在 15,000 名新生兒中有 1 人罹患此病；多
數於嬰幼兒未足 1 歲時確診並接受治療，治療方法包括放射療法、雷射治療
與眼球摘除等。

參、視覺損傷學生的特質

一、誤解與迷思

　　人類的學習主要來自於外在環境的感覺經驗，視覺是獲取外界經驗與知識最重要的管道；換言之，視覺經驗在所有感官知覺中占有不可取代的地位。社會大眾經常誤解法定盲之重度視覺損傷者，認為其視覺為一片漆黑、幽暗，且無法察覺光影變化。其實，在《特殊教育法》與《身心障礙者權益保障法》中所界定為盲之視覺損傷者，有一半仍可感知光影與粗大輪廓，而剩餘的一半才是連光影都無法感知的重度視覺損傷者（Buncic, 1987）。社會大眾對視覺損傷者的態度或想法，受到民間傳聞深刻的影響，即使是在科技如此發達的時代，還是可以感受到大眾對視覺損傷者的誤解。

　　對於視覺損傷者的誤解，可分為負面與正面的刻板印象。負面的刻板印象將視覺損傷者形容成無助且可憐，起於因果而造成其視覺損傷；視覺損傷是不吉利的象徵，過於接近還會傳染的一種疾病；有些人認為視覺損傷者能從事的行業十分侷限，只能從事按摩、算命、音樂表演等工作。似乎有視覺損傷的人，就等同於只能憑藉按摩等工作謀生，但是，這樣的看法並不正確。正面的刻板印象則是過於強調視覺損傷者通常具有靈敏的觸覺、聽覺、洞察力、第六感，因此，視覺損傷者能成為論卦精準的命相師。此外，憑藉敏銳的聽覺與音感，比非視覺損傷者更容易成為藝超群倫的音樂家，例如：義大利視覺損傷音樂家 Andrea Bocelli。以上的刻板印象其實都是有所偏頗的。事實上，在現今社會中有愈來愈多的視覺損傷者，成為各行各業領域的專業人士，例如：大學教授、資訊工程師、律師等。

二、感官補償

　　大眾普遍認為，視覺損傷者雖然有視覺損傷的限制，但是他們可因此自然而然地從其他感官獲得補償（sensory compensation），例如：聽覺、觸

覺與嗅覺等。其實，視覺損傷者的觸覺、聽覺與嗅覺等感官能力不比非視覺損傷者敏銳。實驗心理學者的研究證實，視覺損傷者並不是天生就擁有敏銳的感官能力，敏銳的感官能力是透過結構化的訓練而習得的結果（Hallahan & Kauffman, 1997）。

三、固著行為

在某些視覺損傷者身上，會看到反覆性肢體動作的固著行為，例如：搖擺身體、按壓眼睛、奇怪的手部運動等（McHugh & Lieberman, 2003）。有重度視覺損傷者在幼年時期即被發現容易產生固著行為。其實，並不是所有視覺損傷者皆會出現固著行為，甚至有些非視覺損傷者也常表現出固著行為。固著行為雖不會對視覺損傷者的日常生活造成太大影響，但因為固著行為表現出的動作甚為明顯，可能造成他人的負面觀感與想法，導致視覺損傷者在社交場合上遭受歧異的眼光。其實，視覺損傷者的刻意搖晃，並非意欲破壞秩序或是要傷害他人。目前，固著行為的發生原因雖難以掌握（Bak, 1990），但是透過自我監控與改善不當行為等行為改變技術之介入，可協助視覺損傷者降低固著行為的發生機率（Woods et al., 2006）。

四、社交技巧

人們從嬰兒時期就開始學習社交技巧，而且持續發展到兒童時期。從家庭成員間的互動，嬰兒學習眼神接觸、微笑與適當觸摸等社交技巧（Loots et al., 2003）。社交技巧的學習持續至幼兒園與玩伴互動，在小學與教師、同學相處的期間，兒童學習如何加入遊戲團體、解決衝突、增進同儕吸引力、共同遊戲與維持友誼。非視覺損傷兒童透過觀察與互動，能學習到這些社交技巧，不斷地從自身經驗與環境的互動中自然而然地獲得學習與磨練。

但是視覺受到限制的嬰兒，社交技巧的歷程卻需要經由教導與努力才能發展良好，因為視覺損傷兒童無法透過環境中的觀察與互動，自然而然地發展社交技巧。許多視覺損傷兒童需要透過他人協助與結構化教學，方

能發展適當的社交技巧（Shapiro & Sayers 2003）。相較於視覺對於明眼兒童發展社交技巧的助益，視覺損傷兒童無法看到同儕的非語言訊息，而這些訊息又是非視覺損傷兒童社會互動的重要線索，非語言線索的接收困難，是阻礙視覺損傷兒童社交技巧發展的主要問題。視覺損傷兒童難以如其他同儕一樣能在環境中自然學習，他們所有的學習經驗，都必須分成多個階段的社交技巧訓練與課程等方式進行，因此在需要理解的認知課題，或是有關各種事物訊息接收的處理方式上，與非視覺損傷同儕的能力有著極大的落差。

由於視覺損傷者無法快速辨識與回應對方的非語言訊息，大大降低了與他人互動的機會，常造成社交方面的困難（Campbell, 2007），舉例來說：視覺損傷者與對方溝通時，無法看到對方的手勢、臉部表情與身體姿勢等，也就無法確切知道對方所要表達的情緒或態度。而且，當視覺損傷者無法掌握互動者溝通時的視線接觸、臉部表情與手勢並做出恰當回應時，易被誤解為對談話內容不感興趣、話不投機，導致他人無法進一步深談、深交，甚至不悅。

五、認知發展

視覺損傷學生因其失明時的年齡大小、其視覺缺陷的嚴重程度與入學時間的早晚，認知能力有顯著的個別差異。出生時即有重度視覺損傷的嬰兒，由於從來沒有視覺經驗，與有視覺經驗的視覺損傷兒童相較，在課程學習與社交技巧發展上，容易遭遇認知學習的困難。

即使是幼年失明的兒童，視覺經驗仍影響其學習效率與成就。心理學的研究發現，視覺損傷兒童的認知能力，在概念形成面略有遲緩的情形，但仍遵循認知能力發展序階，拾級而上。皮亞傑的發展心理學概念，例如：物體恆存（permanence of object）、分類（classification）、保留（conservation）等，視覺損傷兒童發展上並無差異，唯形成期較遲緩（Terzieff & Antia, 1986）。萬明美（2004）比較臺灣的視覺損傷兒童與非視覺損傷兒童在七項保留概念的發展後，發現有延後一至四年的情形。視覺損傷兒童能夠建立空間的認知地圖（cognitive mapping），空間心智地圖的概念有助於視覺損傷兒童在定向與行動能力的培養。

六、動作發展

　　由於視覺損傷的限制，容易導致視覺損傷嬰幼兒動作發展上的遲緩或不足（Brambring, 2007）。這是因為嬰幼兒移動身體的主要動機，在於想去抓取眼前所看到之物體，這類動作可強化肌肉並增進協調能力，使其更有效的移動。但缺乏視覺功能或清晰視力時，會減低嬰幼兒移動身體的動機。因缺乏視覺的刺激，坐正並轉動頭部這類的動作，易造成視覺損傷的嬰幼兒感到無趣（Stone, 1997）。

　　此外，視覺損傷的兒童，過去可能曾經有過環境探索時不愉快的經驗，以致於移動上會更加緩慢。直接照顧者過度保護的教養態度，也會減低視覺損傷兒童對於身體探索與身體活動的機會（Stuart et al., 2006）。視覺損傷兒童的動作發展比非視覺損傷兒童差，其粗大動作技能，特別是平衡感方面較有限制，通常無法正確的模仿對方之動作，行走時則很小心翼翼（Bouchard & Tetreault, 2006）。

七、感官知覺敏銳性

　　聽覺是人類重要的遠距感官，更是視覺損傷兒童接收訊息與辨識環境的重要感官。沈家英等人（1993）引用蘇聯學者之研究，指出：視覺損傷兒童之聽覺缺陷與非視覺損傷兒童無顯著差異，而視覺損傷兒童常給人「聽覺特別靈敏」的印象，原因可能是視覺損傷兒童有較高的聽覺注意力、較強的聽覺選擇，以及較高的聽覺記憶力。

　　然而，有別於聽覺的特點，觸覺是近距感官。為了滿足學習與生活的需求，視覺損傷兒童經常倚賴觸覺「以手代目」，以達到探索環境與辨識物品的目的。因此，視覺損傷兒童的觸覺靈敏度優於非視覺損傷兒童。然而，以觸覺功能代償視覺功能的作用仍有侷限，例如：觸覺受距離限制，手觸及不到的事物，觸覺就無法感受；觸覺受時間速度限制，觸覺感受由點到線到面，同時感受到的面積小、速度慢，若要感受到較大的事物，則需花費相當多的時間。觸覺也受空間大小的制約，太大（如摩天大樓）、太小（如螞蟻）的物都無法感受。觸覺更受整體性的限制，由觸覺獲得的

訊息零零星星，整體性差，例如：視覺損傷兒童即使觸摸了汽車的全部，在腦中也很難形成像視覺所觀察到的汽車那樣完整的印象（曹正禮，1994）。

八、視覺損傷資賦優異學生

許多視覺損傷者具有非凡的才能或潛能，即使身為視覺損傷者，在特殊才能與專業領域能力上，依然能有卓越表現，此稱之為視覺損傷資優，例如：清華大學名譽教授李家同的指導教授雷格博士，是位連外界亮光都無法察覺的重度視覺損傷者；英國前教育大臣 David Blunkett 因視神經發育不完全，出生時即完全失明。可惜的是，視覺損傷資優學生難以被發掘，因為社會大眾與教育工作者容易受學生的障礙之表面效度負面影響，認為學生一旦有了視覺損傷，就容易降低對視覺損傷學生特殊才能與學習表現的期望，而忽略視覺損傷學生在學術能力與特殊才能擁有的天賦。

第二節　視覺損傷學生的鑑定與評量

壹、鑑定原則

一、臺灣法律從醫學角度定義視覺障礙

《身心障礙者鑑定作業辦法》（衛生福利部，2024）規定，視覺功能鑑定人員資格條件為眼科專科醫師，有關視覺功能障礙程度分為：

障礙程度 1，輕度：矯正後兩眼視力均看不到 0.3，或矯正後優眼視力為 0.3，另眼視力小於 0.1（不含）時，或矯正後優眼視力 0.4，另眼視力小於 0.05（不含）者。

障礙程度 2，中度：矯正後兩眼視力均看不到 0.1 時，或矯正後優眼視力為 0.1，另眼視力小於 0.05（不含）者。

障礙程度 3，重度：矯正後兩眼視力均看不到 0.01（或矯正後小於 50 公分辨指數）者。

《特殊教育學生及幼兒鑑定辦法》（教育部，2024）對於視覺障礙的定義，係指由於先天或後天原因，導致視覺器官之構造缺損或視覺機能發生部分或全部之障礙，經矯正後其視覺辨認仍有困難，致影響參與學習活動，其鑑定基準為優眼視力值未達 0.4 者。身心障礙學生及幼兒之鑑定，應採多元評量，依學生個別狀況採取標準化評量、直接觀察、晤談、醫學檢查等方式，或參考身心障礙證明記載蒐集個案資料，綜合研判之。

二、優眼視力值為鑑定標準

《身心障礙者權益保障法》關於視覺障礙的鑑定準則，均規定視覺障礙的鑑定須以優眼視力值做為標準，也就是以視力較佳的一眼為準，倘若受測者一眼的視力值正常，另一眼為盲，仍無法取得身心障礙手冊。

三、盲與低視力

《特殊教育法》首次頒布時，將視覺障礙區分為盲與低視力。盲是指視力在 0.03 以下者，閱讀方式是以點字書籍、有聲書與螢幕報讀軟體為主，但仍有些許光覺。低視力是指視力在 0.3 至 0.03 之間者，閱讀方式是利用光學輔具閱讀印刷字體與放大書籍為主。

四、盲聾雙障與盲多障

學生是藉由視覺與聽覺兩個管道進行學習，所以當學生同時具有兩方面以上的障礙時，在學習上就會遭遇很大的困難，學習需求相對的也會更複雜。美國許多州政府的法案、條例與學界，將盲聾界定為一類獨特的障礙類別，稱為雙重感官障礙（dual sensory impairment）或多重感官障礙（multiple sensory impairments）（陳麗如，2009）。但是，我國目前並未將未源於同一因素的盲聾個案列為多重障礙者。

五、高危險學生的篩選

　　儘管視覺損傷的確切鑑定需要藉由醫療單位的協助，但教師仍可藉由觀察學生平時的學習行為與同儕互動，初步篩選出疑似視覺損傷的高危險學生。若發現疑似有視覺損傷的學生，教師應建議學生進一步尋求眼科醫師的協助，做更精細的鑑定，以提供學生更適切的學習服務。除了透過校內定期視力篩檢外，導師與任課教師與直接照顧者，可以透過學生的某些行為訊息，敏銳覺察學生可能存在的視覺損傷狀況。

　　當學生出現視力問題時，教師或直接照顧者可能會觀察到學生表現出以下的行為訊息：學生難以認讀較小字體的符號或文字、難以確認圖片中的細節、不易分辨字母的差異、近距離的書寫作業或閱讀等。在日常生活中，學生也可能出現以下的行為與行動方面之視覺損傷警訊：行動較為笨拙、容易碰撞到物品或是被物品絆倒、無法接球、扣鈕扣或綁鞋帶、閱讀時遮住一隻眼睛或常斜歪著頭、把物品拿到某隻眼睛相當近距離來看，或者在做完一項作業或工作後，抱怨頭昏眼花等，以上行為都可能是學生存在視力問題的警訊，教師或直接照顧者應敏銳的覺察並適時提供學生協助。

貳、鑑定工具

　　視覺損傷學生需時常量測視力，以檢視並監督其視力維持或退化的狀況。臺灣目前常用的視力檢查工具為萬國式視力檢查表（使用字母 C），以檢視受試者的視力值。視野是指，人類眼睛可看到範圍的廣度，可藉由度數來進行測量，一般而言，人類眼睛正常的視野範圍是水平 160 至 170 度（Centers for Disease Control [CDC], 2005）。教師可透過以下簡易的方式，粗略的量測學生的視野。首先，請施測教師距離受試學生 60 公分，雙方眼睛同高度並相互面對面。請受試學生拿一紙片遮住非受測眼，施測教師則拿一紙片遮住自己的另一隻眼睛，並拿出一支筆做為目標物，位置在受試學生與施測教師間的中線地方，從周邊慢慢往眼睛位置移動。當受試學生

看到目標物時，必須說「看到了」，此時也應是施測教師看到物體之處。當施測教師可看到目標物時，而受試學生卻無法看到，表示其視野有所缺失，應建議受試學生至醫療機構做更精確的視野檢查（陳麗如，2009）。

參、評量工具

目前學術界並未發展一套點字版本的標準化心理評量工具。重度視覺損傷學生只能藉由問答的方式接受施測，例如：「魏氏智力量表」中即有可以口頭問答方式進行的測驗項目。為了更有效評量視覺損傷學生的能力，視覺損傷學生教育的專家設計了下列幾項標準化的心理評量工具（杞昭安，2006）。

一、「圖形認知發展測驗」

本測驗為教育部於 1998 年委託國立臺灣師範大學特殊教育學系杞昭安教授編製而成，共有 75 個題目，全由彩色或黑白的立體圖形組成。

二、「盲人學習性向測驗」

本測驗係根據 Newland 於 1980 年出版之「盲人學習性向測驗」（The Blind Learning Aptitude Test，簡稱 BLAT）修訂而得，測驗內容包含：相同圖形與不同圖形的辨認、圖形系列、圖形關係、補充圖形，以及圖形系列關係，施測時間約 30～60 分鐘。

三、「科式方塊組合能力測驗」

「科式方塊組合能力測驗」（Kohs Block-Design Test）為 1920 年由 Kohs 設計而成，由 16 個立體方塊所組成，每個方塊的表面均貼有不同材質的布料。本測驗共有 18 個題目，排列方式由易至難，施測時間為 30～60 分鐘。

四、「非語文智力測驗」

「非語文智力測驗」的內容由圖形所構成，故沒有文化上的限制，其優點為測驗內容不需文字說明，僅需施測者使用口頭方式指導，且受試者回答時不需透過文字表達（Brown et al., 1990）。本測驗須受試者界定各圖形之間的關係，每個議題均可評量出受試者對圖形的認知能力。

此外，視覺損傷學生教育的專家針對視覺損傷學生不同的能力發展，設計不同的評量工具，例如：評量視覺損傷學生普通能力的「哈比盲童智力測驗」、「Maxfield-Buchholz 學校學齡前盲童成熟量表」（Maxfield-Buchholz School Maturity Scale for Blind Preschool Children）；評量知動能力方面的「視覺效能量表」、「盲童軀體形象觀念測驗」（杞昭安，2006）；評量點字能力方面則有「觸覺與點字辨識發展測驗」（Mangold Developmental Program of Tactile Perception and Braille Letter Recognition）。

第三節　視覺損傷學生的教學輔導策略

壹、醫療模式與社會模式對「障礙」的界定

醫療模式將有生理損傷的個人視為有障礙的病患，需要治療、處置等各種醫療措施，以協助恢復或維持損傷狀態不再惡化；生理損傷者依賴醫師的專業知識決定如何生活與治療。《特殊教育法》與《身心障礙者權益保障法》，依據個案的視力值與視野損傷狀況，界定其視覺損傷程度，如同醫療模式對障礙的定義。Rauscher 與 McClintock（1997）指出，「失能」屬於醫療體系的界定方式，生理損傷者每天面對生活、工作與行動各方面的難題，是障礙者本身的損傷所導致，代表個人身體能力無法「正常」處理環境問題。這種將障礙者歸類為病患，以疾病損傷程度論斷其障礙經驗，並無法全面解釋生理損傷者總是在社會中處於弱勢地位的根本原因。

社會模式則質疑醫療模式對障礙的定義。社會模式認為，生理損傷者的障礙經驗來自於社會結構，例如：生理損傷者長期處於教育資源不足、職業選擇受限、社會參與不易，以及健康常人對生理損傷者能力抱持懷疑的態度。除去個人本身的損傷狀態，個人障礙經驗是社會的不當措施制度與正常人的排斥態度所導致，不應單以生理特質的損傷論斷個人的障礙經驗。其實，生理損傷者所面臨的障礙環境，是集體社會普遍缺乏接受且理解生理損傷者的態度所形塑的（Oliver, 1996）。

蘇怡帆等人（2012）的研究發現，視覺損傷者即使接受了完整的定向行動訓練與點字課程，卻仍無法在下午五點後到銀行提款機提款，因為全觸控式螢幕阻絕了視覺損傷者使用提款機的機會，迫使視覺損傷者成為視覺障礙者。此外，職業場域的不友善也阻礙視覺損傷者就業的機會，在此狀況下，視覺損傷者再次成為視覺障礙者。這些社會參與的障礙不是視覺損傷者本人可以改變，而是社會結構與正常人態度需要改變；視覺損傷者的障礙經驗與過程，並非單純個人生理損傷不便的問題，而是社會制度與服務無法滿足視覺損傷者之需求所形成的障礙。

因此，在教育場域中，教育領導者、教師與直接照顧者必須提供足夠的支持，以滿足視覺損傷學生的個別需求，避免視覺損傷學生在不同教育階段成為視覺障礙學生。

貳、學齡前視覺損傷幼童之語言溝通訓練

視覺損傷幼童依賴口語與外界進行溝通，因此有必要在學齡前階段協助其發展語言溝通技巧。視覺損傷幼童因為視覺損傷的限制，常有語言理解困難、語彙缺乏、語法不完整等問題，進而導致構音異常或是音韻異常，有時也可發現與情境不符合的仿說或是代名詞錯用，這些都需要經由教師的語言溝通訓練，逐步修正與增進視覺損傷幼童的語言能力。

為了協助視覺損傷幼童增進語言能力，對視覺損傷幼童的語言溝通訓練有以下注意事項：

1.以聽覺與觸覺為主，教師藉由多種感覺管道教導視覺損傷幼童新詞

彙。教師在帶孩子用觸覺感受所有物品的形狀與質地時，可同時用口語輔助理解，協助孩子在練習中逐步熟悉，落實語意的學習。

2.尚無口語能力的視覺損傷幼童，教師可藉由如小狗汪汪、小貓喵喵、電話鈴鈴等擬聲詞，建立視覺損傷幼童的發音技巧；再來才是增加仿說詞彙與片語，建立其自動表達需求、回答問題、敘述事件的能力等。

3.教師與直接照顧者應多利用機會帶領視覺損傷幼童至圖書館、動物園、超級市場等場合，以豐富他們的生活經驗，才能發展其認知能力，進而學習相關的語彙。在情境中學習，也能增進視覺損傷幼童理解不同語彙的意義，學習效果更佳。

4.在與人互動的遊戲中學習，也是幫助視覺損傷幼童學習的好方法。視覺損傷幼童利用不同情境學習相應的語彙，在愉快的氣氛下學習發音技巧，例如：利用洗澡的時候玩五官遊戲，學習身體部位名稱；利用穿脫衣服時，學習衣著名稱；利用吃飯時，學習餐具與食物名稱；利用家務整理時，學習家具名稱等。

5.音樂的旋律除了可以幫助視覺損傷幼童鬆弛身心，也能使其心情愉快，進而幫助幼童學習。教師可經由播放童謠，幫助視覺損傷幼童練習發音技巧，讓其反覆聆聽後開始模仿，開始自行哼唱，逐步地提高發音技巧。教師也可自編歌曲或是編寫有趣的童謠接唱，更進一步地提高視覺損傷幼童的興趣（李淑娥，2004）。

李淑娥（2004）指出，教師對視覺損傷幼童的語言溝通訓練，有以下幾個注意事項：

1.教師與視覺損傷幼童說話時，語調要稍為誇張有趣，以協助其用聽覺學習發音部位與發音方法。

2.教師應使用較簡單明瞭的句子對視覺損傷幼童說話，讓他們容易理解與仿說。

3.教師不應模仿視覺損傷幼童的發音，模仿視覺損傷幼童發音，容易導致其搞不清楚哪一種發音方式才是正確的。

4.教師應隨著時間減少使用童語與視覺損傷幼童說話。若持續使用視覺損傷幼童的童語與其對談，沒有提供較成熟的語言樣本，會阻礙視覺損傷幼童之後學習較複雜的語言。

5.教師與直接照顧者應鼓勵視覺損傷幼童言語達意，例如：視覺損傷幼童叫「媽媽」，可能表示「我要媽媽、我要喝牛奶、我要抱抱、尿布濕了、媽媽在哪裡？」等不同意思，直接照顧者需觀察當時的情況猜測視覺損傷幼童的意思，然後將「正確」的說法告訴視覺損傷幼童，如確知他是要「媽媽抱」的意思，則要說「寶寶要媽媽抱抱、媽媽抱抱」。

參、教育階段視覺損傷學生之協助策略

　　教師應鼓勵視覺損傷學生主動尋求協助，並盡可能鼓勵其參與所有的活動，例如：在上體育課時，教師可利用工作分析法，逐步拆解每個運動動作，透過語言的具體描述或協助視覺損傷學生觸摸示範者或教師等方式，學會種種的運動技能。教師並應鼓勵視覺損傷學生運用剩餘視力進行學習活動，可透過下列教學與輔導策略協助其學習、行動與人際互動。

一、教室與座位之調整

　　在座位安排方面輔助，教師應提供視覺損傷學生坐在教室內較大的空間，以便其使用學習科技輔具（如點字機、筆記型電腦等）。座位的安排應避免向光，教師也忌站在窗戶邊講課，避免使視覺損傷學生面向光線。教室裡的圖表說明或黑板牌示，都不應受過度光線的刺激，照明度亦不可太高。教室牆壁與其裝飾、桌面色調都不可用太刺眼的顏色。使用可移動與可調整高度、有斜度而粗面的桌子，並安裝可隨需要調節光亮的窗簾。

二、放大字體的教材與輔助科技

　　教師應鼓勵低視力學生與重度視覺損傷學生，使用放大鏡、擴視機、語音報讀軟體與點字顯示器等輔助科技進行課堂學習。在上課之前，教師應將寫在黑板或PowerPoint的內容以放大字體、點字版本或電子檔的方式提供給視覺損傷學生，盡可能提供放大字體或點字教材、學習單給不同閱讀需求的視覺損傷學生。教師的板書也應寫得大而清楚。

放大字體是指印在頁面上的字體比一般的大，許多出版品，例如：字典、百科全書、讀者文摘等也有放大字體版本。以往，取得大字體版本的教科書常要花許多時間（Frank & Sitligton, 2000），現今由於有影印機與電腦的協助，可以輕鬆地調整字體大小。教師須依據學生的閱讀需求與視覺損傷狀況，決定閱讀材料的字體放大倍數。決定增加的幅度是一個複雜歷程，需要計算個人閱讀的速率或效能，來選擇字體的放大倍數（Lueck, 2004）。有些低視力學生無法從放大字體中獲得益處，這些低視力學生有良好的中央視覺但伴隨視野損傷，對於他們來說，放大字體反而是種阻礙；有聲書、報讀人員或是電腦語音報讀軟體即能提供這類低視力學生較適當的服務。

三、教學策略之調整

視覺損傷學生因視覺損傷的限制，需多依賴聽覺、觸覺、味覺、嗅覺等感官知覺以學習與認識事物。然而，學校課程中教師常用的講述法策略，對視覺損傷學生課程內容的學習，僅能提供聲音方面的訊息，難以協助其全面了解事物的具體形象。因此，教師應協助視覺損傷學生應用手部的觸覺，觸摸具體可感知的實物與教具，藉此方式，視覺損傷學生能具體認識物體大小、密度、光滑、粗糙、軟硬、彈性等。

指導視覺損傷學生進行觀察時，在未實際操作前，教師除了介紹物體的名稱、屬性、特徵、用途等相關資料之外，還須說明模型的型態與實物的比例，避免誤導視覺損傷學生。指導視覺損傷學生觸摸的順序應從整體到部分，從上到下再從下到上，從左到右再從右到左，反覆感知。然後，再觀察各部分的主要特點，引導視覺損傷學生有條理的經驗並認識所觸摸的全部物體之型態與特徵。在觸摸觀察活著的動物或是生物的動物標本時，教師可扶著視覺損傷學生的手或是鼓勵其牽著教師的手一起觸摸，輔助學生能獨自觸摸，逐步培養視覺損傷學生的膽量與勇氣。

觸覺是視覺損傷學生最重要的知覺能力，但因其需透過與物體的直接接觸，才能使用觸覺感知獲得訊息，當遇到太小或過於龐大的物體，如螞蟻與長頸鹿，或者無法直接碰觸的物體，如彩虹與海市蜃樓；又如抽象的

概念，像是對流與顏色，皆無法利用觸覺學習，對沒有視覺經驗的幼年失明學生非常不利。

除此之外，舉凡色彩觀念或輪廓較複雜的形狀，都超出幼年失明學生能理解的範圍。因此，在視覺損傷教育中，教師應致力於設計各種巧妙的教具以配合教學；同時，應盡量提供給視覺損傷學生較多可以操作的簡單物件，以增進學習效果。

四、課程、作業與考試之調整

教師需以具體的口語描述，協助視覺損傷學生了解活動進行的現況。教師應調整教材教具，以符合視覺損傷學生的學習需求。在分派課程活動或學習作業時，教師應給予視覺損傷學生較多的提醒，並確保他們有充分時間可以蒐集到需要的資料。在測驗方面，根據視覺損傷學生的需求，教師可允許學生利用盲用電腦、點字機、擴視機等進行紙筆測驗。教師亦能允許學生進行口頭應試或透過謄稿者的協助，以完成考試。此外，改善低視力兒童在家中的自修環境亦為必要的配合。

五、環境與空間之認識

教師應利用具體的口語描述方式，協助視覺損傷學生認識空間環境。教師需提醒班上學生避免書櫃與置物櫃的門半開半闔，以免對視覺損傷學生造成危險。教師應教導非視覺損傷同儕如何引導視覺損傷學生認識環境，並分派班上同儕進行實際協助。當幫助視覺損傷學生認識周遭環境、方向指引，抑或是引導入座時，應盡量以時鐘的概念來進行描述，例如：「窗戶在三點鐘方向」、「門在九點鐘方向」等句子。少用「此」、「這」、「那」等不確定字詞，以避免混淆視覺損傷學生理解方位位置。此外，教室中物品的擺放位置，不應在未告知視覺損傷學生的情況下更動。

六、同儕協助視覺損傷學生

面對視覺損傷同學時，同儕應主動打招呼並自我介紹。教師可鼓勵同

儕主動詢問視覺損傷同學是否需要幫助。當與視覺損傷學生交付金錢或物品時，應清楚具體說明物品的名稱與數量，例如：「這是你的作業簿」，或「這是午餐費找的 321 元，有 3 張 100 元、2 個 10 元硬幣、1 個 1 元硬幣」；交付物品時謹記要交付到視覺損傷學生的手上。同儕欲離開或站在視覺損傷學生旁邊時，須告知視覺損傷學生。此外，同儕與視覺損傷學生有肢體接觸前，需先行告知視覺損傷學生，而不應在未告知視覺損傷學生的情況下，有肢體行為接觸。以上都是教師與同儕可提供視覺損傷學生的協助策略。

七、增進視覺損傷學生之人際互動機會

部分視覺損傷兒童因畏光、頭暈，因而常有以手指壓眼、在眼前搖手擦眼等自我刺激的習癖，除此之外，也常伴隨頭痛、疲倦或雙重影像等現象。教師應矯正視覺損傷學生的習癖動作，例如：搖擺身體、按壓眼睛等。視覺損傷兒童在教育上的輔導策略，除注重其剩餘視力的保護，並調整其閱讀環境，使其視力能達成最佳效果的閱讀之外，尚需加強生活輔導與心理輔導，教師應幫助視覺損傷學生發展正面的自我概念。

視覺損傷學生經常未被邀請參與團體活動，例如：球類運動或電影欣賞等。非視覺損傷同儕常誤以為視覺損傷學生對此類活動不感興趣而未予以邀約，因而漸漸地導致視覺損傷學生與非視覺損傷同儕間之人際往來減少，人際互動也自然而然的愈趨減少。

Kekelis 與 Sacks（1992）建議，普通教育與特殊教育教師應該提供視覺損傷學生與其他同儕增進人際互動的機會。首先，教師可尋找一名較易相處且視覺損傷學生信任的同儕，同時也是班上次團體的關鍵人物，可成為其他同儕與視覺損傷學生間相處的橋樑；第二，視覺損傷同學對於幫助他們的同儕應主動表示感激。教師也可鼓勵視覺損傷學生不只接受他人的協助，更可把握機會協助其他同學。視覺損傷學生在學習或一般生活遇到困難時，也應主動尋求協助。

對於人際關係受限的問題，教師可提供下列幾種可能的協助策略，包括：可以邀請視覺損傷學生分享他們與同儕正面的相處經驗，非視覺損傷

同儕也可以學習如何與班上的視覺損傷同學相處。Peck 等人（1989）指出，在融合教育下，非視覺損傷學生能學習調整對於嚴重視覺損傷同學的態度，不再害怕，因此可以建立對於視覺損傷同學正面的相處模式。

八、科技輔具的應用

隨著科技的發展，協助視覺損傷學生的科技輔具也愈來愈多元，其不僅僅只是輔助視覺損傷學生，減少對他人的依賴，還能提升個人學習與生活的自主性。根據「教育部大專校院及高中職視障學生教育輔具中心」（http://assist.batol.net/）之「輔具查詢系統」的分類，依據用途，視覺障礙輔助科技包括：生活類、學習類、軟體類、點字觸摸顯示器、盲用電腦、打字機列表機、光學輔具類，以及擴視機等八大類。

九、定向與行動訓練

定向與行動（mobility and orientation）是由美國 Richard E. Hoover 發展出的一套幫助視覺損傷者應用剩餘視覺與各種感官能力、運動知覺與心理地圖，判定所在位置，並認知其周遭環境，從一安全地點走到另一目標地點。為具備有效且安全的定向與行動能力，視覺損傷者應接受的感官訓練課程包括聽覺訓練，例如：聲音定位、聲音鑑別、嗅覺訓練、運動知覺訓練，以及心理地圖的建立。

除了白手杖的運用技巧，定向行動的訓練課程，包括：人導法與導盲犬，說明如下。

（一）人導法

基本方法為視覺損傷者走在引導者的右後側方（或左後側方）約半步距離，視覺損傷者抓住引導者的手或手肘。抓住的位置以引導者的身高高度考量抓握的高度：視覺損傷者與引導者相同身高時，視覺損傷者抓住引導者的手肘上方，因此引導者可在發生任何情況時主動反應，較不會被視覺損傷者拖著走。引導者高於視覺損傷者時，視覺損傷者可握著引導者的手腕處；視覺損傷者高於引導者時，可協助視覺損傷者搭在引導者的肩

上，但還是須請視覺損傷者站在引導者的左（右）後側，避免踩到引導者的腳。在沒有非視覺損傷者能協助視覺損傷者，同時又有超過二位以上的視覺損傷者需要行動時，可讓視覺損傷者們用前後搭肩膀的方式行動。

（二）運杖法

黃國晏（2020，引自毛連塭等人，1995）指出，標準的運杖法姿勢是用手掌心握住手杖的握柄，食指自然沿著手杖的側面向下，大姆指和其他三指就像平常握手時的姿勢一樣握合杖柄即可。行進時，手杖應盡可能的以身體中心線自然延伸，手臂、手指及手杖成一直線，手杖掃掠範圍應大於左右肩膀且離地面 5 公分，保持步伐與手杖之間的節奏一致，視覺損傷者可以手腕的關節為支點，自然的以左右點之方式擺動手杖，手杖點右邊踏出左腳，點左邊踏出右腳，使步伐與手杖保持平衡的互動。

（三）導盲犬

導盲犬能安全且有效率地協助視覺損傷者行走並抵達目的地，牠們會依據一系列特定的指令行動。這些指令可以藉由視覺損傷者的聲音與手勢傳達。在城市裡，導盲犬能帶領視覺損傷者平安地走過路口：到達路口的時候，導盲犬會停下，用意在告知主人：前方便是人行道與馬路的交接處，提醒主人要小心地面落差。等到主人下達「前進」、「左轉」或「右轉」的指令後，導盲犬才會繼續行動。

十、點字閱讀與書寫技巧

視覺損傷學生能應用點字閱讀與書寫。點字由六個位置像矩形的細胞所組成，包含兩行，每一行各有三個點。點字字母是用手指由左讀到右，與一般以視覺閱讀的印刷字母相同。點字細胞依靠點的結合，組成可供讀與寫的點字碼。莊素貞（2001）指出，視覺損傷學生教育的目的是培養學生具有足夠能力，以便將來能在競爭社會中獨立且有尊嚴的生活與工作，而這些能力又以「文字閱讀與書寫的能力」最為基本。視覺損傷學生熟悉並應用點字閱讀與書寫的能力，即成為課程學習與發展專業的關鍵技巧。

Wormsley（2004/2018）建議，教師可利用下列十個步驟進行點字教學，分別為 ：(1)決定主要的讀寫媒介；(2)創造點字的學習環境；(3)選擇個人化的閱讀及寫作字彙；(4)製作單字與閃示卡，教導第一個關鍵單字；(5)透過追蹤活動，教導觸覺感知技能及聲符與結合韻辨認技能；(6)發展寫作技能之技術與程序；(7)創作閱讀與寫作的功能性運用；(8)創作故事；(9)紀錄撰寫及診斷式教學；(10)調整傳統之學術方式教學的時機。

第四節　視覺損傷學生的服務現況與問題

壹、特殊教育學校的服務

臺北市立啟明學校、國立臺中啟明學校與私立惠明學校，為臺灣主要接受視覺損傷學生就讀的特殊教育學校，服務對象包括學齡前視覺損傷幼童至高中職視覺損傷學生。隨著融合教育概念的興起與特殊教育學校的轉型，這三所學校也開始轉型為接受視多障學生就讀的特殊教育學校。

現今在特殊教育學校就讀的學生，多為伴隨其他障礙的視多障學生，例如：情緒行為障礙、聽覺障礙、智能障礙與腦性麻痺等。多數的直接照顧者安置視覺損傷子女就讀特殊教育學校的原因，是特殊教育學校有特殊教育專業人員、設備資源與完善的服務系統，能協助視覺損傷學生學習、強化家庭支持的不足。此外，特殊教育學校的課程著重職業訓練課程及獨立生活技能，也能協助視覺損傷學生從教育階段轉銜至職業生涯。

特殊教育學校除了具備設備與專業人員之外，同時又具有資源集中與學校所處地點等優勢條件，因而具有足夠潛力成為地方等級的諮詢資源中心，例如：臺北市視覺障礙教育資源中心即設立於臺北市立啟明學校。在視覺損傷教師培育及教師專業發展上，特殊教育學校長期扮演相當重要的角色。擁有完善設備的特殊教育學校，除了能提供視覺損傷學生專業的教育服務，更是個擁有豐富資料的教學教材資源中心。近年來，特殊教育學校也開設短期訓練課程，提供公立學校普通班的視覺損傷學生，以暑期工

作坊的形式，加強其點字、定向行動與職業訓練等。

特殊教育學校的優點有：志工社團到校服務、個別化教學、專業化課程與設備、社團活動的參與、小班制及學生自信心的增加等。特殊教育學校除了有受過專業訓練的特殊教育師資及人員，適合重度障礙或適應能力較差的學生就讀，對家境清寒或直接照顧者無力照顧的視覺損傷兒童，可提供更妥善的膳宿、生活、醫療、教育等照顧，此外也有專為學生購置的特殊設備器材。特殊教育學校可傳授學生職業的技能，例如：鋼琴調音、盲用電腦與按摩技術等，提供學生職業輔導和職業訓練。對偏遠地區或輔導系統欠佳的學區，學生在特殊教育學校可獲得較實際的指導。然而，特殊教育學校仍有其缺點與限制：首先，住宿型特殊教育學校較難提供視覺損傷學生需要的家庭生活經驗，也缺乏與非視覺損傷者相處與人際互動的機會，知識領域受限。視覺損傷學生若過分受保護，不易發展社會技巧（萬明美，2004）。

就讀特殊教育學校的視覺損傷學生，能視其需求轉而安置於公立學校，接受融合教育服務，與非視覺損傷同儕一起互動與學習；當視覺損傷學生在融合教育環境中就讀，無法獲得充足支持與服務時，仍可考慮返回特殊教育學校繼續接受教育。這樣的安置模式，符合多元安置的精神。

貳、視覺損傷學生巡迴輔導與資源班的服務

在臺灣，視覺損傷學生是所有特殊需求學生中，最早開始接受回歸主流教育。在聯合國教育科學與文化組織（UNESCO）之贊助下，臺灣於1967 年開始針對視覺損傷學生推行回歸主流教育，也為國小視覺損傷學生設立了混合教育課程，是國內最早推動視覺損傷學生回歸主流的開始。融合教育的安置模式，是將視覺損傷學生與非視覺損傷學生安排在同一個教學環境中一起學習，其強調提供視覺損傷學生一個正常化的教育環境，而非一種隔離的環境。目前，在臺灣有很高比例的視覺損傷學生在普通班融合教育接受視覺損傷巡迴輔導的服務。在臺灣，每個縣市皆有視覺損傷巡迴輔導教師為視覺損傷學生提供服務。

視覺損傷巡迴輔導教師提供直接服務與間接服務。直接服務包括：點字教學、定向行動訓練、輔助科技與盲用電腦教學等；間接服務包括：升學與轉銜輔導、生涯與職業探索、人際與社交技巧、課程教學策略諮詢等。視覺損傷巡迴輔導教師服務對象的年齡範圍，可能從學齡前視覺損傷幼童到教育階段視覺損傷學生不等；障礙程度的對象更擴及單一視覺損傷學生（含重度視覺損傷學生）、低視力學生與視多障學生。

　　資源班提供視覺損傷學生在普通學校學習的支持。資源班教師在設有資源設備的固定特別地點，利用學生在校學習的部分時間提供服務，所以不需到各校巡迴指導。目前，臺北市、新北市與臺中市更挑選市內數所國小、國中與高中為視覺損傷教育服務重點學校，設立資源班為視覺損傷學生提供專業服務。

　　黃國晏（2007）指出，在推動融合教育時，教育領導者（如校長）扮演非常關鍵的角色。融合教育執行計畫的目標，首先必須由教育領導者向教師、直接照顧者與教育團體推廣並傳達，教育領導者除了需評估實施融合教育的優點，並凝聚各方推動融合教育的共識外，亦可安排學校人員參訪成功推展融合教育的學校，以消除學校教師與直接照顧者執行融合教育的疑慮。教育領導者應針對融合教育對學生的益處、實施方式、導師角色的改變、提供教師的在職訓練計畫等，都有通盤理解及規劃，以因應融合教育實施後為學習環境所帶來的挑戰。

　　教育領導者應提供行政上的支援，並發動學校人員合作支持融合教育；另外，應對於推動融合教育遭遇困難的教師提供相關協助。整合學校內部資源，也可作為教師教導視覺損傷學生的後盾。除此之外，黃國晏（2010）發現，學校教師期待教育領導者應負責整合各處室對於融合教育的不同意見。換言之，教育領導者應確保溝通管道暢通，以協助教師感受到行政體系與校長對他們的支持，另外也要鼓勵學校人員多多針對專業領域交換意見。

　　在推動教師在職進修方面，為了增進第一線教師推動融合教育的專業能力，教育領導者應提供足夠機會，使教師有充裕的時間規劃並充實專業發展。其中，協助教師發展合作關係與協同教學策略是相當必須的。教育領導者可邀請有融合教育成功教學經驗的教師分享教學技巧，例如：定向

行動、點字教學或輔助科技應用等專業訓練（黃國晏，2011）。

此外，在融合教育決策過程中，教育領導者應禮聘專長融合教育教學之資深教師為重要的諮詢顧問；如此一來，新決策才能真的符合第一線教師的需求。教育領導者也應根據目前學校的編制，重新分配人力資源；校內人員重新檢討編制，在不增加學校預算的情形下有效運用人力。教育領導者在推行融合教育的同時，應體認縮減班級人數之重要性，並鼓勵專任教師取得雙證照，使其具有特殊教育與普通教育的教學能力，以便與導師合作，共同服務特殊需求學生。

黃國晏（2011）指出，教育領導者應利用不同方式推動融合教育，鼓勵並肯定願意教導有特殊需求學生的教師。對於經常將視覺損傷學生納入班級的教師，尤其是志願將視覺損傷學生納入班級的教師，應該給予獎勵，並讚揚其貢獻。Fallon 等人（2001）認為，獎勵可以維持教職人員士氣，繼續推動融合教育。舉例來說，美國身心障礙學生科學教育協會每年頒發 Lawrence Scadden 獎，表揚教學傑出的資深教師，而他們自然也會成為其他教師眼中的模範教師。

參、高等教育階段資源教室的服務

隨著大專校院的擴增，視覺損傷學生與其他同儕，愈來愈能透過多元入學方式接受高等教育。國立彰化師範大學於 1981 年設立教育資源教室，為校內的身心障礙學生提供服務，為全國最早設立資源教室的高等教育機構。

資源教室的輔導方式包括下列六項主要工作（黃國晏，2020）：

1.始業輔導：應於開學兩週內安排輔導教師、工讀同學（或由資源教室專業人員負責）舉行座談，實施生活輔導及學業輔導。

2.個別與團體輔導：學校應提供場地，聘請輔導、心理諮商人員或任課教師排定輪值表，依學生的個別差異、實際需求和問題類別，採定時或不定時之個別與團體輔導方式，提供必要之協助。

3.社團與志工制度：選派專人輔導身心障礙學生（如手語、翻譯、點

字、報讀、錄音等工作）或成立志工制度，協助障礙學生克服課業及生活上之問題。

4.研習與團體活動：可安排參加各類成長營等研習活動，協助拓展一技之長。

5.座談：藉由師生、直接照顧者、畢業校友等座談，溝通觀念、了解問題，以達解決困難之目的。

6.個案與輔導紀錄：除了建立身心障礙學生完整之基本資料外，於每次輔導後，詳載個案或輔導紀錄，以提供進一步協助與適切輔導之依據。

第五節　結語

視覺是認知學習的重要感官，透過輔助科技的應用、學習環境、教學策略的調整與接納學生的友善態度，視覺損傷學生才有可能獲得適當且充足的服務，唯有如此，視覺損傷學生才有可能避免成為視覺障礙學生。根據《特殊教育法》的精神，教育體系應提供視覺損傷學生多元化安置型態之選擇，因此，僅將視覺損傷學生安置於普通教育環境與同儕一同學習，並不能算是融合教育。在各個教育階段的環境中，由具有專業資格的教師與人員，依據每位學生的教育需求，提供適性教學與服務，才有可能協助視覺損傷學生在融合教育環境中順利學習，藉此才能達到學生有效率且符合個別需求的學習目標。不論是特殊教育學校或融合教育環境，特殊教育專業人員皆須協助視覺損傷學生探索職業性向，促進視覺損傷學生從教育階段順利轉銜至職業生涯。

問題與省思

基本題

1. 請簡述視覺損傷學生的八項身心特質。
2. 請簡述視覺損傷學生的鑑定與評量之主要內容。
3. 請簡述學校教師在篩檢疑似視覺損傷學生時應具備的知能。
4. 請簡述目前教育體系提供視覺損傷學生的教育安置模式與服務內容。
5. 請根據你接觸視覺損傷學生的經驗、閱讀過的相關書籍、影片觀賞心得，分析該視覺損傷學生的家庭功能與身心特質，並檢視其遭遇到的課程學習、社會適應之挑戰與因應策略。
6. 請簡述在針對不同教育階段的視覺損傷學生進行教學與輔導時，應採用的策略、技巧與輔助科技。
7. 請簡述在針對不同視覺損傷程度的學生進行教學與輔導時，應採用的策略、技巧與輔助科技。

進階題

1. 請簡述視覺損傷學生的專門課程之內容與輔助科技之類型。
2. 請從社會模型觀點，討論視覺損傷學生在教育體系遭遇的障礙有哪些？並請舉例說明導致視覺損傷學生成為視覺障礙學生的原因。
3. 請討論視覺損傷幼童在學齡前融合教育階段，可能遭遇到哪些挑戰？教育體系應提供哪些支持與服務？
4. 請分析單一視覺損傷學生或視多障學生在融合教育環境接受教育時，學校應招募哪些專業人士，以建立專業團隊，並提供哪些服務內容？
5. 請討論學校教師針對不同視覺損傷學生的需求，應如何調整評量模式與提供輔助科技，以達到無障礙的評量目的？
6. 請舉例說明教育階段如何針對不同視覺損傷學生的性向，培養其專業能力與職業生涯銜接？並從社會模型的觀點，檢視視覺損傷者在職場可能遭遇的障礙。
7. 請討論如何建立視覺損傷者的醫療與教育方面完整的通報體系。
8. 請討論針對視覺損傷兼具資賦優異的學生，學校應招募哪些專業人員，建立專業團隊，以及安排課程與服務時應注意的事項。

參考文獻

中文部分

毛連塭、陳文雄、劉信雄（1995）。盲童定向移動研究。臺灣省視覺障礙兒童混合教育計畫師資訓練班。

李淑娥（2004）。視多障兒童的語言特質及訓練。https://reurl.cc/Kj1kde

杞昭安（2006）。視覺障礙者之教育。載於王文科（主編），特殊教育導論（第三版）（頁 456-457）。心理。

沈家英、陳雲英、彭霞光（1993）。視覺障礙兒童的心理與教育。華夏。

教育部（2011）。臺灣特殊教育百年史話。教育部特殊教育工作小組。

教育部（2023）。特殊教育法。作者。

教育部（2024）。特殊教育學生及幼兒鑑定辦法。作者。

曹正禮（1994）。盲童感知特點芻議。青島教育學院學報，**1**。

莊素貞（2001）。從美國點字法談國內點字素養之提升。啟明苑通訊，**46**，9-11。

陳麗如（2009）。特殊兒童鑑定與評量（第二版）。心理。

黃國晏（2007）。A multi case study of inclusive schooling in Taipei: Barriers and supports, and the expected role of educational leaders。國立臺灣師範大學師大學報，**52**，95-113。

黃國晏（2010）。Inclusive schooling implementation for students with visual impairment and expected role of school leaders in Taoyuan County。國立彰化師範大學特殊教育學報，**32**，29-47。

黃國晏（2011）。Inclusion practice and role of principals at junior high schools in Taipei City。國立臺東大學教育學報，**22**（1），75-96。

黃國晏（2020）。視覺障礙導論。五南。

萬明美（2004）。視覺障礙教育。五南。

衛生福利部（2021）。身心障礙者權益保障法。作者。

衛生福利部（2024）。身心障礙者鑑定作業辦法。作者。

蘇怡帆、黃國晏、畢恆達（2012）。視覺障礙者在臺北市空間中的移動經驗。國立彰化師範大學特殊教育學報，**36**，93-114。

Smith, D. D.（2008）。特殊教育導論：創造不同的人生〔黃裕惠、陳明媚、莊季靜譯〕。臺灣培生教育。（原著出版年：2007）

Wormsley, D. P.（2018）。點字：功能性學習策略〔黃國晏譯〕。五南。（原著出

版年：2004）

英文部分

Bak (1990). Patterns of echinoid bioerosion in two pacific coral reef lagoons. *Mar. Ecol. Progr. Ser., 66*, 267-272.

Bouchard, D., & Tetreault, S. (2006). The mother development of sighted children and children with moderate low vision aged 8-13. *Journal of Visual Impairments and Blindness, 94*, 564-573.

Brambring, M. (2007). Divergent development of manual skills in children who are blind or sighted. *Journal of Visual Impairment & Blindness, 101*, 212-225.

Brown, L., Sherbenou, R. J., & Johnson, S. (1990). *Test of Nonverbal Intelligence* (2nd ed.). Pro-ed.

Buncic, J. R. (1987). The blind child. *Pediatric Clinics of North America, 34*, 1403-1414.

Campbell, J. (2007). Understanding the emotional needs of children who are blind. *Journal of Visual Impairments and Blindness, 101*, 351-355.

Centers for Disease Control. [CDC] (2005). *Vision impairment*. National Center on Birth Defects and Developmental Disabilities. https://reurl.cc/Kj1k8R

Fallon, M., Carroll, J., & Ackley, B. (2001). *Admissions decisions and pre-service teachers' classroom performance*. A paper presented at the annual meeting of the Oregon Association of Teacher Educators, Eugene, OR.

Frank, A. R., & Sitligton, P. L. (2000). Young adults with mental disabilities: Does transition planning make a difference? *Education and Training in Mental Retardation and Developmental Disabilities, 35*, 119-134.

Hallahan, D. P., & Kauffman, J. M. (1997). *Exceptional children: Introduction to special education* (7th ed.). Allyn & Bacon.

Kekelis, I. S., & Sacks, S. Z. (1992). The effects of visual impairment on children's social interactions in regular education programs. In S. Z. Sacks, R. J. Gaylord-Ross, & L. S. Kekelis (Eds.), *The development of social skills by blind and visually impaired students: Exploratory studies and strategies* (pp. 59-82). American Foundation for the Blind.

Loots, G., Devise, I., & Sermijn, J. (2003). The interaction between mothers and their visually impaired infants: An intersubjective developmental perspective. *Journal of Visual Impairment & Blindness, 97*(7), 403-417.

Lueck, A. H. (2004). *Functional vision: A practitioner's guide to evaluation and intervention*. AFB Press.

McHugh, B. E., & Lieberman, L. J. (2003). The impact of developmental factors on incidence of stereotypic rocking among children with visual impairments. *Journal of Visual Impairment and Blindness, 97*(8), 453-474.

Oliver, M. (1996). *Understanding disability: From theory to practice*. Palgrave Macmillan.

Peck, C. A., Hayden, L., Wandschneider, M., Peterson, K., & Richarz, S. (1989). Development of integrated preschools: A qualitative inquiry into sources of resistance among parents, administrators, and teachers. *Journal of Early Intervention, 13*(4), 353-364.

Rauscher, L., & McClintock, J. (1997). Ableism and curriculum design. In M. Adams, L. S. Bell, & P. Griffen (Eds.), *Teaching for diversity and social justice* (pp. 198-231). Routledge.

Sacks, S. Z., & Rose, S. (1994). Visual impairment. In N. G. Haring, L. McCormick, & T. G. Haring (Eds.), *Exceptional children and youth* (6th ed.) (pp. 403-446). Merrill.

Shaphiro, D. R., & Sayers, L. K. (2003). Who does what on the interdisciplinary team regarding physical education for students with disabilities? *Teaching Exceptional Children, 35*(6), 32-38.

Stone, J. (1997). The preschool child. In H. Mason & S. McCall (Eds.), *Visual impairment: Access to education for children and young people* (pp. 87-96). Fulton.

Stuart, M. E., Lieberman, L., & Hand, K. E. (2006). Beliefs about physical activity among children who are visually impaired and their parents. *Journal of Visual Impairment and Blindness, 100*(4), 223-234.

Terzieff, I., & Antia, S. (1986). Children with sensory impairments: Perspectives on development. In R. J. Morris & B. Blatt (Eds.), *Special education research and trends* (pp. 279-289). Pergamon Books.

Tuttle, D. W., & Ferrel, K. A. (1995). Visually impaired. In E. L. Meyen, & T. M. Skrtic (Eds.), *Exceptional children and youth: An introduction* (4th ed.) (pp. 487-531). Love.

Woods, D. W., Himle, M. B., & Miltenberger, R. G. (2006). Assessment of Tic disorders. In V. E. Caballo (Ed.), *Handbook of clinical assessment of psychological disorders* (pp. 333-346). Pyramide.

第七章

聽覺障礙

江源泉

「盲隔絕人與物；聾隔絕人與人。」

～海倫凱勒

世界各國的特殊教育多從盲聾教育開始。聽覺障礙教育家 Laurie New-
ton（1987）曾說：聾童最大的損失不是聽覺經驗的剝奪，而是因聽不到，
喪失了處理語言及學習語言的能力。本章討論的聽覺障礙兒童雖然絕大多
數並非聾童，只是重聽，但幾乎都有不同程度的語言問題。也因此，語言
問題使得聽覺障礙雖然不似視覺障礙般的限制個體在環境中之移動，但卻
會發展成更複雜、更廣泛的個體內在障礙，阻礙了聽障兒童的自身發展、
人際關係及社會適應。

第一節　聽覺障礙的定義

根據《特殊教育學生及幼兒鑑定辦法》（教育部，2024）第 5 條，聽覺
障礙之定義如下：

「本法第三條第三款所稱聽覺障礙，指由於聽力損失，致使聽覺功
能或以聽覺參與活動之能力受到限制，影響參與學習活動。

前項所定聽覺障礙，其鑑定基準依下列各款規定之一：

一、純音聽力檢查結果，聽力損失達下列各目規定之一：

（一）優耳五百赫、一千赫、二千赫、四千赫聽閾平均值，未滿七歲達二十一分貝以上；七歲以上達二十五分貝以上。

（二）任一耳五百赫、一千赫、二千赫、四千赫聽閾平均值達五十分貝以上。

二、聽力無法以前款純音聽力測定時，以聽覺電生理檢查方式測定後認定。」

認識聽覺障礙常須藉由聽力圖的輔助。圖7-1是臨床聽力學用以記錄右耳純音聽力測驗結果的圖表，稱為聽力圖（audiogram）。圖的橫軸和縱軸分別標記施測用純音的頻率和音量範圍，分別以赫茲（Hz）和聽覺分貝（dB HL）為單位。測驗結果通常以紅色的○和藍色的X分別代表右耳和左耳的純音聽力閾值（也就是受試者在以耳機收聽的情況下，能以50%的正確率覺察到測試音所需的最低音量），而連結○或X所形成的曲線下方，則是受試者可以完全覺察到的聽力範圍。圖7-1在不同位置外加的插畫，代表的是環境聲音所對應的頻率和音量。臨床聽力學常根據500、1000、2000Hz此三頻率的聽力平均閾值（pure tone average，簡稱PTA）來定義聽覺損傷程度：正常聽力的成人需在25分貝以內，兒童在20分貝以內；輕度為26～40分貝，中度為41～55分貝，中重度為56～70分貝，重度為71～90分貝，極重度為90分貝以上。

在國外，聽覺損傷人士又常被區分為「聾」（deaf）和「重聽」（hard of hearing），前者專指90分貝以上的極重度聽損者，後者則指「聾」以外的聽損者。在無人工電子耳的年代，先天性「聾」者是不會說話的，但重聽者則會，雖然他們的話語品質會隨著聽損程度大有差異。「聾」雖常主導大眾對聽障的認知，但實際上，重聽的非聾者才是此族群絕大多數。

《特殊教育學生及幼兒鑑定辦法》（教育部，2024）對聽覺障礙的鑑定基準採取兩項變革：一、在計算純音平均值時，在原有的500、1000、2000三個頻率之外，納入聽障學生普遍不易接收的高頻音4000赫茲；二、

圖 7-1　純音聽力圖

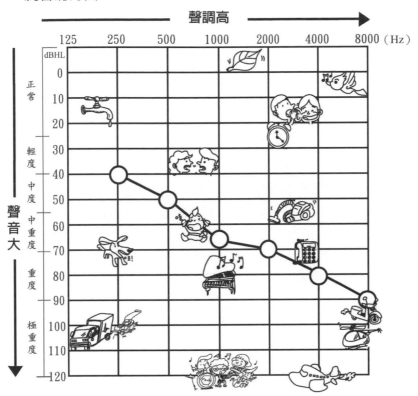

在以往單獨的「優耳」鑑定基準外，增加「劣耳」基準，也就是改成：「優耳」有 20 或 25 分貝以上的聽損，或「劣耳」有 50 分貝以上的聽損。後項雙基準變革的結果是首次將有單側中重度以上的聽損兒童增列為特殊教育的服務對象。

　　雖然聽覺障礙學生的鑑定是以聽覺靈敏度為依據，但聽覺損傷可導致的障礙遠超過靈敏度下降所直接造成的聽不清楚或不能聽。聽力學家 Northern 與 Lemme（1982）曾根據不同程度聽損對學習相關的必然影響，就下列三方面加以說明：(1)裸耳（未使用放大系統）的收聽能力；(2)出生一年內未處理聽損會出現的障礙；(3)在學兒童極可能的特殊需求。如表 7-1 所示。由表可知，聽力圖雖然記錄了聽障兒童對不同頻率靈敏度的衰退，但卻沒記錄伴隨靈敏度損傷而發展出的口語和語言缺陷，而這些缺陷會對他們的

表 7-1 不同程度聽損對學習相關的影響

聽損程度 500～2000 Hz	裸耳收聽能力	出生一年內未處理會 出現的障礙	極可能的特殊需求
25～40 dB	只能聽到部分音量較大的語音（如母音）	聽覺學習功能失常、輕度語言障礙及口語問題、不專注	助聽器、讀話訓練、聽能訓練、口語矯治、座位安排
40～65 dB	幾乎錯過所有正常對話音量的語音	口語問題、語言障礙、學習失常、不專注	所有上述需求，再加上特殊教育考量
65～95 dB	完全聽不到正常對話音量的語音	嚴重口語問題和語言障礙、學習失常、不專注	所有上述需求，再加上特殊教育考量
95 dB 以上	語音或任何其他聲音都聽不到	嚴重口語問題和語言障礙、學習失常、不專注	所有上述需求，再加上特殊教育考量

註：引自 Northern 與 Lemme（1982）。

學習造成不良影響。值得提醒的是，表 7-1 將「不專注」列入所有聽損兒童的障礙行為，這也是任何學生對上課內容聽不清楚的常見反應，而不同於注意力缺陷的狀況。

表 7-1 遺漏的是特教學生中的單側聽損兒童。由於他們有一耳聽力正常，所以口語清晰，語言表達也通常未受影響，以致早年在先進國家（如美國），也未受到聽力師或耳鼻喉科醫師的重視，自然在學校也絕少被認為有任何特殊需求（Northern & Downs, 1978），直到教育聽力學家 Bess（1982）提出不同的研究結果為止。

根據主要相關研究（Bess & Tharp, 1984; Liu, 2004, 2013; Tharp, 2008），單側聽損聽損的學習相關障礙包括：

1.聲源定位困難，如上課時無法辨認教師聲音或警鈴聲來自何方。

2.易受噪音干擾，影響收聽課堂上教師的講解。

3.容易疲倦，影響注意力的維持。

4.溝通困難（如聽不清楚，導致常答非所問），常在團體中被孤立。

5.因課堂上聽講不易，影響學業表現。

6.上課時，若教師或發言同學走動或在團體活動進行中，將難以一路追蹤說話者。

7.口語或語言仍可能受到影響，尤其是當單側聽損年幼即發生、但卻未處理。

至於他們的特殊需求則包括：聽障學習輔具（即遠端麥克風系統，見下文），或利於收聽的座位（如講臺正前方）、教室內音響狀況調整，以及教師的關注與協助等。

第二節　聽覺障礙兒童的特徵

壹、溝通方式及流利度

聽障兒童慣用的溝通方式取決於他們的聽損程度、家庭背景、教育安置，以及自我認同。其中，聾童（即極重度聽損兒童）的溝通方式有口語、手語，或口手語並用（見第三節之說明）。

如前所述，先天性聾童若無早期介入，將不但無法聽、也無口語，這就是過去「聾啞」並存的原因。國內在 1980 年代前出生的聾童，幾乎都是接受聾校的單純手語教學。自 1985 年國內開啟人工電子耳的植入手術後，至今已有超過 2,000 位極重度聽損患者接受這項手術，其中大多數為兒童（財團法人醫藥品查驗中心，2016）。這項手術的普及造成目前在校園內，已罕見使用手語的聾學生。

電子耳學生除少數因植入年齡較晚或聽神經病變，導致效果不佳、無法術後藉聽能創建學習口語外，其餘多是以口語溝通，但品質能力差異甚大：幸運者，因手術時間早、且術後連續接受質量俱佳的聽說復健，其口語和語言可接近正常兒童水準，成為最容易融入普通教育的一群；反之，若遭遇聽能缺陷依舊嚴重、學習動機弱、家庭支持不足、復健的質與量不

足等情況，口語和語言狀況就可能到學齡期仍落後同齡兒童，且年齡愈大，落後的差距也就愈大。另有部分始終僅靠助聽器輔助的聾童，由家長選擇進入普通學校啟聰班就讀，接受純口語或口手語混合教學。其中，又有部分學生因融合不易或家庭因素，中途轉入聾校就讀，然後很快的就完全以手語溝通。較特殊的案例是極少學生在幼年時期曾使用助聽器或電子耳學習口語，但之後卻因認同聾文化，而選擇改用手語。

全聾之外的聽障學生雖然使用口語溝通，但他們的口語溝通困難卻未必顯而易見。在學校，因不良的教室音響，使得他們常聽不清楚同儕與教師說話，而教師與同儕又常聽不懂他們說的話。在日常生活中，聽損又經常剝奪他們隨機獲得資訊的機會（例如：在便利商店，無意聽到廣播或同學說話……），以致於對時下同儕關心的時事議題、流行文化或是用語都很陌生。下課時間，他們常不知如何切入同學間進行中的對話，以致於絕少有參與討論或分享的經驗。即使他們受邀加入團體交流，但遇到話題轉換時，他們卻常因無法掌握而表現出遲疑、困惑、不停問「蛤」、「什麼」、答非所問，或根本沒反應等行為。這類兒童和聽障成人一般，通常不會、也不願主動告知談話對象自己有聽力問題；若對話因此中斷，他們常選擇靠轉移話題來掩飾，或用點頭、微笑帶過。這現象，有經驗的教師在幼兒園就可觀察到了，但一般人卻常誤以為對話一切順暢進行中。至於為何聽障者在與不熟悉者交談中，即使沒聽清楚也習慣放棄追問或請求重複呢？這可能是怕別人覺得他們怪異或不如人（Tye-Murray, 2015）。

以上多種不良社交互動策略的運用，雖在當下讓聽障生免於陷入溝通失能的窘境，但長期下來，會讓他們和家長付出難以承擔的代價。佯裝聽懂與掩飾讓他們主動放棄兩種機會：一是立即獲得正確訊息和新知的機會；另一是當眾表達自己想法或適當感受的機會。這些機會長期喪失的後果，就是在校學科表現不佳及缺乏友誼。此溝通困境若延續到大學及職場，往往會主導多數聽障人士終身的團體生活經驗，不僅讓他們無法享受人際交往的樂趣，更限縮了他們的終身成就。由國內聽障兒童家長發起的蒲公英聽語協會之網頁（https://www.lovehearing.org/），即具體列出聽障兒童所面對的問題，包括：學齡期間的語文學習、適應體育和音樂學習；青春期遭遇的人際問題、霸凌問題；在就業職場的選擇上，受到不友善的對

待等（謝莉芳，2017），而其中大多數問題都與無法有效溝通密切相關。因此，針對聽障學生規劃的溝通策略訓練，是學齡階段起對聽障學生必須加入的輔導內容〔請參見第四節之「學校階段的聽覺障礙教育」（第 231 頁）〕。

貳、認知發展

聽覺障礙兒童多擁有正常智力，畢竟聽覺損傷的部位在耳朵，不在大腦，不該會影響認知。然而，聾童的智力卻常引發學者的研究興趣。早期研究如 Pintner 與 Reamer 發現，聾童的智力發展落後正常兒童兩年，而學力則落後五年（Myklebust, 1948, p. 63）；另外，Furth（1964）以非語文評量聾童的重量保留概念，也得到此概念發展落後一般兒童兩年的結果。然而，近期研究如 Vernon（2005）總結過去五十年多項此類研究所得的結論卻是：聾童的智商，無論是根據平均智商或智商的分配範圍，與聽力正常兒童相較並無不同，但就讀聾校的兒童似乎出現低智商的比例偏高；也就是暗指就讀聾校可能與部分聾童的偏低智商有關而已。除了學校的差異外，智力評量的方式也可能是聾童與聽常兒童智商出現差異的原因。如前文所述，聽損通常伴隨語言和口語能力落後，但早期研究對此並未加以重視，對聽損學生（包括使用手語的聾生）多採用一般仰賴語文能力的智力測驗或直接以口語施測；而目前對聽損學生的教育評量則多改採非語文智力測驗，例如：「托尼非語文智力測驗」（Test of Nonverbal Intelligence，簡稱 TONI）。張蓓莉（1988）評量國小三至六年級啟聰學校與啟聰班學生的非語文智力，其結果是聾生的表現大略出現在正常範圍。

然而，即便改以非語文測驗評量聾童智力，我們對其結果的解讀仍需謹慎。原因是：(1)認知的進展常受語言、溝通經驗和環境背景等後天因素影響。因此，討論聽障兒童的智力，尤其是將其評量結果與一般兒童比較時，我們不能只考慮兩組兒童聽力及連帶語言能力的差異，而忽略聾童所得的環境刺激往往較一般兒童貧乏；(2)非語文智力測驗是否可取代語文智力測驗，仍存在爭議。誠如 Marschark 等人（2002）所言，非語文智力測驗

的結果畢竟只代表智力的一部分，無法讓我們進一步了解聾生處理語言抽象符號層面的能力，何況他們在學校的學習仍多是經由語言。因此，聽覺障礙兒童的非語文智力表現，並無法用以預測他們在學業上的表現。

除了智力評量有助於了解聽障生的智力表現外，聽障生的師長也常注意到他們對抽象概念的學習困難，其原因不難理解。因受限於聽覺，他們對語言文字及周遭事物的理解，經常需仰賴視覺，因此容易發展出「看起來一樣就一樣」的認知邏輯，不僅反映在對學科內容的理解，更擴及到日常對人際關係、應對進退行為的解讀。以筆者參與輔導過的高中生為例。該生聽障中度，雖非全聾，卻不能理解「實習」和「實際工作」的差別，以致於當見到實習場所麵包店老闆給員工發薪水，唯獨沒發給他，就認為是老闆欺負他，以致於回家生悶氣，拒絕再去實習。然而，這樣的反映卻不會出現在一般高中生身上，致使與聽障生有接觸的人士難免對聽障生產生「不成熟」的印象。

在智力以外，聽障學生的專注力也值得我們關注，畢竟專注是認知的主要過程，且其發展可廣泛影響聾人族群的成就，例如：閱讀、概念思考及教室內的表現（Quittner et al., 1990）。聽障學生常因教室內外的噪音或助聽輔具狀況不佳等狀況干擾，以致於無法清楚收聽上課內容或教師的指令，只得東張西望或做自己的事。不少啟聰班教師更注意到，學生對教過的內容很快就忘，而此現象很可能與他們在下列方面的限制有關：工作記憶（Marschark et al., 2007）、音韻處理缺陷（Burkholder & Pisoni, 2003）、缺乏隨機學習機會（Lederberg et al., 2013）、來自如讀唇的額外認知負荷（Marschark & Hauser, 2012）等。另外，聽障生也常見有衝動、容易分心的行為問題。

以上這些現象很可能集體反映的是聽障不利於專注力的發展。Quittner等人（1994）以臨床上診斷注意力缺陷的測驗任務評量三組聽力狀況的兒童，即：(1)聽力正常；(2)全聾；(3)全聾，但使用電子耳超過一年。結果發現，兩組聾生中的年幼者（6～8 歲）對無聲的視覺刺激所表現的選擇性注意力，都明顯異於同齡的聽常組兒童，但日常透過電子耳收聽的年長（9～13 歲）聾生，其表現則較似聽常兒童；至於年長、但未使用電子耳的聾生，其專注力的表現甚至不如年幼的聽常兒童。Smith 等人（1998）也發

現，電子耳與非電子耳聾生在視覺專注力上的類似差異。

參、心理特質

聽覺障礙向來被稱為隱形障礙。上述提及，若聽覺障礙人士不開口，只靠點頭和微笑回應，外人並不易察覺他們有聽的問題。參照心理學家 Mary Kaland 和精神科醫師 Kate Salvator 以專業合併本身聽損的經驗之描述（Kaland & Salvator, 2002），聽障兒童有下列值得關注的心理特質。

一、聽損可在發展中各階段誘發可見的心理效果

聽覺損傷雖然讓溝通變得困難，但不意味著必然會引發心理問題，只是當此溝通困難又合併了不良的應對技巧和生理傾向時，的確可讓聽障兒童陷入較高的風險。常見的聽障兒童心理相關問題，包括：人際溝通困難、行為問題、自尊與自我形象問題、憂鬱和內縮性格等。

二、不當的診斷可形成心理問題

聽障兒童若經正確的診斷，知道問題所在，一般是不會認為自己有問題。然而，聽覺損傷過去卻常被誤診為注意力或情緒異常，即便目前仍時有聽聞將聽障誤診為智能障礙的案例，而這樣的結果常導致對兒童自尊的二度傷害。

三、聽損帶來的溝通困難會誘發一連串的問題

除了已提到聽障相關的一連串問題外，其中每一項又都可發展成嚴重問題，例如：學習困難、社交孤立，以及憂鬱情緒。在與外界互動之際，聽障生時刻都需集中注意力。即便是一般人可輕鬆進行的聽，對聽障生來說也變成得靠視覺合併注意力才能進行的多感官任務。因此，頻繁的溝通對重聽或聾學生而言，是耗費心力的不斷猜測與確認。促使聽損人士尋求心理治療的最主要症狀就是疲倦，而疲倦又會加重憂鬱症。Theunissen 等人

（2011）發現，聽障兒童的憂鬱症比例多於聽常兒童，且與聽損程度、社經狀況、性別和年齡皆無關，但就讀普通學校以口語溝通的聽障兒童之憂鬱症狀較少。

四、行為問題也是研究重聽或聾學生常見的主題

過動或具攻擊性常是聽障生的內在心理問題（如憂鬱、焦慮和學習問題）之外顯結果。此外，因兒童多有從眾心理，以致於戴助聽器或人工電子耳的兒童容易遭同儕嘲笑與孤立，進而發展出負面的自我形象。與聽損有關的人格特質常是內縮性格，而「害羞」、「沉默」、「敏感」則是常聽到對他們的形容詞。

五、一般兒童自我表達不易的問題常因聽損而加重

要兒童有條理的表達需求和感覺本非易事，但對有聽障的兒童尤其困難。即便他們不太說或說的不好，但對安全感和被環境接納的需求並不少於他人。與此直接相關的是他們的社交能力及孤獨感：社交能力展現於他們對自我情緒的覺察、交友的能力及喜歡和人群一起的傾向（Chen et al., 2000），而孤獨感則常來自試著走進人群，但卻又得不到熱烈的回應。研究發現，沒有同伴、獨自就讀於普通班的聽障幼童與班上一般兒童的互動，比不上與班上其他聽障兒童的互動，且互動的失敗所引發的孤獨感又與聽障幼童的口語清晰度有關（Most et al., 2012）。由於聽障兒童的早期社交能力關係著他們日後在學校的適應、自我情緒控制和同儕關係的維持（McElwain & Volling, 2005），因此需要關注及介入。人工電子耳兒童亦有相同的需求（Punch & Hyde, 2011）。

聽障兒童對自我理解，包括自己的情感、優缺點、價值觀、我是誰等及對溝通對象的情感解讀，也有困難。根據 Most 等人（2012）的研究，各聽損程度幼童對說話者情緒指認的正確性都不如聽常兒童。在自我障礙的認知方面，Zamaletdinova（2008）指出，學前和學齡聾童多對自身的聽覺障礙缺乏認知。其中，父母為聾人的聾童對自己障礙的過去，比父母為聽人的聾童有較實際的認知，但兩組學生對障礙的未來理解都不實際。這些結

果可做為對這類學生輔導時的參考。

肆、學業問題

一、閱讀與寫作

閱讀與寫作是聽障學生普遍的學習問題，但啟聰班和啟聰學校學生的問題程度尤其嚴重。國小聾生和重聽學生的口說和書寫敘事技巧都不佳，而書寫問題尤其嚴重（Arfé, 2015）。多項測驗結果顯示，聾生的閱讀明顯落後聽覺正常的同儕，例如：Traxler（2000）曾以標準化成就測驗對全美國依常模取樣的重聽和聾生進行測試，結果發現在 18 歲的聾生中，只有約 50% 的閱讀水準超過國小四年級，與過去幾十年聾生的閱讀情況並無不同（Marschark et al., 2011）。

聽障學生讀寫落後之原因諸多，如慣用手語的聾生缺乏國語口語的內在語言，也無法用注音符號輔助閱讀。另外，手語和國語的構詞（morphology）及句法（syntax）迥異，需要同時會手語和國語的語文教師給予充分指導，否則難以跨越學習障礙。由於手語系統極度仰賴視覺層面意象的傳達，對抽象概念的語詞往往僅表達其具象層面，例如：「家」和「房子」的手勢一樣，但「書本」的「書」和「證書」的「書」卻因外形厚度不同，所以手勢不同。這些手語和一般語言之間的翻譯限制，成為聾生在閱讀和寫作上難以跨越的障礙。Ormel 等人（2015）的研究發現，聾生的文字語意分類與他們的手語詞彙和手語理解表現成正相關，但此項能力的增長在國小階段非常有限。

聽障教育教師都熟知聽障學生對抽象語意的理解和表達有明顯困難，這與他們習慣根據看得到的視覺線索來認識和解讀人、事、物有關。上述 Ormel 等人的研究另比較聾生和聽常學生對文字和圖片內含語意的分類能力，結果是聾生的表現落後，但他們對圖片的分類優於對文字語意的分類，而聽常學生則無此差別。這種極度仰賴眼睛的學習方式亦廣見於所有聽障生。國內國小、國中啟聰班的教材也因此高度侷限於課文主題的具象

層面，例如：對國小高年級啟聰班學生只介紹端午節的民俗活動，而省略民俗節慶的文化和情意層面（如屈原是愛國詩人等），造成教材內容接近幼兒園程度。

除了使用手語的聾生外，使用口語的電子耳學生和重聽學生的讀寫問題也比一般學生的情況嚴重。一如正常兒童，聽障學生的學業表現須奠基於讀寫能力，而讀寫能力又須奠基於功能性完好的聽說能力。多數聽障生家長常將子女的學業落後補救寄望於助聽輔具，但輔具對永久性聽損的矯正效用並不理想，需要配合聽能訓練才能優化輔具的功效。至於聽損所伴隨的口語、語言及學業落後狀況，並不會隨著輔具的使用而自動獲得改善，須透過聽能復健和聽覺障礙特殊教育長時間密集的合作介入，才能逐步發展。

二、數學

數學學習少不了語文知識。聽障生的數學考試答錯，常因試題看不懂。語文能力不佳加上數學概念的抽象層面，導致他們普遍性的數學學習困難。另外，Kakojoibari 等人（2012）還發現，國小聽障生的數學知識雖隨年級增加，但在理解、應用、推理方面卻往往無顯著進展。至於電子耳，雖能有效提升聾生的聽說能力，但此效果未必能直接轉換成數學科的成就，例如：Edwards 等人（2013）測得的電子耳學生之算數與幾何能力，仍不如聽力正常的對照組，而差異結果仍源於語言技巧。因此，針對聽障學生進行自編國小基礎數學教材教法和外加授課時數，常是必要的作法。

第三節　聽覺障礙兒童的溝通法

上述聽障學生的特徵，幾乎都與語言和溝通障礙有密不可分的關係。因此，自 19 世紀中葉開啟聾人教育起，溝通法就是聽障教育家最關注的議題，且在 120 年前引發聾教育家 E. M. Gallaudet（1837-1917）與 A. G. Bell（1847-1922）（也是電話機發明人）的手語和口語教學之爭，並延續至今（Moores, 2000）。

壹、口語溝通

重聽和聾者都可使用口語溝通。先天性聾者因無口語能力，因此在沒有電子耳的年代，聾人即是以助聽器配合視覺和觸覺，學習口語。由於全聾，他們聽不到口語老師和自己所發出的聲音，所以學習過程極度挫折。在口語的學習項目中，國語聲調的學習尤其困難（江源泉，2006a）。重聽兒童雖有口語，但通常聽損愈嚴重，口語的清晰度愈低。在口語接收方面，即使有助聽器輔助，聽障人士仍會錯過部分對話內容，導致溝通中斷。

對聾童口語溝通的教學法有聽覺口說法（auditory-oral approach）（Moog, 2007）和聽覺口語法（auditory-verbal approach）（Estbrooks, 1994）。兩法的理念都認為使用手勢或手語（包括以指拼寫或拼音）都會阻礙兒童的社會適應。兩法常見的差異如表 7-2 所示。

表 7-2　聽覺口說法與聽覺口語法的差異

項目	聽覺口說法	聽覺口語法
教材	自然、正常、跟隨生活主題	結構式、強調由下而上的分析（關鍵音、關鍵詞……）
訓練重心	說：由父母或老師重複兒童熟悉的事物，提供示範、擴充等	聽：課程設計分偵測、區辨、識別、理解等四層次
擺位	自然、不特別限定	師生同排併坐
視覺線索	與正常交談時同	限制（以手或布板遮口）
家長角色	是溝通和遊戲的夥伴	是溝通訓練的教練
教學場所	從教室走入家庭	家庭
特色	以兒童為中心，強調讀話技能	由家長教練主導，強調儘早使用助聽輔具和電子耳，以最大化殘存聽力的開發

表 7-2 的內容有三處須補充說明：

1.聽覺口語法採用的四層次聽技能課程設計，在下一節有仔細說明。

2.聽覺口說法的訓練重心是提供口說的示範（modeling），也就是由老師就學生所說的，進行修正和改進。具體的口語示範方式有四種：(1)強調語句中須修正的部分；(2)分段示範；(3)擴充口說內容欠缺和不足的部分；(4)提供部分示範，其餘的由學生自行擴充。

3.聽覺口說法的特色之一是讀話（speech reading）技巧訓練。讀話與讀唇（lip reading）不同：讀唇只靠視覺，利用說話者所提供的臉部視覺線索，立即解讀每個動作所代表的語音。讀話則是視覺和殘存聽力的共同運用，並鼓勵耐心聽完一個段落，再解讀說話者所欲傳達的訊息。因此，讀話者會需要環境安靜，並要求預知說話的主題。影響讀話的因素眾多，例如：說話者的行為、對語言和說話內容的熟悉度、語句的長短和複雜度、讀話者面對說話者的距離和角度，以及室內照明和音響等（Tye-Murray, 2015）。因此，有效的讀話技巧須經系統課程訓練。

讀話是溝通的必要技能之一，即使聽力正常的人也經常使用此技巧，尤其是在吵雜的環境中。重聽和聾童比常人更經不起噪音的干擾，而且無論用的是助聽器或電子耳，甚至只會手語的聾生，都經常運用視覺線索，以增加解讀口語訊息的正確性。但這並不意味讀唇或讀話是他們的強項。聽損兒童若接受的是聽覺口語法復健，就完全無此方面訓練，而多數聽障生靠經驗發展的讀唇或讀話技巧，並不足以有效的支援他們在溝通和學習情境之所需。因此，聽障生未必使用手語，也未必擅長讀唇或讀話。

貳、手語法

手語並非任何口說語言的手勢版，而基本上是為便於視覺訊息處理所發展而成的語言系統。美國手語語言學家 William Stokoe, Jr.指出，手語由四項視覺因素組合而成：手形、位置、動作和方向（史文漢、丁立芬，1979）。除了缺少一般語言的聲韻成分外，手語其實是獨立的語言系統，有其獨自的構詞和句法，例如：國語的「貓捉老鼠」，經聾人以手語打法

的順序卻是「老鼠、貓、捉」。這兩種句法的差異成為全世界手語聾生在學習書面閱讀和書寫的主要障礙。美語於是在美國手語（American Sign Language，簡稱 ASL）外發展出所謂的「手勢編碼英語」（manually coded English），係完全根據英語句法順序打的手語。國內手語也同樣的分兩種：「自然手語」和「文法手語」。前者是一般聾人社群所用的手語，而後者則是將自然手語根據國語的句法順序來打。多年來，國內啟聰學校教學的主要方式，都是以口語同時加上文法手語為教學語言，至於是否能有效提升聾生語文能力，仍有爭議（劉秀丹等人，2006）。

另外，為正確表達個人姓名等專有名詞，英語系聾人會用以手指拼出英文字母（finger spelling）的指語。國內亦有「國語口手語」（亦稱「新式注音符號指語」），由臺北市立啟聰學校陳彩屏老師創用。打法是雙手並用，拼出注音符號的聲母、韻母和聲調；打的文字順序則與口語一致，所以在功能上接近口語的手勢版。

第四節　醫學、助聽科技及溝通障礙專業支援下的聽覺障礙特殊教育

過往的助聽器對聾童之幫助有限，無法有效補救聽損帶來的障礙，以至於臨床聽力學對聾童個案的主流處置已早由人工電子耳取代。前述財團法人醫藥品查驗中心（2016）的研究，報導國內已有上千位先天性極重度兒童裝置人工電子耳的案例。有鑑於失聰對個體的重大影響及人工電子耳的高成本效益，中央健康保險署於 2017 年及 2023 年，分別將 18 歲以下極重度聽損兒童之一耳和第二耳人工電子耳植入納入健保給付。這些措施自然將快速提升電子耳學童的人數。

在教學現場，人工電子耳科技的快速進步不僅促成聾生進入普通班就讀，也為他們的成就開拓了無限的前景。多年來，媒體不乏對這類學童媲美聽覺正常學童的各方面表現之報導，其中最引人矚目的當屬這些幾乎無殘存聽力的兒童，在助聽科技的支持下，經由早期療育，創建了聽能和清晰的口語，著實擺脫了大眾對聾人的傳統印象。亦有研究指出，除學科表

現外，電子耳對聾童的適應行為及社交情緒技巧有正面效果，尤其是對早期接受植入的兒童。

　　然而，不可諱言的是，電子耳手術無法挽救的案例仍然存在，而復健情況功能性欠佳、導致學業明顯落後、口語溝通能力不足以滿足社交需求的案例也屬多數。因此，聽障教育並未因電子耳普及而減緩需求，只是介入的環境從啟聰班轉移到資源班及普通教室。介入環境改變自然也帶來更複雜的挑戰。聽障無法避免，但電子耳的成功案例已證明，適當的早期療育可有特殊的功效，更可讓聾人完全融入聽人的世界。面對助聽科技的耀眼成就，聽障教育在經過口語、手語路線的百年之爭後，現在的方向應是充實其內涵，融入助聽科技和溝通訓練，以有效發揮早期療育功能。以下將分五大主題介紹現階段聽障特殊教育的重點：(1)認識聽覺損傷；(2)聽障早期療育；(3)聽能復健與輔具運用；(4)學校階段的聽障教育；(5)家長的角色與任務。

壹、認識聽覺損傷

　　根據美國嬰兒聽力聯合委員會（Joint Committee on Infant Hearing，簡稱JCIH）的報告，聽覺損傷在新生兒的出現率為 4～5‰（JCIH, 2007），但到達學齡時的比例增為 2%（Fortnum et al., 2001）。聽損由先天或後天因素造成。根據吳振吉（2015），先天性聽損約有60%與基因有關，且目前找出的基因已超過 100 個，其中全球最常見的體染色體隱性耳聾基因為 GJB2。此基因在某些族群當中，占近 50%的非症候群型聽損案例，而臺灣常見的耳聾基因則以 GJB2、SLC26A4 和粒線體 12S rRNA 三個基因為主。目前，多數醫學中心已有相關基因診斷服務，提供病患家屬完整的家族聽障成因及聽障復發率的諮詢及預後的關鍵資訊，有家族聽障病例的家屬可以此減輕罪惡感與焦慮。

　　除遺傳性基因外，與聽損相關的高風險因子還包括：懷孕前三個月母體感染德國麻疹和泡疹、嬰兒出生體重不足、顱顏畸形、嚴重黃疸等；但同時值得注意的是：50%聽損兒童出生時，並不具有上述高風險因子。因

此，透過全面性的新生兒聽力篩檢完成早期診斷，已成為世界趨勢。

後天性的聽損可因出生時缺氧、環境因素（如長期曝露於噪環境），以及出生後的感染〔如細菌性腦膜炎（meningitis）、中耳炎、服用耳毒性藥物（如抗生素、利尿劑）〕等。基於聽損隨時可發生，專家建議，新生兒期通過聽力篩檢的兒童，在 3 歲前仍應每半年接受篩檢一次。美國聽語學會則建議，一般學齡兒童應接受篩檢的時間如下：幼兒園至國小三年級及五年級，每年一次，之後在國中一年級和高中二年級各進行一次（American Speech-Language-Hearing Association [ASHA], 1997）。

聽損中最嚴重的是聾。與一般民眾直覺相反的是，90%以上的先天性聾人都有聽力正常的父母，而 90%以上的聾人所生的子女卻都擁有正常的聽力。因此，聾人的上一代和下一代幾乎都是聽人。這樣如三明治般的家庭結構對聾人的親子關係和子女的教養方式，有深遠且複雜的影響。

一、聽覺損傷的種類

圖 7-2 是單耳的周邊聽覺路徑。從外到內包括外耳、中耳、內耳、聽覺神經，後接腦幹，進入中樞神經系統，最後到達大腦皮質。聽覺損傷依病理位置分類：若位置在外耳或中耳，為傳導性聽損（conductive loss），可經醫藥或手術治療，屬暫時性聽損；若位置在內耳或內耳之後的聽覺路徑，則為感官神經性聽損（sensorineural loss），屬永久性聽損。耳咽管（eustachian tube）是中耳下方的開口，連接中耳腔和上呼吸道。上呼吸道感染時，病毒可由此進入中耳腔，造成中耳積液並引發中耳炎，引發傳導性聽損。

感官神經性聽損另與兒童內耳前庭系統功能異常的出現有關。此關聯源於負責平衡的前庭系統末端器官（即三半規管），在結構上與負責聽覺訊號接收及分析的耳蝸相連，且胚胎期的發育來源相同。研究顯示，20～70%具感官神經性聽損的兒童有平衡問題，而聽損愈嚴重者，愈可能連帶出現平衡及前庭功能異常，甚至延後嬰兒獨坐和行走的發展（Ghai et al., 2019）。

圖 7-2　單耳的周邊聽覺路徑

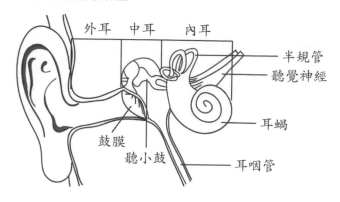

外耳　中耳　內耳

半規管

聽覺神經

耳蝸

鼓膜

聽小骨

耳咽管

二、聽覺損傷的臨床評估

　　一般聽力評估所採用的基本聽力測驗如下：

　　1.純音聽力檢查（pure tone audiometry）：偵測不同頻率的靈敏度以評估聽覺系統的整體功能或聽損程度，並根據氣傳導和骨傳導所得之聽力閾值差異，判定聽損的類型。

　　2.語音聽力檢查（speech audiometry）：評估語詞辨識能力，其主要結果可包含：語音辨識閾值（speech recognition threshold，簡稱 SRT）、語詞辨識得分（speech recognition score）、最舒適音量值（most comfortable loudness level，簡稱 MCL），以及不舒適音量值（uncomfortable loudness level，簡稱 UCL），這些都是助聽器選配前後和效果驗證常用的測驗。測驗用的聽覺刺激可以是語詞和句子。這些語料可透過信號處理，以過濾頻率、壓縮時間或兩耳不同步播放等編輯方式，製造扭曲的聲學效果，以評量（中樞）聽覺處理異常（auditory processing disorders）。

　　3.鼓室壓測量（tympanometry）：主要是分析中耳如何接納來自外耳的聲音，以便傳導至內耳。基本原理是當鼓膜內外兩側的壓力相等時，中耳的傳導功能最佳。測驗靠操控外耳相對於大氣壓力的正負壓力變化，同時記錄鼓膜及所連結的中耳系統對探測音的導納度變化。測驗結果包含外耳道容積和鼓室圖（tympanogram）等。異常的鼓室圖出現於中耳炎、耳膜穿孔、中耳骨鍊斷裂等病理狀況，常合併傳導性聽損。圖 7-3 左圖所呈現的是

正常鼓室圖，右圖則是中耳炎（中耳積液）時出現的鼓室圖。

圖 7-3　正常的鼓室圖（左）、中耳炎（中耳積液）時出現的鼓室圖（右）

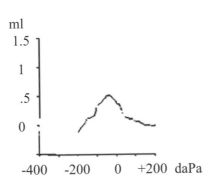
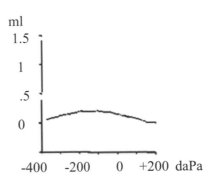

　　上述的純音聽力檢查和語音聽力檢查仰賴受試者穩定的行為反應，所以一般適用年齡最少在 3 歲以上。對於無能力出現穩定反應的兒童，包括嬰幼兒和部分特殊兒童的聽力評估，則須利用下列客觀性的生理測驗工具：

　　1.耳聲傳射（otoacoustic emissions，簡稱 OAE）：主要用以評估耳蝸（外毛細胞）的健全與否，正常的結果可用以排除受測者有中度（40～50分貝）以上的聽力損失。

　　2.聽性腦幹反應（auditory brainstem responses，簡稱 ABR）：根據聽覺路徑受刺激所誘發的早期電波出現的時間和波的幅度以及可被誘發的最低刺激音量，估算聽力閾值及聽損類型。圖 7-4 呈現的是正常成人的 ABR 測驗結果。

貳、聽覺障礙早期療育

　　雖然特殊教育與早期療育結合是特殊教育的整體方向，然而與聽障教育的早期療育尤其必要。聽障早期療育的內涵有三：(1)早期診斷；(2)早期配戴助聽器；(3)早期接受特殊教育。美國嬰兒聽力聯合委員會更在 2000 年為嬰兒的聽力保健訂下時間表，也就是所謂的 1—3—6，即出生後 1 個月內

圖 7-4　理想的正常成人聽性腦幹反應

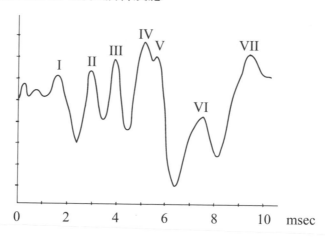

完成篩檢，3 個月內完成確診，6 個月內開始早期介入（JCIH, 2000）。國內全民健康保險也自 2012 年 3 月 15 日起，全面補助本國籍 3 個月以下之新生兒接受免費聽力篩檢。

　　根據 White（2004），上述時間表訂得如此明確與迫切的原因有三：

　　1.聽覺損傷是最常見的出生缺陷：如前所述，提過聽損的出現率約為 4～5‰，高於第二多的唇顎裂及第三的唐氏症。

　　2.聽覺障礙的後果嚴重：聽覺障礙影響兒童的學業和智能發展，如前面提及的先天性聾人的閱讀能力平均只達國小四年級程度。另外，單側聽損學童的語文、數學及社會學科成就平均也低於聽力正常兒童。研究甚至發現，9 歲前經常性中耳炎造成的傳導性聽覺障礙會影響兒童的語言和口語發展（Holm & Kunze, 1969）。

　　3.早期發現且早期介入對語言發展有難以取代的特殊助益：根據 Yoshinaga-Itano 等人（1998），出生 6 個月內即完成重聽或聾的確診、且開始以家庭為中心的早期療育幼童，在接收性和表達性的語言發展皆顯著優於 7～34 個月內才完成確診的同齡聽障兒童，即使後者延遲確診組在確診後兩個月內也都開始了同樣形式的早期療育。

　　基於上述，特教專業團隊與聽障兒童家長都需認知到聽障的療育在本質上是一場與時間的賽跑。

參、聽能復健及輔具運用

一、聽能復健與學前個別化家庭服務計畫

　　聽障的早期療育既然以出生到學前階段為主體，那麼傳統上入學後靠個別化教育計畫（IEP）提供的特教服務模式顯然不敷使用。美國的《特殊教育法》在 1986 年第一次修訂，明定為 0～5 歲兒童實施個別化家庭服務計畫（Individualized Family Service Plan，簡稱 IFSP）。該計畫是由學校、專業小組及父母共同發展與執行，其與個別化教育計畫最大的差別在於提供以家庭為中心的服務。基於學前兒童學習和發展的主要環境是在家庭，此計畫是透過家庭的支持，以強化家庭幫助特殊幼兒成長的能力。服務內容和方式重視父母及家庭成員的參與及家庭支持的品質，透過尊重家庭的多元性，以家庭為中心的方法，教導家人復健技巧，提供所需訊息，與家人共同建立適合並鼓勵兒童發展的環境。

　　聽障的早期療育目標有三：(1)強化嬰幼兒的全面發展；(2)盡量減少障礙引起發展遲緩的可能；(3)強化家庭適應以配合兒童需求的能力（Tye-Murray, 2015）。依照新生兒全面聽力篩檢的執行計畫，在診斷確定後、兒童滿 6 個月前即須展開聽能復健，以免延誤兒童的發展。聽能復健，顧名思義，必含助聽器材的使用，然而對永久性（感官神經性）的聽損患者而言，仍需配合聽能訓練，才能有效改善溝通。Tye-Murray（2015）提出下列兒童聽能復健應涵蓋的內容：

　　1.聽覺損失的診斷與確認。

　　2.選擇嬰幼兒溝通模式的諮商及助聽輔具的運用。

　　3.早期療育機構及場所的選擇及 IFSP 的訂定與執行。

　　4.學齡兒童的教育安置和多領域專業團隊服務。

　　5.對兒童及其家長的溝通策略訓練。

　　6.符合兒童發展的聽能及讀話訓練。

　　7.口語、語言及讀寫能力評估與治療。

二、助聽器材

（一）日常用助聽器

常用的助聽產品依信號傳送方式分為以下兩類：

1.經聲波刺激（acoustic hearing）：含助聽器和輔聽設備（assistive liste-ning devices）。助聽器又分氣導和骨導兩類：前者將放大的信號經由一般聽覺管道傳送；後者設計一如骨導聽力檢查使用的振動器，以彈性金屬圈固定於耳後的乳突處（mastoid process）（如圖 7-5 所示），振動頭顱以帶動對內耳的刺激，通常供外耳或中耳畸型，如小耳症（aural microtia）和先天性耳道閉鎖（congenital aural atresia）之患者使用。金屬圈可改為彈性繃帶，以適合頭圍小的幼童。部分小耳症患者，若外耳開口可接納氣導助聽器的佩戴，且內耳功能尚佳，則一般仍選擇採用氣導助聽器，其臨床效果並不亞於骨導助聽器。

2.經電流刺激（electric hearing）：包含人工耳蝸植入（cochlear im-plant，簡稱 CI）（俗稱人工電子耳）和聽覺腦幹植入（auditory brainstem implant，簡稱 ABI）。人工電子耳（如圖 7-6 所示）的基本組件包括體外和植入組件：體外組件含聲音處理器（sound processor）和所連接的（環狀部分）無線電磁發射線圈（electromagnetic RF coil），使用時吸附在植入耳後上方頭皮部分；植入組件含接收線圈（receiving coil）、刺激器（internal stimulator）和所連結的電極束（electrode array）。體內和體外線圈靠磁鐵透過頭皮感應。手術植入後，聽力師根據使用者對聲音和電刺激的反應，以電腦進行聲音處理器內部的程式設定和更改。體內植入組件的設計是供終身使用，但體外組件則可更新。

人工電子耳是醫療科技開發至今最成功的神經性人體缺損替代裝置（Wilson et al., 2011），主要用於雙耳有重度以上聽損、且使用助聽器效果有限的個案。電子耳對先天性失聰兒童的效果常受植入年齡的影響。目前，植入的時間已提前至 1 歲左右，同時也放寬對聽損嚴重程度的限制，逐步成為更多聽損患者的選項。和助聽器不同的是，電子耳不是將信號音量

圖 7-5　骨導助聽器及其佩戴方式

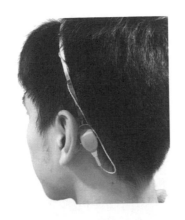

圖片來源：利凌科技股份有限公司。

圖 7-6　人工電子耳

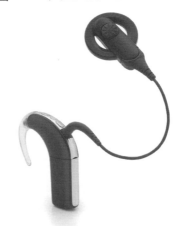

圖片來源：科林國際助聽器股份
有限公司。

放大，而是透過植入耳蝸內的電極束，直接以電流刺激聽神經，進而引發聽覺。因此，若聽神經功能不健全或數量不足，則無法靠電子耳改善聽力。雖然已存在的替代方案是腦幹植入（auditory brainstem implant，簡稱 ABI），但由於腦幹屬於中樞神經系統，植入手術的風險性比耳蝸植入更高，因此至今在台灣尚未獲得衛福部醫材許可。

　　前述目前國內兒童雙耳人工電子耳的植入手術，皆已列入全民健保給付。受限於此政策開放給付的時間不同，目前雙耳配戴電子耳的國小以上學生，多數是雙耳先後植入，間隔可達 10 年或更久，未來則是以雙耳同時植入居多。目前的研究結果大多顯示，先後植入雙耳的案例中，第二耳的表現常不如第一耳（江源泉，2019）。

　　另外，由於電子耳器材加手術費用近百萬臺幣，以致於不符合全民健保給付的聽障患者大多選擇單側植入，但為避免未植入耳功能退化，並維持聲源辨位和雙耳語音接收的功能，於是在該側繼續配戴傳統助聽器，即所謂雙模式（bimodal）配戴（Ching et al., 2007）。研究顯示就雙耳的併用優勢而言，雙模式配戴的效果不如雙電子耳配戴。

（二）學習輔具：遠端麥克風系統

根據《特殊教育學生及幼兒支持服務辦法》（教育部，2024）第 8 條規定，特殊教育需依據聽障學生及幼兒的教育需求，提供可改善其學習能力之教育輔具服務。近年來常見各級學校聽障生上課時使用的聽障學習輔具，即調頻系統，現已納入以藍芽科技傳輸信號的遠端麥克風系統（remote microphone system），使用時依舊需搭配學生個人的助聽器。

要了解這類系統對聽障學生的必要性，必須從他們上課時接收到的聽覺刺激說起。刺激有兩種：信號（signal）和噪音（noise）。信號是指想聽或需要聽的聲音，如老師和同學發言；噪音則是指不想聽或不需要聽的聲音，如上課時教室內外的環境噪音。兩類刺激的音量差距比例稱信噪比（signal-to-noise ratio，簡稱 S/N）。例如：在無輔具擴音的情況下，若老師的音量在距離學生座位一公尺處測得是 60 分貝，而同處所測得的環境噪音是 55 分貝，則學生在此處收聽的信噪比是 +5 分貝（60 dB − 55 dB = 5 dB）。聽力學研究指出，提升語音的收聽效果的必要途徑是增強信號與減弱噪音，以擴大兩者的音量差距比例，也就是要改善信噪比（江源泉等人，2004），例如：將上述情況的 +5dB 信噪比提升到 +15dB 或更高。這項目標要達到顯然需要一套裝置，能有效的將信號和噪音分開處理，而一般學生的助聽器或電子耳在這方面都做的不好，因此必須靠遠端麥克風系統。

遠端麥克風系統在概念上的成分有三：教師身上配戴的是麥克風和發射器，目前設計已將兩項整合為一（如圖 7-7 左邊），學生配戴的是接收器，狀如小豆干（如圖 7-7 中間），需與學生個人的助聽器或電子耳藕合使用（如圖 7-7 右邊），藉以獲得音量的放大。若使用的是藍芽系統傳輸，則直接開啟助聽器內軟體的接收功能即可，不需在經由「小豆干」。系統中的麥克風因不同於聽障者個人用助聽器或電子耳的內建麥克風，更不是戴在聽障者身上，所以稱做「遠端」麥克風。

系統開啟時，教師以近距離（不大於 15 公分）對著系統的麥克風—發射器組合體說話，而聽障生就可靠助聽器的藍芽傳輸功能（或透過無線電波的調頻傳輸功能），收聽教師上課。此種運作方式因創造了如同教師貼

圖 7-7　調頻系統的麥克風—發射器組合（左）、接收器（中）和
　　　　接收器與耳掛型助聽器藕合（右）

圖片來源：利凌科技股份有限公司。

著聽障生耳朵的說話情境，有效的排除來自師生距離和兩地點間噪音的干
擾，讓學生的助聽器得以只放大教師提供的信號，而不放大來自四周的噪
音，因此可以有效改善信噪比。上課中若有同學發言，教師可把麥克風—
發射器組合體交由其使用，如此就不必特別為聽障生安排利於收聽的座
位。此系統也可供學習障礙學生使用，以降低噪音對他們注意力的干擾。

　　最後整理此套輔具的使用的要點：(1)無論聽障生（包括單側聽損）使
用的是助聽器或電子耳，上課時都需要併用遠端麥克風系統；(2)因教師用
麥克風的所在位置等同於學生的耳朵，所以使用時須盡量將麥克風貼近嘴
部，不要超過 15 公分。

（三）不同聽損類型的輔具選擇

　　助聽設備的進步是聽覺障礙者的福音，但對永久性的感官神經性聽損
者來說，仍不能提供完全的矯正。感官神經性聽損是耳蝸性（cochlear）和
後耳蝸性（retrocochlear）聽損的統稱。兩類聽損的病理位置不同、障礙特
徵也不同，因此處置方式也不同。有關聽損類型和輔具的選擇原則如下：

　　1.傳導性聽損：問題在於外耳、中耳，或外耳加中耳。通常可經由外科
醫藥有效處理。在病況期間，以助聽器放大音量的收聽效果良好。

2.耳蝸性聽損：多數聽障學生屬於此類，可以助聽器輔助收聽，但清晰度不易完全改善，且聽損程度愈嚴重，效果愈有限。患者尤其無法對抗環境噪音，常有「聽得到但聽不懂」的抱怨。另外，對於聾生，助聽器可能僅剩下幫助他們辨別說話者的性別，或音群的區分（如是塞音還是鼻音），但無法分辨構音位置（如/ㄅ/、/ㄉ/、/ㄍ/）（Boothroyd, 1984）。人工電子耳即為彌補助聽器之不足而生，其設計原理在於跳過外耳、中耳和內耳，以電流直接刺激內耳基底膜下分布的聽神經。

3.後耳蝸性聽損：與聽覺障礙學生最有關聯的是聽神經病變（auditory neuropathy/auditory dyssynchrony，簡稱 AN/AD），包括聽神經細小或數量不足。這類患者約占先天性聾童的 10%。由於聽神經不健全，所以接受電子耳植入未必能改善語音接收。患者的聽力閾值可能接近正常，但語詞辨識表現卻極差。腦幹植入是未來可能的選項，但因手術風險高，必須嚴加考量兒童的年齡和術後語言學習的效果。目前國內這類兒童多數仍需仰賴手語溝通。

三、聽覺障礙程度及類別對兒童語言發展的影響

無庸諱言，助聽輔具的使用都隱含著遠大於助聽的目的，尤其是對自幼失聰的兒童而言。具體說來，父母為聽障子女選配助聽器的目的，依序如下：(1)聽得到；(2)聽得清楚；(3)聽得懂；(4)能說；(5)說得清楚；(6)說得好；(7)讀寫能力佳。簡言之，透過助聽器的使用以發展良好的語言能力，才是配戴助聽器的終極目的。要判斷這一串從聽到說，甚至延伸到讀寫之目的是否可以達成，須先了解「聽」的內涵。

Erber（1982）將「傾聽」（listening）的技能分成從單純到複雜的四個層次：

1.偵測（detection）：指能判斷聲音的有／無。

2.區辨（discrimination）：指能判斷聽到的聲音是一樣或不一樣，例如：「ㄞˋ」和「ㄏㄞˋ」是不同的。

3.識別（recognition）：指能判斷聽到的聲音在特定的語言中指的是什麼，如說國語的兒童知道「ㄞˋ」是「愛」，「ㄏㄞˋ」是「害」或

「嗨」，而說英語的兒童知道「ㄞˋ」是「eye」或「I」，而「ㄏㄞˋ」是「high」或「Hi」。

4.理解（comprehension）：指能解讀聽到聲音所代表的意義，如能理解「愛之是以害之」的意思不是「用愛來害」，而是「愛卻造成害」。

以上四項，除偵測可以僅靠周邊聽覺系統完成外，區辨需有腦幹的參與，識別在大腦皮質進行，理解則得依賴聽者的認知和語文知識的整合（Picton et al., 2001）。一般助聽器的功能基本上是放大音量，也就是說助聽器在兒童口語聽知覺及口語表達所扮演的角色，只在於幫助聽覺障礙學生偵測聲音的有無；至於聽得懂到說得好、甚至能讀能寫，則要靠手術後長年的聽能訓練和聽覺障礙教育來達成。簡單的說，助聽輔具的運用是聽覺障礙復健的起點，而不是終點。

肆、學校階段的聽覺障礙教育

一、教育安置

聽障學生的特殊教育安置有三種型態：啟聰學校、自足式啟聰班和資源教室。隨著助聽輔具的廣泛使用，絕大多數聽障學生都選擇普通班的教育安置，輔以資源教室的補救教學。就讀啟聰學校的學生則多屬無法學習口語或兼有其他障礙的聾生。至於自足式啟聰班，在各地方教育主管機關順應融合教育趨勢的政策下，多以聽障巡迴輔導服務取代，提供每週兩小時的個別或團體教學與輔導。另有為數不少的聽障學生，可能因家長相信助聽輔具的矯正功能並擔憂特殊教育的標記效應，而未接受任何型態的特殊教育安置（江源泉，2006b）。

目前，學齡聽障的特教服務多集中於提供學習輔具及資源教室或巡迴教學服務，至於基礎且必要的聽語和溝通能力訓練，則成為零星的教學活動。這些基礎能力的訓練需要長期進行和反覆的練習，故費時費力，實非學校教育資源可承擔，勢必仰賴家長督促學生在家學習，並自覓聽語專業補救。

二、聽覺障礙學生的一般教學和輔導原則

無論教育安置為何，聽覺障礙學生皆面臨溝通、認知、自我意識發展、語文學習及情緒等問題。在教學與輔導方面，教師需掌握下列聽障學生的學習特質及教學輔導要點：

1.聽損程度愈嚴重，愈易受噪音干擾，因此學生座位的安排應避免靠近窗邊或走廊，並應使用遠端麥克風系統，排除噪音的干擾。

2.學習速度較正常兒童慢，且障礙愈嚴重，學習速度愈慢。因此，學習目標優先順序的安排及內容適度的減量，都需列入考量。

3.因接收訊息需專注及仰賴視覺線索，因此容易疲倦。教師可視需要，在課間給予學生適當休息。

4.學生常以點頭掩飾溝通已中斷，造成其語言理解能力常被高估。教師需經常要求學生複誦所言，以確認學生是否理解。另外，交代的事項要以文字寫下傳遞。

5.說話語句經常不完整，教師需要求他們以完整的句子表達，必要時可進行提示，以增進他們詞彙和句法的使用能力。

6.需常靠視覺學習。雖然視覺學習影響抽象概念的發展，但教學仍應從善用視覺引導為起點，先將課文內容圖像化，例如課文內容的分析（如因果關係）可用圖解方式，幫助學生看出時間先後及事件間的關聯。

7.口語聽說能力的嚴重落後常導致讀寫能力差，且自學能力不足。因此需與家庭密切配合，利用課後訓練以及作業練習，盡量補足閱讀基礎。

三、抽象概念教學

上述第六項有關抽象概念的形成，是聽覺障礙教育最大的挑戰。前文在介紹聽障生認知發展的特色部分，曾舉例說明他們常以為事情「看起來一樣就一樣」，完全不能理解隱藏在人、事背後的意圖。這裡再以聾生閱讀「龜兔賽跑」的故事為例。根據筆者的教學經驗，他們對白兔之所以輸給烏龜的理解層次似乎只在「因為睡覺」，而未達到白兔睡覺所反映的「輕敵」與「驕傲」心態，但顯然後者才是此寓言的寓意。對此，教師可

舉其他代表「輕敵」與「驕傲」的行為為例，例如：「賽跑中途停下來滑手機」或「去買杯奶茶」等，讓學生看出白兔輸的關鍵不在於「睡覺」，而是這類行為所顯露的心態。這種從具體形象導引至抽象概念的教法，不僅要廣泛應用於所有學科的教學，更要落實於生活輔導，以幫助學生學習人際交往基本的應對進退，甚至到複雜的公民教育內涵。這是聽覺障礙教育不可迴避，但卻常被忽略的嚴肅議題。

四、語言及閱讀寫作教學

前文反覆陳述聽障學生皆為語障學生，因此請參閱本書第八章「語言障礙」第五節所列的個案處理及教學策略，以及分項的「一、語意與詞彙」、「二、句法」的教學策略與步驟。除此之外，針對聽障學生讀寫表現嚴重落後問題，Kenneth Goodman 在 1967 年提出的全語言教學法（whole language approach）（Goodman, 2005），即是符合他們學習需求的方式。此教學法的特色如下：

1.所有的語言形式聽、說、讀、寫都是相關的，因此用聽說教導讀寫，也用讀寫教導聽說。

2.意義取自於真實情境，因此挑選學生熟悉的主題為課文，有助於聽覺障礙學生根據自我的經驗，了解文意。

3.教室即學習者的社群，因此可鼓勵聽障學生運用讀寫內容加入社群網站與同學交流，將有助於他們發展人際關係。

4.所有學生都該擁有他們自己的語言，因此鼓勵聽障生寫作並發表分享，將有助於他們自我形象的建立。

5.重視過程，而非結果，因此採主題式聽說讀寫教學，將有助於聽障生以所學的詞彙或概念應用在說與寫。對於聽說能力受嚴重聽損限制的學生，仍能讓閱讀與書寫在互動的應用模式中，形成較紮實的語文知識。

6.鼓勵家長參與。

五、數學教學

承接全語言教學的原則，數學教學活動的設計可採用下列原則：

1.數學規則生活化。

2.與詞彙發展整合，以幫助學生克服語言阻礙數學學習的問題。

3.讓學生透過「說數學」來創造自我表達的機會，例如：設計「數學的語言教學」，將數學相關詞彙融入語文課非數學內容，如「勤勞是這些運動員成功的最大公約數」、「○○和○○是兩條平行線」，或者用數學概念的詞語讚美學生，如「○○○近來的表現超過平均」。

4.將可展現數學用語的圖片貼在教室，例如：以半圓形的橋墩設計、埃及金字塔等，做為視覺提示。

5.要求學生蒐集數學詞彙，編成小冊，附上解說、定義及例子，護貝後裝訂。上數學課時擺在手邊，隨時可翻閱參考。

6.讓學生將解題過程解說給全班聽，以「說數學」方式評量學生的理解程度，並鼓勵學生用數學詞彙描述可見的事物現狀和推估相關的變化。

六、溝通策略訓練

由於聽覺障礙是隱形障礙，所以當聽障者離開熟悉環境，除非他們主動告知，否則外人不會知曉他們是聽障，更不會主動提供他們所需的協助，因此聽障生比其他特殊學生，更有必要學習溝通策略。溝通策略的訓練目的一方面在於強化溝通效能，以彌補傳統聽能說話訓練的不足，同時也教育兒童儘早認識到聽障是自己的問題，因此必需要主動學習如何自我幫助；不能仰賴父母、老師，更不能仰賴同學。

目前學校與民間的特殊教育皆尚未顧及聽障兒童需要異於其他特殊兒童的溝通訓練。雖然學校以特殊需求課程提供溝通訓練，但未必針對聽障，而民間的聽障早期療育機構又都專注於重度以上聽障兒童的基礎口語聽說和語言訓練，並多以一對一方式在安靜的治療室內進行。此兩種訓練模式不僅受限於時間、人物力等資源，無法提供有系統的訓練，更忽略了實際溝通時經常存在不利聽障兒童收聽或讀唇的因素，如噪音、光線、說話者的距離或特殊的說話方式等。另外更容易被相關專業忽略的是，目前聽障學生在學校並沒有太多學習溝通的機會。例如常見聽障學生的教師和家長團體，基於愛心和保護心態，強調打造友善的學習和生活環境，並鼓

勵同儕主動協助、甚至代替聽障生解決問題（稱為愛心小天使）。此舉用意雖美，卻難免剝奪了聽障生練習透過溝通、學習自己解決問題的機會，甚至有可能讓他們習慣凡事等待他人協助、不然就接受現況的消極生活態度。

　　溝通策略訓練的訓練重點就是在訓練聽障生透過口語或書寫，主動改變或促成外界改善不利於他們聽、說或以其他方式溝通的各項因素，這樣才能促進他們正確的接收與表達訊息，爭取公平的對待。聽障生的溝通策略訓練核心，在於幫助他們做到兩件事：一是，以不卑不亢的態度告訴別人自己有聽力問題；二是，有禮貌的告訴他人自己的需求是什麼，並進一步教他人怎麼做或怎麼改變，就可以幫助自己。這些策略的有效運用將涉及下列四方面的改變：聽障學生本人、說話者、溝通訊息，以及溝通環境的改變（Tye-Murray, 2015），而運用的前提則需聽障生先學會接納自己的障礙，並認知到促進有效溝通要靠自己。在這方面，學校和家長須合作，透過心理諮商和與其他聽障學生的經驗分享，幫助學生達成。以下簡列學齡兒童可以學會並執行的基本策略：

　　1.聽話時，以點頭或搖頭確認聽到，以讓說話老師或同學知道是否
　　　需要重複。

　　2.交談時，建議對方避免使用長句，多用短句和可以選擇型的問句，例如：「好不好」、「要不要」、「哪一個」等。

　　3.學會指認不利於讀話的室內狀況，例如：噪音過大、光線過暗或來自說話者的背後、座位遠離與說話者、無法看到說話者正面等。當有上述這些情況出現，學習明確請求師長調整；若有必要與同學交換座位，則需先徵得其同意，再請求老師允許交換座位。

　　4.團體討論時，請發言的同學舉手，以利迅速定位，方便取得視覺線索。

　　5.學會指認不利於聽障者讀話的口語行為，例如：說話時面部表情誇張、速度快、口齒不清、頭看別處、用手遮口、邊笑邊說等。如有上述這些情況出現，學習明確告知並請求說話同學改善，例如：「你一遮住嘴，我就沒辦法讀唇」、「請你轉向我，好嗎」、「請說慢一點」等。

6.溝通時，盡量選擇安靜的環境；集會前，提早到會場，以便選擇可以聽得清楚、看得清楚的位置。

7.上課或出席演講前，先預習課本內容或取得講義閱讀，並標記不理解之處。如此，一方面可減少當場讀唇的壓力和帶來的疲憊，也可預期必須注意聆聽之處。在這方面，低年級的學生需要家長協助。

8.當同學或老師配合自己的請求而改變或調整時，必須明確的表達感謝；不能調整時，也需表達彈性。高年級學生另需學習辨認哪些場合或說話者，不宜對他們提出改變的要求。

伍、家長的角色與任務

根據前面提到的口語教學「聽覺口語法」的理念，聽覺障礙問題等同教育問題，真正的聽障兒童教育者不是學校教師，而是家長（Estbrooks, 1994）。此教育理念源自家庭是兒童學習語言的最早和最自然的環境。因此，從聽能復健的早期起，家長就需到聽語訓練中心與聽障子女一起接受訓練，學習口語訓練技巧，以便隨時在家提供子女正式和非正式的口語聽說和溝通訓練，如此家長也就扮演了實質教師的角色。到了學齡階段，由於特教資源有限、且子女所需的授課時數往往不足，部分研究建議在家學習（Luckner & Muir, 2001; Powers, 2002），於是家長的教師角色繼續在課後扮演，而且內容涵蓋所有學科。國外常見電子耳兒童接受在家教育，由家長根據其子女口語和語言的進展程度，選擇適當的教材。雖然多數家長基於主、客觀條件限制，未必能如此付出，但特教教師可提供家長下列建議，以有效提升聽覺障礙子女的學習表現：

1.鼓勵課外閱讀，並與家庭生活結合，靠閱讀找資訊。

2.監督課前預習，課後完成家庭作業。

3.參與子女的聽能訓練，了解其所感受的溝通挫折，並教導改善方式。

4.教導溝通策略以幫助子女拓展社交，並增進親子溝通的順暢。

5.找尋適合的電腦教學和溝通訓練軟體商品以取代人力訓練，以節省教學訓練的人力和成本，並獲得練習時間的彈性。

在教養和情緒輔導方面，多數聽障學生家長對此感到無助，尤其是聾生的家長。一方面由於家長本身多是聽力正常，未必能充分體會子女每日在校需面對的諸多挑戰及壓力，以致造成親子雙方溝通的挫折；另一方面，家長其實對子女的語言、學業、人際關係、行為和未來就學就業等各方面問題，早就累積了不少焦慮。雖然助聽輔具（如電子耳）多能有效改善子女的聽力，但效果不會立即讓這些問題減緩或消失。另外，如果子女又因故未能持續聽能復健、語言治療和密集的課業輔導，則輔具的效果將更難以發揮。持續復健的時間通常是 15 至 20 年，而要能持續不間斷則需有恆久的相關資源，包括聽語專業服務、時間、金錢、人力等。除非家長有絕對的毅力和良好的專業及支持系統，否則難以承擔如此沉重的教養重任。因此，時有中途放棄的家長，包括將子女從普通學校轉入可寄宿的啟聰學校，接受完全的手語教學。聽障兒童的教養之路長遠而艱辛，因此家長急需個別化家庭服務計畫（IFSP）等持續性的專業支持和諮商為後盾。

在輔導聽障子女行為問題方面，心理學家 Kaland 與 Salvator（2002）給家長和老師的建議是：

1.教導子女凡人皆有優點和限制，並鼓勵其探索自己的興趣並勇敢追尋。

2.對待子女無論凡事挑剔或凡事包容、放任的教養態度其實無益，應在其間找出平衡點。

3.須盡力協助子女參與同儕社群活動，並透過認知層面教導適當的應對策略。

4.即使對子女所提的問題未必能提出答案，態度上仍須表現歡迎他們抒發情緒。

第五節　結語

聽覺障礙起源於感官接收缺陷，但卻衍生出語言、認知、學業、心理等方面的複雜問題，嚴重影響兒童發展。新生兒的全面聽力篩檢有效促成聽損的早期診斷，加上助聽科技的快速進展，不僅有效拓展了聽障兒童聽

的領域，也釋放了他們語言學習的潛能，並降低他們的社交限制。然而能聽未必能說，能說也未必能說的好，好到足以達到同儕的水準並能有效溝通，因此聽障學生與幼兒即使有了助聽輔具，仍需長期的專業聽能復健、特殊聽障教育以及家長的全力參與和密集的在家課業輔導，才能極大化醫學和助聽科技的效能，將聽覺損傷所衍生出的障礙降至最低。

問題與反思

基本題

1. 聾（deaf）和重聽（hard-of-hearing）在聽覺損失程度上如何區分？主要的口語功能差別何在？

2. 聽覺損傷最輕到達多少分貝，即可能完全錯過正常對話？

3. 聽覺障礙除了造成兒童溝通及語言問題外，還可能引發哪些問題？

4. 目前對聽覺障礙學生最常使用的智力測驗有何特性？

5. 聾人手語（自然手語）為何不是國語的手勢版？

6. 請教手語老師如何以手語區分「江」、「河」、「海」、「洋」、「湖」、「溪」。

7. 聽覺障礙的早期療育包含哪些內容？

8. 全面新生兒聽力篩檢的 1—3—6 是指什麼？

9. 先天性聾兒童大多有聾父母嗎？聾人所生的子女多為聾人嗎？

10. 聽覺障礙學生上課時需要的學習輔具是什麼？為什麼需要？裝了電子耳的學童也需要嗎？

11. Erber（1982）將「傾聽」（listening）的技能分成哪四個層次？助聽器或人工電子耳的功用是屬於哪個層次？

12. 聽覺障礙學生目前的教育安置趨勢如何？

進階題

1. 聽力損失程度如何影響學生在教室內的學習功能和特殊需求？

2. 為何早期療育對聽覺障礙有特殊意義？

3. 為何閱讀和寫作是聽覺障礙學生（包括人工電子耳學童）普遍的學習問題？

4. 為何缺乏療育的聽覺障礙可能會影響個體全面性的發展？

5. 人工電子耳植入手術後為何需要聽能復健？

6. 醫藥和科技的進步為聽覺障礙者帶來哪些福祉？又為聽覺障礙教育添加了哪些議題？

7. 為何聽覺障礙教育需強調「在家學習」？

參考文獻

中文部分

史文漢、丁立芬（1979）。**手能生橋**。中華民國聾人協會。

江源泉（2006a）。電腦視覺回饋在國中聽障生學習國字聲調書寫上的應用。**特殊教育研究學刊**，**30**，95-111。https://doi.org/10.6172/BSE200603.3001005

江源泉（2006b）。從聽障生口語復健目標看助聽器材的「不能」。**特教論壇**，**1**，1-11。https://doi.org/10.6502/SEF.2

江源泉（2019）。從雙耳優勢看兒童人工電子耳的雙耳順序植入。**特教論壇**，**26**，74-94。https://doi.org/10.6502/SEF.201906_(26).0005

江源泉、楊淑惠、姚甸京（2004）。聲場調頻系統與國內教室聽環境的改善。**特殊教育研究學刊**，**27**，93-111。

吳振吉（2015）。**遺傳性聽損**。https://www.ntuh.gov.tw/gene-lab-mollab/Fpage.action?muid=4050&fid=3868

財團法人醫藥品查驗中心（2016）。**醫療科技評估報告補充資料**。作者。

教育部（2023）。**特殊教育法**。作者。

教育部（2024a）。**特殊教育學生及幼兒支持服務辦法**。作者。

教育部（2024b）。**特殊教育學生及幼兒鑑定辦法**。作者。

張蓓莉（1988）。臺北地區聽覺障礙兒童非語文智力研究。**衛生教育論文集刊**，**2**，203-225。

劉秀丹、曾進興、張勝成（2006）。啟聰學校學生文法手語、自然手語及書面語故事理解能力之研究。**特殊教育研究學刊**，**30**，113-133。https://doi.org/10.6172/BSE200603.3001006

謝莉芳（2017）。**理事長的話**。https://reurl.cc/LdKma4

英文部分

American Speech-Language-Hearing Association. [ASHA] (1997). *Guidelines for audiological screening.* http://www.asha.org/policy/GL1997-00199/

Arfé, B. (2015) Oral and written discourse skills in deaf and hard of hearing children. *Topics in Language Disorders, 35*, 180-197. https://doi.org/10.1097/TLD.0000000000000051

Bess, F. H. (1982). Children with unilateral hearing loss. *Journal of the Academy of Reha-bilitative Audiology, 15*, 141-144.

Bess, F. H., & Tharpe, A. M. (1984). Unilateral hearing impairment in children. *Pediatrics, 74*(2), 206-216. https://doi.org/10.1542/peds.74.2.206

Boothroyd, A. (1984). Auditory perception of speech contrasts by subjects with sensori-neural hearing loss. *Journal of Speech and Hearing Research, 27*, 134-144. https://doi.org/10.1044/jshr.2701.134

Burkholder, R. A., & Pisoni, D. B. (2003). Working memory capacity, verbal rehearsal speed, and scanning in deaf children with cochlear implants. *Volta Review, 103*, 377-396. https://doi.org/10.1093/acprof:oso/9780195179873.003.0014

Chen, X., Li, D., Li, Z., Li, B., & Liu, M. (2000). Sociable and prosocial dimensions of so-cial competence in Chinese children: Common and unique contributions to social, academic and psychological adjustment. *Developmental Psychology, 36*, 302-314. https://doi.org/10.1037/0012-1649.36.3.302

Ching, T., van Wanrooy, E., & Dillon, H. (2007). Binaural-bimodal fitting or bilateral im-plantation for managing severe to profound deafness: A Review. *Trends in Amplific-ation, 11*, 161-192. https://doi.org/10.1177/1084713807305082

Edwards, A., Edwards, L., & Langdon, D. (2013). The mathematical abilities of children with cochlear implants. *Child Neuropsychology, 19*, 127-142. https://doi.org/10.1080/09297049.2011.639757

Erber, N. (1982). *Auditory training*. Alexander Graham Bell Association for the Deaf.

Estbrooks, W. (1994). *Auditory-verbal therapy for parents and professionals*. Alexander Graham Bell Association for the Deaf.

Fortnum, H., Summerfield, A., Marshall, D., Davis, A., & Bamford, J. (2001). Prevalence of permanent childhood hearing impairment in the United Kingdom and implications for universal neonatal hearing screening: Questionnaire based ascertainment study. *BMJ, 323*, 536-540. https://doi.org/10.1136/bmj.323.7312.536

Furth, H. (1964). Research with the deaf: Implications for language and cognition. *Psy-chological Bulletin, 62*, 145-162.

Ghai, S., Hakim, M., Dannenbaum, E., & Lamontagne, A. (2019). Prevalence of vestibular dysfunction in children with neurological disabilities: A systematic review. *Frontiers in Neurology, 10*, 1294. https://doi.org/10.3389/fneur.2019.01294

Goodman, K. (2005). *What's whole in whole language?* (20th anniversary ed.). RDR Books.

特殊教育概論：現況與趨勢

Holm, V., & Kunze, L. (1969). Effects of chronic otitis media on language and speech development. *Pediatrics, 43*, 833-839.

Joint Committee on Infant Hearing (JCIH). (2000). Year 2000 position statement: Principles and guidelines for early hearing detection and intervention programs. *Pediatrics, 106*(4), 798-817. https://doi.org/10.1542/peds.106.4.798

Kakojoibari, A., Farajollahi, M., Sharifi, A., & Jarchian, F. (2012). The effect of hearing impairment on mathematical skill of hearing-impaired elementary-school students. *Audiology, 21*, 19-25. https://doi.org/10.3109/06564648.2012.660540

Kaland, M., & Salvator, K. (2002). The psychology of hearing loss. *The ASHA Leader, 7*, 4-15. https://doi.org/10.1044/leader.FTR1.07052002.4

Lederberg, A. R., Schick, B., & Spencer, P. E. (2013). Language and literacy development of deaf and hard-of-hearing children: Successes and challenges. *Developmental Psychology, 49*, 15-30. https://doi.org/10.1037/a0029558

Lieu, J. E. C. (2004). Speech-language and educational consequences of unilateral hearing loss in children. *Archives of Otolaryngology-Head & Neck Surgery, 130*(5), 524-530. https://doi.org/10.1001/archotol.130.5.524

Lieu, J. E. C. (2013). Unilateral hearing loss in children: Speech-language and school performance. *B-ENT, 9*(Suppl 21), 107-115.

Luckner, J. L., & Muir, S. G. (2001). Successful strategies for promoting self-advocacy among students who are deaf or hard of hearing. *American Annals of the Deaf, 146*, 287-291. https://doi.org/10.1353/aad.2012.0028

Marschark, M., & Hauser, P. C. (Eds.). (2012). *How deaf children learn: What parents and teachers need to know*. Oxford University Press.

Marschark, M., Lang, H., & Albertini, J. (2002). *Educating deaf students: From research to practice*. Oxford University Press.

Marschark, M., Rhoten, C., & Fabich, M. (2007). *Cognition and literacy in deaf learners: Directions for research and instruction*. Oxford University Press.

Marschark, M., Sarchet, T., Convertino, C., Borgna, G., Morrison, C., & Remelt, S. (2011). Print exposure, reading habits, and reading achievement among deaf and hearing college students. *Journal of Deaf Studies and Deaf Education*. https://doi.org/10.1093/deafed/enr044

McElwain, N. L., & Volling, B. L. (2005). Preschool children's interactions with friends and older siblings: Relationship specificity and joint contributions to problem behavior. *Journal of Family Psychology, 19*, 486-496. https://doi.org/: 10.1037/0893-3200.19.4.486

Moog, J. S. (2007). *The auditory-oral approach: A professional perspective*. Woodbine House.

Moores, D. (2000). *Educating the deaf* (5th ed.). Wadsworth.

Most, T., Michaelis, H., Bacon, S., & Lansing, C. (2012). Auditory, visual, and auditory: Visual perceptions of emotions by young children with hearing loss versus children with normal hearing. *Journal of Speech, Language & Hearing Research, 55*, 1148-1162. https://doi.org/10.1093/deafed/enr022

Most, T., Ingber, S., & Heled-Ariam, E. (2012). Social competence, sense of loneliness, and speech intelligibility of young children with hearing loss in individual inclusion and group inclusion. *Journal of Deaf Studies and Deaf Education, 17*(2), 259-272. https://doi.org/10.1044/1092-4388

Myklebust, H. R. (1948). Clinical psychology and children with impaired hearing. *Volta Review, 50*, 55-60, 90.

Newton, L. (1987). The educational management of hearing-impaired children. In. F. N. Martin (Ed.), *Hearing disorders in children* (pp. 321-359). Pro-ed.

Northern, J., & Downs, M. (1978). *Hearing in children* (2nd ed.). Williams & Wilkins.

Northern, J., & Lemme, M. (1982). Hearing and auditory disorders. In N. B. Anderson & G. H. Shames (Eds.), *Human communication disorders* (pp. 415-444). Pearson

Ormel, E., Gijsel, M., Hermans, D., Bosman, A., Knoors, H., & Verhoeven, L. (2015). Semantic categorization: A comparison between deaf and hearing children. *Journal of Communication Disorders, 43*, 347-360. https://doi.org/10.1016/j.jcomdis.2012.04.002

Picton, T., Dimitrijevic, A., van Roon, P., John, M., Reed, M., & Finkelstein, H. (2001). Possible roles for the auditory steady-state responses in fitting hearing aids. In R. Seeward et al. (Eds.), *A sound foundation through early amplification*. Proceedings of the Second International Conference (pp. 50-63). St. Edmundsbury Press.

Powers, S. (2002). From concepts to practice in deaf education: A United Kingdom perspective on inclusion. *Journal of Deaf Studies and Deaf Education, 7*(3), 230-243. https://doi.org/10.1093/deafed/7.3.230

Punch, R., & Hyde, M. (2011). Social participation of children and adolescents with cochlear implants: A qualitative analysis of parent, teacher, and child interviews. *Journal of Deaf Studies and Deaf Education, 16*, 474-493. https://doi.org/10.1093/deafed/enr006

Quittner, A., Glueckauf, R., & Jackson, D. (1990). Chronic parenting stress: Moderating versus mediating effects of social support. *Journal of Personality and Social Psy-*

chology, 90, 1266-1278. https://doi.org/10.1037//0022-3514.59.6.1266

Quittner, A., Smith, L., Osberger, M., Mitchell, T., & Katz, D. (1994). The impact of audition on the development of visual attention. *Psychological Science, 5*, 347-353. https://doi.org/10.1111/j.1467-9280.1994.tb00284.x

Smith, L. B., Quittner, A. L., Osberger, M. J., & Miyamoto, R. (1998). Audition and visual attention: The developmental trajectory in deaf and hearing populations. *Developmental Psychology, 34*(5), 840-850. https://doi.org/10.1037/0012-1649.34.5.840

Tharpe, A. M. (2008). Unilateral and mild bilateral hearing loss in children: Past and current perspectives. *Trends in Amplification, 12*(1), 7-15. https://doi.org/10.1177/1084713807304668

Theunissen, S. C. P. M., Rieffe, C., Kouwenberg, M., Soede, W., Briaire, J. J., & Frijns, J. H. M. (2011). Depression in hearing-impaired children. *International Journal of Pediatric Otorhinolaryngology, 75*, 1313-1317. https://doi.org/10.1016/j.ijporl.2011.06.016

Traxler, C. (2000). The Stanford Achievement Test (9th ed.): National norming and performance standards for deaf and hard-of-hearing students. *Journal of Deaf Studies and Deaf Education, 5*, 337-348. https://doi.org/10.1093/deafed/5.4.337

Tye-Murray, N. (2015). *Foundations of aural rehabilitation: Children, adults, and their family members* (4th ed.). Cengage Learning.

Vernon, M. (2005). Fifty years of research on the intelligence of deaf and hard-of-hearing children: A review of literature and discussion of implications. *Journal of Deaf Studies and Deaf Education, 10*, 225-231. https://doi.org/10.1093/deafed/eni025

White, K. (2004). Early hearing detection and intervention programs: Opportunities for genetic services. *American Journal of Medical Genetics, 130A*, 29-36. https://doi.org/10.1002/ajmg.a.30227

Wilson, B., Dorman, M., Woldorff, M., & Tucci, D. (2011). Cochlear implants: Matching the prosthesis to the brain and facilitating desired plastic changes in brain function. *Progress in Brain Research, 194*, 117-129. https://doi.org/10.1016/B978-0-444-53815-4.00008-7

Yoshinaga-Itano, C., Sedey, A., Coulter, D., & Mehl, A. (1998). Language of early- and later-identified children with hearing loss. *Pediatrics, 102*, 1161-71. https://doi.org/10.1542/peds.102.5.1161

Zamaletdinova, Y. (2008). Realization of own disorder by deaf children 6-8 years of age from families with deaf and hearing parents. *Cultural-Historical Psychology, 3*, 72-78.

第 八 章

語言障礙

江源泉

　　語言障礙是特殊需求兒童最常見的障礙，常與聽覺障礙、智能障礙、學習障礙、自閉症此四類障礙合併存在，部分腦傷和腦性麻痺患者也兼有語言障礙。另外，多數入學前即出現語言障礙的兒童，入學後常以學習障礙形態出現，展現聽、說、讀、寫方面的學習困難。所以，語言障礙是非單一障礙人數最多的障礙類別。由於語言在個體溝通、學習、認知和自我意識建構上扮演著關鍵性的角色，且相關障礙人數眾多，所以特殊教育專業人員應視語言障礙兒童的鑑定、安置、輔導為特殊教育專業，而非僅委託特教專業團隊中的語言治療專業處理。

第一節　語言障礙的定義

　　依據《特殊教育學生及幼兒鑑定辦法》（教育部，2024）第6條，語言障礙之定義如下：

「本法第三條第四款所稱語言障礙，指言語或語言符號處理能力較同年齡者，有顯著偏差或低落現象，造成溝通困難，致影響參與學習活動。
前項所定語言障礙，其鑑定基準依下列各款規定之一：
一、語音異常：產出之語音有省略、替代、添加、歪曲、聲調錯

誤或含糊不清等現象，致影響說話清晰度。

二、嗓音異常：說話之音質、音調、音量或共鳴與個人之性別、年齡或所處文化環境不相稱，致影響口語溝通效能。

三、語暢異常：說話之流暢度異常，包括聲音或音節重複、拉長、中斷或用力，及語速過快或急促不清、不適當停頓等口吃或迅吃現象，致影響口語溝通效能。

四、發展性語言異常：語言理解、語言表達或二者較同年齡者有顯著偏差或低落，其障礙非因感官、智能、情緒或文化刺激等因素直接造成之結果。」

上述分類是將廣義的語言障礙分為三項口語障礙和一項語言障礙，此四項一般又統合歸類為溝通障礙（communication disorders）（如 Kirk et al., 2015），以反映語言為溝通方式之一，並強調障礙可出現在表達和接收的雙向過程。四分項中的語音、嗓音、語暢三項異常會影響口語的清晰流暢，屬於語言治療專業處置範疇，但發展性語言異常則直接影響學童在校的閱讀、寫作、教學活動之參與以及各學科學習，因此教師需學習如何評量，以做為教材教法設計和調整的依據。

第二節　溝通障礙、語言障礙和口語障礙三者的關係和差異

語言障礙在語言病理臨床診斷可細分為以下三類：(1)溝通障礙（communication disorders）；(2)語言障礙（language disorders）；(3)口語障礙（speech disorders）。基於不同的診斷需要不同的教學介入方式，因此介紹語言障礙必先了解溝通、語言和口語三者的區分性定義。

溝通、語言與口語三者的關係可用圖 8-1 來表示：溝通包含語言，語言包含口語。語言是溝通的多種媒介之一，而口語也只是以語言進行溝通的行為之一。

圖 8-1　溝通、語言與口語三者的關係

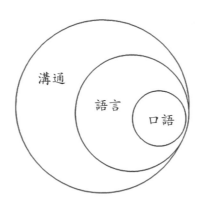

壹、溝通

溝通（communication）是一雙向歷程，必有訊息的發送者與接收者。溝通的方式或媒介可以是語言，也可以是非語言，如肢體動作、表情、眼神、手勢或以物傳情，但語言無疑是其中最普遍、最方便，也最有效率的溝通方式。正常發展的兒童生而具有與人溝通的慾望，因此即便無法言語，仍能靠著發出不同的聲音、擺動手足並配合眼神接觸，向照顧者交流。除了用語言或非語言傳遞給他人訊息外，我們也接收他人用這些方式傳遞給我們訊息，例如：別人對我們招手、微笑、瞪眼、皺眉頭，或在我們失意時拍拍我們的肩膀，我們都能解讀其中的涵意。如果缺乏這種能力，無論是表達或接收，都是溝通障礙。所有溝通（包括語言、口語）障礙的評量都因此包含了「接收」和「表達」兩部分。

一、口語發展前必備的溝通行為

溝通能力早在嬰兒誕生的瞬間展開。打從落地起，嬰兒就會經由哭、笑、手足的舞動與掙扎，有效的表達他們的需求和情緒。雖然口語的出現要等到 1 歲之後，但若觀察他們與照顧者的互動，會發現他們已具備下列基本溝通技巧：

1.共享式注意力（joint attention）能力：也就是和溝通對象視覺的聚焦，看著對方或是一起看同一物品。

2.遵循順序的輪替（turn taking）：也就是你來我往、共同參與。

3.用手指示（signaling）：也就是藉手勢向對方表明自己的溝通和語言所涉意圖。

這些行為能力皆與生俱來，是所有溝通、口語和非口語溝通形式的共同基礎。若生而未能展現這些行為能力（如自閉症兒童），很可能是缺乏溝通意圖，也直接阻礙接下來的語言和口語發展。

二、語言的發展

上述提及，溝通最有效的途徑是語言。在日常生活中語言使用範圍之廣，幾乎涵蓋了我們生活內容的全部。我們用語言表達我們需求、傳遞訊息、進行社交、解決問題，甚至保護自己的利益（如開記者會、投書媒體）。

人類使用語言的過程發展快速且有效。兒童約在1歲左右開始發出簡單的語詞，這也正是他們開始會走路的時候。此時間上的同步反映出口語的產生也和走路一樣，需要肌肉及運動神經與大腦指令配合，也都仰賴生理機能的成熟。雖然開口說話約從1歲左右開始，但研究指出，第一年對母語「聽」的經驗不但必備，且直接塑造接下來口語接收和表達技巧的發展，例如：在聽的方面，兒童在第一年內對母語語音特徵的分辨能力大幅增進，但也同時對非母語語音的特徵分辨力逐漸削弱，而到滿週歲時，他們的腦已轉變成完全為母語學習而準備（Kuhl & Rivera-Gaxiola, 2008）；在說的方面，兒童到了7個月左右，會開始發出一串串顯示母語音韻特質的語音變化，以致於聽起來就像是已經在說話了（Davis et al., 2000）：生長在中文環境的孩子牙牙學語中就有可供區辨的聲調出現（Chen & Kent, 2009），而生長在英語和法語環境的孩子，也分別出現類似英語和法語的上揚下降聲調變化模式（Whalen et al., 1991）。然而，無論語言差異，兒童的母語發展都展現出驚人的速效。根據 Hsu（1996）的臺灣本土國語研究資料，兒童從1歲說「媽媽」和「爸爸」的單詞起，到出現雙詞「媽媽 襪襪」和「姐姐畫

圖好棒」，約只需 6 至 10 個月。3 歲左右，多數兒童都可拼湊語詞，說出語意句法完整的句子。到了 4 歲，不但可以正確說出母語中的母音和大多數的子音，還能用「因為……所以」、「如果……就」等連接詞，把短句延伸成長句。接著，在幼兒園到入小學前，語言能力的進展除了在口語方面更加精熟擦音與塞擦音之類發音動作複雜的語音外，更明顯的是詞彙大量增加，以及學會聽和說更長、更複雜的句子。至此，正常發展的兒童都可以清晰的語音進行有效溝通，凡事都「用說的」來解決。

貳、語言

以 Noam Chomsky 為首的語言學派認為，語言（language）是內在知識，也是一種能力。這種知識和能力讓我們能聽、能說、能讀、能寫。語言的範圍或內容可分為下列五大成分，學童的語言障礙可能僅涉及其中一項或同時涉及多項。基於「要解決問題需先能描述問題」的原則，特教教師必先了解各成分所指，才能分析兒童的語言問題，進而設計合宜的教材教法。

一、音韻

音韻（phonology）指的是每一種語言特有的語音或與音調組合的規律，例如：國語當兩個三聲連續出現，第一個三聲要唸成二聲，所以「久久」要唸成 /ㄐㄧㄡˊ ㄐㄧㄡˇ/；又如：國語聲母/ㄍ/、/ㄎ/、 /ㄏ/ 可和 /ㄨ/ 結合，卻不能和 /ㄧ/、/ㄩ/ 結合，所以如果有人習慣將「機器」說成 /ㄍㄧ ㄍㄧˋ/，就屬於音韻異常。

二、構詞

構詞（morphology）指的是把音節結合成詞組的規則。不同的語言對相同事物的指稱有不同的構詞方式，例如：中文瓜類的構詞都含「瓜」這個詞尾，如西瓜、南瓜；但英文的「西瓜」（watermelon）是「水water」＋

「瓜melon」，但「南瓜」（pumpkin）卻不含「瓜」（melon）。再看手語如何造詞。手語的「高」是隨描述的對象不同而採不同的手型和動作，以符合視覺上的比例，因此鼻子的「高」、身材的「高」，以及 101 大樓的「高」，打法都不一樣。這種造詞法的差異讓慣用手語的聾生縱使學了國字的「高」，也不會用它來造詞，因為他們不知道國語的「高」該對應到三個手語「高」的哪一個手勢，更無法了解為何「高興」含有「高」。

詞由字組合而成，但組合有其內部結構，例如：「臺北科技大學」，表面看來是如珍珠項鍊一般的線性連結，含「臺北」、「科技」、「大學」三詞組，但其中「臺北」―「科技」兩詞組的連結不如「科技」―「大學」緊密。熟悉國語的人都同意，此六字詞的結構是後兩詞組者先結合，形成「科技大學」，然後再與「臺北」結合，構成「臺北科技大學」；這就是為什麼在朗讀文章遇到這六字詞時，如果只准換氣一次，那只能在「臺北」之後、「科技」之前換氣。學童在課堂朗讀課文時，若常在不該斷句處斷句，所反映的是不能掌握字詞的內在結構，即是屬於構詞知識不足。

三、句法

句法（syntax）即詞與詞結合成句的排列規律，例如：「貓捉老鼠」與「老鼠捉貓」所表達的兩種情境正巧相反，雖然兩種說法所用的字詞完全一樣。另外，「貓捉老鼠」的手語打法則是「老鼠貓捉」，詞的順序和國語差別很大。句法經常決定語意，但並非語意，例如：「媽媽買了白色的大茶杯」和「媽媽買了大的白色茶杯」，兩句話的語意一樣，但只有前一句的句法正確；若再加上數量，例如：「九個」，在無特別強調的情況下，唯一合句法的描述是「九個白色的大茶杯」，而不能說成「白色的九個大茶杯」或「白色的大九個茶杯」。我們可以用多種詞的排列方式來表達相同的語意，例如：「哥哥吃的是包子」、「吃包子的是哥哥」、「包子是哥哥吃的」，反映即是對中文句法的成熟度。國民小學語文科考試常出現的「重組題」，則是句法能力的評量，例如：若將「昏昏沉沉的」、「一整天」、「睡了」、「我」等語詞重組成「我一整天昏昏沉沉的睡了」，就是句法能力的問題。

四、語意

　　語意（semantics）即語詞或句子的意義，而在國民小學「國語」課上，大部分的時間都投注在「語意」的教學。語意的理解可牽涉從具體到抽象、不同層次的認知。以「香蕉」一詞為例（如圖 8-2 所示），從語意 1 具體物品的對應指認，如聽到「香蕉」，能指出細長狀有黃色外皮的水果圖片，到語意 2 概念化的分類，如能說出：「香蕉和蘋果一樣，因為都是水果」，到語意 3 高階的類比，如可回答：「兔子：紅蘿蔔＝猴子：香蕉」。一般中度智能障礙兒童對語意的了解大多止於語意 1 的階段，但若能透過教學、提升分類能力，也就能提升到語意 2 的階段，將有助於生活功能。至於語意 3 的階段，屬於類比（analogy），也就是在不一樣屬性的人事物之間，能看出所存在的相似處，常是資賦優異者所具備的特殊能力。聾生因生活學習常需仰賴視覺，也因此受限於視覺，以致於對抽象語意（如成語、寓言、「家」和「房子」的差異）以及純粹句法功能的詞彙（如「得」、「的」）學習都有困難，以致於會寫「烏龜慢爬」，卻造不出「烏龜爬得慢」的句子，形成「語意」問題限制「句法」能力的狀況。另外對連接詞，例如：「反正」、「本來」等的用法和理解，也是傳統啟聰班教師的挑戰。

圖 8-2　「香蕉」一詞的多層次語意理解

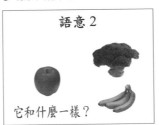

五、語用

　　說話不僅只是發出聲音、表達意念而已，更是我們用以承諾、詢問、請求，進而安慰、鼓勵、說服，甚至激怒、威脅、恐嚇聽話者的工具

（Austin, 1962; Searle, 1969）。語用學（pragmatics）即是研究句子的字面語意和說話者用意之間的差別。日常溝通對話，即使是簡單的問候語、道別語等，也常隨人、事、時、地、目的而需改變用詞和說法，以免問候不成，反而讓對方不悅，這些都需運用語用的知識。除此之外，與人交談時，說話量的多少、內容聽起來是否真實、表達的方式，以及答話內容是否切合問話的內容等，也都有須遵守的準則，否則就會引起交談對方產生其他意外的解讀（Grice, 1975）。若語用知識不足，常說不該說的話，甚至單純到該說卻不說或少說，都會對人際關係的建立和友誼的發展有負面的影響。

語用依賴語意，但更涉及對說話者當下說話意圖的適當解讀，例如：在餐廳共進午餐，友人問你「你有沒有錶」，若你只回答「有」，可能並不恰當，因為如果當下的情境是午餐已經吃的差不多了，而你也知道友人下午三點還有別的約會，那麼你的語用知識就會幫你判斷友人想知道的應該不是你是否有帶錶，而是當下的時間。又如當特教班教師對學童說「上課了，你要不要進教室？」，學生的回答很可能是「不要」。學生回答了，但接下來老師卻可能生氣了，原因在於：老師的問話表面聽來是「詢問」，但實際意圖卻是「提醒」、甚至「命令」，也就是要學生立刻進教室，而學生卻只根據問句的表面的語意回應。這些人與人溝通應對的知識或能力聽來普通，一般人不需特別指導即自然習得，但對語言障礙兒童而言卻非如此。

語用牽涉到我們在交談時對交談內容的解讀，表面上是語言各個層面知識的綜合表現，但在功能上則是結合語言使用的社會功能。語言障礙的學童不分成因，幾乎都有語用問題，其中又以自閉症兒童的情況最為嚴重。他們不僅不會根據交談情境解讀說話者的意圖，也無法根據情境用適當的語詞、語句來表達自己的意圖。語句的解讀既然隨人、事、時、地、目的等情境而定，那麼語用的學習就必須與溝通情境結合。然而，一般學校的語文課卻無法提供此種學習情境，例如：國語課上的造詞、造句練習，一律都在無對應情境下進行，要學生憑空想出答案。因此，在教學現場不難看到自閉症兒童把在課堂上學的語詞或句子，掛在嘴邊不停的複誦，但卻不知道該如何運用，以達成自己的目的。

Bloom 與 Lahey（1978）將上述語言的五大成分以形式（form）、內容（content）、用法（use）三個互有重疊的環形表示，如圖 8-3 所示。其中，音韻、構詞、句法屬於語言的形式，語意屬於內容，而語用則是用法。語言的學習必須涵蓋這三大層面，缺一不可。因此，語言文字的正確使用非只求「達意」而已，還須兼顧形式和日常用法。特教專業人員在輔導兒童的語言障礙前，需先透過教學診斷其上述五成分的屬性，才能提供符合需求的教材教法和教學情境。

圖 8-3　形式、內容、用法三者的關係

會國語表示會什麼？

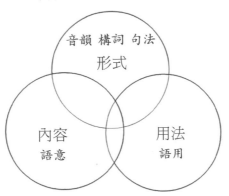

參、口語

　　語言是文法知識，也是一種能力，但這種能力卻得經由聽、說、讀、寫等行為來表現。而其中的「說」，就是說話或口語（speech）。兒童口語的發展著重於對口語產生器官，即呼吸器官、聲帶、唇、舌、上顎等生理部位的動作協調，以產生清晰和易懂的音節、語詞和語句的能力。

　　口語的產生有四個步驟，依序為：呼吸、成聲、構音、共鳴。呼吸分兩種模式：一種是安靜式的呼吸（quiet breathing），每分鐘大約是 12 次；另一種是說話式的呼吸（speech breathing），只在句子中特定處換氣。平常呼吸時，先由鼻腔吸入空氣，向下經過膞咽、聲門（如圖 8-4 的編號 12

處）、氣管進入肺部。聲門由左右聲帶包圍，平常是開啟的狀態，讓吸入的空氣經過聲門，通往下呼吸道，但在需憋氣、用力或說話前，聲門則閉合。說話時，聲門下的胸腔收縮，將其內部的空氣向上擠出，形成代有壓力的氣流，當聲門下壓到達定值時，聲門即被衝開，同時引發聲帶快速的開合振動。此振動在女性約是每秒 250 次，男性約 130 次；次數愈多，嗓音愈高，這就是成聲。來自肺部的氣流通過聲門向上進入口腔共鳴，經由舌部的動作，與口腔內不同部位的接觸、配合不同的送出氣流方式，便能產生多種語音，稱為構音。若構音時軟腭（如圖 8-4 的編號 9、10 處）下降，部分氣流則經後方空隙進入鼻腔，引發共鳴，產生帶鼻音效果，如 /ㄇ/、/ㄋ/ 及 /ㄤ/、/ㄥ/ 的尾音（Zemlin, 1986）。

圖 8-4 口腔與口語產生相關部位

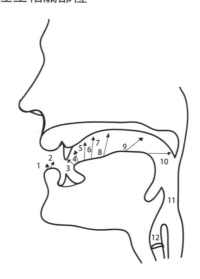

第三節 口語障礙

現行《特殊教育學生及幼兒鑑定辦法》（教育部，2024）的語言障礙鑑定基準之口語障礙有三類：語音異常、嗓音異常、語暢異常，說明如下。

壹、語音異常

　　語音異常（speech sound disorders）即 2023 年之前《身心障礙及資賦優異學生鑑定辦法》所稱的構音異常，如此修改乃因應國際慣用名稱之改變（DSM-5），並強調此問題對說話清晰度的影響（行政院，2024）。然而，說話不清晰尚可由其他口語異常造成，如迅吃或嗓音異常，因此為介紹其間產生過程的差異性，本章仍以構音異常之角度解說。

一、何謂構音？

　　構音是指口腔內可移動的部位（舌、唇）與不可移動點（如齒、齦、顎）接觸，同時利用不同方式控制來自胸腔氣流流向，以製造語音的過程。構音的結果必須清晰、可被聽者理解，以達成溝通的目的。清晰的構音牽涉口腔肌肉協調下的精細動作。除此之外，我們自幼兒階段的牙牙學語，逐漸進展到 5 歲左右可以完美說出所有的母語語音，之後並能持續其一貫的清晰，其實都是在耳朵的監控下達成。這個過程稱為聽覺的完全回饋：也就是我們說出口的詞句，經過聲波在空氣中的自然擴散，又會回到自己的耳朵，並且若偵測到任何含混效果，自己則即時修正。聽障人士因這項機制的缺損，導致普遍都有構音問題。另外，原本口語清晰、溝通無礙之人，會因失去聽力，導致口語日益模糊，甚至到達無法與家人溝通的地步（Lane & Webster, 1991）。因此，兒童若出現構音異常，必須先排除聽障。先天性聽損兒童常經由觸覺及視覺學習口語構音，但所展現的清晰程度都難與常人口語相比。然而，亦有為數不少的聾童在接受人工電子耳植入後，經由聽能訓練，發展出近乎與常人無異的口語構音。

二、構音異常與構音差異

　　構音異常是口語障礙中最常見的類型，以致於語言治療常被誤認為僅處理構音問題。構音異常會造成語意混淆，影響訊息傳遞（例如：把「婆婆」說成「伯伯」），因此需要矯治。但來自不同區域的人說話常帶有方

言口音，說起國語也難免受方言音韻影響，以致於聽來不「標準」，例如：「臺灣國語」將「老師」唸成「ㄌㄠˇ ㄙㄨ」。由於在一般聽者習慣此口音後都能了解原意，並不會造成溝通時的語意混淆，所以此現象不是構音異常（disorder），只是構音差異（difference）。同樣的，原住民說國語的腔調，也只是構音或音韻差異。

三、構音異常的類別

構音異常分為器質性與功能性。因口腔結構異常所造成的構音異常屬於器質性異常，如唇顎裂患者的構音問題。另外，舌繫帶過短或牙齒咬合不正雖也有可能影響構音，但因口腔功能具代償性，所以實際上這類的臨床案例並不多見。常見的兒童構音異常仍以功能性為多，也就是與口腔內部結構無關，至於形成原因則屬理論層次。構音異常的種類有四：

1.省略（deletion）：即該有的音素（phoneme）卻沒出現，例如：將「ㄑㄧˋ ㄔㄜ」（汽車）說成「ㄧˋ ㄜ」。這類錯誤常見於聽障兒童的口語，反映的是他們在省略音所含的頻率區有聽覺損傷。

2.替代（substitution）：即將甲音代替乙音，其中甲、乙都是該語言的語音，例如：將「兔」（ㄊㄨˋ）說成「肚」（ㄅㄨˋ），或者把「三」（ㄙㄢ）說成「單」（ㄉㄢ）。因用來替代的音也是同一語言的語音，因此造成語意的改變。

3.歪曲（distortion）：嚴格說來，是另一型替代，但不同的是：用以替代的語音非該語言的語音，只是音效上相近，也因此歪曲類的構音錯誤並不會造成語意誤解。舉例來說：俗稱「大舌頭」的人說話時，會將舌頭咬在上下門牙間，以致於把 /ㄙ/、/ㄕ/（國際音標 /s/、/ʂ/）都說成如英語的「th」（國際音標 /θ/）（英語稱為 frontal lisp）；然而，聲音雖然變了，但因國語並沒有「th」音，而「th」又與原音 /ㄙ/、/ㄕ/ 聽來相似，因此聽者仍可以將錯誤還原成說話者的原意。然而在英語中，/s/ 和/θ/ 的混淆，就是屬於上述的替代，例如：把「sink」說成「think」可是完全不同的意思。

4.添加（addition）：即語詞中出現原來沒有的音素，例如：國人唸英文字母「X」（/ɛks/）常唸成 /ɛk ㄜ s/。添加型錯誤並不常見，上述將「師」

（ㄕ）唸成「書」（ㄕㄨ）並非添加，而是替代型錯誤。/ㄕ/（ʂ）其實是/ㄕ帀/的省略標法（請見臺灣華語教學入口網站）。/帀/的唸法如/ㄨ/，但須展唇。要把「書」正音成「師」的方法，是要把嘴唇從/ㄨ/的圓形向左右拉成一字型，舌位則維持不變。因此，構音錯誤的分析除根據注音符號的書寫方式外，尚須有語音學和音韻學知識。

　　上述四種構音錯誤會影響原意的傳達，其中又以「省略」為最嚴重的錯誤。

　　除上述四項外，《特殊教育學生及幼兒鑑定辦法》（教育部，2024）還將聲調錯誤與含糊不清也列入構音異常。聲調錯誤，大多於外籍人士學習國語時出現，本國人士少見有此種障礙，但卻是極重度聽障學生（包括部分人工電子耳兒童）的口語特徵之一。由於國語聲調具語意區辨功能，聲調改變即語意改變，因此足以造成誤解。然而，聲調的產生和控制是靠喉部聲帶的鬆緊變化，緊時造成語調上升、鬆時語調下降，因此並無視覺線索，學習時須搭配口語訓練科技，如電腦視覺回饋（江源泉，2006）。含糊不清也是極重度聽障學生的口語另一特徵，但成因卻是產生過程，包括呼吸、成聲、構音、共鳴等皆出現異常的綜合結果（Monsen, 1983）。

　　構音問題除影響一般溝通外，又直接影響學童注音符號的學習，還可能讓學生成為同儕模仿、調侃的對象。因此，幼童若滿4歲（Hsu, 1996），除擦音和塞擦音，例如：/ㄓ/、/ㄔ/、/ㄕ/、/ㄖ/、/ㄗ/、/ㄘ/、/ㄙ/等音外，仍有多數語音不清楚的話，應盡早尋求專業語言治療。一般而言，滿4足歲即可開始接受治療，拖延治療時間將影響治療效果。

貳、嗓音異常

　　嗓音的產生靠聲帶振動。聲帶位於喉中部，由聲帶肌、韌帶和粘膜三部分組成，左右對稱。正常發聲時，兩側聲帶振動規則、對稱，且聲門完全閉合。若開合不對稱，閉合不全，有間隙，則不但會造成音量偏小，還會產生氣息聲和聲音沙啞，形成不悅耳的音質。另外，唇腭裂患者常有的腭咽閉鎖不全，以致於構音時口腔鼻腔無法分隔，或感冒鼻塞，都可能造

成鼻音不足或鼻音過重的共鳴問題。聲帶振動的幅度和聲帶的張力可以調整，以改變振動的幅度和頻率，分別形成聲量大小和聲調高低的變化。此外，女性和小孩的音調高於男性（Moore, 1986）。

　　嗓音的異常從三方面評量：音量、音調和音質，包括音量過大、過小，音調過高、過低，以及音質問題。嗓音常顯示說話者的性別，因此男性音調過高，或女性音調過低，都會讓聽者誤判性別。學童，尤其是男童，會在青春期變聲。幼童常見的音質問題是經常大聲吼叫所造成的嗓音沙啞。聽障者也常有嗓音偏高、帶氣息聲，或鼻音過多或過少現象。

參、語暢異常

　　語暢（fluency）是指說話的節拍速度；節拍不順，時而重複、時而停頓或延長，則是不流暢（disfluency）。不流暢未必都是不正常，若出現頻率超過語詞總數的 10%，且多屬於部分詞的重複和聲音的延長等類型（請見下文說明），臨床稱為口吃（stuttering）；若速度快，以致於聽者無法分辨其內容，則稱為迅吃（cluttering）。無論口吃或迅吃都可能有其情緒成分（Shames, 1986），且出現的基本原因很可能是語言技巧發展不足（Peterson & Marquardt, 1994），因此語暢異常的正式評量必須包括完整的口語和語言評量。語暢問題亦常見於中風、腦性麻痺、癲癇、智能障礙和其他形式腦傷患者。

一、口吃

　　口吃多經發展而來，突發性的比例極低。約 85%的口吃患者案例出現在 5 歲之前，且其中 40～80%的患者在 8 歲之前能自行痊癒（Sheehan & Martyn, 1966; Wingate, 1978）。其餘的患者若未適時介入，大多會持續保留不流暢的狀況或繼續惡化，而成為終身口吃患者。成人口吃患者約占總人口的 1%。個體口吃持續時間愈長，常伴隨的情緒問題就愈可能出現（Shames, 1986）。口吃的成因複雜，經常與焦慮相關，家族史和性別也是可能因素。男性患者人數約是女性的四倍。

口吃的診斷與不流暢的類型及出現頻率有密切關係。不流暢行為多達八類，除了重複（部分詞、全詞、片語、不完整的片語）外，尚有插入、修飾、聲音中斷和延長（Johnson ＆ Associates, 1959）。由於常人口語也常出現上述各類的不流暢，因此臨床診斷需排除與常人口語行為的重疊狀況。Johnson 與其團隊在同一研究發現，臨床診斷為口吃的兒童（平均年齡約 5 歲）在(1)部分詞的重複（如：ㄊㄊㄊㄚ來）和(2)聲音的延長（如：我……喜歡）之兩類不流暢出現比例，遠高於年齡匹配的非口吃患者。若以100 個語詞的口語長度計算，口吃兒童的不流暢通常出現在 10 個詞以上，而正常同儕只出現在 5～6 個詞。

　　另外，溝通過程中聽話者的聽話反應，也是我們辨識語暢異常的依據。一般我們聽話是把注意力集中在說話者以話語所傳達的訊息，但若發現自己的注意力已經轉向說話者的說話方式時，那麼對方的口語很可能就已跨越至「異常」範圍，包括語暢異常（Shames, 1986）。口吃的症狀有其頑固性及變異性，可隨溝通情境、對象、說話主題等因素而增多或減少。

　　兒童期的口吃治療應在學齡前即開始，治療方式則視兒童年齡與不流暢程度而定。3 歲以前通常著重於說話環境的修飾，以創造愉悅的親子說話互動氣氛與環境為主。之後的直接臨床治療則多借重治療師與患童的遊戲互動，避免對患童造成說話壓力，更要避免讓治療過程提升其對自我口語問題的自覺。口吃的形成理論眾多，也導引出多種治療方法。目前對兒童（尤其是 2～6 歲）最常用且臨床證實有效的口吃治療法（the Lidcombe Program）是透過行為改變技術，由家長或照顧者在每日環境中對兒童的流暢口語提供正增強，並對口吃也提出溫和的糾正（Jones et al., 2000）。另外，放慢說話速度，讓患者把語句以不中斷方式完整說出，也廣見於多種治療法中。

二、迅吃

　　語暢異常的另一形式是迅吃，亦稱糟語，特徵是說話速度可快如機關槍發射，甚至省略部分語音和語詞，或前後幾個音一起說，導致語音含混，令人不知所云。雖經旁人提醒患者放慢說話速度後，溝通即暫時恢復

正常，但因患者總對自己的說話快速毫無覺知，因此總需要旁人提醒。根據一位青春期迅吃患者母親對筆者的描述，她曾建議兒子自行錄音，以提升對口語含混的覺知，遭他斷然拒絕。

　　迅吃雖然表面上是口語問題，但也常伴隨學習障礙症狀，因此學界曾經以學障併發問題看待（Tiger et al., 1980）。除口語含混不清外，書寫障礙（如前述患者在書寫英文時，永遠不記得每句的第一個字母要大寫）、學習動機低落、易分心、過動、自律性差等，都是常見的伴隨特徵。早期研究對迅吃的預後較為悲觀，但近年來的研究和臨床操作則轉向支持積極和全面治療方法，並主張對迅吃的核心症狀和任何伴隨的學障情況，使用基於證據和個別化的介入策略。臨床證據已顯示，此全面治療比單純針對學障進行的行為改變，更為有效（Ward, 2006）。

肆、從「口語」、「口說語言」到「語言」

　　前一節口語（speech）異常的「口語」，指的是語言的外在、可觀察到的行為，介紹的是語音製造過程中涉及的異常狀態。由於這些語音就是我們說話時用以組成語詞和句子的基本單位，因此若口語出現異常（如把「ㄆ」說成「ㄅ」），就會讓聽者把「婆婆」聽成「伯伯」；若說話時頻繁出現語音重複和延長，不僅會讓聽話者跟著說話者緊張，更可能因此容易錯過說話者所要傳達的訊息。因此，在音效或節律的扭曲下，「口語」異常實際犧牲的是「口說語言」（spoken language）所傳達的訊息。另外，從語言發展角度來看，雖然兒童口語的發展常聚焦在其何時有能力說出清晰的語音、音節和語詞，然而語言發展中的兒童要學習的不只是單純的清楚說出語音而已，他們還要學習的是：聽得懂、並會用語詞和句子來表達自己的意思、學會和別人對話，以及了解別人口裡說出的話所代表的意思。簡言之，語言發展是除了學會製造清晰、流暢的「口語」外，還要學會「口說語言」的理解和表達。雖然「口語」涉及的是產生聲音之生理行為，而「口說語言」指的則是透過「口語」交流來表達和理解思想的一套完整系統。這兩個方面在語言發展中都至關重要，並且在處置兒童於學習

或使用時出現的異常，常需要以不同的方法、甚至專業介入：「口語異常」一般屬於語言治療的專業，而「口說語言」異常的介入則可透過特殊教育介入。

　　上述「口說語言」透過「口語」交流來表達和理解思想的那套系統，兒童在學前階段就逐漸發展完整，也是這套系統支持著幼童的聽與說；直到入小學，兒童開始學習文字的讀寫以後，那套完整系統就以聽、說、讀、寫的四種方式展現，而「口說語言」也就可以脫離「口說」，而成為「語言」。

　　另外，從「口語」、「口說語言」過度到「語言異常」的討論過程中，我們不能忽視學前的「聽說」問題與學齡階段「讀寫」問題之關聯。以學童的注音符號學習歷程為例，學前幼童的構音異常若未能在進入小學前治癒，必定會在開學前 10 週的注音符號學習上遭遇相當大的困難，進而影響後續以注音符號識字及早期閱讀的過程。同樣容易理解的是，口說語言年齡只有 3 歲的國小一年級聽障生，將會很困難的參與普通班絕大多數之學習活動。學術文獻也顯示，口語異常的兒童比一般兒童更常出現語言異常，例如：早期研究指出，兒童口吃的根本原因很可能是語言技巧發展不足（如 Muma, 1971; Weiss, 1964; Wyatt, 1969 等）。這些例子除提示我們在教材教法的安排上，需盡力依循聽、說、讀、寫的語言能力發展順序外，也讓我們看到語言知識其實是貫穿在兒童的聽、說、讀、寫之間。

第四節　發展性語言異常

　　《特殊教育學生及幼兒鑑定辦法》（教育部，2024）將之前使用的「語言發展異常」修改為「發展性語言異常」。由於聽覺障礙、智能障礙、自閉症及文化刺激不足常導致這些障礙兒童的語言發展異常，但另有兒童雖無這些障礙，卻也出現類似的語言落後或偏差現象。經鑑定辦法修改名稱後，語言障礙在特殊教育的鑑定上即成為一個獨立障礙，不再與聽覺障礙、智能障礙、自閉症混淆。然而，上述鑑定基準對「發展性語言異常」的定義僅限於「言語或語言符號處理能力較同年齡者，有顯著偏差或

低落現象，造成溝通困難，致影響社會互動及學習參與」，欠缺對語言發展落後或偏離的成因之闡述，因此本章仍需依據與語言障礙相關的兒童個體發展和環境因素，及教學介入方式，進行介紹。

壹、語言發展的必要條件

如前所述，正常發展的兒童絕大多數都有正常之語言發展。雖然家庭社經地位和母親的教育程度可能影響語言環境（Dollaghan et al., 1999），但語言能力正常的人未必都是在有床邊故事之環境中長大。另外，語言障礙中最極端的無口語狀況可出現在重度智能障礙、自閉症及聾童身上；前兩類案例顯示，語言發展與智能和社交需求之密切關係，而聾童之無口語則直接證明了語言的學習是從聽開始。根據這些案例，我們可以看出正常語言發展的兒童必須具有下列幾個條件。

一、正常的聽力

語言的學習從聽開始。幼童在第一次開口叫「媽媽」之前，已經聽過上千次的「媽媽」（Wright, 2021），可見反覆的聽清楚語音對語言發展之必要性。雙側聽損兒童都有不同程度的構音問題，而其整體的口語清晰度也與聽損程度有非常密切的相關。慢性中耳炎雖造成暫時性的聽損，但每次病況化解所需時間可長達 10 週，因此很可能會干擾慣性患童的語言發展，家長不宜輕忽。語言治療的完整評量必定包含聽力篩檢，以排除聽損為語言異常的因素。若發現語言障礙兒童有聽損，則必先處理聽損問題，如配戴助聽器，然後才能開始語言治療。

二、正常的智力

語言和智力的發展有密不可分的關係。皮亞傑認知學派甚至認為，認知進展到哪兒，語言就進展到哪兒，例如：兒童要會使用「快」、「慢」二詞，必先具有此二詞的概念，知道「快」和「慢」是什麼。智力發展是否正常可經由與年齡相近的其他兒童比較得知，例如：自我照顧能力、對

環境刺激的反應等，都是簡單的依據。若診斷是智能障礙導致語言發展遲緩，則介入仍以認知教學為主。

三、正常的情緒及社交能力

與生俱來的社交互動之慾望是語言發展的最早動機。正常發展的嬰兒喜歡被擁抱、會爭取關注，更會用肢體動作、聲音、表情來表達生理的需求與情緒。前面說過，他們也生來就會用共享式注意力、你來我往的輪序（turn-taking），以及用手指向（pointing）展開溝通。這些溝通慾望及訊息交流的行為，卻不見於自閉症兒童。

四、正常的母語環境

除上述三項個體必要條件外，外在的母語環境也不可缺。雖然母語的發展對環境的要求極低，但兒童仍要有足夠的機會曝露在語言使用的環境，讓他們經常聽並同時觀察語言的使用，另外還要有人對他說話。不會說話的狼童和1970年代美國加州女童Genie的故事，都是長期缺乏使用母語進行與人互動的結果。雙親工作的家庭若將幼童完全交由外籍管家照顧或任其獨處，也有可能造成子女的語言發展遲緩。

除上述四項語言正常發展的必要條件外，部分語言發展異常案例並無明顯可辨的成因，例如：常見的幼童構音異常，接近學齡仍有多數語音含混不清，但並無其他顯著發展異常。又如：在原因不明的學習障礙學生中，不少在學前階段就有語言障礙，常出現句法錯誤和命名困難等口語運作困難癥狀，無聽覺損傷卻有聽覺處理問題，極易受噪音干擾，也無法聽懂結構較長或複雜的語句。語言治療和聽力學專業常將這類個案歸類為特定型語言障礙（specific language impairment，簡稱 SLI）或聽覺處理障礙（auditory processing disorders，簡稱 APD），須尋求聽語專業處置。

由以上敘述可知，語言障礙的成因諸多，因此特教專業團隊在提供介入前，必須經由診斷，排除可能成因，才能對症下藥。

貳、語言障礙兒童所面臨的相關問題

語言障礙的種類可從較單純的功能性構音問題，到全面性的語言發展遲緩，甚至無語言能力。「語言是溝通的工具」之說法只論及語言的基本功能，卻忽略了語言在兒童各項發展中所扮演的角色。根據 Cole（1987）的研究，當兒童的語言表現落後於同儕時，下列能力亦會跟著落後，進而影響到兒童多方面的發展。

一、語言與認知發展

上述提及，認知能力是語言習得的必備條件之一。智能障礙兒童普遍有語言接收與表達問題，而且智商愈低，語言的問題往往也愈嚴重，足見認知與語言的密切關係。但語言又怎麼影響認知發展呢？兒童的認知能力可以經由觀察他們如何將物體分類進行初步判斷，以智障兒童的分類能力為例，他們大多善於根據視覺線索分類，例如：要他們從一堆紅筆中挑出一枝藍筆，多數中度智障兒童都能做到，但卻無法進階到「和香蕉一樣的是什麼？蘋果還是青花菜？」。除了智能障礙外，在第七章中曾經提過，聽覺障礙兒童因過度仰賴視覺，常認為「看起來一樣就該一樣，看起來不一樣就該不一樣」，以致對事物或語意的理解僅止於表象，例如：對不少國小啟聰班高年級學生而言，端午節＝粽子節、中秋節＝月餅節，也就是對節日的認知仍侷限在幼兒園階段。其他語言能力不佳的孩子，也多不善於將事物概念化，更因連帶的閱讀問題，讓他們不愛閱讀，也就無法經由閱讀擴展認知領域。

二、語言與物質需求的滿足

語言的基本功能是表達需求，但需求要得到滿足卻得仰賴更高的語用技巧。語言能力好的兒童要比語言能力差的兒童更能讓人知道其需求和慾望，而慾望若得不到滿足，則需面對挫折或違背心意以向環境妥協。若需求長期不得滿足，難免引發情緒問題。

三、語言與人際關係的成長

語言障礙兒童常是人群中不受歡迎的一分子。這些兒童一方面因語用知識不足，說話不能視對象或場合、時機而改變方式，輕則讓人覺得他們「不進入狀況」，重則觸怒他人，因此常交不到朋友；另一方面，語用技巧的缺乏又讓他們難以靠說話來說服、安慰或承諾他人，自然也難有機會建立起對他人的影響力。長期下來，這些不良後果勢必限縮他們日後在社會上成功的機會。

四、語言與自我意識

語言有幫助兒童建立自我意識的功能。心理分析家 John E. Gedo 醫師曾寫到「兒童的自我意識要到將近 2 歲習得口語溝通時才達成」（Gedo, 2005）。語言障礙兒童受限於語言的理解與表達，畏懼展現自己對事物有異於他人的感受與看法。長久下來，自我意識無法提升，亦無法感受到自我在人群中的重要性。因此，語言障礙兒童往往也有自信心的問題。

五、語言與學習

在本章開頭即提到，多數入學後成為學習障礙的兒童，在學前階段就已有語言障礙問題。仔細想來，這個現象並不意外。從課程因素來看，學校各科目的學習無一不仰賴聽、說、讀、寫、算的能力，即使數學的學習也需先經語言獲得理解、進而學習應用。再從個人學習方式而言，一般人常因一席話或一本書吸取到新知或別人可貴的經驗，而即使閒聊也可能澄清原來不清楚或根本錯誤的訊息；但語言能力不佳的學生反而常是靠觀察或犯錯才學會，無形中讓他們比同儕學的少又慢，自然限制了學業成就。

由以上敘述可知，語言能力對兒童發展的影響可從同儕溝通擴及心理、情緒擴及至學業與人際關係。雖然目前特殊教育界已對語言障礙及相關的學習障礙學童，藉由語言矯治與國語科補救教學提供介入，然而滿意的成果則仍有賴特教工作人員正視這些語言障礙兒童所面臨的溝通障礙問題，並提供適當輔導。

第五節　個案處理及教學策略

語言障礙學童個案處理及教學策略如何調整取決於下列幾項因素：(1)正確的診斷；(2)現有的語言治療資源；(3)與家長取得共識的 IEP 規劃。說明如下。

壹、正確的診斷

特教教師如果在 IEP 和教案上對特殊兒童的語言現狀能力之分析，停留在「口語能力差」、「詞彙少」、「句子短」這類的表象描述，則顯示他們不知從何處著手，才能有效改善學生的語言問題。聽覺障礙、智能障礙和自閉症兒童的口語都符合上述表象描述，但所需的教材和教法卻不盡相同。因此，除了解各類障礙的身心特質，調整教學活動屬性外，教師首要能診斷學生的語言障礙問題主要是「溝通」、「語言」、還是「口語」領域，或是兼有。錯誤診斷必定導致錯誤教學，造成教學資源和時間的浪費。

表 8-1 是對上述三種障礙類別的語言障礙診斷。經過此表的分析，特教教師不難訂出教學介入的首要目標。以聽覺障礙學生為例，他們可能配戴助聽器或電子耳，平日慣用口語，也可能是慣用手語的全聾學生。由於他們最易引人注意的是口語不清晰，所以容易導致教師將構音訓練訂為他們主要的特殊需求。然而，即使是口語清晰的電子耳學童，也可能有廣泛的語言接收和表達問題，例如：若說話語句常不完整則顯示有句法問題；若說話時常辭不達意、需以手勢配合，則顯示有詞彙不足的語意問題；而下課時，若無法融入同儕對話、總是留在自己座位上看書，則顯示的很可能是缺乏加入對話或修補對話等技巧，需要語用和溝通策略訓練。

溝通是必備的社會適應技能，因此聾童未來要能融入社會，必須要學會使用一般語言，更要能讀能寫，這樣即使殘存聽力有限或電子耳的效果不佳時，還能透過讀寫擴展認知和生活功能。所學的內容須包括語文的形

表 8-1　三種障礙類別的語言障礙診斷

	溝通障礙	語言（國語）障礙	口語障礙
聽覺障礙	？ （手語、筆談）	✓	✓
智能障礙	✓	✓	✓
自閉症	✓	？	？

式、內容和用法，缺一不可，才能有效的以書寫方式進行溝通。反之，若將教學目標侷限在說話訓練，且將語文練習侷限於仿說和字詞的寫認，忽略了語文句法和語意知識的建構，則實用效果有限。道理很簡單，因為口語只是語言的外顯行為之一；若沒有語言知識做基礎，即使能標準的唸出注音符號，仍缺乏溝通內涵。也就是說，「只教口語卻不教語言」的結果是：口可以說，但卻不知怎麼說（構詞、句法），或說 什麼（語意、語用）。

　　再看典型自閉症的問題。此類患者近 70%具有口語能力（Rose et al., 2016），且不乏字正腔圓者，但因缺乏社交慾望與固著的認知模式，妨礙他們對語意與語用的學習，使得多數仍不能用語言進行有效溝通。從表 8-1 可見，自閉兒的基本問題是出在不與外界溝通。依據「人可以無口語，無語言，但不能不溝通」的基本處置原則，我們很容易就能決定介入的首要目標，也就是在於製造情境以誘發他們溝通，並提供一套適合他們使用的溝通方式。正如教導聽障生的情形一樣，自閉兒的溝通方式未必只限於書寫語言或口語。指認圖片或字卡、鍵盤打字、甚至手語，都是適合他們的溝通選項。若僅一味的以仿說方式要求他們開口，但未讓他們見識到說話的功能或目的，則他們的溝通問題仍不得改善。

　　最後談自閉症與智能障礙教學目標和方式應有的差異。由於自閉症學童多具智能障礙，且和智能障礙學生一樣是口語詞彙有限，因此多數特教教師對此兩類學生並未採用區別式的語文科教材教法，並總是讓他們練習仿說詞彙及社交用語。這樣的活動雖可提供智能障礙學生正確的口語示範，但卻可能增強了自閉症學生有待消弭的「鸚鵡式口語」。自閉症學生

最少有下列兩項不同於一般智障學生：(1)缺乏與人溝通意願，不知說話的用途何在，以致於對模仿學來的話語，只會擺在嘴上不斷炫耀式複誦，卻不會用來溝通；(2)因認知形態固著，極端執著於字詞的表面語意（例如：坐電梯時堅持要「坐」在電梯的地板上），無法類化外，且對於涉及相對概念的語詞（例如：「你—我」、「大—小」、「昨天—今天—明天」），都無法學會適當用法，而智能障礙學生則沒有這些問題。

在自閉症和智能障礙兒童的區別式教學上，特教教師必須有的認知和掌握的教學原則是：智能障礙兒童是因認知發展限制語詞所涉概念的學習，連帶限制了語言學習，因此教學重點是在「語意」；而自閉症兒童的語言問題根本源自他們的溝通障礙。對課堂上介紹的語詞，自閉症兒童通常不是不會「說」（鸚鵡式語言可是他們的口語特徵！），而是不知道怎麼用，例如：要自閉兒仿說「紅色」並不難，難的是如何讓他們會說「紅色」之後，在人際互動中，每當想要紅筆的時候，都會說「紅色」。因此，自閉症兒童的語言介入重點是在教導「語用」。又由於「語用」是語言在真實的人際互動中使用之規則，因此教導「語用」必須要與生活情境結合，更能誘發自閉兒的溝通動機。再以「紅色」為例，在美術課上，如果已知自閉兒只喜歡紅筆，那麼就可以在著色前先教導他說「紅色」，如果順從了，就該符合情境、理所當然的給他喜歡的「紅色」筆，而不是以一樣與「紅色」完全無關的物品（如卡通圖案貼紙）做為增強物。傳統語文教學常讓學生坐在椅子上空想語境來造詞造句的作法，絕對不適用於自閉症兒童的語文教學，當然也不適用於特殊需求課程的社交溝通訓練。

貳、現有的語言治療資源

目前，國內多數縣市對溝通障礙學生的輔導多採專業團隊提供間接治療，也就是聘請語言治療師到校評估學生的問題後，指導特教教師和普通班教師將適合的語言治療活動融入平日教學。至於治療師到校服務的次數則視各地區之特教經費而定，亦有學生由家長自覓校外資源，在課外接受語言治療。由於語言治療需要在經過完整的評量後，訂定治療計畫，經過

長時間的介入，才見成效，因此零星的醫療或教育資源，效果可能比不上由特教教師根據正確的診斷，設計適當的教材教法。所幸溝通、語言、口語無時不在進行，因此無一時間不可做為介入時間。

除專業團隊外，多媒體、網路及人工智慧主導的電腦應用程式（AI powered apps）等數位產品，透過簡易的介面操作，已能對語言障礙學生提供無盡的、影音盡有的教學服務資源，例如：以往對閱讀困難學生所提供的人工報讀，已可由其自行用手機拍照閱讀材料，然後交由事先下載的應用程式（如 Google Lens），以自選的語言讀出文字，不僅節省人力，增添學習趣味，更重要的是能夠提升學生的自學能力。另外，過往為設計教材需在網頁搜尋的圖像，如今亦可由人工智慧，按照教師想像即時生成。因此，數位時代的科技已成為特教教師最值得深入學習及利用的教學資源。

參、與家長取得共識的 IEP 規劃

IEP 的有效執行，仰賴學校行政、教師和學生家庭三方面的充分合作。合作的前提是 IEP 的目標需取得家長共識。雖然多數家長尊重教師專業，但仍有不少執行的困難起源於親師看法不一，例如：聽覺障礙學生的家長可能認為有了助聽輔具，假以時日，學生的聽、說、讀、寫能力即能自行跟上同儕，因此不重視、甚至拒絕特殊教育服務。如此一來，教師便無法寄望家長在家協助聽覺障礙學生進行課外口語練習或閱讀活動。又如：自閉症兒童的溝通訓練必須與家庭生活互動方式結合，以達成溝通行為改變。若家長習慣對兒童有求必應，甚至將日常生活一切以自閉症兒童的喜好和習性安排，這樣兒童根本無必要學習利用動作、手勢、口語、溝通板等系統與人溝通，只能繼續生活在自己的世界。

取得家長共識的方法包括：邀請家長參加親師座談、個別障礙知能研習、家長教養成果分享，以及教師教學活動設計和學生學習成果分享等。

在上述三項因素的良好配合下，特教教師和普通班教師可運用以下教學策略，介入各類溝通和語言障礙。

壹、溝通障礙

在溝通障礙中最嚴重的莫過於無口語。除自閉症患者外，部分發展遲緩、腦性麻痺等患者因腦傷或運動肌肉和神經的傷害，而造成暫時或永久損傷，影響語言理解和表達。雖然以口語溝通是家長的理想，甚至是他們唯一可接受的復健／創建目標，但專業團隊仍需顧及患童隨時隨地的溝通需求。因此，團隊的任務是取得家長的共識，在未必要放棄口語訓練的同時，儘早為此類兒童設計、並訓練使用暫時或永久性的溝通方式。具體作法，例如：透過專業評估、依個別溝通需求及生理限制，選擇並設計替代性溝通系統（augmentative and alternative communication (AAC) systems）。另外，目前常用於自閉症個案的圖片交換系統（picture exchange communication system，簡稱 PECS）、手語、以手指在紙鍵盤上按注音符號拼音等，也是其他無口語學童可嘗試學習的溝通方式。

貳、口語障礙

一、構音異常

錯誤構音牽涉口腔和聲道功能，因此矯治過程不同於國語注音符號之正音。前文介紹過構音異常的四種類別，然而除將錯誤進行分類外，尚需仰賴語言治療師就錯誤構音分析其音韻歷程，以進行適當介入，例如：會把「婆婆」說成「伯伯」（/ㄆ/─/ㄅ/）的學生，通常也會把「兔」說成「肚」（/ㄊ/─/ㄉ/），把「口」說成「狗」（/ㄎ/─/ㄍ/），把「七」說成「雞」（/ㄑ/─/ㄐ/），把「菜」說成「在」（/ㄘ/─/ㄗ/），把「吃」說成「汁」（/ㄔ/─/ㄓ/）；從注音符號的角度來算，共錯了六個音，但從構音過程來分析，只犯了一個錯誤：就是缺乏「送氣」。因此，只要教會兒童如何「送氣」，再加上多次練習，大多可解決這六個錯誤。同樣的，把

「狗狗」說成「斗斗」的問題，也不是看或聽老師示範就可解決。這種替代性的混淆動作基礎在於舌尖的高低。「狗」的「/ㄍ/」是舌尖下壓，讓舌根升高，而「斗」的「/ㄉ/」動作則相反。這些關於構音過程的分析、相對應的送氣方式，以及構音動作的修正等是語言治療的專業。由此可見，構音問題的處理需由語言治療師主導，而特教教師可在課堂上或與學生互動過程中，多加練習。另外，構音的矯治又常以耳朵的辨音訓練為起點。上述把「婆婆」說成「伯伯」的案例，若聽不出/ㄅ/與/ㄆ/是不同的音，就不可能以口語清晰說出這兩個音。

　　構音的矯治效果常與年齡有關，不正確的口腔動作積習愈久，矯治的困難度和所需時間通常也會愈長。至於將構音矯正列為 IEP 短期目標或是單元教學目標，則須慎重考慮是否符合實際。原因是：除上面提到的與注音符號教學的差異外，還要考慮患童的年齡、學習動機及自我監聽能力等因素。在時間方面，臨床治療常以三個月為一期，每週治療約一小時。一般無其他障礙兒童需一期或更久，若患童兼有如智能障礙、聽覺障礙、注意力缺陷過動症等障礙，則介入所需時間不易估算。因此，學校能否提供必要的時間和人力資源，是必要的考量。

二、嗓音異常

　　學童常見的聲音異常多因嗓音過度使用，例如：男童經常性的大聲吼叫，情況嚴重時需禁聲休養。至於最基本的預防方式，可由教師示範並教導學生小聲說話是禮貌的表現，說話對方聽得到即可，不需吼叫。其他嗓音問題，則需耳鼻喉科醫師及語言治療師以醫藥配合儀器觀測介入。

三、語暢異常（口吃與迅吃）

Blood 等人（2001）提供教師與語暢異常學生互動、並促進學生融合的通用策略：

　　1.提供對班上其他同學關於口吃的知識。

　　2.營造一個尊重發言的課堂環境，鼓勵積極聆聽，並避免打斷他人說話。

3.示範清晰且刻意的說話模式，並實施大家輪流發言等策略。

4.肯定口吃和迅吃學生所做的努力，並提供領導機會以建立其自信心。

5.與家長和語言治療師的合作，運用具支持性和有效的溝通策略。

除以上述方式進行班級經營和管理外，教師可能仍需對口吃和迅吃學生提供個別化的關注。由於口吃常因不熟悉的環境、談話對象、內容而惡化，因此若教師在課堂上突發性的要求患童對正在學習的內容表達意見，其結巴狀況很可能令患童、甚至老師和其他同學都感到困窘。有些老師因此選擇讓患童整學期靜坐，但難免剝奪其參與學習的機會。建議的策略是經由適當的課前安排，如事先將已經簡化的作答內容提供患童，請他在課前先充分準備，並運用語言治療師提供的增加流暢性策略（如在家中預演），以減少患童的焦慮並增加成功表達的機率。至於課外師生互動時，面對患童口語的不流暢，教師的最適當反應不是立即糾正或要求其重述，而是將焦點集中在其說話的內容。除處理口語行為外，教師和家長仍需關注患童可能兼有的語言技巧不足問題，並提供必要的介入。

迅吃的因環境誘發因素與口吃相反，也就是熟悉的表達內容反而易使患童的口語更加含混不清。為改善患童溝通時因說話速度太快、使聽者無法理解的問題，教師可利用行為改變技術，提升學生對說話速度的自我監控。除口語問題外，教師需同時運用個別化的學習障礙介入策略。

參、語言障礙

語言異常最直接影響的是學童所有學科的學習（不僅是語文科）及班級人際關係。由於語言的內容隨年齡、學科項目及外在環境的變化呈動態性的快速累積，需要密集與充分的學習時間，因此最實際的介入場所不是醫院的復健部或語言治療所，而是教室與家庭。

前面介紹過語言異常可細分為三大類：(1)形式方面：音韻異常、構詞異常、句法異常；(2)內容方面：語意異常；(3)用法方面：語用異常。前段構音異常亦即音韻異常，在此無需贅述。以下所列為增進語意、構詞、句法的綜合教學策略。

一、語意與詞彙

1.擴大生活經驗：詞彙的學習取決於學童是否已發展詞彙所包含的概念。簡單的說，如果詞彙描述的是現實生活中熟悉的事物，則學習相對容易，例如：「捷運」一詞對都會區的學童容易理解，但對偏鄉學童則可能造成困難。因此，教學活動可以影片觀賞、旅遊經驗分享等，擴大學生的熟悉領域。

2.認知教學：皮亞傑的認知理論強調，語言是認知的結果，也就是認知進展到哪裡，語言就進展到哪裡。這套理論最適合解釋智障兒童的詞彙貧乏現象，例如：因為不能認知到「香蕉」、「蘋果」同屬一類，因此雖會說「吃香蕉」、「吃蘋果」，卻不會說「吃水果」。教學活動的目標首在透過分類活動促成概念的形成，例如：請學童把食物放在幾個籃子內的分類遊戲，然後再於籃子上貼上標籤，例如：「水果」、「飲料」、「糕餅」等。此種「先分類、再命名」的活動對抽象詞類依然適用，例如：在月曆上把要上學的日子打圈、不要的打叉，然後再依圈叉分別標上「工作日」或「假日」。

3.用造句檢驗對詞彙語意的理解：許多語詞的語意類似，但適用的對象或情境並不相同，例如：「叱吒風雲」並非只是一般「威武」的樣子，雖可形容將士在沙場、企業家在商場，但卻不能用來形容弟弟在幼兒園。為確定學生的語詞學習效果，要求學生造課文外的新句是最好的確認方法。

4.混合運用語意解讀的三種策略：(1)由下而上的解碼策略：就是先了解句子中每個詞彙的語意，再合併。傳統式語文科教學強調國字音形義的辨認及先教生字、生詞後，再教課文，就是這種策略的運用；(2)由上而下的認知策略：就是靠文章的主題脈絡找尋字詞線索，例如：大家都猜得出「端午節要吃＿＿＿子」這一句少的是「粽」字，因此若把這個字誤寫成「棕」或「縱」或根本不寫，都無損我們對此句的理解。非認知障礙學童的語詞學習可透過說故事、閱讀繪本，藉由對主題的了解、生活經驗和文章脈絡來綜合判斷新語詞的語意，也就是所謂靠「由上而下」的認知策略來解讀語詞的意思。這種策略可帶動學生積極運用生活 經驗和現有的知識，讓語文課變得有趣活潑；(3)上下互動策略：就是上面兩策略並用，

「全語文教學」是其代表。

二、句法

句法的教學可採下列三階段。

（一）形式解說（formal instruction）

即一般傳統的講解。

（二）引導學習（guided learning）

具體的教法是**先簡化**，**再複雜化**。前面說過，句法是詞與詞結合成句的排列規律。雖然學校的考試常有「重組」題，但單獨靠作業單提供重組練習，並無法教會學生如何排列語詞。教師有必要對句子結構進行簡要分析，並把重點擺在擴充或延伸學生現有的句法技能。具體的作法是：先將句子簡化，只保留最基本的主詞和動詞但語意完整的結構，然後再逐步複雜化，把修飾性的詞逐一加入，且每加一詞，都要求學生照樣造句，例如：「我一整天昏昏沉沉的睡了」這句不合句法的句子，可由下列教學步驟改正：

步驟	簡化句	照樣造句
第一步	「我<u>睡</u>了」	「我<u>吃</u>了」、「我<u>跑</u>了」……
第二步	「我睡了<u>一整天</u>」	「我睡了<u>三小時</u>」、「我吃了<u>八碗飯</u>」、「我跑了<u>20分鐘</u>」……
第三步	「我<u>昏昏沉沉的</u>睡了一整天」	「我<u>舒舒服服的</u>跑了20分鐘」、「我<u>匆匆忙忙的</u>吃了八碗飯」……

以上教學練習的好處在於：(1)讓學生從接近日常口語的簡單、但句意完整的造句開始；(2)讓學生看出句子的基本結構和附加語詞之修飾功能；(3)幫助學生以有限的規則造出無窮的句子。最後的(3)正是語言學當代大師Chomsky所強調的人類語言特性。相對於一般教師直接把正確句告訴學生的

作法，以上的「先簡化，後複雜化」的教學，可以在相同的時間內教導學生造出更多合文法的句子。

（三）實境練習（real world practice）

日常生活中的語言溝通單位不是語詞，而是完整的句子。因此，把學得的詞彙串成句子應用於真實生活中的各種情境描述、解說，才算達到語文學習的目標功能。然而，多數語言障礙的兒童不善於用語言憑空描述，例如：當要求他們告訴你最近戶外教學的見聞，他們多數沒太多話可說。這種困境不難理解，因為要能順利完成上述任務，兒童可能需一邊從記憶中搜尋影像，一邊還要用口語把找到的影像轉換成前後排列有序的語詞和語句，這需要相當 複雜的認知合併語言的能力和技巧。若場景換成在語文課上要求學生就新課介紹的特定語詞造句，則情況只有更艱難，因為眼前教室裡，多半無對應的情境事物，於是學生必須要能立即創造或連結到記憶中一個符合這個語詞的情境。補救的方式是提供真人實境的影像呈現，例如：如果教師能拿著 921 大地震房屋倒塌的照片，要求學生用「心有餘悸」、「地動山搖」，或「雖然……仍然」、「直到……才」造句，通常有助於語障學生完成造句。

第六節　結語

語言的首要功能在於溝通。本章介紹語言障礙的眾多面相：從最大範圍的溝通意圖之缺乏（如自閉症），到無法有效的將溝通意念轉換為語句能力的語言問題，再到無法將造好的語句經由聲道口腔轉換為清晰流暢的語音傳送給溝通對象的口語問題。對在學階段的學童而言，溝通／語言／口語又同時肩負起認知學習、社會適應及自我意識形成等攸關個體發展的重大任務。由於目前國內特殊教育受限於經費和學校人力編制，尚未能充分借重語言治療專業對眾多語言障礙兒童提供全面個案管理，因此特殊教育教師必須充實相關知識，對學生的語言問題進行正確的診斷，訂定合理的介入目標，並針對學生的身心特質，善用教學科技開發有效的教學策略。

問題與反思

基本題

1. 廣義的溝通障礙包括溝通障礙、語言障礙和口語（說話）障礙。請問溝通、語言、說話（口語）三者的關係為何？
2. 溝通障礙常見於哪些特殊兒童？
3. 語言內含哪五項成分？其中「句法」和「語意」如何區分？自閉症兒童的「鸚鵡式口語」是屬於哪一項問題？
4. 口語的產生要經歷哪些步驟？
5. 口語異常有哪些類別？
6. 構音異常有哪些類別？「替代」和「歪曲」的差別何在？
7. 口語的不流暢可分為八種類型，「口吃」的不流暢主要是哪兩種？
8. 「迅吃」的主要口語特徵是什麼？患童除了口語障礙外，還同時具有哪一種特殊兒童的障礙特徵？
9. 絕大多數兒童都有正常的語言發展。語言障礙的出現常因缺乏哪些正常發展所需的必要條件？
10. 語言障礙都有一定的成因嗎？

進階題

1. 口語障礙和（非口語的）語言障礙有何不同？
2. 語言障礙如何影響兒童的認知發展？
3. 語言能力評量分為「接收」（聽）和「表達」（說）兩方面，為什麼？
4. 「構音治療」為何不是「注音符號正音」教學？
5. 如何區辨自閉症兒童和智能障礙兒童的國語文教學？
6. 慣用手語的聾生在學習國語時會有哪些困難？

參考文獻

中文部分

江源泉（2006）。電腦視覺回饋在國中聽障生學習國字聲調書寫上的應用。**特殊教育研究學刊**，**30**，95-111。https://doi.org/10.6172/BSE200603.3001005

行政院（2024）。身心障礙及資賦優異學生鑑定辦法修正草案總說明。行政院公報，**30**（68）。作者。https://gazette.nat.gov.tw/EG_FileManager/eguploadpub/eg030068/ch05/type3/gov40/num9/images/Eg01.pdf

教育部（2024）。**特殊教育學生及幼兒鑑定辦法**。作者。

英文部分

Austin, J. L. (1962). *How to do things with words* (2nd ed.). Harvard University Press.

Blood, G. W., Blood, I. M., & Tellis, G. M. (2001). Enhancing fluency through the school-age years: A multidimensional approach. *Language, Speech, and Hearing Services in Schools, 32*, 213-224. https://doi.org/10.1044/0161-1461(2001/017)

Bloom, L., & Lahey, M. (1978). *Language development and language disorders*. John Wiley & Sons.

Chen, L. M., & Kent, R. (2009). Development of prosodic patterns in Mandarin-learning infants. *Journal of Child Language, 36*, 73-84. https://doi.org/10.1017/S0305000908008878

Cole, P. (1987). Recognizing children with language disorders. In F. Martin (Ed.), *Hearing disorders in children* (pp. 113-147). Pro-ed.

Davis, B., MacNeilage, P., Matyear, C., & Powell, J. K. (2000). Prosodic correlates of stress in babbling: An acoustical study. *Child Development, 71*, 1258-1270. https://doi.org/10.1111/1467-8624.00227

Dollaghan, C., Campbell, T., Paradise, J., Feldman, H., Janosky, J., Pitcairn, D., & Kurs-Lasky, M. (1999). Maternal education and measures of early speech and language. *Journal of Speech, Language and Hearing Research, 42*, 1432-1443. https://doi.org/10.1044/jslhr.4206.1432

Gedo, J. (2005). *Psychoanalysis as biological science: A comprehensive theory*. Johns Hopkins University Press.

Grice, H. P. (1975). Logic and conversion. In P. Cole, & J. Morgan (Eds.), *Syntax and semantics* (Vol. 3) (pp. 41-58). Academic Press.

Hsu, J. (1996). *A study of the stages of development and acquisition of Mandarin Chinese by children in Taiwan*. Crane.

Johnson, W., & Associates (1959). *The onset of stuttering*. University of Minnesota Press.

Jones, M., Onslow, M., Harrison, E., & Packman, A. (2000). Treating stuttering in young children: Predicting treatment time in the Lidcombe Program. *Journal of Speech, Language, and Hearing Research, 43*, 1440-1450. https://doi.org/10.1044/jslhr. 4306.1440

Kirk, S. A., Gallagher, J. J., & Coleman, M. R. (2015). *Educating exceptional children* (14th ed.). Cengage.

Kuhl, P., & Rivera-Gaxiola, M. (2008). Neural substrates of language acquisition. *Annual Review of Neuroscience, 31*, 511-534. https://doi.org/10.1146/annurev.neuro.30.051 606.094321

Lane, H., & Webster, J. W. (1991). Speech deterioration in postlingually deafened adults. *Journal of the Acoustical Society of America, 89*, 859-866. https://doi.org/10.1121/1. 1894604

Monsen, R. (1983). General effects of deafness on phonation and articulation. In I. Hochberg (Ed.), *Speech of the hearing impaired: Research, training, and personnel preparation* (pp. 23-34). University Park Press.

Moore, G. (1986). Voice disorders. In G. Shames & E. Wiig (Eds.), *Human communication disorders* (2nd ed.) (pp. 181-241). Charles E. Merrill.

Muma, J. (1971). Syntax of preschool fluent and disfluent speech: A transformational analysis. *Journal of Speech, Language, and Hearing Research, 14*, 428-441.

Peterson, H., & Marquardt, T. (1994). *Appraisal and diagnosis of speech and language disorders* (3rd ed.). Prentice-Hall.

Rose, V., Trembath, D., Keen, D., & Paynter, J. (2006). The proportion of minimally verbal children with autism spectrum disorder in a community-based early intervention programme. *Journal of Intellectual Disability Research, 60*, 464-467. https://doi. org/10.1111/jir.12284

Searle, J. (1969). *Speech acts: An essay in the philosophy of language*. Cambridge University Press.

Shames, J. (1986). Disorders of fluency. In G. Shames & E. Wiig (Eds.), *Human communication disorders* (2nd ed.) (pp. 243-289). Charles E. Merrill.

Sheehan, J., & Martyn, M. (1966). Spontaneous recovery from stuttering. *Journal of Speech, Language, and Hearing Research, 9*, 121-135.

Tiger, R., Irvine, T., & Reis, R. (1980). Cluttering as a complex of learning disabilities. *Language, Speech and Hearing Services in Schools, 11*, 3-14.

Ward, D. (Ed.) (2006). *Stuttering and cluttering: Frameworks for understanding and treatment*. Psychology Press.

Weiss, D. A. (1964). *Cluttering*. Prentice-Hall.

Whalen, D., Levitt, A., & Wang, Q. (1991). Intonational differences between the reduplicative babbling of French- and English-learning infants. *Journal of Child Language, 18*, 501-516. https://doi.org/ 10.1017/s0305000900011223

Wingate, M. (1978). *Stuttering: Theory and treatment*. Irvington Publishers.

Wright, J. (2021). Why your kid wants to do the same activity over and over again. *Today's Parent*. https://www.todaysparent.com/family/why-your-kid-wants-to-do-the-same-activity-o ver-and-over/

Wyatt, G. L. (1969). *Language learning and communication disorders in children*. Free Press.

Zemlin, W. (1986). Anatomy and physiology of speech. In G. Shames & E. Wiig (Eds.), *Human communication disorders* (2nd ed.) (pp. 81-113). Charles E. Merrill.

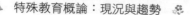

第 **九** 章

肢體障礙

孟瑛如、簡吟文

　　肢體障礙（physical handicaps）是指，由於發展遲緩、中樞或周圍神經系統發生病變、外傷，或其他先天或後天性骨骼肌肉系統之缺損或疾病，而形成肢體無法或難以修復之障礙。肢體障礙是特殊兒童中數目較少，但障礙類型較多的一群。有些人的障礙情況非常明顯，但也有些人的障礙並不明顯；有些肢體障礙是由疾病引起的，但有一些則可能是由於意外傷害所造成的永久性障礙。

第一節　肢體障礙的定義及身心特質

壹、定義

　　肢體障礙應由專科醫師診斷，依據《特殊教育學生及幼兒鑑定辦法》（教育部，2024b）第 7 條，肢體障礙之定義如下：

　　「本法第三條第五款所稱肢體障礙，指上肢、下肢、軀幹或平衡之機能損傷，致影響參與學習活動。

　　前項所定肢體障礙，其相關疾病應由專科醫師診斷；其鑑定基準依下列各款規定之一：

一、先天性肢體功能障礙。

二、疾病或意外導致長期持續性肢體功能障礙。」

肢體障礙之判定除了要有肢體相關的障礙（先天或後天），且必須要有特殊教育相關需求，才會被鑑定為肢體障礙。在《身心障礙者鑑定作業辦法》（衛生福利部，2024）中，肢體障礙屬於第七類「神經、肌肉、骨骼之移動相關構造及其功能」，其鑑定向度包括：(1)關節移動的功能（上肢）；(2)關節移動的功能（下肢）；(3)肌肉力量功能（上肢）；(4)肌肉力量功能（下肢）；(5)肌肉張力功能；(6)不隨意動作功能；(7)上肢構造；(8)下肢構造；(9)軀幹。家長可帶疑似肢體障礙學生至身心障礙鑑定機構（鑑定醫療院所）辦理，其鑑定原則依《身心障礙者鑑定作業辦法》辦理。有關肢體障礙的鑑定向度說明如下（吳亭芳，2014；李淑貞，2009）：

1.關節移動功能：指關節的動作範圍和靈活功能，包括：單一或多個關節、脊椎、肩、肘、腕、髖、膝、踝、手和腳的關節移動功能，以及全身關節移動功能。關節移動功能損傷，例如：關節鬆動、冰凍關節、冰凍肩，以及關節炎等。

2.肌肉力量功能：指與肌肉或肌肉群收縮產生之力量有關的功能，包括：特定肌肉和肌肉群、單一肢體、身體單側、下半身、四肢、軀幹，以及全身肌肉力量相關的功能。肌肉力量功能損傷，例如：腳和手的小肌肉無力、肌肉輕癱、肌肉癱瘓、單肢癱瘓、下半身癱瘓、四肢癱瘓等。

3.肌肉張力功能：指肌肉在休息狀態之緊張度，以及當被動地移動肌肉時產生之阻力有關的功能，包括：獨立肌肉及肌肉群、單一肢體肌肉、單側身體肌肉、下半身肌肉、四肢肌肉、軀幹，以及全身肌肉緊張度相關的功能。肌肉張力功能損傷，例如：低肌肉張力、高肌肉張力，以及肌肉痙攣等。

4.不隨意動作功能：指肌肉或肌肉群無意識、無目的或部分目的之不自主收縮功能。不隨意動作功能損傷，例如：震顫、抽動、無意義舉動、刻板動作、動作反覆症、舞蹈症、徐動症等。

5.上肢結構：包括肩、上臂、前臂及手的神經、肌肉、骨骼之相關構造損傷。

6.下肢結構：包括骨盆、大腿、小腿、踝及腳的神經、肌肉、骨骼之相關構造損傷。

7.軀幹：包括脊椎（頸椎、胸椎、腰椎、薦椎和尾椎）構造以及軀幹的肌肉損傷。

貳、分類

肢體障礙之嚴重程度是根據身心障礙鑑定程度，並參考特殊教育需求之評估進行綜合研判。肢體障礙學生可依障礙程度分為下列四類（吳亭芳，2014）：

1.輕度肢體障礙：持身心障礙證明，第七類神經、肌肉、骨骼之相關構造及其功能損傷輕度障礙，肢體之行動能力及操作能力受到輕度影響，對學科學習及參與學校的學習活動造成輕度影響。

2.中度肢體障礙：持身心障礙證明，第七類神經、肌肉、骨骼之相關構造及其功能損傷中度障礙，肢體之行動能力及操作能力受到中度影響，對學科學習及參與學校的學習活動造成中度影響。

3.重度肢體障礙：持身心障礙證明，第七類神經、肌肉、骨骼之相關構造及其功能損傷重度障礙，肢體之行動能力及操作能力受到重度影響，對學科學習及參與學校的學習活動造成重度影響。

4.極重度肢體障礙：持身心障礙證明，第七類神經、肌肉、骨骼之相關構造及其功能損傷極重度障礙，肢體之行動能力及操作能力受到極重度影響，對學科學習及參與學校的學習活動造成極重度影響。

參、肢體障礙者的身心特質

一、身體動作特徵

肢體障礙者主要是因為上肢、下肢或軀幹之機能有部分或全部障礙，因此在外觀上很容易觀察得知。肢體障礙在身體動作的一般特徵有下列兩

點（王亦榮，2000；徐享良，2006；張世彗、藍瑋琛，2018）：

1.軀體外觀殘缺或畸形：因為先天或是後天因素導致身體外觀殘缺、變形，而在日常作息與生活自理中出現重大困難，例如：用餐、提取物品、處理個人衛生、環境行動及肢體活動等。

2.神經系統病變：身體或肢體外觀完整，但因神經系統病變、控制不良，或肌肉萎縮喪失肌力，導致無法處理個人日常事務與進行正常作息。

二、認知和語言表現

一般而言，肢體障礙兒童並無伴隨腦傷問題，因此其智力與認知能力發展應與一般兒童沒有明顯差異，但往往因為其身體障礙導致學習受到限制，或因評量不利因素無法表現應有水準，其能力水準常被低估。而在語言方面的表現，一般也與肢體殘缺無明顯關聯，肢體障礙兒童在語言表現上應該也與一般兒童無異，而出現語言障礙相關問題可能是與過度保護、缺乏主動學習或情緒壓力導致有關（何華國，2014）。

肢體障礙兒童在認知和語言表現上與一般兒童無明顯差異，若肢體障礙者伴隨有認知缺損、智能障礙或其他顯著障礙，則應作多重障礙之判定，給予更適切之教育安置服務，詳見《特殊教育學生及幼兒鑑定辦法》（教育部，2024b）之規定。

三、心理與情緒

肢體障礙學生容易出現心理與情緒上的問題，也往往伴隨著社會適應上的困難（徐享良，2006）。肢體障礙學生因其外觀上的殘缺，會有意無意地感受到外界他人與社會的歧視，負向的感受往往源自於肢體障礙學生與同儕或團體互動過程中產生的恐懼、蔑視、缺乏處理經驗，以及欠缺彈性等。肢體障礙學生除了必須面對自己的障礙問題外，還必須接受他人加諸於自身的限制（Kirk et al., 2015），導致其在社會適應上出現困難，也容易出現負面的情緒表現。王亦榮（2000）認為，肢體障礙學生常因為外界眼光與自身的自卑感，容易產生消極的自我概念、高度的焦慮和較低的自我價值感，也容易形成孤立、自我貶抑、憂慮和偽裝的心理狀態。何華國

（2014）也指出，肢體障礙學生的父母或照顧者若給予過度的保護，剝奪其主動學習的經驗，往往造成其心理過度依賴而出現學校生活適應問題。因此，對於肢體障礙學生心理情緒的輔導除了針對障礙者本身，也應給予家人、同儕、師生或相關人員正確的教養觀念與方法。

第二節　肢體障礙者的鑑定與評量

壹、肢體障礙者的鑑定

肢體障礙學生之鑑定，應轉介身心障礙鑑定機構辦理，並向各級主管機關特殊教育學生鑑定及就學輔導會（以下簡稱鑑輔會）申請，蒐集相關資料，實施初步類別研判、特殊教育需求評估及綜合研判後，完成包括教育安置之建議及所需相關服務之評估報告。肢體障礙學生之鑑定應包含相關醫師之診斷證明，以及下列各項能力之評估，包括：健康狀況、感官功能、知覺動作、生活自理、認知能力、溝通能力、社會情緒行為，以及學科（領域）學習等，以了解肢體障礙學生在校之學科學習及參與各項活動適應之困難（吳亭芳，2014；教育部，2024b）。

肢體障礙學生的鑑定方法，分為醫學相關檢查以及特殊教育需求評估，分別說明如下（教育部，2019a，2019b，2024a；衛生福利部，2024）。

一、醫學相關檢查

包括：肢體基本結構檢查、關節活動度測量、徒手肌力檢查、肢體活動功能檢查、目視步態檢查、放射線影像檢查、肌電圖、肌肉切片以及等速肌力檢查。

二、特殊教育需求評估

1.特殊需求課程：肢體障礙學生因受限於肢體活動能力，所以需要加強

某些行動及體適能方面的訓練，因此可能需要在體育課等體能或是藝能課中將該生抽離開來，安排相關專業人員（如物理治療師及職能治療師）提供特殊需求課程，包括：機能訓練、輔助科技應用等。

2.課程調整：在班級老師轉介相關專業人員（如物理治療師及職能治療師）進行學校生活功能性評估後，若考量肢體障礙學生的肢體動作能力無法應付一般課業活動時，則建議班級老師可以在該生課業上以簡化、減量或替代的方式處理。

3.評量調整：由於肢體障礙學生的動作協調不佳，書寫評量答案可能有困難，可能需要調整評量方式，包括：延長時間、電腦作答、口頭回答、放大試卷、代謄答案等。

4.無障礙環境與設施：肢體障礙學生從家中到學校班級教室之上下課動線要有無障礙設計及安排規劃，例如：進入校門口需不需要斜坡輔助、上課教室動線的安排、需不需要加裝扶手、是否能配合該生方便移動的需求、如廁是否需身障廁所等考量。

5.相關輔助科技設備：如行動移位與擺位輔具、閱讀與書寫輔具、溝通輔具、進食輔具、電腦輔具，以及其他改善身心障礙學生能力之輔具。

6.相關專業服務：如物理治療師、職能治療師、語言治療師、心理師、教師助理員等提供服務。

貳、肢體障礙者的評量

一、認知功能

對於認知功能無缺損的肢體障礙者來說，評量其智商與認知表現有助了解其優弱勢能力與學習潛能，才能進一步規劃教學目標與課程內涵。針對智商的評量，常見的有「魏氏兒童智力量表」（第五版）（WISC-V）（陳心怡，2018）、「魏氏幼兒智力量表」（第四版）（WPPSI-IV）（陳榮華、陳心怡，2013），以及「綜合心理能力測驗」（Comprehensive Mental Abilities Scale，簡稱 CMAS）（林幸台等人，2000）等；針對非語文智商

之評量，則可利用「托尼非語文智力測驗」（第四版中文版）（Test of Nonverbal Intelligence, 4th ed.，簡稱 TONI-4）（林幸台等人，2016）、「綜合性非語文智力測驗」（Comprehensive Test of Nonverbal Intelligence，簡稱 CTONI）（許天威、蕭金土，1999）等。上述工具在使用時，須注意肢體障礙學生是否因為肢體動作的問題而形成受試者不利因素，而低估能力表現情形。

二、情緒與行為

肢體障礙學生容易因其障礙導致情緒困擾，產生學校或社會適應的困難，利用相關的情緒與行為評量工具可作為肢體障礙學生輔導之參考。常見工具如：「中學生情緒智能量表」（陳李綢、蔡順良，2009）、「阿肯巴克實證衡鑑系統」（Achenbach System of Empirically Based Assessment，簡稱 ASEBA）（陳怡群等人，2009）、「青少年心理健康量表：篩選性評估」（黃政昌、呂紀韋，2008），以及「涂老師社交測量系統」（涂春仁，2009）等。

三、性向與生涯規劃

肢體障礙學生因其認知功能正常，因此具有學習能力與可教育性，但可能因其障礙導致受限於安置環境，因此對於肢體障礙學生的未來輔導安置須有完整的考量，進行性向評量有助於了解學生的興趣與優勢所在，可作為將來生涯輔導規劃之參考。常見的性向評量工具有：「中學多元性向測驗」（盧雪梅、毛國楠，2013）、「多向度性向測驗組合」（歐滄和、路君約，2003）、「多元智能量表」（乙式）（Chinese Version of Multiple Intelligence Developmental Assessment Scales Form-B，簡稱 CMIDAS-B）（吳武典，2011）、「身心障礙者轉銜服務評估量表」（陳麗如等人，2001）等。

第三節　肢體障礙者的適性教學輔導策略

壹、輔助科技的運用

　　輔助科技乃依據美國 2004 年修正的《輔助科技法案》（Technology-Related Assistance for Individuals with Disabilities Act Amendments of 2004）所定義之內容。輔助科技包含了輔助科技設備（輔具）以及輔助科技設備服務（輔具服務）（Shih & Chang, 2012）。常見的 ISO 9999：2007 版的輔具分類，主要是依據身心障礙者的需求，將輔具分為個人醫療輔具、技能訓練輔具、矯具與義具、個人照顧與保護輔具、個人行動輔具、居家生活輔具、住家及其他場所之家具與改造組件、溝通與資訊輔具、物品與裝置處理輔具、工具、機器與環境改善輔具，以及休閒輔具（International Organization for Standardization, 2007）；而 ISO 9999：2011 版的內容，基本上與 ISO 9999：2007 版相似，但將「工具、機器與環境改善輔具」分成兩個大類：環境改善與評估輔具、工作與職業訓練輔具（International Organization for Standardization, 2011）。

　　而在特殊教育的應用上，則可分為學習輔具、溝通輔具、視障輔具、行動與擺位輔具、生活輔具、休閒輔具，以及輔助科技需求表達與相關資源應用等七大類（如圖 9-1、9-2、9-3 所示），從全人角度提供輔助科技應用，以因應學生之特殊需求（教育部，2019c），同時依照《特殊教育學生及幼兒支持服務辦法》（教育部，2024a）第 16 條：

> 「……學校（園）辦理相關活動，應考量身心障礙學生及幼兒參與之需求，以通用設計原則，營造最少限制環境，包括調整活動內容與進行方式、規劃適當通路、提供輔具、人力支援、防災及危機處理方案等相關措施，以支持身心障礙學生及幼兒參與各項活動。」

圖 9-1　鋁製介護型輪椅
　　　　（行動與擺位輔具）

圖 9-2　腳踏器、手動器
　　　　（休閒輔具）

圖 9-3　手部副木與夜間夾板（night splint）副木（矯正輔具）

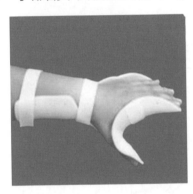

註：在睡覺時，若患部酸麻刺痛以致無法安眠，就必須穿戴副木就寢；穿戴副木就
　　寢無需卸下休息，但是黏扣帶必須比白天鬆。

　　相關的輔具介紹與使用，可參閱衛生福利部社會及家庭署輔具資源入口網（https://newrepat.sfaa.gov.tw/home）之相關內容。

　　輪椅是肢體障礙兒童經常使用的行動與擺位輔具，除了可以增加兒童的移動功能，促進其他功能性技巧，並藉由擺位預防續發性的關節攣縮與骨骼變形。對於照顧者而言，輪椅可以方便日常生活照顧，並有效率且安全地移動兒童（潘懿玲、郭馨晴，2005）。而照顧者或協助者在協助使用輪椅

者推行輪椅時可注意下列幾點（社團法人南投縣脊髓損傷者協會，2013）：

1.以輪椅使用者的安全舒適為最重要的原則，並注意推輪椅者本身的力量及穿著適當鞋子（有防滑功能），以避免推行過程打滑。

2.推動輪椅要保持平穩的速度，減少對輪椅使用者的震盪，轉彎時切勿過快或急。

3.行進中注意路上的障礙物及不平的路面，並提醒輪椅使用者。遇到草地或坑洞的地方，可以後輪在前倒著推，或是將前輪翹起離地以後輪來推也可以。

4.停下時要鎖上輪椅的剎車使輪椅固定，以避免輪椅滑動。

5.行經水溝渠蓋時可以斜線推過，避免前輪陷進水溝渠蓋縫隙。

6.上下階梯及上下斜坡前，宜先通知輪椅使用者，使其心理有所準備（如圖 9-4 所示）。

圖 9-4　協助輪椅使用者遇到階梯以及下坡之方式

貳、無障礙環境

無障礙（barrier free）的概念源自於北歐的正常化原則。邱大昕（2009）指出，目前對於環境空間的規劃常考量兩個概念：無障礙與通用

設計；前者將使用者劃分為障礙與非障礙兩個族群，而通用設計（universal design）則用永續的觀點來看待使用者。良好的無障礙環境規劃，必須要能具備可及性、可用性與通用設計的概念（邱大昕，2009；楊錫麒等人，2014）。《特殊教育學生及幼兒支持服務辦法》（教育部，2024a）第 16 條提到：

> 「學校（園）應依本法第三十八條第一項第七款及相關法規規定，配合身心障礙學生及幼兒之需求，安排無障礙教室、廁所、餐廳、宿舍、運動場所及其他設施設備，並建立或改善整體性之設施設備，營造校園無障礙環境。……」

根據內政部（2020）的《建築物無障礙設施設計規範》所述：

> 「104.1 行動不便者：個人身體因先天或後天受損、退化，如肢體障礙、視覺障礙、聽覺障礙等，導致在使用建築環境時受到限制者。另因暫時性原因導致行動受限者，如孕婦及骨折病患等，為『暫時性行動不便者』。」
> 「104.2 無障礙設施：係指定著於建築物之建築構件（含設備），使建築物、空間為行動不便者可獨立到達、進出及使用。」
> 「104.3 無障礙通路：符合本規範規定的室內或室外之連續通路可使行動不便者獨立進出及通行。」

相關的無障礙標誌或圖示，如圖 9-5 所示。

以無障礙廁所為例，無障礙廁所與一般廁所相同，應於適當處設置廁所位置指示，如無障礙廁所未設置於一般廁所附近，應於一般廁所處及沿路轉彎處設置方向指示。無障礙廁所前的牆壁或門上應設置無障礙標誌，如主要走道與廁所開門方向平行，則應另設置垂直於牆面之無障礙標誌（如圖 9-6 所示）。

圖 9-5　無障礙標誌參考圖示

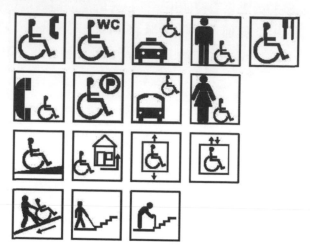

註：引自內政部（2019，第 97 頁：圖 A405.5）。

圖 9-6　無障礙廁所之標示與位置之設置

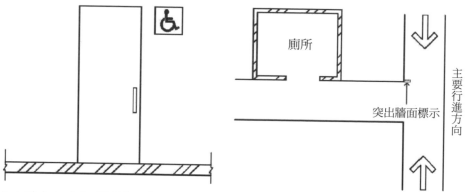

註：引自內政部（2019，第 44～45 頁：圖 503.2）。

參、心理輔導

　　肢體障礙學生一般安置於普通班中，在校園生活中容易因其肢體外觀而出現低自信、挫折或畏縮等負面情緒，為提升肢體障礙學生的自信，培

養其面對現實、積極進取的人生觀，必要時學校與教師應提供適當的心理輔導與諮商。王慧儀等人（2009）探討肢體障礙學童生活品質各層面的主觀感受，研究發現 16～18 歲年齡層屬於高中職階段之學童，在健康、安全感及快樂感等三個生活品質層面上之得分顯著低於國小／國中階段學童；而在社區地位暨人際關係層面上，高中職階段學童的得分則明顯較高；在就讀班級類型方面，融合班學生之主觀生活品質快樂感層面之得分顯著低於特殊班的學生。此研究顯示，肢體障礙學生在不同生活層面上主觀感受的差異情況，反映出學生在各項生活層面之期待及需求出現較大程度的落差。何華國（2014）建議，對於肢體障礙者的心理輔導不應只侷限於學生本身，學生的家人、家庭，甚至其學校中的同儕、任課老師等也應納入輔導的範圍，以提供親職教育、人際關係或融合教育的觀念。

肆、專業團隊資源之結合

潘懿玲與郭馨晴（2005）指出，對於肢體障礙學生提供輔具評估服務是專業團隊重要的任務，服務內容流程中包含了蒐集基本資料、了解使用者需要、建立可行目標、依據輔具需求進行身體功能與輔具試用等功能性評估、擬定工作流程及介入計畫、輔具製作與輔具適用性檢測、輔具使用訓練與成效評估，以及後續追蹤輔具使用情況。專業團隊人員提供必要的輔助科技設備服務（assistive technology device services，簡稱 ATDS）及輔助科技延伸服務（assistive technology extended services，簡稱 ATES，包含：生涯發展／轉銜服務、職業重建、心理復健等），有助於提升肢體障礙學生對於輔具科技的接受度，也同時提升輔具的效果（林淑玟、羅錦興，2011）。專業團隊成員之組成應為跨專業資源整合，不同專業人員所負責分工各有不同，例如：物理治療師或職能治療師負責輔具設計評估，為輔具使用者規劃適合之輔具操作，同時提供相關建議；社會工作師則可整合相關社會福利資源提供補助；行政系統則對於經費申請或採購提供協助；教育人員則可以協助並訓練輔具使用者使用輔具。

專業團隊在提供服務時，需依標準服務流程，此可增進服務品質及杜

絕不適用之輔具。此外，在服務過程中家長的參與、充實產品資訊與輔具的使用檢核，也都是影響輔具效果的重要因素。

伍、適應體育規劃

適應體育是一種具變化性，且能發展體能的活動、遊戲、運動、韻律計畫；是一種體育教學的態度與方法；適合特殊需求者（指無法安全及成功地參與一般體育活動中毫無限制之劇烈活動者）的興趣、能力和限制；是治療及復健身心障礙者的有效方式（教育部，2017）。

依據《特殊教育學生及幼兒支持服務辦法》（教育部，2024a）第 15 條：

> 「學校（園）應依本法第三十八條第一項第六款規定，視身心障礙學生及幼兒教育需求，提供可改善其身體活動及體育活動課程學習之適應體育服務。
>
> 前項所稱適應體育服務，指身心障礙學生及幼兒依體育學習需求，參與學校（園）一般體育課程或活動、運動社團、運動觀賞及相關活動，或參與經合理調整、專為設計之體育課程或活動；必要時，應提供運動輔具，協助學生及幼兒學習。」

從法規層面來說，教育單位應主動提供特殊學生適應體育服務。姜義村（2023）認為，適應體育本著重於學習內容、歷程、環境及評量之個別化調整，藉由通用設計之概念，使體育教學不在只屬於特定障礙學生，搭配108新課綱之素養導向發展，使得體育課程朝向更加多元、通用且適性邁進。有關適應體育規劃，應強調所有學習者（或參與者）的權益，並考量個體間差異與需求進行合理調整之評估，在最少限制下享受平等的學習機會。

針對身心障礙學生的適應體育課程，應由IEP小組成員針對學生進行評估，了解學生的特殊需求，同時採納跨專業人員的建議，針對其參與的體育課程中之學習內容、歷程、環境和評量進行課程規劃調整，提供體育課

程中必要的支持與協助，提升學生參與機會和動機，並考量其他同儕共同
參與的可行性，以達到融合教育的目的。

第四節　肢體障礙者的安置現況與問題

壹、安置現況

　　肢體障礙學生除了接受特殊教育的需求外，也常因其障礙的需要，而
需要進一步接受如醫療、復健或職業訓練等資源服務。對於他們的教育安
置除了考量就近安置的原則外，也需要評估安置環境的設施、專業資源、
無障礙環境是否充足，因此肢體障礙者的安置型態會隨著其不同階段與需
求而有彈性的調整。常見的安置方式有下列幾種（王亦榮，2000；何華
國，2014；徐享良，2006）。

一、普通班

　　這是針對認知或學習功能無缺損之肢體障礙學生的安置，因其仍可以
正常學習一般學業課程，並且全時間融入普通班中進行學習，僅有部分時
間接受專業團隊、資源班或由巡迴輔導教師提供之特教服務。

二、資源教室或巡迴輔導班

　　這是針對認知或學習功能輕微缺損之肢體障礙學生提供的安置，因其
可能具有學習困難，但仍可以學習一般學業課程，並且大部分時間融入普
通班中進行學習，僅有部分課程（例如：國語、數學或特殊需求課程）抽
離至資源班或由巡迴輔導教師提供教學。

三、集中式特教班或特教學校

　　這是針對肢體障礙伴隨有嚴重智能缺損或具有多重障礙之學生提供的

安置。集中式特教班在一般學校中屬於隔離式的自給自足班級，大部分的課程都在該班中完成，少部分時間、活動或課程能有機會回歸到普通班或參與學校活動；特殊學校則屬於自給自足的安置環境，除了一般教學資源外，亦提供專業團隊、社工、心理、復健、職業訓練等相關服務，相對來說缺乏與正常同儕、社會互動交流之機會，容易造成社會適應與融合上的問題。

貳、面臨的教育問題

一、社會適應困難

　　肢體障礙學生的社會情緒發展，往往與障礙學生對於自身障礙與殘缺的接納情形，以及他人對待肢體障礙學生的態度有極大的關係。對於肢體障礙兒童，除了營造融合、最少限制的環境之外，也必須輔導其正視自己的障礙與不足之處，如何坦然面對挫折、尋求正向解決之道，勇於接受現實的挑戰，以期能自我實現。

　　另外，肢體障礙者在面對兩性相處時容易產生迷惘與挫折，容易對於友情與愛情出現迷思（許淑媚、林純真，2009）。在面對學生與異性交往問題時，可以協助其透過正確管道了解友情和愛情的差異，並鼓勵他們多與家人、老師討論，同時輔導學生選擇有效的人際與社交策略，幫助肢體障礙學生學習和異性良性的互動。

二、科技輔具使用

　　科技輔具的發展日益進步，身心障礙學生使用科技輔具作為其學習或工作媒材的需求逐漸增加，對於肢體障礙學生來說更具有需求（吳亭芳等人，2012）。林淑玟與羅錦興（2011）指出，肢體障礙者常因為心理因素（如家人態度與支持、人格特質、動機、致殘時期、接納傷殘、自我防衛機制等）而影響輔具的使用意願，必要的輔助科技設備與服務及輔助科技

延伸服務有助於提升肢體障礙學生對於科技輔具的接受度。因此，如何針對肢體障礙學生規劃適性且全方位的科技輔具，便是專業團隊人員需要注意的一項問題。科技應符合人性，對肢體障礙學生更應如此，切莫因為障礙或限制而使得科技失去其意義。

三、生涯輔導

　　肢體障礙學生的生涯與職業規劃發展，與障礙學生本身的障礙性質、嚴重程度、體能狀態，以及行動能力有關（何華國，2014）。因此，在進行生涯規劃或職業輔導時，不該只注重學生的興趣或性向考量，而必須依照其障礙與適性需求，提供具有無障礙設計之環境進行安置。而在轉銜輔導時，也應該提供完整的升學或就業之相關資訊，並在肢體障礙學生安置後定期追蹤，以理解其適應情形。

問題與反思

基本題

1. 根據國內現行的鑑定辦法中所描述的肢體障礙定義與分類為何？
2. 肢體障礙學生易有哪些身心特質？
3. 肢體障礙學生的鑑定需經過哪些步驟或項目？
4. 肢體障礙學生的適性教學輔導策略有哪些？試任舉一項並做簡要說明。
5. 肢體障礙學生的安置與教育現況有哪些問題？
6. 試說明你所曾接觸過的相關個案、書籍、影片、圖文資料等有關肢體障礙者適應教育與社會的心得？

進階題

1. 試討論根據肢體障礙的身心特質，學校與教師要如何進行教學輔導？
2. 試討論適用於肢體障礙學生的評量工具有哪些？如何解釋其中的結果？
3. 試討論肢體障礙學生的特殊需求有哪些？又需要尋求哪些學校資源進行整合？
4. 試討論如何規劃一個適合肢體障礙學生的無障礙環境？請由通用設計的概念說明。
5. 試討論國內在無障礙環境規劃上的現況與問題？
6. 試討論肢體障礙學生在現行教育制度下，適應體育授課的可行性？
7. 試討論肢體障礙學生在安置與教育現況的可能問題與建議。

參考文獻

中文部分

內政部（2020）。**建築物無障礙設施設計規範**。作者。

王亦榮（2000）。肢體障礙兒童心理與教育。載於王文科（主編），**特殊教育導論**（第三版）（頁 267-302）。心理。

王慧儀、徐靜怡、李淑貞、朱允慧、林昭宏、盧成皆（2009）。肢體障礙學童主觀感受生活品質的影響因素。**物理治療，34**（4），227-234。

何華國（2014）。**特殊兒童心理與教育**（四版修訂版）。五南。

吳武典（2011）。**多元智能量表（乙式）：指導手冊**。心理。

吳亭芳（2014）。**身心障礙及資賦優異學生鑑定辦法說明：肢體障礙**。http://www.ntnu.edu.tw/spe/identify2014/

吳亭芳、陳明聰、陳雅玲（2012）。肢體障礙學生電腦輔具使用現況及需求調查。**特殊教育季刊，122**，13-21。

李淑貞（2009）：**國際健康功能與身心障礙分類系統編碼**（翻譯文件）。行政院衛生署科技研究計畫成果報告。國立陽明大學。

林幸台、吳武典、王振德、蔡崇建、郭靜姿、胡心慈（2000）。**綜合心理能力測驗：編製技術報告**。心理。

林幸台、吳武典、胡心慈、郭靜姿、蔡崇建、王振德（2016）。**托尼非語文智力測驗**（第四版中文版）。心理。

林淑玟、羅錦興（2011）。重度與極重度肢體障礙者輔助科技長期介入成果研究。**教育心理學報，43**（1），97-126。

社團法人南投縣脊髓損傷者協會（2013）。**預防宣導：推輪椅的基本技巧**。http://www.ntsci.artcom.tw/

邱大昕（2009）。無障礙環境建構過程中使用者問題之探討。**臺灣社會福利學刊，7**（2），19-46。

姜義村（2023）。服膺 CRPD 的特教新法：邁向適應體育新紀元。**學校體育，199**，2-5。

徐享良（2006）。肢體障礙與身體病弱者教育。載於許天威、徐享良、張勝成（主編），**新特殊教育通論**（頁 163-195）。五南。

涂春仁（2009）。**涂老師社交測量系統**。心理。

張世彗、藍瑋琛（2018）。**特殊教育學生評量**（第八版）。心理。

教育部（2017）。適應體育／全國特殊教育資訊網。作者。

教育部（2019a）。十二年國民基本教育特殊教育課程實施規範。作者。

教育部（2019b）。十二年國民基本教育身心障礙相關之特殊需求領域課程綱要。作者。

教育部（2019c）。十二年國民基本教育課程綱要身心障礙學生領域課程調整應用手冊（調整建議篇）。作者。

教育部（2023）。特殊教育法。作者。

教育部（2024a）。特殊教育學生及幼兒支持服務辦法。作者。

教育部（2024b）。特殊教育學生及幼兒鑑定辦法。作者。

許天威、蕭金土（1999）。綜合性非語文智力測驗：指導手冊。心理。

許淑溫、林純真（2009）。一位肢體障礙青少年與異性交往的甜蜜和苦澀。身心障礙研究季刊，**7**（3），209-217。

陳心怡（2018）。魏氏兒童智力量表（第五版中文版）：技術和解釋手冊。中國行為科學社。

陳李綢、蔡順良（2009）。中學生情緒智能量表：指導手冊。心理。

陳怡群、黃惠玲、趙家琛（2009）。阿肯巴克實證衡鑑系統（**ASEBA**）。心理。

陳榮華、陳心怡（2013）。魏氏幼兒智力量表（中文版第四版）：指導手冊。中國行為科學社。

陳麗如、王文科、林宏熾（2001）。身心障礙者轉銜服務評估量表：指導手冊。心理。

黃政昌、呂紀韋（2008）。青少年心理健康量表：篩選性評估：指導手冊。心理。

楊錫麒、盧昭宏、張弘昌（2014）。我國建築物無障礙設施推動策略之研究。建築學報，**90**，185-193。

歐滄和、路君約（2003）。多向度性向測驗組合：指導手冊。心理。

潘懿玲、郭馨晴（2005）。為肢體障礙兒童提供輪椅服務：病例報告。物理治療，**30**（5），232-242。

衛生福利部（2024）。身心障礙者鑑定作業辦法。作者。

盧雪梅、毛國楠（2013）。中學多元性向測驗：指導手冊。心理。

英文部分

International Organization for Standardization. (2007). *ISO 9999:2007(E), Assistive products for persons with disabilities: Classification and terminology*. Author.

International Organization for Standardization. (2011). *ISO 9999:2011(E), Assistive products for persons with disabilities: Classification and terminology*. Author.

Kirk, S. A., Gallagher, J. J., & Coleman, M. R. (2015). *Educating exceptional children* (14th ed.). Cengage.

Shih, C. H., & Chang, M. L. (2012). A wireless object location detector enabling people with developmental disabilities to control environmental stimulation through simple occupational activities with Nintendo Wii Balance Boards. *Research in Developmental Disabilities, 33*(4), 983-989.

Technology-Related Assistance for Individuals with Disabilities Act Amendments of 2004, P.L. 108-364, (October 25, 2004). Title 29 U.S.C. 3001 et seq: U.S. Statutes at Large, 118, 1707-1747.

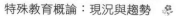

第十章

腦性麻痺

孟瑛如、簡吟文

　　腦性麻痺（cerebral palsy，簡稱CP）是一種非進行性、非暫時性的神經肌肉疾患，因為腦部中樞神經系統在尚未發育成熟前受到損傷或病變，而導致的一種運動機能障礙。腦性麻痺除了運動機能障礙之外，可能也會合併視覺、聽覺、語言溝通或是認知上的障礙（何華國，2014；徐享良，2006a；張世彗、藍瑋琛，2018；Mecham, 2002/2009; Pellegrino, 1997; Rosenbaum et al., 2007; Waters, 2013）。

第一節　腦性麻痺的定義及身心特質

壹、定義與分類

　　依據《特殊教育學生及幼兒鑑定辦法》（教育部，2024）第8條，腦性麻痺之定義如下：

> 「本法第三條第六款所稱腦性麻痺，指因腦部早期發育中受到非進行性、非暫時性之腦部損傷，造成動作、平衡及姿勢發展障礙，經常伴隨感覺、知覺、認知、溝通及行為等障礙，致影響參與學習活動。

前項所定腦性麻痺，應經由該專科醫師診斷。」

　　腦性麻痺最主要的特徵便是運動機能受損，依照神經肌肉功能損傷或是運動部位進行分類。分類方式可以從身體部位、運動受損類型和嚴重程度來描述（何華國，2014；徐享良，2006a；張世彗、藍瑋琛，2018；Pellegrino, 1997; Waters, 2013），說明如下。

一、依受損部位分類

　　1.單側受損：可再細分為單肢麻痺和半側偏癱兩類。單肢麻痺是最為常見的特徵，而半側偏癱是指身體左或右半邊的肢體受到影響而出現癱瘓情形。

　　2.雙側受損：係指身體左右兩邊的肢體均受到影響而出現麻痺或癱瘓情形。此類腦性麻痺雖然四肢都有受到影響，但部分患者以下肢或雙腳之受損較嚴重。

二、依受損形式分類

　　1.痙攣型：起因於大腦皮質中的運動中樞受損，導致軀體肌肉僵直收縮，持續不正常的出現反射收縮動作。身體對於外界的觸覺刺激過度敏感，容易無法控制而突發痙攣或抽搐，對於需要表現協調的動作會感到困難，此類亦是腦性麻痺患者中所占比例最高者。

　　2.徐動型：又稱指痙型或顫動型。此類腦性麻痺患者因為基底神經節（basic ganglia）受損，導致手腕部位或手指會不經意地顫抖。

　　3.運動失調型：也稱為共濟失調型。此類患者一般與小腦受損有關，而使患者的平衡協調能力出現問題，在控制粗大動作或精細動作時具有障礙。一般而言，此類腦性麻痺患者在表現動作平衡、身體姿勢、方向感和協調動作是有困難的。

三、依受損程度分類

1.輕度：可以從事日常生活活動，會出現異常動作型態，不需輔具亦能.步行或行動。

2.中度：步行時出現輕微障礙，需要輔具（如支架）來協助日常生活行動或步行，通常需要持續進行復健或治療；透過復健治療與輔具的使用能解決生活自理的問題，並具有就業能力。

3.重度：出現嚴重的中樞神經肌肉系統失調，幾乎無法步行或行動，治療效果不明顯，極需要日常看護照顧，缺乏自理能力，無法獨自生活，必須仰賴他人協助。

貳、腦性麻痺學生的身心特質

一、身體動作特徵

腦性麻痺最常見的特質為肌肉痙攣與徐動，雖然在分類上會依照其部位或嚴重程度劃分，但也會因腦傷的區域過大而出現混合型，並伴隨認知上的問題，以下針對常見的症狀進行說明（Mecham, 2002/2009）：

1.痙攣：痙攣的產生主要是因為身體肌肉過度收縮，而產生過度敏感的牽引反射現象。牽引反射（stretch reflexes）係指，肌肉在被動運動時產生的反射性收縮（Mirbagheri et al., 2015）。過度的肌肉張力和牽引反射會對正常肌肉活動功能造成妨礙，並造成肌肉萎縮變形。

2.徐動：意指肌肉不受控制的隨意運動，看起來像是不斷扭動，動作方向由身體的中心向外擴及四肢，部分腦性麻痺患者會同時具有痙攣和徐動症狀的情形。

3.強直：此特徵發生於關節附近，其肌肉運動十分僵硬而緩慢，導因於肌肉間牽引反射作用互相影響而出現肌肉過度僵硬，並造成運動的困難。

4.失調：通常是小腦受損所致，而出現步行狀態不穩、運動感覺薄弱，對於判斷運動空間的位置或運用肌肉的方向、幅度與正確度出現顯著困難。

5.震顫：無意識地發抖或肢體抖動，類似徐動的狀態，但動作幅度較小、持續時間也較短，是屬於較不常見的症狀。

二、溝通表現

腦性麻痺學生一般在溝通上具有較大的困難，不論是在口語或是文字書寫上，都會因其動作問題產生障礙。文獻指出，腦性麻痺學生中約有50%會伴隨語言相關障礙（Scherzer & Tscharnuter, 1990），腦性麻痺在語言表達常見的特徵為說話慢、不順暢、語法不規則、說話吃力，以及清晰度不佳，常使得旁人無法理解或聽懂（紀建宇、蔡琬婷，2014）。Mecham（2002/2009）則指出，腦性麻痺患者常見的溝通問題為說話機能缺陷、聽覺障礙、語言理解與表達障礙、節律問題（口吃）、噪音與呼吸問題、構音問題，以及清晰度問題。

三、心理與情緒

腦性麻痺學生常因其障礙與外觀而出現負向的心理狀態和情緒反應，他們往往在學業學習與社會適應出現困難（黃瑋苓，2005）。王亦榮（2000）認為，腦性麻痺或肢體障礙學生常因為外界眼光與自身的自卑感，產生消極的自我概念、高度焦慮和較低的自我價值感，也容易形成孤立、自我貶抑、憂慮和偽裝的心理狀態。此外，腦性麻痺也容易伴隨自卑與封閉的心理，缺乏安全感而容易緊張，伴隨情緒低落或不穩（紀建宇、蔡琬婷，2014）。腦性麻痺學生也因其低落心理狀態，而容易對適應學校、社交生活及接受自我現況出現較大的困擾（黃瑋苓，2005；Haring, 1978）。

第二節　腦性麻痺學生的鑑定與評量

壹、腦性麻痺學生的鑑定

依據《特殊教育學生及幼兒鑑定辦法》（教育部，2024），腦性麻痺之鑑定須符合以下三個要件：

1.腦性麻痺之定義：腦性麻痺指腦部發育中受到非進行性、非暫時性之腦部損傷而顯現出動作及姿勢發展有問題，或伴隨感覺、知覺、認知、溝通、學習、記憶及注意力等神經心理障礙。

2.腦性麻痺之鑑定：腦性麻痺之鑑定係指醫師診斷證明認定具有「腦性麻痺」的學生。

3.重大影響活動及生活：具有腦性麻痺之學生，其障礙狀況必須會對其活動及生活造成重大限制或影響，而其多種缺陷組合在一起所造成的特殊教育需求問題，不僅較為嚴重也較為複雜，需要長期且多元的教育服務措施，才能滿足其學習、活動及生活方面的需求。

綜合前面的鑑定要件，中華民國腦性麻痺協會（無日期）以及佘永吉（2014）對現行法規界定在鑑定上的看法則為：腦性麻痺是以肢體運動功能障礙為主的多重性障礙，為一種非進行性的腦部病變，是大腦在發育未成熟前，因產前（例如：Rh 血型不合、懷孕時期母體感染、放射線過度照射、藥物中毒、子宮或胎盤功能不好、先天性異常，或者母親疾病、代謝或內分泌異常、受傷等）、產中（例如：缺氧、早產、產傷、多胞胎、胎兒窘迫、臍帶繞頸等），或產後（例如：黃疸、腦炎、身體疾病、腦膜炎、身體疾病、代謝或內分泌異常、嚴重黃疸等）等原因，造成控制動作的某些腦細胞受到傷害或發生病變，所引起的運動機能障礙。有時傷害也會影響到控制動作以外的其他腦部區域，而合併成視覺、聽覺、語言溝通及智能與學習發展上的多重障礙。其障礙種類的多寡會因個體本身腦部受損的當下之損傷部位、區域、範圍及程度的不同而有差異。所以在鑑定

時，個體首先必須一定要有運動機能障礙（肢體障礙），再診斷個體之腦性麻痺是否連帶出現其他障礙，以及其是否重大影響學習、活動及生活。

貳、腦性麻痺學生的評量

腦性麻痺因腦部受損，且伴隨智能、肢體、聽覺、語言等其他障礙，因此在進行評量上容易出現困難。一般來說，評量可分為非正式與正式兩種，而對於腦性麻痺的評量需求，因考量其語文及非語文的障礙情形，一般以非正式評量使用為主。

一、非正式評量

（一）生態評量

生態評量（ecological assessment）是一種透過觀察與其他資料蒐集的方式，對於學生所在的環境（包括家庭、學校和社區）中所表現之能力或適應情形進行評量與分析，再進一步進行教學目標和教學內容的規劃。換言之，生態評量亦是以學生為中心的評量，強調對於學生和生活環境互動關係的了解，並可以利用觀察、記錄、晤談和測量工具進行資料蒐集（張世彗、藍瑋琛，2018）。對於腦性麻痺學生進行生態評量時，Mecham（2002/2009）建議，應從家庭環境、相關醫療資料、發展史、心理狀況表現，以及教育歷程等五項進行評估。

（二）能力檢核

能力檢核也是一種非正式評量，透過觀察或簡單的評估對個案的能力表現進行描述。針對腦性麻痺患者進行能力檢核，有助於了解其障礙影響程度，同時也可以向家長或相關人員說明其教育資源需求。在國外，常使用「肢體障礙等級調查表」（Survey of Degree of Physical Handicap Scale）（Katz, 1954; Law et al., 2007; Washburn et al., 2002），對腦性麻痺患者進行初

步評估，了解個案在視覺、聽覺、口語、姿勢、手部和步行功能等方面之表現（如表 10-1 所示），以做為下一步教育安置或專業團隊介入之參考依據。

表 10-1 修訂版「肢體障礙等級調查表」

個案姓名：	個案性別：○男○女	評估日期： 年 月 日
個案生日： 年 月 日	個案年齡： 歲 月	評估人員：
個案診斷：○痙攣型 ○徐動型 ○運動失調型 ○其他		
受損部位：○四肢○半側（左／右）○上肢（左／右）○下肢（左／右） ○其他		

	無缺損	輕度缺損	中度缺損	嚴重缺損
視覺能力 　左眼 　右眼				
聽覺能力 　左耳 　右耳				
口語能力				
姿勢平衡 　坐姿 　站立				
手部運用 　左手 　右手				
步行動作				
其他：				
整體綜合評估說明				

註：修改自 Mecham（2002/2009, pp. 79-80）。

二、正式評量

正式評量一般會運用標準化測驗工具來評量受試者能力。腦性麻痺患者之間因受損和能力差異極大，因此在選用評量工具時，必須考量患者能力是否適合使用工具評估。以下針對智商和適應行為方面介紹相關之評量工具。

（一）智商表現

對於認知功能無缺損或輕微缺損的腦性麻痺患者來說，評量其智商表現有助於了解學生優弱勢能力與學習潛能，進一步規劃教學目標與課程內涵。針對智商的評量，常見的有「魏氏兒童智力量表」（第五版）（WISC-V）（陳心怡，2018）、「魏氏幼兒智力量表」（第四版）（WPPSI-IV）（陳榮華、陳心怡，2013），以及「綜合心理能力測驗」（CMAS）（林幸台等人，2000）等；針對非語文智商之評量，則可利用「托尼非語文智力測驗」（第四版中文版）（TONI-4）（林幸台等人，2016）、「綜合性非語文智力測驗」（CTONI）（許天威、蕭金土，1999）等。上述工具在使用時，須注意腦性麻痺學生是否因為口語、肢體動作的問題而形成受試者不利因素，容易低估其智商或認知能力表現情形。

（二）適應行為

適應行為是指個人和所處環境間調適所需要的能力，因此適應行為所評量的重點也在於個人與環境間的概念、社會與工作技能（徐享良，2006a；張世彗、藍瑋琛，2018；鄭津妃、張正芬，2014; American Association on Intellectual and Developmental Disabilities [AAIDD], 2013; Kyzar et al., 2012），故適應行為評量常用於智能障礙、肢體障礙或多重障礙個案中。適應行為屬於間接評量，非一般標準化的直接評量學生當下表現，而是強調個案在環境中長期累積的能力表現。評量的內容資訊通常來自個案的主要照顧者（父母或家人）或是熟悉個案之教師、輔導員等。

腦性麻痺患者因其障礙導致身體活動的限制，常伴隨有智力、語言等問題，因此在環境適應與調節能力易出現限制，故適應行為的評估亦能了

解腦性麻痺在環境適應之需求。常見的適應行為評量工具有「文蘭適應行為量表」（Vineland-3）（張正芬等人，2020）、「修訂中華適應行為量表」（徐享良，2006b）、「社會適應表現檢核表」（第二版）（盧台華等人，2023），以及「適應行為評量系統」（第二版）（Adaptive Behavior Assessment System, 2nd ed.，簡稱 ABAS-II）（盧台華、陳心怡，2008）等。

第三節　腦性麻痺學生的適性教學輔導策略

　　腦性麻痺學生因其身心障礙之限制，無法如正常學生一般在普通環境下學習，因此對於融合教育與無障礙環境便是腦性麻痺學生最重要的學習需求。林坤燦（2012）指出，成功的融合教育應該要包含下列三個重心：

　　1.特殊學生能「進入」普通教育環境現場，享有公平受教的機會。

　　2.特殊學生能「參與」普通班現場活動並產生良性互動。

　　3.特殊學生在參與普通班現場各項活動的過程中，達到「進步」的目的。

　　由上述概念來看，腦性麻痺學生的融合教育目標即在讓其在一般教育環境中能進入、能參與，並且獲得進步。廖永堃（2010）進一步指出，融合教育的四大指標為：學校師生接納與關懷、學校課程與教學調整、學校資源與支援系統，以及無障礙環境與輔助科技。以下就融合教育的觀點（王亦榮，2000；何淑萍等人，2008；李淑玲，2012；汪宜霈、鈕文英，2005；紀建宇、蔡琬婷，2014；湯忠偉，2006；黃上育，2006；黃瑋苓，2005；劉文瑜等人，2010；魏銘志，2010），針對腦性麻痺的適性教學輔導，扼要說明如下。

壹、教學與課程調整

　　在教學與課程實施方面，教材的編選、教學方法的運用需充分考慮腦性麻痺學生的障礙程度、身心發展、身心特質，以及各種實際條件。一般而言，教師在進行教學時，需把握以下教學原則（王亦榮，2000；黃上

育，2006）：

1.設計腦性麻痺學生適性的學習教材，教材以功能性及實用性為主，讓學生學習後能有效應用於日常生活中。

2.運用學習步驟或工作分析的方式，分析教材內容，使之能循序漸進，達成教學目標。

3.需根據學生的障礙程度及特殊需求，針對各科教學內容進行調整。

4.若因病或醫療上的需要導致學習落後，應給予必要的補救教學。

5.考量學生特殊需求情形，在指派工作或考試時，給予延長時間或輔具。

6.若是無法書寫時，可以替代方式（電腦輸入、錄音或口述）進行。

7.若是閱讀有困難，可提供多媒體教材，讓學生藉由多感官方式刺激學習。

8.適性調整各種教學評量的方法，教學中注重形成性評量與動態評量。

9.運用教學評量結果，做為調整教材、教學方法及學習輔導之依據。

上述的教學與課程調整屬於一般靜態學科課程。對於腦性麻痺學生來說，動態課程如體育課、團體活動或社團活動等，有助其融合到一般同儕中。湯忠偉（2006）指出，腦性麻痺學童若能適度參與體育活動，將可有下列三項明顯的助益：(1)與生理上的治療復健結合，增進行動及活動能力；(2)鍛鍊身體，以改善體能狀況，增進體適能；(3)提供休閒娛樂、心理平衡與社會建設的功能。魏銘志（2010）也認為，適度的體適能活動能提高腦性麻痺學生的體力與行動力，有助其回歸普通班參與活動。其他研究也說明，對於腦性麻痺患者實施適性體育活動，有助其身心狀況發展（汪宜霈、鈕文英，2005）。有關腦性麻痺學生適應體育活動規劃的相關內容，請參閱本書第九章「肢體障礙」第三節（頁294）之相關內容。

貳、無障礙環境

根據內政部（2020）的《建築物無障礙設施設計規範》所述：

「104.1 行動不便者：個人身體因先天或後天受損、退化，如肢體

障礙、視覺障礙、聽覺障礙等，導致在使用建築環境時受到限制
者。另因暫時性原因導致行動受限者，如孕婦及骨折病患等，為
「暫時性行動不便者。」

「104.2 無障礙設施：係指定著於建築物之建築構件（含設備），
使建築物、空間為行動不便者可獨立到達、進出及使用。」

「104.3 無障礙通路：符合本規範規定的室內或室外之連續通路可
使行動不便者獨立進出及通行。」

　　有關無障礙環境的相關內容及法規引用，可參閱本書第九章「肢體障
礙」第三節（頁 290）之相關內容。

　　建立校園無障礙環境之目的，在於增進因行動不便而有特殊需求之學
生對於校園生活學習與適應能力，並藉由校園內如建築物、教學環境、接
納等各方面軟硬體之改善，使行動不便學生在最少限制條件環境之下，與
一般學生一起學習，共同享用各種教育資源（黃上育，2006）。廖永堃
（2010）針對校園無障礙指出下列幾項評量指標做為參考：

　　1.學校能依據身心障礙學生個別需求，主動調整學校環境（例如：針對
肢障學生調整教室位置、針對聽障學生設置燈號設施等）。

　　2.校園動線設計能考量身心障礙學生之行動需求。

　　3.學校無障礙設施（例如：廁所、樓梯、斜坡道等）符合身心障礙學生
的需求。

　　4.教室空間使用與各類設施能增進身心障礙學生學習及與同學互動。

　　5.學校能提供符合身心障礙學生學習所需的學習設備與資源。

　　6.學校能提供或協助申請身心障礙學生所必須之輔助科技（例如：輔助
科技設備之評估、提供、調整等服務）。

　　校園無障礙環境的規劃，要考量為任何有需求的人士進行規劃，而這
樣的規劃同樣也適用於腦性麻痺學生或其他肢體障礙者。以下就身體需求部
位簡單舉例說明（內政部，2020；紀建宇、蔡琬婷，2014；黃上育，2006）。

一、上肢不便者

　　上肢不便者指因個人生理限制導致上肢無法有效動作或精巧動作，在

使用環境設施時容易遭遇操作上的不便，無法使用需手部精巧的動作設施，例如：一般常見的扭轉式水龍頭或是旋轉式門把。因此，針對上肢不便者的無障礙設施而言，由於其行動與一般人並無太大差異，僅需考慮上肢不便者使用設施方面需注意的事項（黃上育，2006），例如：門、窗、飲水機、水龍頭等之把手、按鈕等型式，均以考量上肢障礙者之使用需求而加以配合設置為妥，並在規劃無障礙設施時參照相關規定進行設計，例如：無障礙廁所或浴室內的洗臉盆上緣距地板面不得大於 80 公分，下緣應符合膝蓋淨容納空間規定，同時水龍頭應有撥桿，或設置自動感應控制設備（內政部，2020）。建議校園洗手台應至少裝設一支撥桿式或感應式水龍頭，而教室或廁所的門板不可太重，可採橫桿式的把手，以利上肢不便者或腦性麻痺、肢體障礙學生使用。

二、下肢不便者

（一）輪椅需求者

針對輪椅需求者，需考慮上下輪椅所需的空間、移坐方式、伸手可及範圍，以及其水平移動和垂直移動方式，因此輪椅需求者的無障礙設施以斜坡道、廁所和電梯最為重要（黃上育，2006）。斜坡道的設置需依照無障礙設施法規，坡道之坡度（高度與水平長度之比）不得大於十二分之一；高低差小於 20 公分者，其坡度得酌予放寬，但仍須符合無障礙設施之規定（內政部，2020）。其他如坡面、防滑及扶手等，所有的通道都要能容納輪椅的寬度，以方便行動不便學生通行順暢。

無障礙廁所的設置應設於無障礙通路可到達處，無障礙廁所盥洗室與一般廁所相同，應於適當處設置廁所位置指示，如無障礙廁所盥洗室未設置於一般廁所附近，應於一般廁所處及沿路轉彎處設置方向指示。由無障礙通路進入廁所盥洗室不得有高度差，止水宜採用截水溝，需考量其出入的方便性、迴轉空間、移坐及開門便利性等。廁所盥洗室之地面應堅硬、平整、防滑，尤應注意地面潮濕及有肥皂水時之防滑（內政部，2020），以利下肢不便或輪椅需求學生蹲起、轉身及穿著衣物。內部也應依規定裝

設坐式馬桶、固定扶手或迴轉扶手、衣物掛勾及緊急按鈕，方便上肢不便者使用。

　　應設置昇降設備（電梯）以方便使用輪椅者上下樓之使用，而電梯的空間大小宜方便輪椅之進出及迴轉，依照規定內部之深度（不需扣除扶手占用之空間）不得小於 135 公分（內政部，2020），按鍵的設置應考量使用輪椅者之高度，並需有點字標誌與扶手的設計，也應有語音播報與緊急通話設施方便緊急狀況時聯繫。

（二）柺杖需求者

　　對於柺杖需求者，應考慮其步行移動的問題、伸手可及範圍、上下階梯的情況等。因此，其對無障礙環境的要求主要需考量地板的防滑及扶手的設置。地板通道上的鋪面需能防滑，避免潮濕積水或凹凸不平；室內出入口當門扇打開時，地面應平整不得設置門檻，且門框間之距離不得小於 90 公分；另外，折疊門應以推開後，扣除折疊之門扇後之距離不得小於 80 公分（內政部，2020）。教室外走廊、樓梯兩側應裝設扶手，扶手形狀可為圓形、橢圓形，扶手應設置堅固，除廁所特別設計之活動扶手外，皆需穩固不得搖晃，且扶手接頭處應平整，不可有銳利之突出物，扶手若鄰近牆壁，與壁面保留之間隔不得小於 5 公分，且扶手上緣應留設最少 45 公分之淨空間（內政部，2020）。

　　此外，校園內所有的開關及設備的設置應考量讓行動不便學生能方便使用，例如：公用電話及飲水機的位置及高度要能適合腦性麻痺或肢體障礙學生使用。教室內走道應便於輪椅行進或使用柺杖者通行，最好不要設置講台，讓整個教室為一個平面，以減少腦性麻痺或肢體障礙者上下移動；黑板高度應考量輪椅使用者書寫方便，必要時應在黑板兩側設置扶手（黃上育，2006）。

參、心理輔導

　　腦性麻痺學生在校園生活中很容易因其障礙與外觀，而出現低自信、挫折或畏縮等負面情緒，為提升腦性麻痺學生的自信，培養其面對現實、積極進取的人生觀，必要時學校與教師應提供適當的心理輔導與諮商。何華國（2014）建議，對於障礙者的心理輔導不應只侷限於學生本身，學生的家人、家庭，甚至其學校中的同儕、任課老師也應納入輔導的範圍，可提供親職教育、人際關係或融合教育的觀念。以下針對常見的輔導方式做扼要介紹（紀建宇、蔡琬婷，2014；徐嘉蔓，2006）：

　　1.主動關懷：腦性麻痺學生一般較為內向，缺乏主動參與的意願，教師或同儕可以主動給予關心或協助，保持良性互動。同時，老師也應教導同學在與腦性麻痺學生相處或互動時應保持平常心與同理心，切莫過度同情或帶有異樣眼光，而造成腦性麻痺學生心理敏感或不受尊重。

　　2.建立成功經驗，提升自信與動機：對於腦性麻痺的學習過程，教師可以提供符合其能力所及之教材或作業練習，對於較困難的內容予以適性調整，同時給予提示，讓學生能在學習時具有成功經驗與成就感，提升其學習自信與動機。

　　3.適度支持，培養獨立態度：有些腦性麻痺患者因其障礙容易受到他人的關心與幫助，而養成依賴他人的習慣，遇到挫折就依賴他人協助，做錯事情卻以自身障礙為理由表現逃避的態度。因此，對於腦性麻痺學生給予適當支持而非過度放任，應培養腦性麻痺學生獨立並面對解決問題的正向態度，教導其了解在校園或團體中合理的規範與原則。

　　4.強化社交並建立同儕網絡：許多研究均顯示，同儕之間的影響力可強化社交功能，因此如何發揮同儕力量是教師可以深思的主題。教師可以運同合作學習方式，利用同儕或小老師教導協助腦性麻痺學生，或者是舉辦聯誼性的活動，藉由這樣的方式促進具人際關係，體會他人立場與需要。

　　5.協助生涯與轉銜規劃：腦性麻痺學生易有自貶、低自信的心理，因此幫助他們找到自己能力所在就顯得更重要，也可提供成功的身心障礙人士

作為典範給予參考。一旦他們認可自己的能力，在規劃未來時就會有較客觀的態度，也能以理性的方式了解自身的能力限制，與如何選擇未來就業或升學。

肆、科技輔具運用

　　腦性麻痺學生因障礙導致身體動作或語言功能的限制，使得學習上出現困難。紀建宇與蔡琬婷（2014）指出，輔具的運用可以分成姿勢矯正輔具、移動輔具與溝通輔具三項。姿勢矯正輔具常見有矯正鞋、站立架、特殊座椅、適性坐墊、人體工學靠背等，其作用在固定身體或部分身體部位，使其能維持在適當的姿勢下進行學習；移動輔具常使用的有助行器和輪椅，可以輔助腦性麻痺學生在生活與學習環境中移動；溝通輔具則包含可增進書寫便利的加粗筆桿和握筆套，以及協助口語溝通用的擴大式按鍵溝通板或數位溝通板，其他如替代性鍵盤、軌跡球、嘴控、頭控、紅外線滑鼠等，可以搭配電腦科技輔助，達到增進溝通學習的效果。

　　此外，利用多媒體與科技輔助學習亦是一種科技輔具應用方式。有研究運用科技營造數位環境，使腦性麻痺與肢體障礙者運用不同學習管道，減少障礙限制（陳宇堂、陳明聰，2013）。科技輔具的運用讓腦性麻痺患者有多感官的學習刺激，尤其是在特定學科的運用上，不僅能促進學習效果，對於維持腦性麻痺學生的學習動機亦有幫助，且能降低挫折感並提升自信心（吳亭芳等人，2014；吳亭芳等人，2012；林淑玟、羅錦興，2011；陳宇堂、陳明聰，2013；劉文瑜等人，2010）。

伍、專業團隊資源結合

　　腦性麻痺的特殊需求不只在於教學或課程，同時也需要醫療、復健、心理、社工、職業、衛生等。舉例來說，腦性麻痺學生通常需要使用輔具，而如何為他們配置適當的輔具便需要職能治療或物理治療師的評估與協助，而後續的復健也需要治療師提供諮詢服務；伴隨口語表達問題的腦

性麻痺學生則需要語言治療師的介入評估，以提供現場教師和家長有關訓練或矯正的方法；面對腦性麻痺學生的心理輔導諮商，便是社會工作師、心理師針對學生與家長需要提供必要的親職教育和心理輔導。因此，對於腦性麻痺學生不是僅在學校給予教育資源，也應根據其需求結合專業團隊，提供全面的支持與服務。

第四節　腦性麻痺學生的安置現況與問題

壹、安置現況

　　腦性麻痺學生除了有接受特殊教育的需求外，也常因其障礙的需要，而需要進一步如醫療、復健、語言或職業訓練等資源服務。對於他們的教育安置除了考量就近安置的原則外，也需要評估安置環境的設施、專業資源、無障礙與相關人力支援是否充足，因此腦性麻痺學生的安置型態會隨其不同階段與需求而有彈性的調整。常見的安置方式有下列幾種（何華國，2014；徐享良，2006a）。

一、資源教室或巡迴輔導

　　係提供給障礙輕微之腦性麻痺學生之用，其仍可以正常學習一般學業課程，且大部分時間融入普通班中進行學習，僅有部分課程（例如：國文、數學或特殊需求課程）抽離至資源班或由巡迴輔導教師提供教學。

二、集中式特教班

　　係針對中重度之腦性麻痺或伴隨有智能障礙學生所提供之安置。在一般學校中屬於隔離式的自給自足班級，大部分的課程都在該班中完成，少部分時間、活動或課程能有機會回歸到普通班或參與學校活動。

三、特殊學校

安置於特殊學校者都是屬於障礙程度較為嚴重或多重障礙者，亦提供住宿之服務。特殊學校屬於自給自足的安置環境，除了一般教學資源外，亦提供專業團隊、社工、心理、復健、職業訓練等相關服務，在課程安排、軟硬體設施與師資人員配給下相對充足，但缺點則缺乏與正常同儕、社會互動交流之機會，容易造成社會適應與融合上的問題。

四、在家教育

部分腦性麻痺學生因為障礙情形嚴重而無法正常到校上課，因此藉由申請在家接受教育服務的型態，並由學校安排巡迴輔導教師定時到家中進行教學，為腦性麻痺學生提供學習機會。

五、床邊教學

係設立於醫療院所或機構，針對需要長期接受醫療之腦性麻痺學生因就醫問題而無法到學校接受教育服務，在就醫診療期間安排適當的教育人員至醫療院所提供的教學服務。一般來說，床邊教學採一對一服務方式，使腦性麻痺學生不因接受醫療而中斷其接受教育之權益。

貳、面臨的教育問題

在近幾年特殊教育推展與融合教育倡導下，對於腦性麻痺學生提供的服務日趨充足，而在新修訂的《特殊教育法》中也獨立列出其障礙類別，但關於腦性麻痺的教育服務上仍存在些許問題。

一、學習與社會適應的困難

從相關文獻中（Karabay et al., 2012; Scherzer & Tscharnuter, 1990）發現，腦性麻痺學生中約有50%會伴隨語言相關障礙，也約有50%會伴隨智能

問題，約有30%會伴隨抽搐異常，25%會伴隨視覺障礙，而往往這些伴隨之障礙會造成其在學業學習與社會適應的困難。Haring（1978）指出，腦性麻痺學生對適應社交生活及接受自我現況有較大的困難，缺乏對自我積極的正向描述，易出現有低自尊、貶低自我價值和高焦慮感的現象。而黃瑋苓（2005）也指出，學習和社會適應是腦性麻痺學生重要的需求，應給予適度的支持。

二、科技輔具使用的問題

電腦與網路科技日益普及，身心障礙學生逐漸使用科技輔具作為其學習的媒材。但對腦性麻痺學生來說，在使用上仍出現許多困難，例如：痙攣型腦性麻痺由於肌肉張力過高，動作僵硬不平順，在電腦使用上無法觸及所有的鍵盤按鍵及控制滑鼠。此外，部分腦性麻痺學生還伴隨有聽覺障礙，無法聽到電腦聲音的回饋；或因伴隨視覺障礙，而無法清楚看到電腦螢幕上的訊息（吳亭芳等人，2007）。因此，如何針對腦性麻痺學生規劃適性且全方位的電腦或科技輔具，便是未來教育人員需要注意的一項問題。科技應符合人性，對腦性麻痺學生更應如此，切莫因為障礙或限制而使科技失去其意義。

三、專業團隊運作的問題

相關專業人員進入校園服務腦性麻痺學生已行之多年，從早期的專業直接服務到現階段的合作諮詢服務模式，無不都是希望能讓專業團隊真正發揮其功能。何淑萍等人（2008）針對專業團隊服務，提出下列五點省思：(1)特教教師、家長與專業團隊之間的溝通不足；(2)政府對於專業團隊補助的經費不足，導致人力資源及服務時數相對不足；(3)相關專業團隊提供的服務未能即時性；(4)相關專業團隊申請流程冗長且瑣碎；(5)專業間整合不足及融入教學或個別化教育計畫中仍待加強。

腦性麻痺學生需要專業團隊介入與服務，針對上述問題與造成的原因，必須深入了解並進行檢討與改進，正視專業團隊的成功運作，才能為腦性麻痺學生提供更優質的服務。

四、家庭功能支持的問題

　　腦性麻痺學生的支持服務一般都偏重在教育安置環境中，但卻忽略了家庭支持的重要性。針對腦性麻痺學生的教學策略，除了輔導學生之身心外，也需要考量其家庭與家人的心理需求，提供必要支持。Lin（2000）指出，腦性麻痺學生的人格特質發展與家庭環境具有相關，家庭功能完整者，其心理特質會趨於正向發展，且能以積極的態度面對人生，也能具有較好的社會適應能力。腦性麻痺學生常因醫療與復健問題，需要其父母與家人耗費較多心力照顧，對於經濟弱勢家庭，教育單位應主動提供相關的協助，同時結合社會福利資源，提供經驗交流、親職教育或喘息服務，讓腦性麻痺學生及其家庭都能得到適度的支持與服務。

問題與反思

基本題

1. 《身心障礙及資賦優異學生鑑定辦法》中所描述的腦性麻痺之定義為何？
2. 腦性麻痺的分類為何？試從身體部位、運動受損類型和嚴重程度分別描述之。
3. 腦性麻痺學生有哪些身心特質？
4. 腦性麻痺學生的鑑定需經過哪些步驟或項目？
5. 腦性麻痺學生的適性評量方式有哪些？
6. 腦性麻痺學生的安置與教育現況有哪些問題？
7. 試說明你所曾接觸過的相關個案、書籍、影片、圖片資料等，有關腦性麻痺者適應教育與社會的心得？

進階題

1. 試討論根據腦性麻痺學生的身心特質，學校與教師要進行哪些輔導？
2. 試討論適用於腦性麻痺學生的評量工具有哪些？如何解釋其中的結果？
3. 試討論腦性麻痺學生的特殊需求有哪些？又需要尋求哪些學校資源進行整合？
4. 試討論如何針對腦性麻痺學生的社會適應與家庭支持進行介入輔導？
5. 試討論腦性麻痺學生在安置與教育現況的可能問題與建議。

參考文獻

中文部分

中華民國腦性麻痺協會（無日期）。認識腦麻。http://cplink.org.tw/info_intro.php

內政部（2020）。**建築物無障礙設施設計規範**。作者。

王亦榮（2000）。肢體障礙兒童心理與教育。載於王文科（主編），**特殊教育導論**（第三版）（頁267-302）。心理。

何淑萍、邱于容、蔡珮緹（2008）。專業團隊運作之省思。**特教論壇，4**，47-55。

何華國（2014）。**特殊兒童心理與教育**（第四版修訂版）。五南。

佘永吉（2014）。**身心障礙及資賦優異學生鑑定辦法說明：拾壹、腦性麻痺學生鑑定辦法說明**。http://www.ntnu.edu.tw/spe/identify2014/

吳亭芳、張芸婷、陳明聰、張千惠（2014）。以內在實證取向為腦性麻痺個案選擇合適點選輔具成效之研究。**特殊教育研究學刊，39**（1），85-109。

吳亭芳、陳明聰、邱崇懿、王華沛（2007）。國小腦性麻痺學生電腦使用現況及相關輔具需求調查。**特殊教育季刊，105**，42-48。

吳亭芳、陳明聰、陳雅玲（2012）。肢體障礙學生電腦輔具使用現況及需求調查。**特殊教育季刊，122**，13-21。

李淑玲（2012）。虛擬實境體感互動遊戲對腦性麻痺幼童數數教學之行動研究。**臺中教育大學學報教育類，26**（2），25-49。

汪宜霈、鈕文英（2005）。腦性麻痺兒童適應體育教學之成效研究。**特殊教育與復健學報，14**，217-240。

林坤燦（2012）。**融合教育現場教師行動方案**。教育部特殊教育工作小組。

林幸台、吳武典、王振德、蔡崇建、郭靜姿、胡心慈（2000）。**綜合心理能力測驗：編製技術報告**。心理。

林幸台、吳武典、胡心慈、郭靜姿、蔡崇建、王振德（2016）。**托尼非語文智力測驗**（第四版中文版）。心理。

林淑玟、羅錦興（2011）。重度與極重度肢體障礙者輔助科技長期介入成果研究。**教育心理學報，43**（1），97-126。

紀建宇、蔡琬婷（2014）。融合教育：腦性麻痺學生教學輔導策略及實務分享。**特教園丁，30**（1），61-67。

徐享良（2006a）。肢體障礙與身體病弱者教育。載於許天威、徐享良、張勝成

（主編），新特殊教育通論（頁 163-195）。五南。

徐享良（2006b）。修訂中華適應行為量表。國立臺灣師範大學特殊教育中心。

徐嘉蔓（2006）。肢體障礙學生情緒管理。載於魏俊華、劉明松（主編），身心障礙學生輔導手冊：肢體障礙類（頁 63-70）。教育部特殊教育工作小組。

張正芬、陳心怡、邱春瑜（2020）。文蘭適應行為量表第 3 版（中文版）。中國行為科學社。

張世彗、藍瑋琛（2018）。特殊教育學生評量（第八版）。心理。

教育部（2024）。特殊教育學生及幼兒鑑定辦法。作者。

許天威、蕭金土（1999）。綜合性非語文智力測驗：指導手冊。心理。

陳心怡（2018）。魏氏兒童智力量表（中文版第五版）：技術和解釋手冊。中國行為科學社。

陳宇堂、陳明聰（2013）。肢體障礙者使用 Second Life 數位學習環境的可及性評估。國立臺灣科技大學人文社會學報，9（4），281-305。

陳榮華、陳心怡（2013）。魏氏幼兒智力量表（中文版第四版）：指導手冊。中國行為科學社。

湯忠偉（2006）。腦性麻痺學童的特質及適應體育教學之探討。國教新知，53（1），18-26。

黃上育（2006）。肢體障礙學生之學習。載於魏俊華、劉明松（主編），身心障礙學生輔導手冊：肢體障礙類（頁 24-42）。教育部特殊教育工作小組。

黃瑋苓（2005）。國小普通班重度腦性麻痺學生支持需求之個案研究。特殊教育與復健學報，14，195-216。

廖永堃（2010）。國民中小學普通班融合教育現場支援服務方案期末報告。教育部特殊教育工作小組。

劉文瑜、廖佳芳、連恒裕、鄭智修、黃美涓、林燕慧（2010）。以國際健康功能與身心障礙分類系統分析互動式電腦遊戲對於腦性麻痺兒童的影響：系統性回顧。物理治療，35（3），251-269。

鄭津妃、張正芬（2014）。融合教育的績效：SNELS 資料庫國中障礙學生的學校適應與滿意。特殊教育研究學刊，39（3），81-109。

盧台華、陳心怡（2008）。適應行為評量系統中文版（第二版）：兒童版。中國行為科學社。

盧台華、林燕玲、黃彥融（2023）。社會適應表現檢核表（第二版）：指導手冊。心理。

魏銘志（2010）。增進資源班腦性麻痺學生體適能與行動能力個案探討。國小特殊教育，50，91-100。

Mecham, M. J.（2009）。腦性麻痺與溝通障礙（第二版）〔曾進興譯〕。心理。
（原著出版年：2002）

英文部分

American Association on Intellectual and Developmental Disabilities [AAIDD] (2013). http://aaidd.org/

Haring, N. G. (1978). The severely handicapped. In N. G. Haring (Ed.), *Behavior of exceptional children*. Charles E. Merrill.

Karabay, İ., Dogan, A., Arslan, M. D., Dost, G., & Ozgirgin, N. (2012). Effects of functional electrical stimulation on trunk control in children with diplegic cerebral palsy. *Disability and Rehabilitation, 34*(11), 965-970.

Katz, E. (1954). A survey of degree of physical handicap. *Cerebral Palsy Review, 15*, 10-11.

Kyzar, K. B., Turnbull, A. P., Summers, J. A., & Gómez, V. A. (2012). The relationship of family support to family outcomes: A synthesis of key findings from research on severe disability. *Research and Practice for Persons with Severe Disabilities, 37*(1), 31-44.

Law, M., Petrenchik, T., King, G., & Hurley, P. (2007). Perceived environmental barriers to recreational, community, and school participation for children and youth with physical disabilities. *Archives of Physical Medicine and Rehabilitation, 88*(12), 1636-1642.

Lin, S.-L.(2000). Coping and adaptation in families of children with cerebral palsy. *Exceptional Children, 66*(2), 201-228.

Mirbagheri, M. M., Kindig, M. W., & Niu, X. (2015). Effects of robotic-locomotor training on stretch reflex function and muscular properties in individuals with spinal cord injury. *Clinical Neurophysiology: Official Journal of the International Federation of Clinical Neurophysiology, 126*(5), 997-1006. https://doi.org/10.1016/j.clinph.2014.09.010

Pellegrino, L. (1997). Cerebral palsy. In M. L. Batshaw (Ed.), *Children with disabilities* (4th ed.) (pp. 499-528). Paul H. Brookes.

Rosenbaum, P., Paneth, N., Leviton, A., Goldstein, M., Bax, M., Damiano, D., Dan, B., & Jacobsson, B. (2007). A report: The definition and classification of cerebral palsy April 2006. *Dev Med Child NeurolSuppl, 109*, 8-14.

Scherzer, A. L., & Tscharnuter, I. (1990). *Early diagnosis and therapy in cerebral palsy:*

A primer on infant developmental problems pediatric habilitation (Volume 6). Marcel Dekker.

Washburn, R. A., Zhu, W., McAuley, E., Frogley, M., & Figoni, S. F. (2002). The physical activity scale for individuals with physical disabilities: Development and evaluation. *Archives of Physical Medicine and Rehabilitation, 83*(2), 193-200.

Waters, F. (2013). Understanding cerebral palsy: A guide for parents and professionals. *International Journal of Disability, Development and Education, 60*(2), 173-174.

第十章

身體病弱

孟瑛如、陳志平

　　身心障礙學生之中有一小群是智力大多正常，可是卻因為罹患疾病導致身體的體能或是生理狀況無法因應學校每日的學習與生活作息，必須經常性的請假看診或是休養，甚至是長期在家休養，或是在醫院長期進行治療，才能維繫生命的正常運作，造成生活的重大影響。這些有特殊健康照護需求的學生會被歸類為身體病弱，他們的健康問題通常被分為兩類：一是慢性疾病，例如：氣喘、血液疾病、罕見疾病等；二是感染性疾病，例如：愛滋病、梅毒或母體感染德國麻疹等先天性的傳染病（Smith, 2007）。上述這些健康問題即使接受治療，仍然會嚴重影響學生的學習成就和生活適應，就屬於特殊教育服務的範圍。

第一節　身體病弱的定義

　　一般而言，肢體或外觀上的缺損大多是顯而易見，但是很多身體病弱的特質不易被他人所了解，大多覺得他們比較嬌弱，經常缺席學校的活動；照顧者若是過度保護，就會造成同儕和師長們的誤解，以為他們嬌生慣養，或是藉故裝病、逃避學習。因此，了解身體病弱的定義、身心特質與特殊需求是正確幫助他們的第一步。

　　1997 年，美國公布《身心障礙者教育修正法案》（Individuals with Disabilities Education Act Amendments，簡稱 IDEA'97），使用「其他健康缺

損」（other health impairment）一詞來代表這一類的身心障礙學生。根據 2006 年美國聯邦教育署公布的《身心障礙者教育促進法案》（Individuals with Disabilities Education Improvement Act）之定義指出：「其他健康缺損」是指體力虛弱（limited strength）、缺乏活力（limited vitality）、警醒度不足（limited alertness），包含對環境刺激的過度反應，導致對學習環境欠缺適當的敏銳度和知覺。這些結果必須是由下列兩項因素所造成：(1)是由於慢性或是急性健康問題所造成，例如：氣喘（asthma）、注意力缺陷或是過動症（attention deficit disorder or attention deficit hyperactivity disorder）、糖尿病（diabetes）、癲癇（epilepsy）、心臟疾病（heart condition）、血友病（hemophilia）、鉛中毒（lead poisoning）、白血病（leukemia）、腎臟炎（nephritis）、風濕熱（rheumatic fever）、鐮狀細胞貧血（sickle cell anemia）、妥瑞氏症（Tourette syndrome）等；(2)對教育學習明顯產生不利的影響（王明泉，2012；郭美滿，2006；Heward, 2009; Kirk et al., 2015; Smith, 2007）。

此障礙類別相當於我國《特殊教育法》的「身體病弱」。依據《特殊教育學生及幼兒鑑定辦法》（教育部，2024）第 9 條，定義如下：

> 「本法第三條第七款所稱身體病弱，指罹患疾病，且體能衰弱，
> 需長期療養，致影響參與學習活動。
> 前項所定身體病弱，其相關疾病應經由該專科醫師診斷。」

綜合歸納，不論是「其他健康缺損」或是所謂的「身體病弱」，都是因疾病且體能衰弱，需要長期療養，致使嚴重影響學校的學習和適應。不過，由上述定義可發現，身體病弱包含的疾病類型眾多，很難歸納出一致性的特質，故其疾病應由專科醫師進行診斷。尤其在國內，注意力缺陷過動症常會被歸類在與情緒行為有關的障礙、妥瑞氏症則常被歸類在動作障礙類別中的抽搐性疾患裡。因此，以下根據相關研究，歸納簡介幾種較常被提及的慢性和傳染疾病（王明泉，2012；徐享良，2012；郭美滿，2006；Heward, 2009; Kirk et al., 2015; Smith, 2007），若要符合特殊教育「身體病弱」的鑑定，仍須符合法規所規範之「罹患疾病，且體能衰弱，需長期療養，致影響參與學習活動」為原則。

第二節　身體病弱者的類別及身心特質

壹、氣喘

　　氣喘是一種常見的慢性疾病，全球估計有三億人罹患此病，且罹患此病的比率日益增多，約 3～16%左右，尤其以兒童居多，確實是值得大家關注（吳耀光，2013）。氣喘是呼吸道慢性發炎，會導致氣道過度反應，在患者接觸到誘發因子時，會引起反覆發作的喘鳴、呼吸困難、胸悶及咳嗽，尤其是在清晨。過去大多認為，氣喘是由於氣管支氣管樹的黏膜水腫、分泌物增加及分泌物黏稠，引起氣管支氣管平滑肌不正常的收縮所致，但是目前醫學界已經公認，氣喘的主要病理變化是氣道黏膜層的發炎性反應（許正園，2001）。這種發炎反應就和皮膚表面的傷口發炎一樣，會有腫脹、泛紅和黏液分泌的現象，而氣喘病患者的氣管，就是長期處於這種發炎的狀態。當敏感又發炎的氣管遇到刺激，就像未痊癒的傷口又被割傷一樣，身體會自動分泌更多的黏液來保護傷口，再加上支氣管壁的肌肉收縮，就會導致呼吸道阻塞的更嚴重，而造成咳嗽、喘鳴、胸悶、呼吸困難等症狀，這就是所謂的氣喘發作（吳耀光，2013；郭美滿，2006；臺灣氣喘諮詢協會，2011；Smith, 2007）。

　　誘發氣喘的因素如果是外在環境的塵蟎、蟑螂、動物皮毛、黴菌等，藉由吸入過敏原所引起的氣喘，稱為外因性氣喘；而個人內在的原因，例如：感冒、壓力、情緒變化、氣溫、內分泌改變等因素所引起的氣喘，稱為內因性氣喘；由內外兩種因素引起的氣喘，則稱為混合型氣喘。病徵發作時常出現喘鳴音、胸悶感、夜間咳嗽嚴重、呼吸急促、使用呼吸輔助肌，以及胸骨上方凹陷等症狀，其症狀發生或惡化都與季節交替有關。過去醫界以嚴重程度分為輕度間歇性、輕度持續性、中度持續性，以及重度持續性等四種，但 2009 年新的治療準則改分為完全控制、部分控制，以及無控制等三類，其中包括夜間及日間症狀、活動限制、急救藥物使用與

否，以及肺功能狀況（吳耀光，2013）。氣喘的診斷主要是靠典型症狀的病史，治療可分為預防和急救兩種，方法包括藥物治療、免疫療法、物理治療、氧氣療法，以及環境控制等（郭美滿，2006）。

不論是何種治療方法，其目標在於將慢性症狀以及急性發作減至最低，同時降低藥物的作用，避免氣喘造成死亡，讓病患的肺功能接近正常且沒有太多的限制活動而影響生活，例如：氣喘兒童常有擔心症狀發作的壓力，因此多會減少或避免參與學校每天的活動，反而影響其身體鍛鍊與同儕關係。殊不知氣喘兒童還是可以量力而為的參加運動，其運動要點應包括暖身運動、有氧運動及冷卻運動。暖身運動對氣喘兒童非常重要，除可減少運動傷害外，亦可避免冷空氣突然進入呼吸道，造成呼吸道負荷失調而引發氣喘；冷卻運動可幫助呼吸道逐漸回暖，亦可減少運動後的氣喘發作。簡言之，氣喘雖是一種呼吸道的慢性疾病，不易痊癒，但相關人員只要詳加規劃並掌握好氣喘照護的重點，就可以有效的控制。常見的注意事項有四（吳耀光，2013）：(1)建立良好的醫病夥伴關係；(2)確認及減少病患暴露於危險因子當中；(3)評估、治療與監控氣喘；(4)處理急性惡化狀況。

整體而言，相關照護人員有義務提供患者與家屬有關氣喘的正確資訊，並教導學習控制氣喘發作的知識與技巧，使其能夠逐漸適應學校生活，以減少因為對此症狀的誤解而讓學童喪失正常學習的機會。

貳、糖尿病

糖尿病是一種新陳代謝的疾病，患者會因為胰島素分泌不足而使體內的葡萄糖無法進入細胞，導致血液或尿液中的糖分過高。相反的，當細胞內的葡萄糖不足，患者會自動從肝臟產出更多的葡萄糖來補足，因此會出現飢餓多食、口渴多飲、多尿和體重下降、虛弱、昏昏欲睡的現象，甚至造成生命危險（徐享良，2012；蕭旭峰，2012）。

臨床上，糖尿病大致上可簡單分成第一型、第二型和其他型等三種（衛生署國民健康局，2010；蕭旭峰，2012；Heward, 2009; National Institute of Diabetes and Digestive and Kidney Diseases, 2008）。第一型糖尿病通常在兒

童或青少年時期發病，因此被稱為青少年糖尿病，主要是由於胰島素β細胞受到破壞，導致胰臟無法生產足夠的胰島素，過去也被叫做胰島素依賴型糖尿病（insulin-dependent diabetes mellitus），必須每天注射胰島素（insulin）來維持體內血糖的恆定。第一型糖尿病目前病因不明，可能是環境或病毒感染等因素誘發身體免疫系統失調。第二型糖尿病好發於成人，因此被稱為成人糖尿病，起因於身體細胞對於胰島素的反應不正常，且隨著病情進展會使胰島素的分泌漸漸不足。此類型過去被稱為非胰島素依賴型糖尿病（non-insulin-dependent diabetes mellitus），導因於體重過重或缺乏運動，也是已開發國家的文明病之一，病人數量正不斷攀升。其他非上述兩種，包括妊娠性糖尿病、葡萄糖耐受不良與空腹葡萄糖異常，以及其他疾病引起的糖尿病症狀，在此都被歸類在其他型。

就發病年齡來說，任何年齡都有可能，只是一般幼童也常有多尿、多喝的現象，因此父母不易察覺異樣，往往是因為脫水和酮酸中毒症入院，須注射胰島素來維持生命時才會發現（衛生署國民健康局，2010；蕭旭峰，2012）。要控制兒童糖尿病，必須注意下列事項（衛生署國民健康局，2010；徐享良，2012；曾嬿嬿，2012）：

1.建立良好生活習慣：兒童糖尿病患者除了要定時注射胰島素和檢測血糖、尿糖或尿酮外，其餘與正常的學生並沒有兩樣，在學業和運動方面不須特別限制。只是為了維持血糖正常，每天必須進食三餐、提供二至三次點心及睡前飲食，以預防低血糖的情況發生。

2.正確處置緊急狀況：平時除預防外，師長必須及早發現並立即處置高血糖或是低血糖狀況，否則會有生命危險。一般而言，一旦發生高血糖狀況，程度較為嚴重，表示體內的胰島素太少以及糖尿病未獲得控制，是漸進式發生的，症狀包括：發抖、口渴、皮膚乾燥、呼吸深而吃力、多尿，急呼吸帶有水果味道，稱為糖尿病昏迷，必須趕緊連絡醫生或護士處置（Heward, 2009）。但學生在學校發生狀況較多為低血糖症狀，可能是胰島素過多、非平常性的劇烈運動、過晚或是忘記吃飯等因素造成。輕度時會有飢餓、頭暈眼花、性格變化或嗜睡現象；中度時會躁動不安、心悸、顫抖、臉色蒼白和冒冷汗。此時只要給予果汁、糖果或其他含糖食品，情況即可迅速改善。但重度時可能會昏迷，甚至抽搐（抽筋），此時應在口中

注入巧克力糖膏或蜂蜜，並於上臂或大腿肌肉內注射半瓶升糖素（Gluca-
gon, lmg/vial）後用力按摩注射處，同時立即就醫。經上述處置，通常可在
數分鐘內醒來，如 15 分鐘後仍未清醒，再將剩下的半瓶注射完畢。若無升
糖素，可由靜脈注射 25% 的葡萄糖溶液，劑量為每公斤體重注射 2cc，一旦
清醒再給予餅乾或麵包等含有澱粉或葡萄糖的食品。

　　3.習慣正向思考：控制血糖是一項繁瑣且長期的事，學會正向思考，才
能與糖尿病和平共處，例如：有病童為了控制血糖，就特別感謝上天賜予
他每日用餐後就必須適度運動才能消耗過多血糖的生活方式，讓他訓練出
結實的肌肉與令人羨慕的健美體態。

　　4.運用情緒調節策略：面對繁複的治療過程，有效的情緒調節可以幫助
病童和家庭更有效地減低糖尿病所帶來的身心壓力，獲得身心健康的生活
品質。

　　儘管糖尿病患者在緊急狀況發生時，容易令人不知所措，但實際上卻
很少發生。因此對教師而言，關心兒童糖尿病其實不難，只要特別注意學
生高血糖或是低血糖症狀。尤其是低血糖者，只要留心其飯前、運動中和
運動後等容易發生低血糖症的時刻，不論是運動前或運動中，約每 30 分鐘
囑咐學生吃點食物，就可避免低血糖症的發生。千萬不要限制學生的活
動，尤其是體育課或戶外的活動，讓其和一般同儕一樣，才不會被同儕視
為嬌弱或是異類，而影響身心發展。

參、癲癇

　　癲癇是一種先天或後天因素所引起的慢性腦部疾病，特徵是腦細胞過
度放電所引起的反覆性發作，常會出現抽搐或伴隨意識障礙。由於症狀複
雜多端，有些是非常短暫且幾乎無法察覺，也有些是長時間的劇烈抽動，
因此有許多類型（陳順勝，2010；陳德誠，2011；Berg & Scheffer, 2011）。
抗癲癇聯盟（International League Against Epilepsy，簡稱 ILAE）於 2010 年新
版的癲癇分類，將癲癇分為全面性發作（generalized seizures）、局部性發作
（focal seizures），以及無法分類（unknown seizures）等三種（Berg & Sche-

ffer, 2011; International League Against Epilepsy, 2010; Rudzinski & Shih, 2010），說明如下。

一、全面性發作

全面性發作是指腦內的神經化學活動遍及左右半腦，並且快速擴散至全身，而非侷限於某個部位。此種發作有六種類型：

1.強直—陣攣發作（tonic-clonic seizures）：當兩側大腦半球的神經細胞大規模的亂放電時，便會發生強直—陣攣發作。此類型發作時身體會變得僵硬並不停抽動，容易讓人感到驚駭不知所措。以前稱為大發作（grand mal seizures）。

2.失神發作（absence seizures）：包含典型、合併特殊症狀，以及非典型的失神發作。這種發作並不會有抽搐的情形發生，但可能對周遭一切失去知覺，兩眼空洞像死魚眼一樣。這種失神的情形不會太久，大約持續5～30秒，容易被誤解為不專心。

3.陣攣發作（clonic seizures）：是種有規律性的緩慢抽動，約每秒1～3次，抽動位置可能在顏面肌肉、肢體、橫膈膜或軀幹的某一局部或多處局部。

4.強直發作（tonic seizures）：為顏面、肢體或軀幹肌肉持續性收縮所造成的維持性姿態，位置可在局部、多處局部或者全面，可呈現對稱性或不對稱性（symmetric or asymmetric）。通常肢體會呈現身體向背後反折，好像弓箭似的角弓反張姿勢。

5.失張力發作（atonic seizures）：這一類發作的特徵是會失去肌肉張力，發病的人會因而摔跤跌倒。

6.肌陣攣發作（myoclonic seizures）：這一類涉及大腦運動皮質區的不正常放電，因此會導致身體某部位的抽痛痙攣。

二、局部性發作

此類發作只在腦部某區域發生不正常放電所引起的不自主及不隨意之活動，還有感覺或注意力及行為上的異常，有時候局部性的發作也會擴展

至整個腦部。不過，依據 2010 年新版的局部性發作定義，不再像過去有簡單局部發作（simple partial seizures）和複雜局部發作（complex partial seizures）兩種，而是將其簡化成依症狀描述。此外，全面性發作和局部性發作不再是彼此排斥的二分法。

三、無法分類

無法分類是指，因家長或照顧者描述不清而沒有足夠的證據可以說明是全面性發作還是局部性發作，或者是二者皆有的情況。

雖然有些癲癇是由腦部外傷、中風、腦腫瘤、服毒或酗酒等因素導致，但大多數的癲癇並無確定病因。遺傳的比例平均不到三分之一，除偶發病例外，大部分都需要長期服用抗抽搐藥物；藥物的選擇及使用需要遵照醫師指示，按時且定量並定期接受檢查。若有副作用或再發時，就必須再與醫師聯繫做必要的調整。

癲癇發作時的處理，如為局部抽搐或意識不清，只要在旁觀察並注意病患，以保護其安全即可。但如果是大發作，旁人則需要保持冷靜，並注意以下事項（張揚沛，2013；陳德誠，2011；Heward, 2009; Smith, 2007）：

1.保護病患避免受傷：當癲癇發作時不必慌張，先移開家具、桌椅以預防碰撞，並拿柔軟物品保護病患頭部再讓其躺下。移動身體時不要拉手臂而是推動軀體，以免關節脫臼。接著，取下眼鏡或鬆開患者衣物，減少束縛。

2.協助病患呼吸：將病患的頭偏向一側，使口水異物順利流出，以防嗆到而造成窒息。可是別嘗試清理病人的呼吸道，癲癇發作過後，呼吸的動作自然會恢復。

3.勿強塞東西進入病患嘴巴：當病患牙關緊閉時，勿強行塞入毛巾、湯匙、壓舌板等物品，以防物品斷裂或牙齒脫落等引起呼吸道阻塞，更不可放入手指，以免被咬傷。

4.勿強壓病人：癲癇發作會很快結束，強壓病患可能使其更為躁動，也可能傷及病患。

5.癲癇發作完畢，請勿餵食流質食物或服藥：病患發作過後可能仍處於意識混亂的狀態，此時請勿餵食流質食物或服藥，避免使病患嗆到。

6.守護病患，必要時迅速就醫：不要一直為了找人幫忙而離開病患，因為當病患的意識恢復時，有人在身邊心裡會比較安定。此外，病患發作完畢終究會自行起身，請勿急忙要求其站立或行走。除非發作時間太長持續超過 10 分鐘，或是 30 分鐘內反覆發作三次以上，且兩次發作之間，病患的意識沒有完全恢復，此時就必須送醫急診。

總之，癲癇並不可怕，以現代的醫療技術而言，治癒與控制的機會也很大，但需要病童本身、家長及全校師生的共同認知，並在飲食、運動與藥物控制方面與醫師密切配合，才能進行和其他人一樣能做的事，尤其是患者們也說，相較於不活動，參與運動之後反而覺得更健康，更能成為一個獨立自主的良好學習者。

肆、心臟疾病

一般而言，胎兒在三個月時就大致成為人形，這段期間內所發生的感染、遺傳、染色體，以及複雜分化過程的異常，都可能使得心臟的發育出現問題。根據中華民國心臟病兒童基金會（2015）指出，常見的兒童心臟疾病有下列八種：(1)心房中隔缺損（atrial septal defect）：左、右心房中隔有破洞；(2)開放性動脈導管（patent ductus arteriosus）：新生兒出生後，主動脈和肺動脈之間的導管未自行關閉；(3)肺動脈瓣狹窄（pulmonary stenosis）：右心室到肺動脈之間的血流因瓣膜狹窄而受到阻礙；(4)主動脈瓣狹窄（aortic stenosis）：左心室到主動脈之間的血流受到阻礙；(5)主動脈弓窄縮（coarctation of the aorta）：在主動脈弓分支附近，突然有一小段變成狹小狀；(6)法洛氏四合症（tetralogy of the Fallot）：1888 年由 Fallot 醫師發現的先天性心臟病，主要是合併四種異常，分別是肺動脈狹窄、心室中隔缺損、主動脈跨於心室中隔上方，以及右心室肥大；(7)大血管轉位（transposition of the great arteries）：主動脈與肺動脈兩支大動脈互相調轉位置；(8)其他複雜性心臟病。

由於先天性心臟病之種類繁多，其治療方式也依醫學進步而改變，因此無法詳細介紹，且由於每位病童的病況不同，故其學習與活動更須遵照醫師的建議進行。不過，家長不必過度擔心某些運動對心臟有所危害，而限制病童。運動通常可分為動態與靜態兩種。動態是指關節角度及肌肉長度變化較大，例如：快走或打羽毛球等，此時的心跳與耗氧量會增加，收縮壓輕微增高，平均動脈壓不變，而舒張壓及周邊血管的阻力會降低，一般認為這種運動比較不會增加心臟的負擔。靜態是指關節角度及肌肉長度變化不大，也稱為肌肉的等長運動，例如：舉重、比腕力等，此時的心跳與耗氧量只會輕微增加，但收縮壓及舒張壓會急劇上升，血管周邊的阻力變化卻不大，這類的運動反而對於心臟的影響和負擔較大。

　　事實上，我們所從事的各種運動都涵蓋了以上這兩類運動，只是比例及程度上有所不同而已。根據美國運動醫學會的分類，動態運動分為 A（輕度）、B（中度）、C（重度）三級；靜態運動（等長運動）也分為 I、II、III 等三度（Mitchell et al., 2005）。原則上，若病童曾接受複雜的心臟手術，手術後不宜進行激烈運動，可將病童的運動等級限制於輕度靜態至輕度動態運動，是最安全的方法。當病童年紀適當的時候，再安排運動心肺功能測試，以評估心肺功能並給予合適的運動建議（中華民國心臟病兒童基金會，2015）。

伍、血液疾病

　　血液疾病包含了紅血球疾病、白血球疾病，以及出血或血栓性疾病，常見有鐮狀細胞貧血（sickle cell anemia）、白血病（leukemia），以及血友病（hemophilia），其症狀與處遇簡介如下（徐享良，2012；郭美滿，2006；Smith, 2007）。

　　鐮狀細胞貧血是屬於體染色體隱性遺傳的一種疾病，是由紅血球中的血紅素基因突變所引起。顧名思義，鐮狀細胞貧血是因為血液中之紅血球扭曲而呈現眉月形的鐮刀狀，造成紅血球不易在血管中流通或是導致阻塞，使血液黏稠、溶氧量降低以及身體組織遭到破壞，嚴重者會傷及腎

臟、肺臟、骨骼、肝臟，以及中樞神經系統，使得患者經常發生劇烈疼痛或痙攣，甚至是癱瘓的症狀（徐享良，2012；Smith, 2007）。由於這些症狀都是不定期出現，因此患者經常有情緒壓力、運動吃力、發冷和易感染疾病的症狀，雖然其學習潛能並不受該疾病所影響，但卻因經常請假導致學業表現低落。

　　白血病是血液中負責對抗外來微生物的白血球出現異常增生，使得正常的血球受到抑制，俗稱血癌。白血球由骨髓製造是身體的防禦部隊，但是當它不能發揮正常血液細胞的功能時，便不能幫助身體對抗感染，因此病患常有感染和發燒的現象。白血病依其細胞分化的程度，而區分為急性白血病及慢性白血病（Rabbitts, 1991）。急性白血病發病快，進展也快；慢性白血病則過程較為緩和。急性白血病倘若未給予適當的治療，其細胞會迅速侵潤及破壞骨髓，造血功能大受抑制而出現貧血、血小板缺乏及顆粒性白血球缺乏等現象。

　　貧血會使病患出現臉色蒼白及虛弱和疲倦無力；血小板缺乏會導致皮膚瘀血、出血，甚至內臟出血；顆粒性白血球缺乏會導致抵抗力變差，容易感染發燒，嚴重時會發生敗血症及黴菌感染等。急性白血病需要進行化學或放射性治療、輸血和使用抗生素等，這些都可能會產生副作用，因此必須注意病患的營養、口腔衛生及必要的隔離措施，而且在心理上也要讓病患了解治療的副作用，並鼓勵他們勇敢的度過難關等（邱慧芳，2011；郭美滿，2006）。

　　血友病是 X 染色體隱性的基因遺傳疾病，以男性居多，症狀是血液凝血功能異常，使得出血時間延長而危及生命。舉例而言，學校內同學相碰撞或跌倒，一般同學可能只是輕微擦傷，但血友病童卻可能引發大量出血。大量出血並非是血流速度較快，而是出血時間較長。如果出血流到關節，將破壞周圍組織，使患者疼痛、暫時不能行動，或是關節組織惡化，造成永久性的障礙（邱慧芳，2011；徐享良，2012；郭美滿，2006；盧孟佑，2014）。

　　血友病的處置方法是接受輸血，如今科技已可分離凝血因子（clotting），改善症狀。不過，血友病不是學業低落的直接原因，經常缺課才是主要問題（徐享良，2012）。此外，雖說血友病要避免碰撞跌倒，但是參

加肢體不接觸和碰撞的體育活動仍相當必要，如此才能有助於他們的身體健康。

陸、鉛中毒

環境之中有很多物質可能導致人體鉛中毒。以嬰幼兒來說，常因舔食含有鉛質的粉類，或是乳牙萌發時喜歡啃嚙床架、玩具而吞食含有鉛質的塗漆而導致中毒。錫製或劣質陶製瓶罐表面上的釉質或琺瑯也含有鉛質，經過煮食或倒入酸性流質食物後，也可能引發鉛中毒。誤食過量含鉛藥物，例如：八寶散也可能導致急性中毒。鉛毒不僅可從消化道吸收，也可經由皮膚和呼吸道吸收，例如：含鉛的爽身粉和燃燒廢電池所產生的煙塵，嬰幼兒吸收後均可導致鉛中毒。鉛進入人體後會被吸收到血液循環中，當血液的鉛濃度大增時會引發鉛中毒症狀，主要是導致人體的消化、血液、神經、泌尿，以及生殖系統出現障礙，有的甚至會造成流產、死產及戕害兒童的智力發展（趙敏，2015）。

柒、腎臟炎

兒童在發展階段需要大量的水分、食物以補充身體所需的養分，但是這些食物卻也可能同時產生若干酸性及有毒物質，而腎臟可以幫助身體將多餘的水分及有毒物質排出，因此腎臟功能一旦失衡對身體有著極大的影響。腎臟發炎的原因常見有四種：(1)腎臟先天構造異常；(2)患有遺傳性的腎臟疾病；(3)免疫系統紊亂；(4)感染性疾病。上述前三種與先天遺傳的疾病有關，除及早發現和治療外，較難事前預防；但是感染性疾病通常是憋尿或是清潔不夠徹底或是構造異常所致，因此家長若發現孩子有排尿不適、疼痛或頻尿等感染症狀，或是不明原因的發燒時，應盡速就醫並做尿液檢查，以免泌尿道感染導致腎臟發炎（傅承偉，2011）。

其實，不論孩子是否患有腎臟炎，家長平時應教導他們養成良好作息、睡眠充足，並監控其正常飲食，避免暴飲暴食，平時更要適量補充水

分，避免感冒，一旦感冒則應立即治療且謹慎服藥。在校上學時更不可以憋尿，也要定期進行腎功能及尿液檢查，以提早發現身體異狀進行治療。

捌、風濕熱

風濕（rheumatism）與類風濕（rheumatoid）不同，前者是指免疫系統為了對抗鏈球菌所產生的抗體還有紅腫發炎反應，在鏈球菌被消滅後，這些抗體和反應仍繼續存在，並誤把體內某些器官和組織視為敵人而繼續攻擊。後者顧名思義，類風濕即是很像風濕的一種症狀，差別在於沒有明顯細菌感染後所產生的免疫性發炎之證據（曹正婷，2014）。

風濕其實是相關疾病的總稱，一般人會誤以為不會發生在兒童身上。風濕在兒童身上所引發的疾病主要為風濕熱（rheumatic fever），再依據影響身體部位常見的症狀分為五種（陳進成，2011）：心肌炎（carditis）、關節炎（arthritis）、舞蹈病（Sydenham's chorea）、環形紅斑（erythema marginatum），以及皮下結節（subcutaneous nodule）。風濕熱的治療方式應掌握以下原則：(1)早期診斷合理治療，並選用合理的抗風濕藥物，避免病情加重；(2)預防鏈球菌感染，防止疾病復發；(3)風濕熱為一反覆發作的慢性疾病，藥物自然有其副作用，若長期用藥，其過程應權衡利弊合理使用。

玖、其他與罕見疾病

雖說科技日益進步，很多疾病已經可以有效控制，但仍有許多疾病無法根治，而成為慢性疾病，困擾著很多學童家長，例如：囊狀纖維化（cystic fibrosis）是一種體染色體隱性遺傳疾病，會造成呼吸道、胰臟、腸胃道、汗腺等外分泌腺體器官的功能異常（Heward, 2009; Smith, 2007）；結核病是肺部受結核桿菌（Mycobacterium tuberculosis）侵襲的一種慢性傳染病，會造成咳嗽、氣喘、胸痛、疲倦、食慾不振、消化不良、體重減輕等症狀（Smith, 2007）；此外，還有各種兒童癌症（cancer）、後天免疫症候群（acquired immune deficiency syndrome，簡稱 AIDS 或愛滋病）、過敏

（allergies）、B 型肝炎，以及包括梅毒（syphilis）、弓漿蟲（toxoplasmosis）、德國麻疹（rubella）、巨細胞病毒（cytomegalovirus）、單純泡疹病毒（herpes simplex）等疾病，後面這六種疾病的英文字首被合併為 STOR-CH，統稱為先天性感染疾病（Smith, 2007）。

另外，還有許多罕見疾病是相當難以控制治療，除了導致學童產生許多生活與學習方面的困擾外，更會直接威脅學童的生命和導致家庭經濟面臨極大的困境。依據《罕見疾病防治及藥物法》，罕見疾病是指：「疾病盛行率在中央主管機關公告基準以下或因情況特殊，經審議會審議認定，並經中央主管機關指定公告者」（衛生福利部國民健康署，2015a）。至於疾病盛行率則是以萬分之一以下為參考基準，其考量原則包含：是否需要遺傳諮詢或有利於疾病防治、診斷治療困難及疾病嚴重度，如現行健保制度已給付之疾病，則不再考量列入罕見疾病等認定原則。衛生福利部國民健康署於 2015 年 9 月 8 日公告的罕見疾病共有 207 種（衛生福利部國民健康署，2015b），其中較為人熟知的包括：苯酮尿症、龐貝氏症、成骨不全症（玻璃娃娃）、重型海洋性貧血、黏多醣症（黏寶寶）、遺傳性表皮分解性水皰症（泡泡龍）、脊髓性小腦萎縮症（企鵝家族）等，這些疾病在國內已知的病患人數從數百人到千餘人不等，更有一些罕見疾病，在全世界僅有數個病例（罕見疾病基金會，無日期）。

整體而言，上述九大類的病童若是因為病情嚴重而影響他們在校的學習或是生活適應，且需要接受特殊教育，就會給予特殊身分，總稱為「身體病弱」。過去這些病童，我們習慣以醫療上的脆弱（medical fragile）來描述他們在學習和生活適應上的困境，但隨著醫療科技的進步以及人權的發展，這些問題已逐步被解決，未來更期待透過特殊教育的服務與介入，讓他們能夠融入整個社會的正常活動。

第三節 身體病弱者的篩檢、鑑定評量與安置

身體病弱在外觀上不一定有明顯的異狀，教師經常無法區辨出來，有時甚至家長或學生自己也不知道已經罹患疾病，國內校園也曾發生多起罹患先天性心臟病的學生在激烈運動後死亡的案例。因此，若有疑似身體病弱的學生，應儘速經由下列篩檢、鑑定評量與安置措施，以期及早發現並接受適當的醫療與教育服務（徐享良，2012；郭美滿，2006；Heward, 2009; Smith, 2007）。

壹、早期篩檢

許多兒童和青少年的疾病來自遺傳、基因突變，或是在胎兒、嬰幼兒及兒童等發展階段遇到的心理或環境不良因素所造成。在晚近公共衛生與教育系統的重視下，身體病弱的嬰幼兒與學童可以透過下列幾項措施早期篩檢出來：

1.產前檢查：利用醫學技術在懷孕前與生產前及早診斷出遺傳性疾病，避免先天性缺陷的產生。

2.新生兒先天代謝異常疾病篩檢：嬰兒出生後進行篩檢，一旦發現先天代謝異常疾病，即立即給予治療。目前依據衛生福利部國民健康署改制前的衛生署國民健康局（2007）所訂定之補助篩檢項目，包括：先天性甲狀腺低能症、苯酮尿症、高胱氨酸尿症、半乳糖血症、葡萄糖-六-磷酸鹽脫氫酶缺乏症（G-6-PD 缺乏症，俗稱蠶豆症）、先天性腎上腺增生症、楓漿尿症、中鏈脂肪酸去氫酶缺乏症、戊二酸血症第一型、異戊酸血症、甲基丙二酸血症等十一種。先天代謝異常多為隱性遺傳，雖然無法預防發病，但家長再生出異常兒童的機率為四分之一（洪玉娟，2008）。若能及早診斷，除可防範再生育出相同疾病的下一代，也可對病童在黃金治療期間提供妥善之診治，使疾病對身體或智能之損害降至最低。

3.兒童預防保健服務：依據衛生福利部國民健康署（2015c）的公告，7歲前兒童共給付七次預防保健服務，內容包括：(1)身體檢查：個人及家族病史查詢、身高、體重、聽力、眼睛、口腔檢查、生長發育評估等；(2)發展診察：針對粗、細動作、語言溝通、語言認知、身邊處理及社會性發展、兒童聽語及自閉症篩檢；(3)衛教指導：母乳哺育、營養、發展狀況、口腔保健、視力保健、事故傷害預防等。

4.國民小學學生健康檢查：國民小學學生定期的健康檢查項目，包括：身高、體重、視力、聽力、耳鼻喉、口腔、脊柱、胸廓、心臟、呼吸系統、腹部、四肢、皮膚、寄生蟲與尿液等項目。

5.特殊教育篩檢：如果家長未察覺或未告知學校是否罹患疾病，教師仍可以使用特殊教育相關的篩檢表或觀察學生的身體狀況及行為特徵，建議並協助學生至醫療院所就醫，並在取得診斷證明書後，徵詢家長同意提報特殊教育鑑定。

貳、鑑定評量

身體病弱學生的鑑定及相關評量，係根據《特殊教育學生及幼兒鑑定辦法》（教育部，2024）第9條，身體病弱是指罹患疾病，且體能衰弱，需長期療養，致影響參與學習活動。前項所定身體病弱，其相關疾病應經由該專科醫師診斷。因此，身體病弱的醫學診斷幾乎都是在教育體系外，教師幾乎很少參與，也很少提供轉介前的醫療介入。

然而，根據《特殊教育法》（教育部，2023）規定，特殊教育學生之鑑定，是由各直轄市、縣（市）政府特殊教育學生鑑定及就學輔導會（簡稱鑑輔會）負責相關事宜，因此即便學生持有醫療院所的診斷證明，仍必須進行教育方面的相關評估，才能確定學生是否需要接受特殊教育服務，也可避免過度標籤學生。

此外，為跳脫傳統上將疾病直接視為障礙的觀點，轉而從環境與個體互動的角度切入，世界衛生組織（WHO）整合了身體的結構、功能、活動、參與等概念，作為障礙與分類系統的依據（World Health Organization

[WHO], 2007）。我國新修訂的《身心障礙者權益保障法》（衛生福利部，2021），就是採用 2001 年該組織發展的「國際功能、障礙和健康分類系統」（ICF），作為我國身心障礙者定義與分類的標準。其中，第 5 條定義：

> 「本法所稱身心障礙者，指下列各款身體系統構造或功能，有損傷或不全導致顯著偏離或喪失，影響其活動與參與社會生活，經醫事、社會工作、特殊教育與職業輔導評量等相關專業人員組成之專業團隊鑑定及評估，領有身心障礙證明者：
> 1. 神經系統構造及精神、心智功能。
> 2. 眼、耳及相關構造與感官功能及疼痛。
> 3. 涉及聲音與言語構造及其功能。
> 4. 循環、造血、免疫與呼吸系統構造及其功能。
> 5. 消化、新陳代謝與內分泌系統相關構造及其功能。
> 6. 泌尿與生殖系統相關構造及其功能。
> 7. 神經、肌肉、骨骼之移動相關構造及其功能。
> 8. 皮膚與相關構造及其功能。」

從上述八項內容來看，現今的分類系統是採取多向度的診斷模式，一方面將原本具有負面含意的殘障用語，改用較正面的功能一詞加以代替。另一方面採用功能、障礙和健康三個向度的含意：功能可以涵蓋身體功能、社會活動和參與的能力；障礙是個體因身體構造或功能受損，造成其社會活動和參與上表現的情形；健康是指個體生理、心理和社會等方面的健康情形。因此，身心障礙的認定須先整體評估和強調情境因素對個人功能表現之影響，再來決定誰是真正需要特別幫助的身心障礙者，同時考量哪些服務和調整能讓有障礙者仍能健康和功能性的參與各項活動（鈕文英，2010）。

因此，站在協助學生與家庭的角色，教師還是可以積極的蒐集和提供有關學生健康，或是生理狀況改變的訊息給相關的健康照護專家做參考，同時結合由心理評量教師、特殊教育教師及相關專業人員組成教育與心理

評量團隊，依學生之個別學習能力向度，對身體病弱的學生進行認知、語言、知覺動作、學習成就和情緒適應行為等相關評量工作，以及分析個別學生之優劣勢能力，進而對其學習安排及教育安置做最適切的建議。趙文崇（2011）指出，身體病弱學生的鑑定與評量須依疾病類別，進行三大項分析：(1)活動評估：評估功能是否良好，例如：在何種程度的活動下就會出現身體病弱的徵狀，或是有哪些類別的活動是需要受到不同程度的限制，或甚至是嚴格的禁止；(2)醫療評估：就生理狀況決定不治療或是採用長、短期治療，並根據需求評估來決定是否需要定期追蹤，或是需要適當隔離及安排醫療急救設備；(3)學習評估：根據學習認知的嚴重程度及安置場所的需求來進行評估。

此外，《身心障礙者權益保障法》（衛生福利部，2021）明確界定身心障礙證明之有效使用期限最長為五年，主要目的在於避免終身標籤身心障礙者，以及有效利用特殊教育資源，畢竟任何障礙與程度皆有可能隨著醫藥科技的進步、專業團隊的介入，以及個體自然的成長而改變。因此，該法也設計有重新鑑定的機制，如同特殊教育服務在跨階段轉銜也須進行轉銜評量一樣。重新鑑定的年限仍由醫師依據個體的身心狀況予以判定。至於永久免重新鑑定者，該法亦指出未來仍會繼續保留，只是身心障礙證明需至少每五年換發一次。

以上種種規定，教師與相關人員必須詳加注意，定期提醒家長至醫療院所取得合格的身心障礙證明，並且配合教育單位的評量，以保障身心障礙者的相關教育權益。

參、安置

一般而言，談到身心障礙學生的安置會想到學生應安置在何種特殊學校或特殊班級，或是一般的教育場所。但若談及身體病弱的安置，應該還是要特別討論生理方面的安置（徐享良，2012），因為不當的生理安置極有可能讓身心障礙者受到更大的傷害。

一、生理安置

在教育安置確定前，就先評估考量包含座位、行動能力、建築物與設備改裝的便利性，同時環境設計也能讓相關人員輕易地監控學生的身體狀況，以及提供可就近處理學生急性症狀的醫療場所：

1.教室座位：座位的形式與調整，可依專業團隊提供的建議進行調整。

2.教室位置：考量學生的行動能力及參與的方便性，若學生需要經常性的參加體育活動，那麼教室的位置可安排在操場旁或者是方便達到的位置。

3.建築物與設備的改裝：考量身體病弱學生的體力是否能夠負荷，避免安置在需要經常性上下樓梯或被安置在出入比較不方便的地點，或是可增設電梯，或是修改某些設備就能達到調整的目標。

4.監控學生的身體狀況：校園內如有太多陰暗或可供躲藏的角落，便容易讓學生在發生危險時，不易被察覺而延遲緊急處理的黃金時間。

5.急性症狀的處理：學校應提供臨時休息地點讓身體病弱的學生感到疲倦時可以適度休息，例如：學生可安置在學校健康中心附近，方便學校護理師在緊急狀況時可以迅速介入處理，或是急性症狀嚴重到必須緊急送醫就診時，救護車可輕易的進出校園。

就校園心理健康衛生，身體病弱學生的生理安置如有必要，能愈靠近學校的健康中心愈好，這將有助於學校處理身體病弱學生的臨時狀況，減少意外造成憾事。

二、教育安置

有關身體病弱學生的教育安置，主要可依據病情與病程分為以下幾類（徐享良，2012；郭美滿，2006；Heward, 2009; Kirk et al., 2015; Smith, 2007）：

1.普通班：指將身體病弱程度較輕的學生和普通班學生融合在同一環境接受教育，並且經常性的實施身體檢查和保護措施。教師只須配合巡迴輔導教師及相關人員，定期提供身體病弱學生之課業調整及加強個人的衛生保健。

2.資源班：安置在一般學校的身體病弱學生常因體力不足、請假等因素，導致學習中斷、學習困難，或是學習表現不佳，若需要資源班的教育服務，可以安排在資源班接受相關的教學輔導。

3.醫院或機構附設特殊班：某些醫院或機構會專門招收肢體障礙和身體病弱兒童。由於住院及療養期間較長，學童人數較多，因此學校會在醫院及機構中附設特殊班，讓學童在療養期間也能繼續學業。相對的，醫院或機構必須提供適當的教學場所，教學與治療時間也須依學童的體能狀況、醫療的需要而作適當的安排。

4.特殊學校：目前並無針對身體病弱學生而設置的特殊學校，但如有合併其他障礙，例如：智能障礙、視覺障礙、肢體障礙等，且程度嚴重而無其他更佳的安置場所時，則可安置於特殊學校。

5.床邊與在家教育巡迴輔導：床邊與在家教育巡迴輔導主要是針對身體病弱且不易離開醫院或需要居家照護者的一種特殊教育服務型態。床邊與在家教育是由老師巡迴至醫院與學生家中實施，其方式可採取親臨指導、關懷，或是函授、遠距教學等，以維持身體病弱學生的基礎學習能力。學生的學籍仍設於原就讀學校，每週接受巡迴輔導教師的教學與心理輔導，必要時原設籍學校亦可派員或協助巡迴輔導教師進行教學輔導，以避免學生的學習中斷，並給予情緒與心理輔導的支持。

上述的安置模式，依各地區的教育資源多寡而有所不同，但為確保因疾病無法長時間在校園學習的學生能得到最適當之特殊教育服務，相關人員還是應本著特殊教育的精神，竭力提供相關的資源來幫助需要服務的學童與家長。

第四節　身體病弱者的教學輔導策略

身體病弱學生因健康照護的需求，常與肢體障礙、腦性麻痺、多重障礙的教育輔導相提並論。只是在輔導身體病弱學生時，教師除應要善用普通教育和特殊教育的課程知識與教學技巧外，更必須主動了解各種疾病的

相關知識，隨時了解醫療、教育和社政方面的福利與修正措施，以及和專業團隊溝通合作，才能有效運用輔助科技，協助學生解決學習和身心健康上的難題。此外，由於學生和家庭必須長期面對醫藥治療所帶來的生理病痛、心理情緒和生計經濟方面的多重壓力，因此如何同理和協助他們克服難關，是輔導者亟需克服的難題。

壹、善用普通教育和特殊教育的課程知識與教學技巧

在過去，普通教育與特殊教育間存在著專業傲慢與偏見，例如：身心障礙者無法在普通教育系統下受教育，特殊教育的相關專業人員則認為特殊教育是項專業知能，缺乏專業知能的普通班教師在普通教育系統下是無法進行有效的教學。這樣的認知衝突，導致彼此間的鴻溝逐漸加深，反而讓身心障礙者遭受更大的排斥與隔離。直至 20 世紀中期開始，一連串的民權運動（civil rights movement）與無障礙環境（barrier free environment 或 accessible environment）的倡導，開始推動讓身心障礙者由隔離式的機構回到社區生活、特殊學校的學生回歸到普通公立學校，以及特殊教育班級學生逐漸融入普通班級（張世彗，2005）。

其實，就教育原理原則而言，所有教育理論或課程，其共通的目標就在於有教無類、因材施教以及有效教學。不論是早期的東西方哲學，或是晚近的認知、行為、人本學派，抑或是其衍生出來的各種學派，個別化教學的概念其實早已深植在很多教育哲學家的理論之中，只因現代教育逐漸朝更細緻的分類，導致很多人誤以為特殊教育的課程知識和教學技術與普通教育截然不同。殊不知特殊教育的多數課程知識和教學技巧與普通教育的概念是相通的，特殊之處只是各類障礙者的身心特質與學習策略較不為人熟知而已。一旦願意對這些障礙特質有所了解後，彈性調整便是普通教育和特殊教育能夠連結的關鍵。

這也就是 2011 年我國開始推行「國民教育階段特殊教育課程綱要」（簡稱特教新課綱）的主因，希望藉由語文、健康與體育、社會、藝術與人文、數學、自然與生活科技，以及綜合活動等七大領域課程目標的調

整，完全與普通班的九年一貫課程接軌，同時新增特殊需求領域，兼顧以普通班課程為主和針對身心障礙學生的特殊需求進行彈性調整的精神（盧台華，2011）。2019 年，教育部更以普通教育為首，頒布以素養為導向的《十二年國民基本教育特殊教育課程實施規範》（教育部，2019）及相關課綱，教師只需視學生的學習需求，加設特殊需求領域課程，就能與普通教育課程適度的結合和彌補不足。

因此，普通教育教師實不必將特殊教育視為艱深困難的專業領域，只要秉持帶好每個學生，「沒有孩子落後」（no child left behind），一定可以找到彈性調整的方法。同樣的，特殊教育教師只要願意走出特殊班級，積極了解分析普通班的課程內容，一定可以藉由加深、加廣、簡化、減量、分解、替代和重整等策略，以及過去成功的教學經驗，提供普通班教師和身心障礙學生雙贏的教學策略（盧台華，2011）。

貳、了解醫療、教育和社政方面的福利措施

面對身體病弱學生，教師與學校可事先參閱相關書籍，以及經由網路蒐集相關知識，以便對疾病造成的原因、診斷、治療及後續的照護有所了解。同時，也必須向家長說明教育的權益與配合評量措施，提供專業的輔導計畫和尋求足夠的資源及福利措施，使家長安心，共同協助教師輔導學生學習成長。

舉例而言，某些身體病弱學生的家庭，父母親可能因為要專心照顧病童而有一方辭職，或是因為失業、貧困等因素，造成經濟上亟需援助。此外，很多貧困家庭也為了節省開支，經常未參與或是未繳納全民健康保險，或是患病的治療項目不在給付範圍，或是自行額外接受民俗療法等，耗費龐大的醫療支出，教師必須提供相關的社會福利措施，才能幫助家庭度過難關。若有類似情形，教師可協助家長依據《身心障礙者權益保障法》，至戶籍所在地鄉（鎮、市、區）公所和醫療院所完成鑑定並取得身心障礙手冊（衛生福利部，2021）。或是根據《社會救助法》，協助申請低收入戶證明，使其各項福利與權益受到保障，包含：社會保險（含全民

健康保險）、醫療、輔助器材，以及就學和生活的補助等。

參、和專業團隊溝通合作

由於身心障礙學生的個別差異極大，無法僅藉由單一專業教師的教學策略就能夠滿足所有學生的需求，尤其是仍然有部分學生被排斥在普通教育之外，亟待教師與專業團隊溝通合作。吳亭芳（2012）指出，教師需與醫師、物理治療師、職能治療師、語言治療師、聽力師、社會工作師、臨床心理師、職業輔導人員，以及其他相關人員的通力合作，朝向以身心障礙學生需求為主，和各專業人員之間充分合作的貫專業團隊整合模式，達到全方位設計的理想，創造真正的無障礙環境。

肆、有效運用輔助科技或床邊教學方式協助學生學習

由於身體病弱學生的疾病與個別差異極大，尤其是長期住院治療或是居家療養者，並無法運用傳統的授課方式，因此輔助科技便可運用在這些情況。舉例而言，資訊科技輔具對於在家教育者是極為重要的教學媒介（賴佳菁、陳志平，2011），例如：癌症病童在治療期間為避免感染而必須住院治療或是居家照護，這期間雖有巡迴輔導教師可定期至醫院進行床邊教學或是在家教育，但巡迴輔導的時間與次數有限，多數時間也可能因為身體病弱導致體力不支，或是在家中缺乏教育規劃和固定作息導致學業落後，或是請假缺課過多而想念學校師生，學校即可透過網路視訊讓病童參與教學以及與同儕互動聯繫感情。因此，以現今科技而言，許多過去無法實施的課程，如今都可以透過輔具加以實現，以下舉一個案例。

個案鍾濠霙是一位因車禍癱瘓必須長期住院的病童，3歲左右即因車禍導致氣管氣切，需長期依賴呼吸器維生，且僅有頸部以上的器官可以活動，此種狀況大大限制了濠霙的學習。然而，經過家長與多位巡迴輔導教師的共同努力，濠霙在小學中年級時透過專業團隊評估，以「吹吸式滑鼠」作為輔具，使其可以透過電腦進行書寫、繪畫、遊戲、上網閱讀，或

是透過臉書（Facebook）與外界互動，尤其是努力不懈的繪畫精神，感動了許多人（賴佳菁、陳志平，2011，2012），也自許能成為一位「吹吸小畫家」。吹吸小畫家的照片、自畫像與作品如圖 11-1 至圖 11-7 所示。濠霙的案例也告訴世人，只要有心及努力不懈，任何的障礙都有可能被破除。

圖 11-1　濠霙使用吹吸　圖 11-2　濠霙照片　　圖 11-3　濠霙作品：
　　　　　式滑鼠　　　　　　　　　　　　　　　　　　　　自畫像

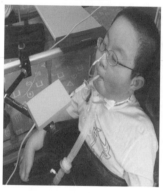  

圖 11-4　濠霙作品：櫻花　圖 11-5　濠霙作品：　　圖 11-6　濠霙作品：
　　　　　　　　　　　　　　　　　　油桐花　　　　　　　　　海馬

  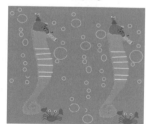

圖 11-7　濠霙作品：恐龍世界

伍、同理和協助身體病弱家庭克服難關

　　身心障礙者與其家庭在經歷疾病的過程中，會有一些特殊和起伏不定的情緒，常讓人難以捉摸與理解。就病童而言，要面對疾病所引起的疼痛、生氣、害怕、寂寞、無聊、悲傷和高興等情緒，其實相當辛苦。而父母則會有害怕失去孩子、期待落空、罪惡感產生，以及缺乏實質幫助的情緒壓力。假設病童的父母如果也處於高度焦慮的狀態，就難以用正向積極的態度去面對治療，間接也會影響病童接受治療的態度。因此，相關的輔導人員對病童父母的反應，也應給予適當的協助（郭美滿，2006）。

第五節　身體病弱者的教育服務趨勢

　　從以上討論得知，雖然近年來醫藥科技不斷進步，身體病弱學生卻持續增加，他們患病後不僅面臨許多生存上的挑戰，也面臨學習上的種種阻礙，因此如何取得生存及受教育的平衡點也是重點。此外，由於身體病弱的原因，導致他們長期請假，學習表現容易落後，這些現象端賴良好的特殊教育服務方能改善，尤其是科技輔具與專業團隊的介入。

　　另外，早期介入是身體病弱兒童預防疾病與改善學習問題的最好方法，完善的生涯轉銜更是落實學習與家庭生活品質的關鍵。此外，部分身體病弱兒童除了身心遭受磨難外，也可能隨時需要面對死亡的生命教育議題，而這些都是亟待解決的議題。

壹、身體病弱學生人數持續增加

　　由於醫藥科技的進步，新生兒或是早產兒經由新生兒加護病房的照料（neonatal intensive care units，簡稱 NICUs），存活率已提升 30 至 50%，然而這些早產狀況也使得嬰幼兒伴隨各式各樣的生理或是功能上的缺陷，導

致身體病弱學生逐年增加。

美國聯邦教育統計中心（National Center for Education Statistics，簡稱 NCES）追蹤 1976 至 2013 年《身心障礙者教育法案》（IDEA）執行的狀況，發現特定學習障礙（specific learning disability）、說話或語言損傷（speech or language impairment），以及其他健康損傷（other health impairment），這三類占所有身心障礙學生的比例最高。其中，「其他健康損傷」甚至在 2000 年後逐年攀升，2021～2022 就占所有 3 至 21 歲身心障礙兒童的 15.4%（NCES, 2023）。這顯示未來處理學生學習、語言溝通與健康方面的議題將會是教師的主要任務。

當然，美國將妥瑞氏症以及注意力缺陷或是過動症也視為慢性疾病，而列入「其他健康損傷」的範疇內，也是導致此一類別逐漸增加的原因之一（The Minnesota Department of Education, 2013）。我國雖然並未將妥瑞氏症以及注意力缺陷或是過動症也視為慢性疾病，並列入身體病弱一項，但不可否認的，有很多身體病弱學生常因為疾病導致學習時感到體力不支、疲累，甚至是警醒度不足（limited alertness），而產生專注力方面的問題。教師輔導時也需特別留意，避免將這些身體病弱學生誤認為注意力缺陷過動症。

貳、找到身體病弱學生生存與受教權的平衡

身體病弱兒童可能從出生後就因為疾病的關係，需要不斷進出醫院以及面臨生存的挑戰，身心上更可能受到許多磨難，因此家長與病童本身可能會以獲得生存為最優先考量。然而，就教育的立場而言，大家都希望每個兒童都擁有平等的受教機會，因此相關單位會運用各種資源及策略來保障身體病弱學生的受教權益。

但這樣的理想亦可能會面臨許多實施上的困境，例如：一旦身體病弱學生的生命受到威脅，或是兒童住進加護病房、開刀、化療等，極度需要避免感染的情況時，教育單位是否需要繼續介入和輔導？此時教育單位的立場與家長或是醫護人員的觀點便可能迥然不同（蔡孟蒨，2006）。此

外，也有許多身體病弱兒童的家長認為孩子發展較為緩慢，或是為了避免孩子受到排擠，會以暫緩入學或是在家教育為優先考量，而非積極讓孩子融入學校與一般的同儕正常學習。

　　即便身體病弱學生患病的狀況不如上述嚴重，但在學校的適應上，相關人員的觀點也可能大相逕庭，例如：心臟疾病的兒童其實需要適度的動態運動才能維持良好的身心健康。然而，卻可能因為家長過度保護，或是教育人員過度擔心意外事件，以及承擔過失責任與賠償問題，而影響身體病弱兒童正常身心發展的機會。但相對兒童而言，卻可能平時受到師長過度的約束，反而在學校課餘時過度活動或激動，或是違反遊戲規則，或是忽略健康照護的注意事項，而導致遺憾事件發生。因此，如何找到身體病弱學生生存與受教權的平衡點，便格外重要。

參、運用科技與專業團隊加強服務特殊教育品質

　　從美國 2002 年簽署「沒有孩子落後法案」（NCLB），以及 2004 年修正的《身心障礙者教育法案》（IDEA）顯示，高品質的特殊教育服務需要高素質的教師與高素質的專業團隊來落實執行。除此之外，科技似乎不能在這場教育改革的浪潮中缺席。因此，相關輔導人員在引進科技輔具時，務必詳細評估控制介面、擺位設備、電腦系統、溝通管道、移行方式、生活相關、感官功能等項目，達到全方位設計的目的（吳亭芳、陳明聰，2012）。

肆、早期介入與生涯轉銜

　　身體病弱兒童的疾病原因可能來自遺傳、基因突變，或是在胎兒、嬰幼兒及兒童等發展階段遇到的內在心理或外在環境不良因素所造成。在晚近公共衛生與教育系統的重視下，身體病弱的嬰幼兒與兒童可以早期篩檢出來。然而，篩檢出來其實只是個開端，如何早期介入才是另外一個重點。傳統的早期介入是以障礙兒童的發展理論為依據，著重在障礙兒童的

能力訓練；晚近則是以支持家庭的權利與能力為導向。因此，相關教育人員如何提供資訊給家庭用於身體病弱兒童的訓練和照護，以及善用社區資源，提供經濟協助等以滿足家庭的需求，便格外重要（蔣明珊、沈慶盈，2012）。

　　此外，每個人從國小到國中、從國中到高中，甚至是從高中到大學，均會經歷不同階段或情境的轉銜，中間的轉換過程會面臨許多議題，尤其是最後從學校轉換到成人生活或是職業工作的角色，更是最大的生涯轉變（邱滿豔，2012）。這些轉變對普通班的學生來說已經需要花費不少的心力加以適應，更何況是對於身體病弱的學生，多少都有可能產生適應不良的地方，因此需要事前詳細規劃，以及事後仔細調整。一般而言，評估一個身心障礙學生從學校轉銜到成人是否成功的指標包括六大議題：身體／情緒健康、居家生活、休閒生活、個人責任與社會關係、社區參與，以及職業／教育（鈕文英，2010；Cronin & Patton, 1993）。此時，特殊教育相關的輔導人員必須詳細了解身體病弱學生的優弱勢能力，並針對其特殊需求擬定詳細和合適的個別化轉銜計畫（ITP）；倘若能夠事前詳盡的規劃與準備，相信未來能減少許多身體病弱學生適應上的問題，以及為良好的生活品質奠定基礎。

伍、實施生命教育

　　身體病弱兒童並非都能治療成功，或是順利回到學校上課，有些來不及長大的兒童無法避免的會走向生命的終點，特殊教育教師此時更不可能提前功成身退，反而必須給予安慰，陪伴他們走完人生的最後一程。Kübler-Ross 指出，瀕死者的五個心理反應模式分別是：震驚與否認（shock and denial）、憤怒（anger）、討價還價（bargaining）、沮喪抑鬱（depression），以及接受（acceptance）（黃志成等人，2013；Kübler-Ross & Kessler, 2005）。因此，生命教育就顯得格外重要，才能真正滿足兒童的特殊需求（special needs）。此時，可以實施必要的心理輔導，讓身體病弱兒童接受這個事實，平靜的走完人生，更可以引進安寧療護，讓家屬可以全程參

與，給予病童最大的自主權，以便處理病童的痛苦症狀，以及提供家屬喘息服務和病童過世後家人的悲傷照顧。

　　總結本章重點，身體病弱學生是因為慢性疾病導致體力虛弱、缺乏活力，以及警醒度不足等狀況，必須經常性的請假在家休養或是在醫院長期進行治療，導致無法因應學校每日的學習與生活作息，而需要特殊教育的介入。然而，身體病弱學生並非無法學習，因此了解身體病弱的身心特質，提供必要的鑑定評量與安置服務，讓其擁有尊嚴自主的生活，是整個身體病弱教育的服務趨勢。

問題與反思

基本題

1. 根據《特殊教育學生及幼兒鑑定辦法》身體病弱的定義為何？
2. 請指出五種常見的造成身體病弱之疾病及其發生原因。
3. 癲癇發作大致可分為三類，請簡述這三類發作時的病理與症狀。
4. 請舉例說明適合心臟疾病學童的運動有哪些？並說明其原因。
5. 身體病弱的嬰幼兒可以透過哪些篩檢措施，以達到早期發現和早期介入的效果？
6. 身體病弱學生的鑑定與評量，主要由哪些項目去分析和判定？
7. 安置身體病弱學生時，在生理與教育的安置上，各有哪些地方需要注意？
8. 請以某一種疾病為例，說明身體病弱學生的輔導策略有哪些？

進階題

1. 小芸是位患有第一型糖尿病的學童，因為校外教學時過於興奮，忘記吃午餐而昏倒，請問此時在她身邊的同儕和教師應如何處置？未來應如何預防？
2. 小義是位患有癲癇的學童，上體育課時突然倒地，全身僵硬且不停抽搐，請問此時在她身邊的同儕和教師應如何處置？未來應如何預防？
3. 請根據身體病弱學生的身心特質，說明學校與教師應如何取得學生的受教權與生存權之平衡點？
4. 請根據身體病弱學生的身心特質，說明學校與教師要如何對其同儕實施生命教育？
5. 請以本書個案鍾濠霆為範例，說明如何利用本身的科系、專長或興趣，以及結合輔助科技，為長期臥床的住院病童提供多元化的教學以及教學上的調整？
6. 身體病弱兒童的家庭通常會遭受到兒童疾病惡化以及經濟耗竭的雙重磨難，請以支持家庭與能力為導向的觀點，說明要如何規劃他們的生涯轉銜計畫？

參考文獻

中文部分

中華民國心臟病兒童基金會（2015）。認識兒童心臟病。https://reurl.cc/Z7L1LM

王明泉（2012）。身體病弱學生之定義說明、鑑定與評量。臺東特教，**38**，1-8。

吳亭芳（2012）。相關專業服務團隊。載於林寶貴（主編），**特殊教育理論與實務**（第三版）（頁509-534）。心理。

吳亭芳、陳明聰（2012）。科技輔具的應用。載於林寶貴（主編），**特殊教育理論與實務**（第三版）（頁635-580）。心理。

吳耀光（2013）。氣喘的預防與治療。臺北市醫師公會會刊，**57**（6），43-48。

罕見疾病基金會（無日期）。**什麼是罕見疾病**？https://reurl.cc/Ez5X91

邱滿艷（2012）。身心障礙學生生涯發展與職涯輔導。載於林寶貴（主編），**特殊教育理論與實務**（第三版）（頁615-680）。心理。

邱慧芳（2011）。一位母親照顧與教養血友病幼兒的心路歷程。載於蔡昆瀛（主編），**研究與實務的對話：2011特殊教育暨早期療育學術論文研討會論文集**（頁283-308）。臺北市立教育大學特殊教育中心。

洪玉娟（2008）。新生兒先天性代謝疾病篩檢。輔英醫訊，**65**，2-4。

徐享良（2012）。肢體障礙與身體病弱者教育。載於許天威、徐享良、張勝成（主編），**新特殊教育通論**（第二版）（頁163-195）。五南。

張世彗（2005）。融合教育的遞嬗與在融合班中協助身心障礙學生的方法。國教新知，**52**（3），1-11。

張揚沛（2013）。認識重積癲癇。高醫醫訊月刊，**33**（4）。https://reurl.cc/14N09Q

教育部（2019）。**十二年國民基本教育特殊教育課程實施規範**。作者。

教育部（2023）。**特殊教育法**。作者。

教育部（2024）。**特殊教育學生及幼兒鑑定辦法**。作者。

曹正婷（2014）。常見關節炎問題如何區分。國泰醫訊，**150**，24-25。

許正園（2001）。氣喘治療的正確觀念。臺灣醫界，**44**（4），33-34。

郭美滿（2006）。**身體病弱學生輔導手冊**。臺北市立教育大學特殊教育中心。

陳進成（2011）。**風濕熱和風濕性心臟病**。https://reurl.cc/q8WZEp

陳順勝（2010）。**認識癲癇症**。https://reurl.cc/9Xm1e8

陳德誠（2011）。認識癲癇。**T&D飛訊**，**117**，1-8。

傅承偉（2011）。認識5種常見小兒免疫腎臟疾病。媽咪寶貝，**128**，86-89。

曾嫦嫦（2012）。青少年及兒童糖尿病友及家庭的調適。**中華民國糖尿病衛教學會會訊，8**（2），12-15。

鈕文英（2010）。轉銜評量在發展個別化轉銜計畫之應用探討。**臺中教育大學學報：教育類，24**（2），129-149。

黃志成、王麗美、王淑楨、高嘉慧（2013）。**特殊教育概論**。揚智。

臺灣氣喘諮詢協會（2011）。**臺灣氣喘診療指引**。臺灣氣喘諮詢協會。

趙文崇（2011）。**身體病弱學生鑑定與評量**。國立彰化師範大學。

趙敏（2015）。中藥安全大解密／你吃的中藥怎麼來？**康健雜誌，195**，118-143。

蔡孟蒨（2006）。**臺北市身體病弱學生接受床邊教學之情形**（未出版之碩士論文）。國立臺灣師範大學。

蔣明珊、沈慶盈（2012）。生涯與轉銜。載於林寶貴（主編），**特殊教育理論與實務**（第三版）（頁 591-614）。心理。

衛生署國民健康局（2007）。**新生兒先天性代謝異常疾病篩檢作業手冊**。作者。

衛生署國民健康局（2010）。**學校糖尿病照護參考手冊**。作者。

衛生福利部（2021）。**身心障礙者權益保障法**。作者。

衛生福利部國民健康署（2015a）。**罕見疾病防治及藥物法**。作者。

衛生福利部國民健康署（2015b）。**公告罕見疾病名單暨 ICD-9-CM 編碼一覽表**。https://reurl.cc/e8KWjR

衛生福利部國民健康署（2015c）。**免費健康檢查服務對象與服務項目**。https://re-url.cc/avK1N4

盧台華（2011）。從個別差異、課程調整與區分性教學的理念談新修訂特殊教育課程綱要的設計與實施。**特殊教育季刊，119**，1-6。

盧孟佑（2014）。**認識血友病**。https://epaper.ntuh.gov.tw/health/201404/project_1.html

蕭旭峰（2012）。**糖尿病分哪幾種類型？特徵又是哪些？**https://reurl.cc/OqKV7A

賴佳菁、陳志平（2011，12 月）。長期呼吸照顧兒童的生命經驗與其生命教育之意義。載於邱方晞（主編），**2011 年「彩繪生命・創意兒童」學術研討會論文集**。育達商業科技大學。

賴佳菁、陳志平（2012，5 月）。住院歡呼兒的家人關係：以一位長期呼吸照顧兒童的住院生活經驗為例。載於張英鵬（主編），**2012「第三屆兒童發展與家庭教育」學術研討會論文集**。慈濟大學。

英文部分

Berg, A. T., & Scheffer, I. E. (2011). New concepts in classification of the epilepsies: Entering the 21st century. *Epilepsia, 52*(6), 1058-1062.

Cronin, M. E., & Patton, J. R. (1993). *Life skills instruction for all students with special needs: A practical guide for integrating real-life content into the curriculum*. Pro-ed.

Heward, W. L. (2009). *Exceptional children: An introduction to special education* (9th ed.). Merrill/Prentice-Hall.

International League Against Epilepsy. (2010). *ILAE proposal for revised terminology for organization of seizures and epilepsies 2010*. https://reurl.cc/yg9kQD

Kirk, S. A., Gallagher, G. J., & Anastasiow, N. J. (2000). *Educating exceptional children* (9th ed.). Houghton Mifflin.

Kübler-Ross, E., & Kessler, D. (2005). *On grief and grieving: Finding the meaning of grief through the five stages of loss*. Scribner.

Mitchell, J. H., Haskell, W., Snell, P., & Van Camp, S. P. (2005). Task force 8: Classification of sports. *Journal of the American College of Cardiology, 45*(8), 1364-1367

National Center for Education Statistics. [NCES] (2023). *Digest of Education Statistics 2022, Table 204.30. Children 3 to 21 years old served under Individuals with Disabilities Education Act (IDEA), Part B, by type of disability: Selected school years, 1976-77 through 2021-22*. https://nces.ed.gov/programs/digest/d22/tables/dt22_204.30.asp

National Institute of Diabetes and Digestive and Kidney Diseases. (2008). *Your guide to diabetes: Type 1 and type 2*. National Institutes of Health.

Rabbitts, T. H. (1991). Translocations, master genes, and differences between the origins of acute and chronic leukemias. *Cell, 67*, 641-644.

Rudzinski, L. A., & Shih, J. J. (2010). The classification of seizures and epilepsy syndromes. *Continuum (Minneap Minn), 16*(3), 15-35.

Smith, D. D. (2007). *Introduction to special education: Making a difference* (6th ed.). Allyn & Bacon.

The Minnesota Department of Education. (2013). *Other health disabilities companion manual*. https://reurl.cc/5q9MMq

World Health Organization. [WHO] (2007). *International classification of functioning, disability and health for children and youth* (ICF-CY). Author.

第 十二 章

情緒行為障礙

孟瑛如、陳志平

「一根火柴棒價值不到一毛錢，一棟房子價值數百萬元，但是一
根火柴棒卻可以摧毀一棟房子。可見微不足道的潛在破壞力，一
旦發作起來，其攻堅滅頂的力量，無物能禦。……
一根火柴棒是什麼東西呢？它就是下列四項：一、無法自我控制
的情緒；二、不經理智判斷的決策；三、頑固不冥的個性；四、
狹隘無情的心胸。檢查看看，我們隨身攜帶幾根火柴棒？」

上述是臺灣經營之神王永慶（2008）的一席話，顯示情緒控制在我們
的日常生活和行為上扮演著極為關鍵的角色，尤其是在兒童與青少年時
期，這樣的情形可能會慢慢演變為情緒行為障礙（emotional and behavioral
disorders，簡稱 EBD），而影響個人的生活與學習。許多研究者都呼籲，這
些問題應從教育著手做根本改善（孟瑛如，2012，2019a，2019b；施顯烇，
2006；陳志平等人，2012；馮觀富，2005；Kauffman, 2005）。

不過，情緒行為障礙問題之成因複雜，必須先從定義與身心特質上加
以釐清，以免產生過度的標籤作用。因此，本章將引導讀者了解情緒行為
障礙的鑑定、安置與輔導，其實是需要與專業團隊進行系統化的合作，以
及採用多元介入團隊模式才能確實輔導改善，這是相關的教育與輔導人員
必須詳加注意和謹慎的地方。

第一節　他們不是壞孩子：情緒行為障礙的定義、特質與類型

「情緒行為障礙」迄今已有許多不同名稱出現，例如：嚴重情緒困擾（seriously emotionally disturbed 或 severe emotional disturbance，簡稱 SED）、行為障礙／異常（behavioral disorder，簡稱 BD）、情緒困擾（emotional disturbance，簡稱 ED）、情緒障礙／異常（emotional disorder，簡稱 ED），以及情緒行為障礙／異常（emotional or behavioral disorder，簡稱 EBD）等，使得教育輔導的對象與機制，經常無法獲得一致性的看法（洪儷瑜，1998，2000；楊坤堂，2000；Gulchak & Lopes, 2007; Kauffman, 2005; Smith, 2007）。不過，因其重要性一直備受國內外關注，因此以下先就其常見的定義以及身心特質加以介紹。

壹、情緒行為障礙的定義

美國教育界與學術界最常沿用 Bower 提出情緒困擾（ED）的內涵和情緒障礙（emotionally handicapped）的定義為基準（Bower, 1957, 1981）：係指明顯展現下列五種行為中的一種或一種以上，且維持一段時間（楊坤堂，2000；Bower, 1981; Kauffman, 2005）：

1.無法學習，而又不能以認知、感覺、神經生理或健康因素加以解釋。
2.無法和同儕及教師建立或維持良好的人際關係。
3.在正常的情況下，有不當的或不成熟的行為或情緒型態。
4.普遍充滿不快樂或鬱悶的情緒。
5.有衍生發展成為個人或與學校有關的生理病症，如疼痛或恐懼等。

Bower（1957）對情緒困擾的觀點，受到1975年美國《全體殘障兒童教育法案》（EHA，或依法令編號稱為《94-142 公法》）的認同，旋即被納入嚴重情緒困擾（SED）的定義標準。不過，儘管《94-142 公法》採用相同

的定義概念，但嚴重情緒困擾的名稱卻引來諸多批評，就連 Bower 也質疑為什麼法律不限制其他各障礙類別的程度，例如：嚴重聽障或嚴重視障，卻反而在情緒困擾這一項特別增加「嚴重」二字，而且還特別限制必須嚴重到某個程度才能達到障礙標準，如此豈不代表不嚴重的情緒困擾就不需要特殊教育的服務（洪儷瑜，1998，2009；Bower, 1982）？

此外，美國特殊教育界也對於《94-142 公法》採用嚴重情緒困擾（SED）一詞認為有以下五種缺點：(1)SED 對情緒的重視反映出心理動力學派的影響，且處理的重點在情緒，會限制了其他學派技術的運用；(2)SED 強調傳統人格的評量，重視內在的情緒、感覺，忽略了外在行為的表現；(3)SED 暗指童年發展的問題，負面標籤效果反而比 BD 大；(4)SED 無法代表目前在《94-142 公法》下服務的學生，因為多數學生是行為問題，情緒問題的學生較少；(5)SED 的重點非特殊教育專業的重點，無法代表特殊教育專業的重點和趨勢（洪儷瑜，2009）。

為此，1989 年美國行為障礙兒童學會（Council for Children with Behavioral Disorders，簡稱 CCBD），以情緒或行為障礙（emotional or behavioral disorders）一詞提出新的定義，旋即被國家心理健康和特殊教育聯盟（National Mental Health and Special Education Coalition）所採用，並向國會建議取代 IDEA 的定義。CCBD 對情緒與行為障礙的定義如下（Council for Children with Behavioral Disorders, 2000; Heward, 2009; Kauffman, 2005）：

1.情緒或行為障礙是指對於學校課程的反應顯著異於年齡、文化或種族常模，並嚴重影響教育表現，包括：學業、社會、職業或個人技能，其：

(1)對於環境壓力事件的反應，長期且持續在兩種以上情境出現。

(2)至少一種和學校相關。

(3)一般輔導無效，或普通教育介入成效有限。

2.本障礙可能合併其他障礙。

3.本障礙包括思覺失調症（schizophrenia）、情感性疾患、焦慮性疾患，或其他行為或適應不良障礙；兒童因此影響教育表現如第一項所述。

只是類似的批評與建議並未受到美國政府的採納，因為不管是 1990 年修訂的《身心障礙者教育法案》（IDEA 或《101-476 公法》），仍將其稱為嚴重情緒困擾（SED），或是後來因為「嚴重」二字所帶來的負面標籤及

諸多批評，讓美國聯邦教育署決定調整名稱，但其內涵還是一致不變的，例如：1997 年修訂的 IDEA（簡稱 IDEA'97）僅將「嚴重」二字刪除；2004 年修訂的 IDEA（簡稱 IDEA'04）雖改以情緒困擾（ED）作為法定名詞，但其與 Bower（1981）定義的差異只在名詞和些許的文字敘述而已（Kauffman, 2005; Smith, 2007）。

我國情緒行為障礙的定義也承襲美國發展的軌跡，在名詞界定上有許多不同看法。1970 年，《臺灣省特殊教育推行辦法》稱為「性格及行為異常」；1984 年，《特殊教育法》則分列為「性格異常」和「行為異常」；1991 年，第二次特殊兒童普查併稱「性格及行為異常」；1994 年，《特殊教育法》修訂草案原擬將「性格異常」和「行為異常」，捨「內向性的性格異常」，以「外向性的行為異常」為法定名稱，然而卻又在 1997 年的《特殊教育法》以「嚴重情緒障礙」作為法定名詞，這足以顯示情緒行為障礙的名詞與定義多變性以及難以定於一尊的複雜程度（侯禎塘，2002，2015；洪儷瑜，1998，2009；楊坤堂，2000）。

不過，2009 年開始修訂的《特殊教育法》、《身心障礙及資賦優異學生鑑定辦法》，便將過去的「嚴重情緒障礙」改稱為「情緒行為障礙」（教育部，2013a，2014a），此也是因為「嚴重」二字所帶來的負面標籤相當令人反感（洪儷瑜，2014），希望被鑑定對象只要包含情緒和行為任一或兩者均具之障礙，以減少負面意涵，符合我國《特殊教育法》修訂的用意。目前，在《特殊教育學生及幼兒鑑定辦法》（教育部，2024）第 10 條中，也是參酌相關的定義：

「本法第三條第八款所稱情緒行為障礙，指長期情緒或行為表現顯著異常，致嚴重影響學校適應；其障礙非因智能、感官或健康等因素直接造成之結果。

前項情緒行為障礙之症狀，包括精神性疾患、情感性疾患、畏懼性疾患、焦慮性疾患、注意力缺陷過動症、或有其他持續性之情緒或行為問題。

第一項所定情緒行為障礙，其鑑定基準依下列各款規定：

一、情緒或行為表現顯著異於其同年齡或社會文化之常態者，得

參考精神科醫師之診斷認定之。

二、在學校顯現學業、社會、人際、生活或職業學習等適應有顯
　　著困難。

三、除學校外，在家庭、社區、社會或任一情境中顯現適應困
　　難。

四、前二款之困難經評估後確定一般教育及輔導所提供之介入成
　　效有限，仍有特殊教育需求。」

貳、情緒行為障礙學生的身心特質與類型

情緒行為障礙學生的特徵各有不同，在此僅就學生的生理、認知、行為、社會情緒與學業等方面加以略述，再說明其不同的類型。

一、情緒行為障礙學生的身心特質

情緒行為障礙學生的常見身心特質茲分述如下（侯禎塘，2002，2015；洪儷瑜等人，2000；楊坤堂，2000；Hallahan et al., 2015; Heward, 2009; Kauffman, 2005; Smith, 2007）。

（一）生理方面

除了特定身心疾病外，情緒行為障礙學生常會有生理方面的症狀，例如：常會出現因過度焦慮而難以查出病因的生理症狀。另外，有些學生因長期服藥會出現情緒反應遲緩的現象，憂鬱症學生常會有自傷行為，注意力缺陷過動症學生常因衝動行為造成身上帶有外傷卻不自知等（洪儷瑜等人，2000）。

（二）認知方面

就智力而言，並未有顯著的證據證實情緒行為障礙學生一定比一般學生低，但情緒行為障礙學生確實常因衝動或焦慮行為，而導致注意力與記

憶力出現困難，在認知學習方面容易表現得較一般學生差（Hallahan et al., 2015）。

（三）行為方面

在外在行為方面，常見有攻擊、說謊及違規等行為；在內在行為方面，常見有拒絕參加團體活動，少和同學或老師打交道，表現鬱鬱寡歡，經常獨處、作白日夢、害羞、膽怯、焦慮、壓抑等。雖說一般的兒童多少也會有上述兩種內外的行為問題，但是情緒行為障礙學生在這些行為問題出現的次數和頻率則顯著高於一般同儕，在學業、社會、人際、生活等適應上有顯著困難（楊坤堂，2000；Heward, 2009; Kauffman, 2005; Smith, 2007）。

（四）社會情緒方面

兒童與青春期的人際關係發展和社會技巧，是學生在學校以及未來適應社會的重要指標。情緒行為障礙學生在校經常不是被排斥就是被忽視，少與同學或教師建立適當的友誼或師生關係；在家也易因情緒行為問題導致家庭關係緊張或疏離，不利於他們的社會情緒發展（楊坤堂，2000；Hallahan et al., 2015; Heward, 2009; Kauffman, 2005; Smith, 2007）。

（五）學業方面

情緒行為障礙學生經常出現學業不穩定或低成就現象，而與學習障礙之症狀產生共病現象（陳榮華、陳心怡，2007；Mays et al., 1998; Swanson et al., 1999; Willcutt et al., 2001），例如：缺席、分心、難以配合作業規定；考試時不願意或無法全力表現，而導致學習困難。在美國，部分學生甚至可能有明顯的閱讀和數學障礙，約三分之二無法通過同年級的學力測驗，僅三分之一可以取得高中畢業文憑，低於身心障礙學生的 50%，也遠低於一般學生的 76%，更有超過 60%的情緒行為障礙學生在高中畢業前輟學（Heward, 2009; Kauffman, 2005）。

二、情緒行為障礙的類型

情緒行為障礙的分類方法眾多（鈕文英，2015；楊坤堂，2000；He-ward, 2009; Smith, 2007）。Achenbach（1991）將行為問題區分為廣泛的和狹隘的兩種症狀：廣泛的症狀包括控制過少（under controlled）的外在（externalizing）問題與過度控制（over controlled）的內在（internalizing）問題。狹隘的症狀則是指一般行為量表的分量表，包括：攻擊、過動、違規犯罪、精神分裂、憂鬱、社會退縮等。楊坤堂（2000）認為，現代心理學對行為界定不一而足，但主要是內在活動與外表活動，亦即行為涵蓋外顯性行為（externalizing behaviors）與內隱性行為（internalizing behaviors）。Smith（2007）指出，情緒障礙可分為外顯性行為、內隱性行為與低出現率行為。外顯的多為攻擊、衝動、惡性循環和違抗的行為；內隱的多是退縮、孤獨、憂鬱、焦慮的行為；低出現率的行為很罕見，但是一旦出現都相當嚴重，例如：思覺失調症，對個人及家庭都可能帶來嚴重的影響。

（一）醫學上的分類

現代精神醫學的分類，是將人們的各種行為及人格功能異常的程度，達到需要治療和處理的臨床狀況視為精神疾病。因此，舉凡與思考、情緒、認知、行為、生理需求有關的問題，一旦嚴重影響到生活、學習、職業和人際社交等，就可能會被診斷具有某種精神疾病。精神疾病（mental illness）大致可分為三大類（劉嘉逸，2004）：

1.精神病（psychoses）：是嚴重精神疾病的統稱，個案通常有幻覺、妄想、錯亂言行、現實感障礙，發病時沒有病識感，對現實判斷出問題，生活功能有較大程度的障礙，其中思覺失調症是最常見的精神病。

2.精神官能症（neuroses）：也稱為輕型精神疾病（minor psychiatric morbidity）。相對於精神病，是較輕的精神疾病。個案精神未錯亂，不會有現實感障礙，因此精神官能症是一種慢性或復發性的疾患，例如：焦慮症、恐慌症、強迫症、創傷後壓力症候群等。

3.器質性精神疾病（organic mental disorders）：是指因為頭部外傷、腦部病灶、身體疾病、藥物或酒精中毒等因素所造成的精神疾病。失智症也屬於器質性精神疾病。

上述是精神醫學概略性的歸納，比較有系統的分類當屬美國精神醫學會（American Psychiatric Association，簡稱 APA）所出版的《精神疾病診斷與統計手冊》（*Diagnostic and Statistical Manual of Mental Disorders*，簡稱 DSM）一書，是目前全世界最重要的精神疾病診斷手冊，2013 年已經修正到第五版（*Diagnostic and Statistical Manual of Mental Disorders*, Fifth Edition），簡稱 DSM-5（APA, 2013），精神疾患的分類項目則從第四版的 16 類增加到第五版的 20 類。

（二）教育上的分類

在教育上，並不會像精神醫學的分類如此精密。不過，很多疾患必須經由精神科醫師的診斷才能確認，因此教育上法定的情緒行為障礙類別仍以精神醫學的分類為參考依據。根據教育部所訂《特殊教育學生及幼兒鑑定辦法》的定義，情緒行為障礙包括：精神性疾患、情感性疾患、畏懼性疾患、焦慮性疾患、注意力缺陷過動症，以及其他持續性之情緒或行為問題者（教育部，2024）。雖說上述的疾患屬於精神醫學的範疇，不過診斷過程仍需大量仰賴專業心理人員的心理評估報告、晤談、教師的觀察和輔導人員的介入，並非精神科醫師即可確定診斷。以下介紹情緒行為障礙的類別（侯禎塘，2015；洪儷瑜，2014；鈕文英，2015；楊坤堂，2000；APA, 2013/2014; APA, 2013）。

1. 精神性疾患

精神性疾患（schizophrenic disorder）主要包括思覺失調症，其症狀包括幻覺、妄想、思考異常、智力和語言功能缺陷，以及情緒方面的異常。DSM-5（APA, 2013）將其改名為精神分裂症譜系及其他精神病性疾患（schizophrenia spectrum and other psychotic disorders）（APA, 2013/2014; APA, 2013）。

由於思覺失調症可能是精神醫學中最為人不解與害怕的慢性疾病，受到極大的污名化。因此，2014 年臺灣精神醫學會及中華民國康復之友聯盟宣布，將過去被稱為「精神分裂症」的疾病名稱正式更名為「思覺失調症」（APA, 2013/2014）。更名的緣故乃是因為 1995 年日本研究發現精神康復者之回診率低，中斷治療比例高，多數導因於民眾對於精神疾病名稱引發的誤解所致。因此，日本花了七年的時間推動更名，於 2002 年成功更名為「統合失調症」。更名後的研究更發現，統合失調症這個名稱確實改善了這類病患因污名化而錯過治療時機的問題，而家屬的支持度也因此有明顯提升（谷大為，2014）。

2. 情感性疾患

　　情感性疾患（mood or affective disorder）主要是指憂鬱症（depressive disorder）和雙相情緒障礙症（bipolar disorder），其他常見的情感性疾患包括了輕鬱症（dysthymia）以及循環型情緒障礙症（cyclothymic disorder）。前者是一種慢性的憂鬱症，過去稱為輕鬱症（dysthymic disorder），在 DSM-5（APA, 2013）中被稱為持續性憂鬱症（persistent depressive disorder）；後者是一種較輕微的持續性躁鬱症（APA, 2013/2014; APA, 2013）。情感性疾患在學齡階段常見的是憂鬱症，主要的症狀包括：憂鬱的情緒、對日常事物失去興趣、中斷與人互動、食慾不振、睡眠不正常、精力衰退、活力減低、注意力渙散等（鈕文英，2015；APA, 2013/2014; APA, 2013）。

3. 焦慮性與畏懼性疾患

　　焦慮（anxiety）是一般人常見的反應，許多人會因為調適能力不足以及長期壓力而產生短暫或是間歇性的焦慮情緒。然而，焦慮症（anxiety disorder）不僅是短暫焦慮情緒而已，而是種持續發生的害怕、緊張與憂慮症狀，並且嚴重影響到個人正常的生活。患者的焦慮也不是口頭說說而已，可能是真實感受到重要的災難即將來臨，甚至是面臨死亡威脅。

　　恐懼（phobia）是指特定型式的害怕，且害怕的反應經常難以理解，甚至是超出現實的程度，典型的反應就是表現出害怕和逃避的行為。若情形

嚴重且持續，就會演變為畏懼性症（phobic disorder），包括特定對象畏懼，例如：針對動物、環境、血或情境，以及沒有特定對象的廣泛性焦慮症、社交焦慮症（社交畏懼症）和恐慌症（鈕文英，2015；APA, 2013/2014; APA, 2013）。

雖說情緒行為障礙的法定分類包含了焦慮性疾患與畏懼性疾患，但在臨床診斷的準則，不論是 DSM-IV 或是 DSM-5 都將此兩病症視為與焦慮有關，因此很多的診斷 DSM-5（APA, 2013）還是以 DSM-IV 的焦慮性疾患作為準則，特別是焦慮和畏懼的症狀其實都會出現在很多的疾患當中，故 DSM-5 將許多疾患重新討論臨床表現後歸納在焦慮症中（鈕文英，2015；APA, 2013/2014; APA, 2013）。

4. 注意力缺陷過動症

注意力缺陷過動症（ADHD）的主要症狀，包括：分心、衝動、過動，以及難以習得常規行為和成就表現不穩定。由於診斷敏感度與亞型的特異性已經相當穩定，DSM-IV 與 DSM-5（鈕文英，2015；APA, 2013/2014; APA, 2013）皆將 ADHD 分為注意力缺陷型（inattentive presentation）、過動／衝動型（hyperactive/impulsive presentation），以及混合型（combined presentation）。

ADHD 的成因可能源自於神經發展異常，DSM-5 將 ADHD 歸類到神經發展性疾患，同時也將 ADHD 按功能與嚴重程度區分為輕、中、重三級，以便清楚了解 ADHD 對社會以及職業功能的影響程度。至於發生年齡則是考量注意力缺陷症（attention deficit disorder，簡稱 ADD）的兒童會比較晚才被察覺，因此診斷年齡由 7 歲延後到 12 歲（孟瑛如、簡吟文，2014；APA, 2013/2014; APA, 2013）。ADHD 學生被鑑定為情緒行為障礙的比例，在我國教育部特殊教育通報網中所占的比例最高（孟瑛如、謝瓊慧，2012），約占所有情緒行為障礙的 72%（陳志平等人，2011），故在表 12-1 特別列出 DSM-5 的 ADHD 診斷標準（譯自 APA, 2013）。

表 12-1　注意力缺陷過動症之診斷標準

注意力缺陷過動症

診斷標準

A.一個持續注意力缺陷和／或過動／衝動的模式，妨礙其功能或發展，特徵如下列 1 和／或 2。

1.注意力缺陷（inattention）

下列 9 項注意力缺陷症狀中至少出現 6 項，且持續 6 個月以上，有適應不良現象，且其表現未達應有之發展階段，同時對於社交和學業／職業的活動有直接負面影響。

註：這些症狀並非單獨地顯示出對立、反抗、敵意，或是失敗於了解作業或是教學過程中。對於青年或是成年人（指 17 歲或是年齡更大者），則必須至少符合 5 項症狀。

a.常缺乏對細節的專注，或在學校功課、工作或其他活動中粗心犯錯。（例如：忽視或錯失細節）

b.經常在做作業或遊戲活動時不能專注持久。（例如：在上課時無法持續專注聆聽）

c.經常有聽而不聞的現象。（例如：即使在無明顯分散注意源的情形下，亦會呈現心不在焉的現象）

d.常常不聽從指示，因而無法完成學校功課、雜務或該做的事。（例如：可以開始工作，但會迅速失焦或分心）

e.對於完成需要組織或按照順序的工作或活動有困難。（例如：在安排順序性的工作上有困難、在物歸其位上有困難、在時間管理上極差、無法如期完成工作等）

f.常常逃避、厭惡或是抗拒需要持續專心的事物。（例如：學校作業、家事等）

g.常弄丟工作或活動的必要物品。（例如：家庭聯絡簿、鉛筆、課本、用具、鑰匙、眼鏡、手機等）

h.經常因為外界刺激而分心。（對於青年或成年人，則可能包含無關的想法）

i.健忘。（例如：經常忘記做家事、幫忙跑腿；對於青年或成年人，則是忘記回電話、付帳單和定時約會）

表 12-1　注意力缺陷過動症之診斷標準（續）

注意力缺陷過動症
2.過動和衝動

下列 9 項過動／衝動症狀中至少出現 6 項，且持續 6 個月以上，有適應不良現象，其表現未達應有之發展階段，同時對於社交和學業／職業的活動有直接負面影響。

註：這些症狀並非單獨地顯示出對立、反抗、敵意，或是失敗於了解作業或是教學過程中。對於青年或是成年人（指 17 歲或是年齡更大者），則必須至少符合 5 項症狀。

a. 經常坐立難安，手腳動來動去，或是身體在座位上扭動不停。

b. 經常在需要保持坐在位子的情形下離開座位。（例如：在教室中離開自己座位）

c. 經常在不適當的情境下過度跑來跑去或爬上爬下。（註：對於青年或成年人，可能因為被限制而感到焦躁不安）

d. 經常不能好好的玩或是安靜地從事休閒活動。

e. 舉止彷彿裝上馬達一般，沒有辦法持續做一件事而換來換去。（例如：不能夠持續的或是舒適的保持安靜，當在餐廳、會議中，可能令他人感受到的是焦躁不安，或是很難跟上進度）

f. 經常多話。

g. 經常在問題講完前搶著說出答案。（例如：接著說完別人的句子；在對話中無法等待輪到他發言）

h. 經常在需輪流的團體活動或遊戲中不能等待。（例如：當排隊等待時）

i. 常常打斷或干擾別人。（例如：干擾對話、遊戲或是活動；可能未經過詢問或得到允許就使用他人物品；對於青年或成年人，可能是干擾或指責別人做的事情）

B. 數種注意力不足或過動／衝動的症狀會發生在 12 歲之前。

C. 數種注意力不足或過動／衝動的症狀發生於兩種或兩種以上的情境。（例如：在家、學校或工作中；和朋友或其他親屬相處；在其他的活動裡）

D. 有明確證據顯示這些症狀會對社交、學業或是職業功能，造成妨礙或降低品質。

E. 這些症狀非發現於思覺失調症或另一個精神病的病程，同時也不能用其他精神疾病的診斷做解釋（例如：情感性疾患、焦慮症、解離症、人格性疾患、物質成癮或戒斷）。

註：引自 APA（2013, pp. 59-60）。

上述顯示兒童和青少年階段的鑑別格外重要。因此，Swanson 等人（Swanson, 1995; Swanson et al., 1982）發展出「注意力缺陷過動症量表」（Swanson, Nolan, and Pelham Rating Scale, Version IV，簡稱 SNAP-IV）。在國內，劉昱志等人（2006）建置了中文版本的量表與常模，相關評量內容可上網查詢（http://akai.org.tw/snap/）。目前，智慧型手機的 Google Play 也有 SNAP-IV 的中文應用軟體（application，簡稱 APP）可供下載使用。

第二節　找出根源幫助他們：情緒行為障礙者的鑑定、安置與輔導

除了了解情緒行為障礙的定義、身心特質與類別外，輔導者更重要的是要如何發現與篩選出疑似個案，並且透過一系列系統性的鑑定、安置、輔導措施來執行與監控輔導成效，同時在介入策略執行一段時間後，能夠繼續追蹤和確保輔導策略一直被沿用和落實，並且持續產生正向的輔導成效。

壹、情緒行為障礙的評量

心理與教育評量主要是在測量人的某種心理特性、人格特質、行為表現，或是某項理論的概念性用語，並且透過具體可觀察或是可操作的刺激或數量，來表徵評量結果的意義。因此，建構評量工具前必須採取具備及排除因素來檢視學生的障礙與程度。

所謂具備因素是指情緒行為問題比同儕嚴重，且在學校以外的情境已經持續出現一段時間，經普通教育的輔導也無顯著成效，才能視為情緒行為障礙。排除因素則是指目前有明顯的健康、感官、文化差異、不適當的教育或其他障礙因素，可用來解釋學生出現的問題行為（洪儷瑜、單延愷，2005；楊坤堂，2000；Kauffman, 2005）。

此舉雖可有別於一般的心理輔導，且有效利用特殊教育資源，避免標籤及排除單純是學校適應不良的學生，但情緒行為問題的表現若非完全符

合法定的標準與嚴重程度，也不易被診斷為情緒行為障礙，反而導致許多學生被認為只是一般行為問題或是學校適應不良而遭到排除（洪儷瑜，1998，1999；Council for Children with Behavioral Disorders, 2000; Heward, 2009; Kauffman, 2005; Smith, 2007）。只是等到問題嚴重，學校普遍又認為情緒行為障礙是種心理或特定人格疾患，屬於醫療、司法或是特殊教育範圍，其責任只在負責篩選與轉介，實際上並無法提供太多的支持與協助（黃政昌，2001）。

此外，除了精神性疾患、注意力缺陷過動症的外向行為容易察覺外，其餘的內向行為既不穩定也不易被發現。若要以其他持續性之情緒或行為問題為標準，則其類型及嚴重程度也讓教師疑惑，因此有許多學生的外向問題，例如：偷竊、吸菸、嗑藥、逃學、逃家或中輟、犯罪等問題，往往不被認定或嚴重程度未達標準而忽略他們可能的特殊教育需求（洪儷瑜，1999；鈕文英，2015；楊坤堂，2000；Kauffman, 2005）。

針對過度排除以及過度依賴醫學診斷的困境，許多研究者發展出相關的評量工具，常見的有「兒童行為檢核表」、情緒行為相關的評量表、投射測驗、功能性行為評量，以及直接觀察與評量（楊坤堂，2000；Heward, 2009），以及電腦化評量等。說明如下。

一、「兒童行為檢核表」

「兒童行為檢核表」（Child Behavior Checklist，簡稱CBCL）是2003年由 Achenbach 與 McConaughy 編製的實證性評量系統（Achenbach System of Empirically Based Assessment，簡稱ASEBA）之一，用於評估1歲半至18歲兒童和青少年的能力、適應功能及臨床常見的情緒及行為問題（Achenbach, 2009, 2014）。整個量表系統依年齡區分成兩階段：一為學齡前期的「一歲半至五歲兒童行為檢核表」（Child Behavior Checklist For Ages 1 1/2-5，簡稱CBCL/1 1/2-5）；二為學齡期的「六歲至十八歲兒童行為檢核表」（Child Behavior Checklist For Ages 6-18，簡稱 CBCL/6-18）。各階段也依據評量者的不同，區分為「一歲半至五歲兒童照顧者或教師報告表」（Caregiver-Teacher Report Form For Ages 1 1/2-5，簡稱 C-TRF）、「六歲至十八歲兒

童—教師報告表」（Teacher's Report Form For Ages 6-18，簡稱 TRF），以及「十一歲至十八歲青少年自陳報告表」（Youth Self-Report For Ages 11-18，簡稱 YSR）。

　　另外，由於 DSM 是當前最重要的精神醫學診斷系統，因此 ASEBA 也建立了以DSM為導向的量表（DSM-oriented scales），可作為以DSM-5 為診斷依據時的參考（陳怡群等人，2009；Achenbach, 2009, 2014）。在國內，ASEBA 系統已由陳怡群等人（2009）修訂成中文版，輔導者可針對需求加以利用。

二、情緒行為相關的評量表

　　常見與情緒行為相關的評量表有 Epstein 與 Cullinan（1998）編製的「情緒障礙量表」（Scale for Assessing Emotional Disturbance，簡稱 SAED）。該量表將情緒障礙分為：無能力學習（Inability to Learn）、人際關係問題（Relationship Problems）、不當的行為（Inappropriate Behavior）、不快樂或沮喪（Unhappiness or Depression）、生理症狀或害怕（Physical Symptoms or Fears）、社會失調（Socially Maladjusted）、整體能力（Overall Competence）等七個分量表，以及一個單獨評估影響教育表現的不利程度（Adversely Affects Educational Performance）之項目，另有八個開放的問題讓父母和專業人員可以記錄學生在運動、學業、社會能力、家庭和社區中的長處。該量表目前發展到第二版（SAED-2），除了原有的「整體能力」被刪除外，其餘六個分量表以及單獨評估影響教育表現的不利程度都維持不變，還有提供主要照顧者補充評估內容的教育／發展問卷（Developmental/Educational Questionnaire），以及針對量表前五項內容的觀察表（Epstein & Cullinan, 2010）。在國內，鄭麗月（2022）是 SAED-2 的中文版修訂者。

　　上述是以缺陷（deficit）觀點來看待情緒行為障礙，這樣的方式容易讓學生產生更大的挫折，並且易失去奮發向上的動力。因此，Epstein 與 Sharma（1998）採取優勢本位（Strength-Based Assessment）來評量學生，其所編製的「行為與情緒評量表」（Behavioral and Emotional Rating Scale，簡稱 BERS），內容包括：優勢人際關係（Interpersonal Strength）、優勢家庭參

與（Family Involvement）、優勢內在能力（Intrapersonal Strength）、優勢學校表現（School Functioning），以及優勢情感（Affective Strengths）等五個分量表。不過，由於評量者設定為成人，通常會是教師、父母和主要照顧者，且常模並未將兩者區分，無法了解其觀點的差異，同時也缺乏學生自己的觀點。因此，Epstein（2004）修訂第二版（簡稱 BERS-2）時，新增父母與青少年版本，以更多元的觀點來看待學生的優勢行為（Buckley & Epstein, 2004; Epstein, 2004; Simmons & Lehmann, 2013）。在國內，楊宗仁（2001）是 BERS 的中文版修訂者，至於 BERS-2 則尚未有中文的修訂版本。

其他與情緒行為障礙相關的量表有洪儷瑜（2000）根據 Achenbach、Martens 和 Elliott 等學者之概念編製的「青少年社會行為評量表」（Adolescent Social Behavior Scale，簡稱 ASBS），將不適應行為分為攻擊、違規行為、過動／衝動、退縮／膽怯、焦慮、人際問題、學習適應等七類，同時經因素分析分為外在、內在和學業適應等三類問題。此外，為因應優勢本位的評量需求，該量表也評量學生的合群、溝通技巧、主動、互惠、衝突處理、自我效能、學業學習等適應行為。

另外，孟瑛如等人（2016）則是以教育應用的觀點出發，結合 DSM-5 中的注意力缺陷過動症的行為特徵（APA, 2013）與相關文獻（孟瑛如，2012，2019a，2019b；孟瑛如等人，2011；孟瑛如、謝瓊慧，2012；孟瑛如等人，2013），發展出「學前至九年級注意力缺陷過動症學生行為特徵篩選量表」（Kindergarten to 9 Grades Attention Deficit-Hyperactivity Disorder Scale，簡稱 K-9 ADHD-S），藉此建置學前到國民中小學注意力缺陷過動症學生的行為特徵檢核系統，以期早期發現 ADHD 和早期介入。該量表分為家長版及教師版，可從多元的角度觀察學生的注意力、過動或衝動控制等相關的學習行為特徵。

三、投射測驗

投射測驗（projective test）是一種心理學的人格測驗，和客觀的標準化測驗不同，其測驗過程是給受試者一系列的模糊刺激，並要求受試者描述

看見或感覺到的模式，或是完成圖示，或是講述故事。最常用的投射測驗，包括了「羅夏克墨漬測驗」（Rorschach Inkblot Test，簡稱 RIBT 或是 Rorschach Test）和「主題統覺測驗」（Thematic Apperception Test，簡稱 TAT），可用以了解受試者真實的人格特質。然而，投射測驗雖然有趣，但缺點是評量結果對於特殊教育的設計和評量並無法提供太多的參考依據，因為投射測驗僅僅評量出某些較狹隘的行為特質，卻無法評量出長期的行為模式，何況是情緒行為障礙更需要長時間的觀察與記錄，而不是一次性的評量就可以獲得結論（Heward, 2009）。

四、功能性行為評量

功能性行為評量（functional behavioral assessment，簡稱 FBA）是一種系統化分析與評估情緒行為問題可能原因的過程與方式。一般而言，問題行為發生的功能通常至少具備下列其中之一（李翠玲，2014；侯禎塘，2015；張正芬，2000；鈕文英，2009，2015；簡吟文等人，2011；Heward, 2009; Smith, 2007）：

1.獲得內在感官刺激（咬、摳、搓、摸、搖晃、甩等自我感官刺激）。

2.逃避外在刺激（責任、處罰，或熱、悶等不舒服的外在壓力或刺激）。

3.引人注意（注意力、關心、稱讚等）。

4.要求明確的事物（物品、權力、控制權等）。

了解行為問題背後的功能，教師與輔導人員便可依據環境與生態蒐集與運用相關資訊，而發展出對情緒行為問題功能的假設，並藉由行為介入計畫（behavior intervention plan，簡稱 BIP）來驗證行為功能的假設，同時追蹤介入效果與修正行為介入策略（李翠玲，2014）。

功能性行為評量的優點是以實證本位服務（evidence based practice，簡稱 EBP）和多元的方式，使用正向處理策略，結合醫療、教育、心理及社工等專業團隊，實際評估問題行為的功能和有效的操縱前事（anteced-ent）、行為（behavior）與後果（consequence）之間的關係，並訓練個案以適當的行為取代原本的問題行為，逐步學會自我管理（侯禎塘，2015；鈕

文英，2009，2015；簡吟文等人，2011；Kauffman, 2005, 2014）。為配合正向行為支持的概念，林坤燦等人（2018）編製「正向情緒行為介入量表」，用來研判情緒行為問題的類型、前因、功能和介入策略，以利相關人員進行評估、教學介入或調整。

本章附錄 1「普通班（疑似）特殊需求學生行為動機評量表」，以及附錄 2「國小情緒行為障礙學生正向行為支持計畫表範例」，係參酌鈕文英（2009，2015）與其他相關資料撰寫，可提供相關教師輔導時參考使用。

五、直接觀察與評量

即便有上述的評量工具，某些問題還是必須透過直接觀察與記錄，才能確實呈現在某些特定情境下才會出現的情緒行為問題，例如：小瑛只有在下課或是遊戲的情境才會辱罵小平與小吟。其次，直接觀察與記錄可針對情緒行為問題的頻率、持續時間、反應時間，以及情緒行為問題的型態和強度加以描述（鈕文英，2009，2015；Heward, 2009）。此方法的好處是教師可以直接聚焦在學生不良的情緒行為問題，以及可教導和可替代的行為，而非著重在假設性的臆測或是根本無法解決的問題，例如：直接歸因在家庭教養的因素，卻無法教導學生可自行解決和監控成效的策略。

六、電腦化評量

近年來因為資訊科技的發展，電腦化評量也開始應用在情緒行為障礙中之注意力缺陷過動症學生的鑑定上。在醫療臨床體系上較常見的是「持續性操作測驗」（Continuous Performance Test，簡稱 CPT）。「持續性操作測驗」是實驗室中最常用來評估持續性注意力表現的測驗工具，這個測驗最早是用來評估腦傷者的注意力反應（Rosvold et al., 1956）。

「持續性操作測驗」有許多的版本，但其基本概念都是讓參與者接受一連串的選擇性刺激，再從中區辨出正確的反應目標（張如穎，2015）。運用在教育體系常見的目的是要了解認知注意力的選擇性、區辨性或持續性的特徵，因而發展的「電腦化注意力診斷測驗」（Computerize Attention Diagnostic Assessment，簡稱 CADA），則將測驗分為圖畫注意力、推理注

意力，以及語文注意力三項因素，使用對象涵蓋學前至國中教育階段（孟瑛如等人，2014）。

　　上述幾種評量方式與工具可讓教師與相關輔導人員在評量時有所依據，不再只是單憑醫學診斷而忽略自己應有的職責，同時也可以根據醫學診斷與學生內、外在的情緒行為問題資料，設定輔導目標與計畫。輔導後也可以根據量表結果的前後差異來了解輔導的成效，不再只是以主觀的陳述來論斷結果，甚至是以開發優勢能力的概念來進行輔導，讓兒童和青少年不必再受劣勢能力所苦惱。

貳、情緒行為障礙學生的鑑定、安置與輔導

　　情緒行為障礙是一種隱性障礙，不像視覺或是肢體等感官障礙，那麼容易被發現。因此，各縣市政府的特殊教育學生鑑定及就學輔導會（簡稱鑑輔會）都積極的宣導和建立情緒行為障礙學生的鑑定、安置、輔導流程，希望經由特殊教育資源的介入，幫助真正需要協助的對象（陳志平，2013）。我國目前各縣市政府都已制定了情緒行為障礙學生的鑑定安置辦法，茲概述如下（洪儷瑜，2014；洪儷瑜、單延愷，2005；陳志平，2010；陳志平等人，2011；楊坤堂，2000）。

一、宣導

　　由縣市政府鑑輔會向各個學校宣導情緒行為障礙學生的特徵，遇有疑似者可由教師或家長填寫特殊需求學生轉介資料表，向學校承辦人員正式提出篩選轉介的申請。

二、篩選轉介

　　篩選轉介包括二個來源：一是輔導室定期評量而發現適應困難或是疑似學生；二是教師或家長懷疑而提出申請。在提出篩選轉介前，教師和家

長須先蒐集學生情緒行為顯著異常的觀察紀錄，以及提出情緒行為問題症狀之相關證明，或是選用適當的評量表，並完成初步的晤談，以了解學生情緒行為問題的癥結所在。

三、轉介前介入

教師及家長提出轉介申請以及學生問題症狀的相關評量與證明後，接著由學校召開個案會議與相關人員討論可行之輔導方式。此階段的學生須接受至少一學期以上的輔導觀察，證實個案的確在學業、社會、人際、生活適應方面，出現長期的困難，且經過一般的輔導後成效有限，仍有特殊教育需求。若有輔導成效者，則回到一般的班級和輔導系統繼續輔導和追蹤（李桂英，2006；邱清珠，2006）。

四、鑑定與評估

若經學校輔導一學期以上成效有限，仍有特殊教育需求，經家長同意後即進入鑑定階段。此階段由專業人員透過上述的心理評量和專業人員晤談等，排除智力、感官與其他障礙因素，最後確認個案的情緒行為問題符合跨情境與特殊教育的需求後，撰寫個案的鑑定評估報告。

五、綜合研判與安置輔導

接著，召開綜合研判會議，確認情緒行為障礙類型以及特殊教育資格，並且依據學生的需要提供後續之教學、評量、輔導、輔具以及行為處理策略方面的建議。

六、核發證明與轉銜輔導

依據學生在小六及國三上學期時，情緒行為障礙的特徵殘存程度，向各縣市政府鑑輔會提出特殊教育需求學生的鑑定申請，鑑定後若是符合資格，則是繼續進行升學與轉銜的輔導。

目前，各縣市政府的情緒行為障礙學生之輔導大致遵循上述的流程，為學生進行一連串的觀察、轉介、評量、診斷，以及各種安置輔導措施。本章附錄 3「普通班（疑似）特殊需求學生教育評估說明」，可協助教師以正向支持和優勢本位的概念向家長說明，其關注焦點在於協助孩子的能力開發，而非其負向行為。

　　教師在獲得學生信任、家長支持後，再以本章附錄 4、5、6、7、8 的表單，作為親師之間以及醫療系統的溝通媒介，提供教師教學觀察、家長就診衛教、學生藥物監控，以及醫師調整藥物的依據，如此才能達到真正多元介入的目的。

第三節　愛與同理：情緒行為障礙者的教學輔導策略

　　情緒行為障礙的成因複雜，個別差異頗大，輔導時須依個別的需求選用適合的策略，才能顯現輔導成效。歸納常見的有行為、認知、認知行為、心理動力、心理教育、醫學、生態，以及人本等策略（王欣宜，2006；孟瑛如，2019a，2019b；侯禎塘，2015；陳志平等人，2011；鈕文英，2009，2015；楊坤堂，2000；簡吟文等人，2011；Corey, 2016; Corsini & Wedding, 2014; Heward, 2009; Kauffman, 2005; Martin & Pear, 2016; Smith, 2007）。

壹、行為策略

　　行為策略（behavior strategies）是以 Skinner、Thorndike、Pavlov 等人的行為學派理論為基礎，假設行為問題是學習而來的，強調行為本身與環境互動的關係。在行為處理上，強調找出行為事件發生前的刺激，以及行為發生的反應與回饋來重新安排與控制環境。也就是了解所謂的前事、行為與後果的關係，進而預防或調整行為發生前後可能的人事物反應，有效減

少情緒行為問題發生的時間、頻率和強度（陳志平等人，2011；鈕文英，2009，2015；簡吟文等人，2011）。使用行為策略時，可藉由行為檢核表、行為評定量表及行為觀察紀錄表等加以診斷問題。主要輔導方法包括：示範（modeling）、回饋（feedback）、教導（coaching）、增強（reinforcement）、消弱（extinction）、懲罰（punishment）、行為契約（contingency）、反應代價（response cost）、隔離（time out），以及過度矯正（overcorrection）等（鈕文英，2009；楊坤堂，2000；Corey, 2016; Corsini & Wedding, 2014; Martin & Pear, 2016）。

貳、認知策略

認知策略（cognitive strategies）是以 Khler、Tolman、Piaget 等人的認知學派為典範，最早是由 Bruner 於 1950 年代所提出，認為個體對事件的思考、態度和想法等是影響情緒行為問題發生的主要因素。這種自主控制內在心理活動歷程而獲得新知識的方法，需要個人運用所學的知識經驗，以及憑藉記憶去辨別、選擇、思維、分析、歸納。運用認知策略時，可以藉由訪談、自陳量表、語句完成等方式診斷問題，以了解個體的不良認知、自動化思考，以及負向內在語言等。認知策略處理的重點在於改變個體的信念、態度和習慣性的思考，或是個體記憶中的認知結構（侯禎塘，2015；張春興，2013；楊坤堂，2000；Corey, 2016; Corsini & Wedding, 2014）。

參、認知行為策略

認知行為策略（cognitive behavior strategies）結合行為和認知策略，起源於行為學派逐漸重視認知重組的過程，以及認知學派也不得不承認行為策略在方法學上的優勢，主要代表人物是 Ellis 與 Beck。認知行為策略在診斷上採用訪談、自陳量表、語句完成、行為觀察紀錄等，處理方法則包含認知和行為兩部分，認知部分係找出非理性的想法加以改變，以達到自我

教導適當行為的目的（陳志平等人，2011；鈕文英，2009；Corey, 2016; Corsini & Wedding, 2014）。由於認知行為策略的技術眾多，Mahoney 與 Arnkoff（1978）將認知行為治療歸納成三種主要的方法：第一種是認知重整（cognitive restructuring），如 Ellis 的理性情緒治療及 Beck 的認知療法；第二種是因應技能訓練（coping skills training），如 Meichenbaum 的自我教導訓練（self-instruction training）；第三種是問題解決策略（problem solving）。行為部分則是運用肌肉鬆弛、系統減敏、代幣等策略。

肆、心理動力策略

心理動力策略（psychodynamic strategies）或稱為心理分析（psychoanalytic），是以 Freud、Jung、Adler 等人理論為主要依據的心理治療模式，主要是以解決個案的內在心理衝突為主，例如：解決兒時心理創傷所造成的人格危機。因此，心理動力在處理情緒問題行為時必須先了解個案潛意識的衝突，才能真正改善其病症（吳來信，2005；楊坤堂，2000；Corey, 2016; Corsini & Wedding, 2014）。在診斷上，包含：夢的解析、投射技術、自陳量表、語句完成、畫人測驗等了解內在精神系統的問題。常見的治療有自由聯想（free association）、心理劇（psychodrama）、同理心（empathy）、遊戲治療（play therapy）、鬆弛訓練（relaxation training）、生理回饋法（biofeedback），以及自我教導（self-instruction）。

伍、心理教育策略

心理教育策略（psychoeducational strategies）是衍生自心理動力策略，以 Horney、Erikson 等新佛洛伊德學派為主，兩者同樣強調內在心理因素會影響兒童及青少年的情緒和行為，特別是內、外在的自我無法應付現實生活時，問題便會產生。心理教育策略常以生活空間訪談法（life space review）、自陳量表、語句完成測驗等方式診斷。常見的介入方式則主張建立自我能力和增強改變的動機，並透過遊戲、藝術表達媒介、諮商技術，以

及社會技能課程等，協助個體達到自我控制的目的。與心理動力策略不同的是，心理教育策略認為情緒行為問題可從家庭、學校及環境背景的改善而使問題獲得解決（鈕文英，2015；楊坤堂，2000；Briere & Lanktree, 2013; Kauffman, 2005）。

陸、醫學策略

醫學策略（biogenic strategies）基本上是假定情緒行為障礙與生理因素有關，因此情緒行為的問題可經由生理的控制獲得改善，其診斷方法包含發展史訪談、基因檢查、腦神經評估、新陳代謝檢查、氣質評量等。醫學策略的處理方法包含藥物的使用、營養和飲食控制、氣質因素的了解和因應（鈕文英，2009；楊坤堂，2000；Kauffman, 2005; Poon-McBrayer & Lian, 2002）。不過，藥物可能具有副作用，因此有效掌握劑量及監控治療反應，可能是整個策略最為核心的議題。

柒、生態策略

生態策略（ecological strategies）認為，個體存在於一個複雜系統，必須與人互動並扮演不同角色，並認為環境與個體會相互影響（陳志平等人，2011；鈕文英，2015）。Hobbs（1965, 1966）發展情緒障礙兒童的矯治方案（The Re-ED programs），採用生態策略的觀點，主張欲使兒童的教育與治療發揮效果，必須由聯絡的教師（liaison teachers）負責協調事宜，把兒童所處的社會系統納入考量和計畫。生態策略認為，學生的診斷必須將內、外在所有的因素都加以評量，因此被稱為生態評量。生態策略在處理上則強調從內、外在的因素加以改變。內在調整包括改變個體行為，教導個體做生活規劃；外在調整包括改變生態或是生活型態，以帶動整體行為的改變。常見的生態策略會以社區本位教學（community-based intervention）、操控生態系統，以及採用編序技術（programmatic techniques），來逐步改善學生的情緒行為問題，例如：實施親子教育、改善學生的家庭環

境，以及同時融入社會工作師和社區服務工作者，藉由成立支持性的團體，把教師、家長以及社區的力量凝聚起來，以增進治療和教育的效果（楊坤堂，2000，2008；Kauffman, 2005; Poon-McBrayer & Lian, 2002）。

捌、人本策略

人本策略（humanistic strategies）是由 Rogers 與 Maslow 等人所創，強調了解及同理學生的情緒需求，並提供愛與正向支持的學習經驗與環境，相信個體自己可以找到解決問題的方法，並發揮自身的最大潛能（鈕文英，2009；Corey, 2016; Corsini & Wedding, 2014）。此方式並不強調特定技術與策略，而是以正向積極的關懷態度出發，但這反倒成為其他治療策略的基調。

玖、多重模式治療

由於情緒行為障礙可能是心理、生理、家庭、社會和學校等不利因素交互作用而成（楊坤堂，2000；APA, 2013; Lewis et al., 2004），輔導時可能需要配合不同策略才能完全奏效，故以 Lazarus 主張為主的多重模式治療（multimodal therapy）便因應而生（Lazarus, 1992, 2005, 2006; Lazarus et al., 2006）。顧名思義，多重模式治療融合多種策略，強調人類是一種具有生物化學特性以及神經功能的實體，我們的生活可視為一些行為（behavior）、情感（affect）、感覺（sensation）、形象／想像（imagery）、認知（cognition）、人際關係（interpersonal relationships），以及藥物與生理（drugs and biology）等功能組合而成。為方便理解與記憶，Lazarus 將上述七大功能的字首合併，稱為 BASIC ID。多重模式治療常借用的技術如下所述（Corey, 2016; Corsini & Wedding, 2014; Garrett, 2007; Lazarus, 2005; Lazarus et al., 2006）：

1.行為（B）：運用行為改變技術，如消弱（extinction）、反制約（counter conditioning）、正負增強（reinforcement）、處罰（punishment）

等。

2.情感（A）：運用宣洩法（abreaction）、擁有與接納感受（owning and accepting feelings）技巧等。

3.感覺（S）：運用鬆弛技術（tension release）、經驗快樂的感官知覺（sensory pleasuring）等。

4.形象／想像（I）：創造因應想像（creating coping images），達到自我意象改變。

5.認知（C）：運用認知重建（cognitive restructuring）、自我覺察（awareness）等。

6.人際關係（I）：運用示範（modeling）、操弄矛盾（paradoxical maneuvers）、遠離不健康的關係（dispersing unhealthy collusions）、無條件的接納（nonjudgmental acceptance）等。

7.藥物與生理（D）：運用生物回饋、藥物治療（medications）等。

上述各種治療策略皆有其優缺點，教師以及輔導者於輔導前必須充分了解各種治療策略的核心精神、治療目標以及實施步驟，才能為情緒行為障礙學生訂定長、短期的療育計畫，尤其是多重模式治療並非將所有的策略盲目的混合使用，或是將策略全部實施一遍就算大功告成，而是必須依據學生情緒行為的變化，追蹤考核實施結果，並隨時彈性調整策略的歷程，如此才能落實多元介入的目標。

第四節　為愛加加油：情緒行為障礙者的教育服務趨勢

情緒行為障礙是一種隱性的障礙，有許多因素會影響其出現率以及可以接受服務的人數。因此，建構一套從篩選、轉介前介入到最後的安置輔導，都能夠確實執行的措施，將是勢在必行的趨勢。

壹、採取較一致的標準，加強篩選與轉介

　　Kauffman（2005）指出，美國各地的篩選標準不一，出現率差異可達 20%左右，低估者可能忽視這些學生的特殊需求除了醫療診斷，訓練教師具備觀察評量能力，使得篩選標準一致，便格外重要。

　　根據教育部 112 學年度《特殊教育統計年報》的資料（教育部，2023b），全體高中職階段以下情緒行為障礙學生占全體身心障礙學生（含學前）6.68%，占全體學生 0.30%。此與 1992 年實施的第二次特殊兒童普查，6～15 歲性格及行為異常兒童出現率占學齡學生 0.20%，占身心障礙學生 9.38%，兩者比例相去不遠，不過占身心障礙學生的比例有減少的現象。這個現象值得有興趣者未來加以研究，究竟是有效鑑別的問題，還是我國情緒行為障礙學生的出現率確實如調查數字一樣不高，約在 0.20～0.30%之間。

　　此外，情緒行為障礙學生占全體情緒障礙學生的出現率，六都除了臺南市與高雄市的比例不足 5%以外，臺北市、新北市、桃園市在 6～9%之間，臺中市則高達 11.79%，非六都縣市除基隆市 11.27%與新竹縣 8.86%較高，屏東縣 2.19%，苗栗縣 1.05%較低外，其餘縣市約在 3～5%之間，推測原因可能是南北縣市的轉介、篩選、鑑定標準存在很大差異，致使情緒行為障礙學生之出現率有所不同。

　　整體而言，相較於國外情緒行為障礙出現率的研究約在 12～25%（Forness et al., 2012），以及國外其他相關研究推估需要接受特殊教育服務的情緒行為障礙學生約占 6～10%的情形，我國情緒行為障礙學生占全體學生的比率約 0.30%，似乎明顯低了許多，即便是 Kauffman 在 1993 年綜合多數研究以較保守的方式估計約在 3～6%左右，我國也仍有一段明顯的差距（侯禎塘，2015）。此一現象相當值得關注，畢竟各縣市已投注相當大的心力在情緒行為障礙的鑑定、安置與輔導，未來更應加強篩選與轉介，以幫助真正具有特殊需求的學生。

貳、與普通班教師溝通，落實轉介前介入與追蹤

由於轉介前介入可促進普通教育與特殊教育相互合作，有效利用特殊教育資源、節省教育成本，因此逐漸受到重視，並採取團隊合作以及成立轉介前介入小組（pre-referral intervention team）的方式進行。不過，實施轉介前介入仍需與普通班教師充分溝通，始能達成有效鑑別與輔導的目的（張英鵬，2004；Carter & Sugai, 1989; Council for Exceptional Children & ERIC Clearinghouse on Handicapped and Gifted Children, 1989）。

Slonski-Fowler 與 Truscott（2004）指出，轉介前介入必須重視教師的努力與貢獻，專業團隊的建議也必須針對普通班教師提出的原始問題並負責後續追蹤才能見效。邱清珠（2006）指出，轉介前介入必須事先宣導才能避免普通班教師過度標籤學生，在不嘗試其他方法的狀況下，就把有學習困難或行為問題的兒童轉介到特殊教育。Etscheidt 與 Knesting（2007）認為，轉介前介入的成功關鍵是尊重普通班教師的經驗及獲得他們的認可。因此，轉介前介入必須與普通班教師充分溝通，並持續追蹤成效才能發揮預期的效果。

Buck 等人（2003）指出，轉介前介入的程序因聯邦法律並未詳細規定，因此普通班教師應對轉介前介入的程序負責。Gresham（2007）認為，IDEA 的情緒障礙定義模糊不合邏輯，導致學生被低估，因此建議採取介入反應模式（RTI），以正向行為支持的概念介入有風險的學生，取代傳統的鑑定安置模式，以發揮及早介入的效果。

在國內，轉介前介入也開始受到重視，不過實施方法未如國外具備架構，且相關的研究多以學習障礙為主（李桂英，2006；邱清珠；2006；黃柏華、梁怡萱，2006）。黃瓊儀（2008）建議，學校應加強疑似情緒行為障礙學生的轉介前介入，並納入資源班的上課時數，明定執行的方法和步驟。

肇此，輔導這群異質性極高的學生，普通班教師、輔導教師與特殊教育教師應共同合作，在學生問題出現前彼此先充分溝通，建立支援網絡。

一旦學生出現問題，普通班教師須主動請求輔導教師或是其他專業人員提供轉介前的協助，並配合專業團隊追蹤介入的成效。同時，學校也應積極提供有關的人力與資源，建立完善的多元介入與追蹤成效之架構。

參、評估行為功能與提供特殊需求服務

在教育情緒行為障礙的學生上，IDEA 已制定了準則讓教師和輔導者有方向可以依循（Hallahan et al., 2015; Kauffman, 2005），比較具有共通性的介入模式會具有兩個目的：一是運用介入措施控制不當的行為；二是教導學生所需要的學業和社會技巧。當然這些策略不會只聚焦於單一目的，而排除另外一個（Hallahan et al., 2015）。因此，所有策略都要能夠被整合在滿足學生心理、教育和社會功能的特殊需求下，才能成為有效的介入措施。

一、執行功能性行為評量

Kauffman（2005）指出，儘管功能性行為評量很重要，但事實上仍有很多人不知道什麼是功能性行為評量，必須思考如何將這些策略提供給老師。Scott 等人（2000）指出，多數人對於功能性行為評量的需求與執行程序之看法並不一致。Murdock 等人（2005）也發現，師生對於功能性行為評量的觀點歧異很大，尤其是自傷行為最易被忽略，經常需要運用直接觀察來補足這些缺點。

鈕文英（2009，2015）指出，訓練功能性行為評量的目的，是因為教育取向的行為處理策略會比傳統消除取向的行為改變技術具有正面意義，原因在於前者把問題行為當作是一種有意義的溝通和尋求了解的語言和方式，重視每種行為出現背後的功能和特殊需求，進而採取與行為後果有關的介入措施，使之自然而然的減少問題行為之發生。因此，就算是處理相同的行為，也必須要了解學生的內在需求和分析行為功能，才能有效的處理。相反的，即便有相同的行為功能，也可能表現出不同的行為型態，例如：一般學生焦慮時可能會搓手、抖腳或轉筆，但是自閉症學生可能就會出現咬手、打頭或碎碎唸等行為。倘若只想採嫌惡刺激消除問題行為，而

未考慮排除焦慮根源，那麼就可能會出現症狀替代，如不咬手但是變成打人的現象。

二、重視情緒行為問題與學業的關係

Wehby 等人（2003）認為，情緒行為障礙學生的問題行為讓教師認為這些學生不想也無法學習，而忽略學業補救與行為改善的關係，因此很少對他們進行有效的教學。Hester 等人（2004）指出，學生的學業若是有問題，則會有一半出現行為問題，如果沒有積極的介入，問題會一直持續下去。Rivera 等人（2006）指出，許多學生伴隨著學業低成就與外在行為問題，尤其是閱讀障礙與反社會行為關係密切，可是這些學生在普通班卻很少接受閱讀的教學。

Lane（2007）指出，情緒行為障礙的輔導一直存在著迷思，認為行為輔導與教學是分開的，要提升學生的學業成就必須先改變他們的行為，殊不知行為與學業成就是相互影響，提升學業成就也就能相對減少行為問題，尤其是在數學、問題解決、閱讀理解與寫作方面。寫作能力的提升其實是這些學生在校展現知識與進步的主要關鍵，可惜情緒行為障礙學生中約只有 25%能夠寫作。因此，如何設計具有社會效度以及描述評量學業的教學過程，是輔導上極為重要的指標。

三、提供適性的特殊需求課程

要建立長期的正向行為，還是要長期培養學生具備主動的行為動機，而這個目標端賴個人的特殊需求是否真正被滿足。因此，學校是否在情緒行為、各種學業與社會技巧方面提供充分的課程和教學，便至關重要。

我國教育部自 2011 年開始試辦、2013 年正式推動、2019 年頒布的《十二年國民基本教育特殊教育課程實施規範》及相關課綱，將身心障礙者的教育與普通教育接軌，以自主行動、溝通互動、社會參與的精神規劃課程，其內涵除語文（國語文、英語）、數學、社會、自然與生活科技（高中職為自然、生活）、藝術與人文（高中職為藝術）、健康與體育，以及綜合活動七大領域外，另外設計了特殊需求課程領域，而形成八大學習領

域（教育部，2019）。

　　情緒行為障礙學生最常見的特殊需求之一就是情意課程。Salovey 與 Mayer（1990）認為，情緒能力就像普通智力一樣，是未來成功的關鍵，此稱為情緒智力（emotional intelligence）。因此，如何在學校的課程中教導學生學習情緒的察覺、表達、調整和運用，藉此培養和提升個人的情緒智力，是輔導情緒障礙學生的首要目標（孟瑛如、陳志平，2015；陳志平等人，2012）。

　　其次，情緒行為障礙與學業成就通常會互相影響或是具有因果關係。Vacca（2008）認為，透過早期閱讀技能的教導，能夠預防日後違規青少年的犯罪行為。Chun 與 Mobley（2010）發現，英語能力較低的青少年具有較高的風險。因此，情緒行為障礙學生的學業補救不應等閒視之，尤其是伴隨有學習低成就的情緒障礙學生，輔導時一定要同時針對學業進行補救，教導適當的學習策略，才能提高學生的學習成就與自信。

　　此外，面對日趨複雜的校園，不論是一般學生或是身心障礙學生，如何與人相處都是非常重要的議題。國外自 1970 年代開始就有專家提出社會技巧訓練模式，試圖幫助情緒行為障礙學生發展社會技巧。社會技巧是一種社會性的學習行為，也是一種可轉換的能力，能幫助個人與其他人互動時以正面的方式回應與類化，避免以負面方式回應，其目標在透過一系列運用自如的技巧和策略，獲得社會性增強以及社會可接受的正面回應（教育部，2013）。

　　Gresham 與 Elliott 指出，社會技巧訓練有四個主要目標：一是，提升社會技巧的習得；二是，加強社會技巧的表現；三是，減少或消除衝突與問題行為；四是，幫助類化與維持社會技巧。

　　此與我國九年一貫綜合活動領域之四大主題：認識自我、生活經營、社會參與、保護自我與環境相關（教育部，2008）。因此，特殊教育課程綱要社會技巧課程的目標（教育部，2019b）便將上述精神納入，並簡化為處己、處人、處環境三大部分，以方便教師與輔導者掌握基本原則。

肆、建構全校性多元介入專業團隊模式

即使有良好的全校性行為管理措施，在美國仍有 5%左右的學生需要三級預防，以採取密集的監控與特殊教育介入（Kauffman, 2005; Lane, 2007; Reddy et al., 2009）。這些學生雖在鑑定上有其標準和依據，但輔導與特殊教育不應一分為二，只看行為問題的嚴重性、普遍性及持續性來劃分權責，而是應將鑑定評量、教學與輔導視為一個完整的個體來看待（Kauffman, 2005）。因此，未來可朝以下幾點努力建立完善的輔導制度。

一、落實全校性正向行為支持的三級預防措施

近年來，情緒行為障礙的輔導已由三級預防制度代替過去以處罰為主的行為管理方式，希望能將問題防範於未然並節省社會成本（陳佩玉、蔡淑妃，2008；黃政昌，2001；Kauffman, 2014; Kern & Manz, 2004; Lane, 2007）。在美國，三級預防的概念更與全校性正向行為與介入支持（positive behavior and intervention supports，簡稱 PBIS）結合，顯現出不錯的成果。

在國內，教育部對於三級預防和正向行為與介入支持的推展一直不遺餘力，就是體會到情緒行為問題逐漸戕害到兒童與青少年的身心健康。為了有效執行，陸續推出認輔制度、教訓輔三合一、友善校園總體營造計畫等，希望能夠有效防治校園不時發生的情緒行為問題與自我傷害事件。

正因如此，教育部（2011）修訂《國民教育法》第 10 條，規定專任輔導教師的編制員額：國民小學 24 班以上者，置 1 人；國民中學每校置 1 人，21 班以上者，增置 1 人，直轄縣市政府與 55 班以上國中小學，皆需設專任的專業輔導人員（包含心理師或社會工作師），且規定自 2012 年 8 月 1 日起施行，於五年內逐年完成設置（許育光，2013）。《學生輔導法》（教育部，2014c）與《學生輔導法施行細則》（教育部，2023c），更規定國民小學 24 班以下者，置 1 人，25 班以上者，每 24 班增置 1 人；國民中學 15 班以下者，置 1 人，16 班以上者，每 15 班增置 1 人；高級中等學校 12 班以

下者，置 1 人，13 班以上者，每 12 班增置 1 人。顯示三級預防的工作不僅需要不斷進行宣導，更要引進更多專業的輔導人力共同投入。

　　儘管三級預防的架構明列各級教師的工作職責和內涵，卻很少納入特殊教育的觀點，以及明確說明各級教師在教學上可做何種調整。所幸這些缺失國外的輔導界已經發現，紛紛開始討論學校諮商師（school counselor）要如何整合全校性正向行為支持（school-wide positive behavioral supports，簡稱SWPBS）、多層級支持系統（MTSS），以及利用轉介前的介入反應模式（RTI），以提供學生在學業、行為、情緒，甚至是家庭等全面性的服務（American School Counselor Association, 2014; Cowan et al., 2013; Ockerman et al., 2012）。

　　在國內，許育光（2014）以及陳志平等人（2011）由特教輔導（special education counseling）整合的理念與實務觀點，認為雙方在兒童和青少年情緒與行為的診斷和輔導有高度的重疊，雙方必須加以合作，使得落實全校性正向行為支持的三級預防有更穩定的基礎。茲將其內容整理說明如下（李翠玲，2014；鈕文英，2009，2015；簡吟文等人，2011；Smith, 2007）。

（一）初級預防

　　普通班教師可調整的方式有：
　　1.提醒學生要更用功。
　　2.給予特別的或額外的鼓勵支持。
　　3.安排對學生有利的座位。
　　4.調整教學方式（例如：分組教學）。
　　5.利用小組比賽給予團體壓力。
　　6.請家人在家裡多加督導。
　　7.調整作業內容、份量或方式。
　　8.調整考試的方式或內容。
　　9.調整學習的內容或目標。
　　10. 允許上課使用輔助物品（錄音機、錄音筆、計算機或講義）。

11. 允許在不干擾上課的情況下暫時不參與學習。
12. 安排小老師協助指導。
13. 針對學生的困難教導其學習方法或策略。
14. 提供其他相關策略或輔導方式等。

（二）二級預防

輔導教師可調整介入的方式有：
　1.協助學生參加課後補習。
　2.提供學生額外補救。
　3.轉介校內補救教學。
　4.轉介醫療資源及其他相關策略或輔導方式介入。
　　此階段的特教教師則可針對學生特殊行為描述，提供合作諮詢模式，若調整介入有效，則可結案。若介入仍無效，則向學校輔導室（處）（或教導處）提出轉介申請，並進入三級輔導階段。

（三）三級預防

　　特殊教育教師和專業團隊人員可調整介入的方式有：
1.提供學業性補救教學（例如：國語文、英文、數學、特殊需求）。
2.提供多層次教學和區分式教材（例如：分組、角落、協同等教學）。
3.有效的班級經營（例如：小組制約、同儕支持、隔離衝突、個別演練）。
4.實施正向行為支持（例如：行為功能評量、代幣制度、增強系統、行為契約）。
5.提供心理諮商（例如：放鬆訓練、個別或團體諮商、問題解決、自我指導與控制）。
6.提供人際與社交訓練（例如：同理心、情緒教育、社會技能、幽默彈性）。
7.提供親職教育（例如：教養策略、行為管理、飲食與醫藥控制、親師合作）。

8.整合專業團隊介入（例如：教育、社工、心理、醫療、家庭與社區資源）。

　　綜上所述，透過三層次的輔導工作，可以發現及幫助疑似情緒行為障礙學生接受特殊教育服務，進而針對特殊需求提供個別化教育。因此，情緒行為障礙的輔導者應對全校性正向行為支持的三級預防有所了解，並主動整合二、三級的專業人力，落實從篩選、轉介、鑑定、安置與輔導方面的資源與人力，以有效提升輔導成果。

二、建構人力充足且多元介入的專業團隊模式

　　儘管有了全校性正向行為支持的三級預防架構，但若缺乏共識、專業人力、行政資源和實施程序來建構多元介入的專業團隊模式，無法讓一個情緒行為障礙者重現蓬勃的生機。

　　林家興與洪雅琴（2001）指出，許多學校認為輔導無用，常以行政業務為考量而誤用專業人員，使得社會工作師、諮商心理師的專業功能受限。趙曉美等人（2006）指出，學校大多在處理初級預防的工作，因此建議持續且常態性的引進諮商心理師協助處理二級與三級預防的工作。劉福鎔與林清文（2008）指出，長久以來校園輔導經費與人力短絀，不僅造成輔導教師陷入心力交瘁的窘境，更常背負輔導績效不彰的汙名。

　　Illinois PBIS Network（2009）指出，學校教師不喜歡專業團隊，尤其是國民中學教師，原因是缺乏與教師溝通，其建議往往只對輕度障礙學生有益而且不符實際教學狀況，更缺乏直接的協助，帶來的只是過多的檔案工作，因此在缺乏時間運作以及財政支援的狀況下，輔導效果往往不如預期。許育光（2013）指出，輔導教師人力不足、法令未規範輔導人員之專業知能，以及輔導教師常要兼顧教學工作，是三個最重要的輔導實務困境。況且近來國內的輔導方案採取申請、舉辦活動和成果評鑑等方式，使得原本人力不足的輔導室（處），更無空間發揮輔導學生的本職，使輔導實務面臨更多的困境。

　　以上種種的困境或許是政府財政困難所致，但這卻是校園面臨有效輔

導的最大阻礙，建議相關教育單位應改變成本效益的思維，儘速整合行政資源並提供專業的人力直接介入，落實帶好每個孩子的理想。

　　此外，情緒行為障礙學生的輔導若只在提供鑑定與安置措施，確認學生的問題行為及協助取得合法的特殊教育身分，而無後續專業且一貫的多元介入（multiple intervention），其實無益於問題的解決。然而。多數的多元介入實施程序與方法各異，難以從中歸納固定的原則，特別是多重模式治療是種折衷方式，但未必採折衷方式的治療就是多重模式治療（Corsini & Wedding, 2014）。因此相較之下，1973 年由 Lazarus 提出的多重模式治療除有明確架構比較不會遺漏可能影響的因素外，也可以直接評估學生在行為（B）、情感（A）、感覺（S）、形象／想像（I）、認知（C）、人際關係（I），以及藥物與生理方面（D）的改變，直接追蹤輔導成效。特別是對教師而言，與其擔心缺乏輔導策略不足，還不如多了解學生在 BASIC ID 方面的特質，反而較容易達到輔導成效。

　　陳志平（2010）以 Lazarus 的多重模式治療為基礎，整合全校性正向行為支持三級預防的概念、人力、資源與情緒行為障礙學生的鑑定、安置、輔導措施，提出了多元介入團隊模式（model for multiple intervention teams）（如圖 12-1 所示），由負責初級預防工作的普通班教師，平時應多注意疑似情緒行為障礙學生，遇有疑似學生便提出篩選轉介的申請，並在多重模式治療上多採用行為控制（B）和情感調整（A）的策略。若輔導一段時間後情況嚴重，則考慮使用藥物與生理（D）策略，並建議家長帶學生儘速就醫診治。此時，負責次級預防的輔導教師則開始實施轉介前介入，運用個別輔導及團體輔導，聚焦於感覺（S）、形象／想像（I）、人際關係（I）等策略，為學生進行一般的心理輔導。一旦問題嚴重，則啟動三級預防機制，由特殊教育教師提供個別化的教育服務，並搭配行為控制（B）、情感調整（A）、認知（C）、人際關係（I）、藥物與生理（D），以及補救教學等策略。必要時得轉介給其他專業團隊人員，提供相關的藥物與心理治療。若有嚴重的學習問題，特殊教育教師應主動提供普通班教師以及學生相關的補救教學策略。最後，在輔導一段時間後，再根據輔導前後的行為評量結果，追蹤輔導成效並持續調整介入策略。

　　至於其他模式較少提及的追蹤與評估輔導成效，相關人員也應依據情

圖 12-1　情緒行為障礙學生的多元介入團隊模式

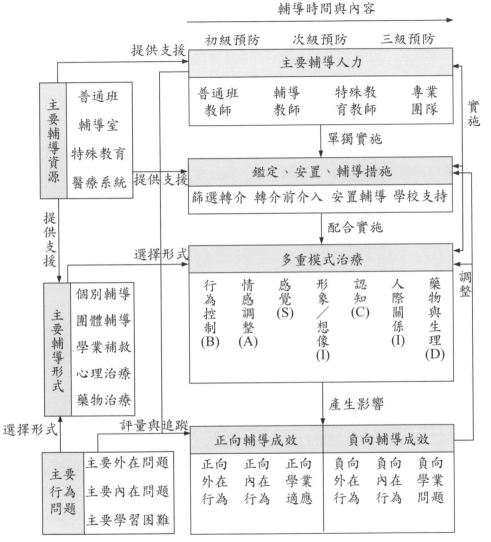

註：修改自陳志平（2013，第 42 頁）。

緒行為問題的不同進行分工合作。普通班教師主要協助評估醫療資源以及
正向行為輔導成效，如此除了較明確外，也讓普通班教師可以正面看待學
生問題；輔導教師則是與專業團隊人員共同處理與評估較為棘手的負向行

為問題；特殊教育教師則是一方面協助輔導教師和專業團隊人員，處理與評估負向行為問題，另一方面又必須進行教學補救。這樣的分工可以讓普通班教師更加願意參與全校性的正向行為支持計畫，否則學生即使出現正向行為改變，但負向行為以及學習問題卻無法改善，也會讓許多普通班教師的熱忱減退，無法持續輔導這類的學生。

因此，多元介入團隊模式是一個人力充足，且隨著輔導時間改變，重複實施不同層次與輔導內容的循環歷程，部分措施有重疊的功能，而非依序逐一進行。因此，所有教師在輔導時必須加以注意，尤其是仍有部分學生被排斥而無法融合在普通教育之中，亟待相關人員依據學生的主要行為問題，整合輔導資源與人力，選擇適當的輔導形式以及運用專業團隊與輔助科技，確保他們可以接受高品質和全方位的特殊教育服務，以達到較佳的輔導成效，朝融合和無障礙的環境邁進。

伍、促進融合與轉銜，減少中輟與犯罪

情緒行為障礙學生如何融入普通班一直是融合教育的一項重要議題。按理說，情緒行為障礙學生通常無明顯的器質性障礙和認知困難，應該不易被發現，融合在普通班的時間理應會較其他的障礙類別長。然而，和低出現率的視覺、健康、肢體和聽覺等障礙進行比較，融合在普通班的時間反而較少（National Center for Education Statistics, 2015）。

為改善這種困境，不論是《身心障礙者教育修正法案》（Individuals with Disabilities Education Act Amendments of 1997，簡稱 IDEA 修正案或 IDEA'97）或是《身心障礙者教育促進法案》（Individuals with Disabilities Education Improvement Act of 2004，簡稱IDEA'04），都規定學校當局轉介學生至適當的變通（或稱另類、選替）教育機構（interim and alternative educational setting，簡稱 IAES）或其他機構，或要求學生停學，均不得超過 10 天，以免過度標籤和隔離學生。當學生有違法行為，例如：攜帶武器、藥物等，學校人員可以轉介其至其他適當的暫時性變通教育場所，隔離時間不得超過 45 天。學校如決定將學生轉介到暫時性的變通教育機構，10 天之

內必須對學生的行為進行功能性行為分析；如果功能性行為分析早已列在學生的個別化教育方案內，學校必須重新評估著手修正已有的行為介入方案；如果行為介入方案尚未納入 IEP，學校應立即召開 IEP 會議，執行先前校內已執行的功能行為分析介入，確定無法執行後才能將學生轉介出去（洪儷瑜，1998；Ohio Department of Education, 2012）。

上述現象可能是情緒行為障礙學生的問題通常在初期相當容易被忽略，普遍都有學校適應不良的問題，也可能伴隨學習低成就的問題，直接或間接造成他們中輟，甚至在中輟離開學校的前後，開始產生犯罪行為（陳志平等人，2011；鈕文英，2009，2015；Kirk et al., 2012）。

Wynne 等人（2013）指出，學校學習經驗的好壞會影響情緒行為障礙學生未來成人的生活，持續在校就學的青少年對於未來成人的生活有較好的影響，但如果在校曾有負面的經驗，例如：曾遭學校短期停學（suspension）和長期停學（expulsion）懲戒的學生，就會有較多負面的結果。這些對學校有負面經驗的學生當中，約61%左右會中輟，相較於一般學生75%的畢業率，情緒行為障礙學生只有 32%的畢業率。因此，如何延長他們融合在普通班的時間，是減少他們中輟與犯罪的重要關鍵，而減少中輟與犯罪的措施就是為他們轉銜至成人的生活提供良好的基礎。

比較困難的是要為情緒行為障礙學生設計轉銜方案，除了目標和結構的差異很大外，Nelson 與 Kauffman 指出，轉銜方案經過三十多年的發展，還是只有基本的選擇：普通班公立高中、諮詢教師、資源教室或是自足式特殊班、建教合作式的工作——學習方案、特殊私立或是公立學校、另類學校、私立或是公立住宿學校（Hallahan et al., 2015）。

另外，還有一群被監禁在監獄的情緒行為障礙學生，他們的特殊教育需求經常都被忽略，經常因為被認定只是社會適應不良，而拒絕他們接受特殊教育服務（Kirk et al., 2012）。更加挑戰的是，要為他們設計多樣化的轉銜計畫，因為他們的特質從內向退縮到攻擊犯罪，智力範圍從重度障礙到高度資優，學業技巧從學前程度到大學程度，所以不可能有任何單一類型的方案完全適用於他們，他們的方案需要高度個別化、彈性和有創意。許多情緒行為障礙學生長大後難以獨立，無法有效生活，在兒童和青少年時期就具有過度攻擊的違規行為障礙者，反而比退縮、內向的情緒行為障

礙者更難融入正常的社會生活。因此，如何提供那些有情緒行為障礙的學生和家庭，利用學校和社區的資源幫助他們認識和適應自己本身的障礙，並且學會學校和社會的適應技巧，成功的轉銜至高中和工作以及成人生活，才能達成融合教育的真正目的（Hallahan et al., 2015; Heward, 2009; Kirk et al., 2012; Smith, 2007）。

歸納本章的內容，情緒行為障礙發生的原因複雜，需要建構一套全校性的鑑定、安置、輔導措施，才能有效的鑑別。不過即使鑑定出來，為了防止情況繼續惡化，鑑定前也要提供有效的轉介前介入，以及安置後的輔導策略。鑒於各學派的輔導方式各有所長，也各有其限制，因此第一線的輔導人員要能有效運用多元介入團隊模式，整合相關的輔導資源與專業團隊的人力，並且依據不同職務的特性以及三級預防的功能和範疇，有效的追蹤情緒行為障礙學生的正向、負向行為以及學業方面的輔導結果，讓校園達到真正融合與友善的境界。這些趨勢和討論的內容，不是從今天開始，也不是從今天就消失停止，而是要不斷地在各個角落倡議、倡議、再倡議！

問題與反思

基本題

1. 根據《特殊教育學生及幼兒鑑定辦法》，說明我國情緒行為障礙的定義可以分成哪六大類別？
2. 請分別說明注意力缺陷過動症（ADHD）的三個亞型及其診斷標準。
3. 請簡述常見的情緒行為障礙評量工具有哪些？
4. 請簡述情緒行為障礙學生的鑑定、安置與輔導之流程。
5. 請簡述情緒行為障礙學生的輔導策略。
6. 請簡述 Lazarus 多重模式治療（multimodal therapy）的內容。
7. 請簡述如何落實情緒行為障礙學生的轉介前介入？
8. 請簡述實施行為功能訓練的目的，以及行為的四大功能。
9. 請簡述 Gresham 與 Elliott 的社會技巧訓練之四大目標。
10. 請以全校性三級預防的觀點，說明各級教師在教學上可以調整的方向。
11. 請以全校性三級預防的觀點，說明如何減少情緒行為障礙學生中輟與犯罪的現象？

進階題

1. 請根據《特殊教育學生及幼兒鑑定辦法》中的情緒行為障礙定義，說明如何區辨班級中活潑好動、調皮搗蛋、憤怒，或是焦慮的學生，是否為情緒行為障礙？
2. 請以全校性三級預防結合多重模式治療的觀點，說明情緒行為障礙學生的多元介入團隊模式。
3. 請以本章附錄 3、4 為範例，說明教師應如何與家長溝通與合作，實施包含醫療的情緒行為障礙學生多元輔導策略？
4. 請以表 2 以及本章附錄 1、2、6、8 為工具，試擬出一位注意力缺陷過動症學童的行為功能介入計畫，內容須包含情緒行為的評量、功能分析、觀察紀錄，以及藥物的治療與追蹤等。
5. 請以本章附錄 5、7 為範例，說明情緒行為障礙學生若有用藥與衛教的需求，教師應如何協助家長進行有效的藥物治療策略？
6. 請以減少社會集體焦慮、畏懼以及降低社會成本的觀點，說明輔導情緒行為障礙學生改善行為問題與提升學業的正面效益為何？

參考文獻

中文部分

王永慶（2008 年 10 月 22 日）。一根火柴棒。基督日報。https://reurl.cc/Q3KXVM

王欣宜（2006）。如何處理智能障礙學生的行為問題。教育社會學通訊，**72**，10-18。

王欣宜、廖釧如、陳秋妤、陳文香、黃薇如（2006）。國小輕度智能障礙學生社交技巧教學活動課程設計。國立臺中教育大學特殊教育中心。

吳來信（2005）。從躺椅到舞臺：談精神分析主要派別的演變與對社會工作的影響。社區發展季刊，110，437-449。

李桂英（2006）。特殊需求學生轉介前介入之做法探討與改進建議。花蓮教育大學特教通訊，**36**，11-16。

李翠玲（2014）。個別化教育計畫中之行為介入方案發展與應用。**特殊教育發展期刊**，**57**，13-22。

谷大為（2014）。你得了思覺失調症嗎？請修正對精神分裂症的傳統認知。**中國醫訊**，**133**（133），59-63。https://reurl.cc/j5KD6n

孟瑛如（2012）。情緒行為障礙學生之行為問題與處理策略手冊。教育部。

孟瑛如（2019a）。**學習障礙與補救教學：教師及家長實用手冊（第四版）**。五南。

孟瑛如（2019b）。**資源教室方案：班級經營與補救教學（第四版）**。五南。

孟瑛如、陳志平（2015）。**情緒森林探險：情緒教育輔導方案**。心理。

孟瑛如、陳秀鳳、謝瓊慧（2011）。國小注意力缺失過動症學生之學校支持、教學調整及教養策略之調查研究。特教論壇，**11**，45-58。

孟瑛如、謝瓊慧（2012）。國小 ADHD 出現率、鑑定、藥物治療與教養措施之調查研究。特殊教育與輔助科技學報，**5**，1-36。

孟瑛如、謝瓊慧、陳季翎（2013）。國小階段注意力缺陷過動症學生行為特徵調查研究。特教論壇，**14**，40-56。

孟瑛如、簡吟文（2014）。從DSM-5的改變談注意力缺陷過動症未來的鑑定與教學輔導趨勢。輔導季刊，**50**（40），22-27。

孟瑛如、簡吟文、陳虹君（2016）。**學前至九年級注意力缺陷過動症學生行為特徵篩選量表（K-9 ADHD-S）（家長版／教師版）**。心理。

孟瑛如、簡吟文、陳虹君、張品穎、周文書（2014）。電腦化注意力診斷測驗

（CADA）。心理。

林坤燦、許家成、朱怡珊（2018）。正向情緒行為介入量表。中國行為科學社。

林家興、洪雅琴（2001）。學校人員對國中輔導工作及專業輔導人員試辦方案之評估研究。教育心理學報，32（2），103-120。

邱清珠（2006）。轉介前介入模式之探討：以高雄市左營國小新生語文加強班為例。花蓮教育大學特教通訊，35，29-33。

侯禎塘（2002）。情緒障礙的成因與行為處理。屏師特殊教育，5，25-33。

侯禎塘（2015）。情緒行為障礙者之教育。載於王文科（主編），特殊教育導論（二版）（頁283-310）。五南。

施顯烆（2006）。情緒與行為問題：兒童與青少年所面臨與呈現的挑戰。五南。

洪儷瑜（1998）。我國嚴重情緒障礙教育之芻議：從「第二屆行為異常兒童及青少年國際研討會」出席會議心得談起。特教園丁，14（1），1-7。

洪儷瑜（1999）。學校如何因應情緒障礙學生的特殊需求：談情緒障礙特殊教育。特殊教育季刊，71，7-12。

洪儷瑜（2000）。青少年社會行為評量表：指導手冊。心理。

洪儷瑜（2009）。必也正其名乎：行為異常、性格異常、情緒障礙或嚴重情緒困擾？特殊教育季刊，54，10-15。

洪儷瑜（2014）。情緒行為障礙學生鑑定辦法說明。http://www.ntnu.edu.tw/spe/identify2014/file/08.pdf

洪儷瑜、翁素珍、黃慈愛、林書萍、彭于峰、吳怡潔（2000）。情緒障礙學生輔導手冊。國立臺南師範學院。

洪儷瑜、單延愷（2005）。如何鑑定嚴重情緒障礙學生：由理論到實務的探討。特殊教育季刊，94，1-10。

張正芬（2000）。自閉症兒童問題行為功能之探討。特殊教育研究學刊，18，127-150。

張如穎（2015）。注意力不足／過動症。載於梁培勇（主編），兒童偏差行為（第三版）（頁71-123頁）。心理。

張春興（2013）。教育心理學：三化取向的理論與實踐（第二版）。東華。

張英鵬（2004）。他山之石可攻錯：美國轉介前介入方案之推行與成效探討。屏師特殊教育，9，9-17。

教育部（2008）。國民中小學九年一貫課程綱要綜合活動學習領域。作者。

教育部（2011）。國民教育法。作者。

教育部（2013）。高級中等以下學校特殊教育課程發展共同原則及課程大綱總綱。作者。

教育部（2014a）。特殊教育法。作者。

教育部（2014b）。十二年國民基本教育課程綱要總綱。作者。

教育部（2014c）。學生輔導法。作者。

教育部（2015）。教育部特殊教育通報網。https://www.set.edu.tw

教育部（2019）。十二年國民基本教育特殊教育課程實施規範。作者。

教育部（2023a）。特殊教育法。作者。

教育部（2023b）。中華民國特殊教育統計年報。作者。

教育部（2023c）。學生輔導法施行細則。作者。

教育部（2024）。特殊教育學生及幼兒鑑定辦法。作者。

教育部統計處（2015）。各級學校學生數。https://reurl.cc/ldK7g6

許育光（2013）。國小輔導教師實務內涵初探：從困境與期待分析進行對話。中華輔導與諮商學報，**38**，57-90。

許育光（2014）。情緒障礙兒童青少年之 **DSM-5** 診斷理解與輔導介入。https://reurl.cc/j5KD6n

陳志平（2010）。國民中小學情緒行為障礙學生多元介入團隊模式之研究（未出版之博士論文）。國立彰化師範大學。

陳志平（2013）。情緒行為障礙學生之介入與輔導。載於苗栗縣政府教育處（主編），以愛化礙讓情緒飛揚：苗栗縣情緒及行為問題學生輔導手冊（上冊）（頁 39-44）。苗栗縣政府。

陳志平、周台傑、孟瑛如（2011）。國民中小學情緒行為障礙學生多元介入調查研究。特殊教育學報，**34**，1-32。

陳志平、周台傑、孟瑛如（2012）。國民小學情緒行為障礙學生多元介入個案研究。新竹教育大學學報，**29**（1），1-36。

陳佩玉、蔡淑妃（2008）。全校性行為支持施行要素之探究。載於中華民國特殊教育學會（主編），中華民國特殊教育學會年刊：邁向成功的融合（頁 285-302）。中華民國特殊教育學會。

陳怡群、黃惠玲、趙家琛（2009）。阿肯巴克實證衡鑑系統（ASEBA）。心理。

陳盈卉（2007）。臺北市國小疑似情緒障礙學生轉介前介入之教師合作諮詢歷程研究（未出版之碩士論文）。臺北市立教育大學。

陳榮華、陳心怡（2007）。魏氏兒童智力量表（中文版第四版）：技術和解釋手冊。中國行為科學社。

鈕文英（2009）。身心障礙者行為問題處理：正向行為支持取向。心理。

鈕文英（2015）。擁抱個別差異的新典範：融合教育（第二版）。心理。

馮觀富（2005）。情緒心理學。心理。

黃政昌（2001）。學校三級預防策略之探討。諮商與輔導，**184**，19-23。

黃柏華、梁怡萱（2006）。轉介前介入於特殊教育中的角色探析。**特殊教育季刊**，**95**，1-11。

黃裕惠（2008）。從長期實證有效的問題行為預防方案談國內小學輔導工作的方向。**輔導季刊**，**44**（2），60-70。

黃瓊儀（2008）。**臺北市國小資源班教師對疑似嚴重情緒障礙學生轉介前介入實施現況之覺知**（未出版之碩士論文）。臺北市立教育大學。

楊坤堂（2000）。**情緒障礙與行為異常**。五南。

楊宗仁（2001）。**行為與情緒評量表：指導手冊**。心理。

趙曉美、王麗斐、楊國如（2006）。臺北市諮商心理師國小校園服務方案之實施評估。**教育心理學報**，**37**（4），345-365。

劉昱志、劉士愷、商志雍、林健禾、杜長齡、高淑芬（2006）。注意力缺陷過動症中文版 Swanson, Nolan, and Pelham, Version IV（SNAP-IV）量表之常模及信效度。**臺灣精神醫學**，**20**（4），290-303。

劉嘉逸（2004）。為什麼看精神科？**長春月刊**，**256**，18。

劉福鎔、林清文（2008）。高中職輔導教師知覺角色壓力、工作滿意度和專業承諾之關係研究。**中華輔導學報**，**23**，1-36。

鄭麗月（2022）。**情緒障礙量表（第二版中文版）：指導手冊**。心理。

簡吟文、孟瑛如、黃姿慎（2011）。行為介入方案（Behavior Intervention Plan）融入情緒行為障礙學生個別化教育計畫（IEP）之可行性評估與發展。載於中華民國特殊教育學會（主編），**2011 中華民國特殊教育學會年刊：特殊教育的創新與永續發展**（頁 361-384）。中華民國特殊教育學會。

American Psychiatric Association（2014）。**DSM-5 精神疾病診斷準則手冊**〔臺灣精神醫學會譯〕。合記。（原著出版年：2013）

英文部分

Achenbach, T. M. (1991). *Integrative guide to the 1991 CBCL/4-18, YSR, and TRF profiles*. Department of Psychology, University of Vermont.

Achenbach, T. M. (2009). *The Achenbach System of Empirically Based Assessment (ASEBA): Development, findings, theory, and applications*. University of Vermont Research Center for Children, Youth, & Families.

Achenbach, T. M. (2014). Using multicultural research to expand the scope of developmental psychopathology. In J. Burack & Schmidt (Eds.), *Cultural and contextual perspectives on development at-risk* (pp. 7-38). Cambridge University Press.

American Psychiatric Association. [APA] (2013). *Diagnostic and statistical manual of mental disorder* (5th ed.) (DSM-5). Author.

American School Counselor Association. (2014). The school counselor and multitiered system of supports. *ASCA Position Statements*, 40-41. https://reurl.cc/yg96AD

Bower, E. M. (1957). A process for identifying disturbed children. *Children, 4*, 143-147.

Bower, E. M. (1981). *Early identification of emotionally handicapped children in school* (3rd ed.). Thomas.

Bower, E. M. (1982). Defining emotional disturbance: Public policy and research. *Psychology in the Schools, 19*(1), 55-60.

Briere, J., & Lanktree, C. B. (2013). *Integrative Treatment of Complex Trauma for Adolescents (ITCT-A): Treatment guide* (2nd ed.). University of Southern California Adolescent Trauma Training Center, National Child Traumatic Stress Network.

Buck, G. H., Polloway, E. A., Smith-Thomas, A., & Cook, K. W. (2003). Prereferral intervention processes: A survey of state practices. *Exceptional Children, 69*(3), 349.

Buckley, J. A., & Epstein, M. H. (2004). The Behavioral and Emotional Rating Scale-2 (BERS-2): Providing a comprehensive approach to strength-based assessment. *The California School Psychologist, 9*, 21-27.

Carter, J., & Sugai, G. (1989). Survey on prereferral practices: Responses from state departments of education. *Exceptional Children, 55*(4), 298-302.

Chun, H., & Mobley, M. (2010). Gender and grade-level comparisons in the structure of problem behaviors among adolescents. *Journal of Adolescence, 33*(1), 197-207.

Corey, G. (2016). *Theory and practice of counseling and psychotherapy* (10th ed.). Cengage Learning.

Corsini R. J., & Wedding D. (2014). *Current psychotherapies* (10th ed.). Cengage Learning.

Council for Children with Behavioral Disorders. (2000). *Draft position paper on terminology and definition of emotional or behavioral disorders*. Author. https://reurl.cc/Q3KZRq

Council for Exceptional Children. & ERIC Clearinghouse on Handicapped and Gifted Children. (1989, December 1). *Prereferral interventions for students with learning and behavior problems*. Super Search Reprint No. C574. (ERIC Document Reproduction Service No. ED321506)

Cowan, K. C., Vaillancourt, K., Rossen, E., & Pollitt, K. (2013). *A framework for safe and successful schools* [Brief]. National Association of School Psychologists.

Elliott, S. N., & Busse, R. T. (1991). Social skills assessment and intervention with children and adolescents: Guidelines for assessment and training procedures. *School Psychology International, 12*, 63-83.

Epstein, M. H. (2004). *Behavioral and Emotional Rating Scale* (2nd ed.). Pro-ed.

Epstein, M. H., & Cullinan, D. (1998). *Scale for Assessing Emotional Disturbance*. Pro-ed.

Epstein, M. H., & Cullinan, D. (2010). *Scales for Assessing Emotional Disturbance* (2nd ed.). Pro-ed.

Epstein, M. H., & Sharma, J. (1998). *Behavioral and Emotional Rating Scale: A strength-based approach to assessment*. Pro-ed.

Etscheidt, S., & Knesting, K. (2007). A qualitative analysis of factors influencing the interpersonal dynamics of a prereferral team. *School Psychology Quarterly, 22*(2), 264-288.

Forness, S. R., Kim, J., & Walker, H. M. (2012). Prevalence of students with EBD: Impact on general education. *Beyond Behavior, 21*(27), 3-10.

Garrett, J. (November 1, 2007). *Multimodal therapy*. http://mucounseling603theories.blogspot.com/2007/11/multimodal-therapy-chapter-11.html

Gresham, F. M. (2007). Response to intervention and emotional and behavioral disorders: Best practices in assessment for intervention. *Assessment for Effective Intervention, 32*(4), 214-222.

Gresham, F. M., & Elliott, S. N. (1990). *Social skills rating system*. American Guidance Service.

Gulchak, D. J., & Lopes, J. A. (2007). Interventions for students with behavioral disorders: An international literature review. *Behavioral Disorders, 32*(4), 267-281.

Hallahan, D. P., Kauffman, J. M., & Pullen, P. C. (2015). *Exceptional learners: An introduction to special education* (13th ed.). Pearson.

Hester, P. P., Baltodano, H. M., Hendrickson, J. M., Tonelson, S. W., Conroy, M. A., & Gable, R. A. (2004). Lessons learned from research on early intervention: What teachers can do to prevent children's behavior problems. *Preventing School Failure, 49* (1), 5-10.

Heward, W. L. (2009). *Exceptional children: An introduction to special education* (9th ed.). Merrill/Prentice-Hall.

Hobbs, N. (1965). How the re-ed plan developed. In J. N. Long, W. C. Morse, & R. G.

Newman (Eds.), *Conflict in the classroom: The education of emotionally disturbed children* (pp. 286-294). Wadsworth.

Hobbs, N. (1966). Helping disturbed children: Psychological and ecological strategies. *American Psychologist, 21*(12), 1105-1115.

Illinois PBIS Network. (2009, February). Illinois PBIS schools to surpass 1,000 milestone. *Journal, 13*(1), 1-8. http://www.pbis.org/common/cms/files/pbisresources/Illinois_ Feb08_Update_021309.pdf

Kauffman, J. M. (2005). *Characteristics of emotional and behavioral disorders of children and youth* (8th ed.). Prentice-Hall.

Kauffman, J. M. (2014). Opinion on recent developments and the future of special education. *Remedial and Special Education, 36*(1), 9-13.

Kern, L., & Manz, P. (2004). A look at current validity issues of school-wide behavior support. *Behavioral Disorders, 30*(1), 47-59.

Kirk, S. A., Gallagher, J. J., Coleman, M. R., & Anastasiow, N. (2012). *Educating exceptional children* (11st ed.). Houghton Mifflin.

Lane, K. L. (2007). Identifying and supporting students at risk for emotional and behavioral disorders within multi-level models: Data driven approaches to conducting secondary interventions with an academic emphasis. *Education & Treatment of Children, 30*(4), 135-164.

Lazarus, A. A. (1992). The multimodal approach to the treatment of minor depression. *American Journal of Psychotherapy, 46*(1), 50.

Lazarus, A. A. (2005). Multimodal therapy. In R. J. Corsini, & D. Wedding (Eds.), *Current psychotherapies* (7th ed.) (pp. 337-371). Brooks Cole.

Lazarus, A. A., Stricker, G., & Gold, J. (2006). Multimodal therapy: A seven-point integration. In G. Stricker, & J. Gold (Eds.), *A casebook of psychotherapy integration* (pp. 17-28). American Psychological Association.

Lewis, T., Hudson, S., Richter, M., & Johnson, N. (2004). Scientifically supported practices in EBS: A proposed approach and brief review of current practices. *Behavior Disorders, 29*(3), 247-259.

Mahoney, M. J., & Arnkoff, D. B. (1978). Cognitive and self-control therapies. In S. L. Garfield, & A. E. Bergin (Eds.), *Handbook of psychotherapy and behavior change: An empirical analysis*. John Wiley & Sons.

Martin, G., & Pear, J. (2016). *Behavior modification: What it is and how to do it* (10th ed.). Routledge.

Mays, S. D., Calhoun, S. L., & Crowell, E. W. (1998). WISC-III freedom from distracti-
bility as a measure of attention in children with and without attention deficit hyper-
activity disorder. *Journal of Attention Disorders, 2*(4), 217-227.

Murdock, S., O'Neill, R., & Cunningham, E. (2005). A comparison of results and accep-
tability of functional behavioral assessment procedures with a group of middle
school students with emotional/behavioral disorders (E/BD). *Journal of Behavioral
Education, 14*(1), 5-18.

Nathan, W. A. (1992). Integrated multimodal therapy of children with attention-deficit hy-
peractivity disorder. *Bulletin of the Menninger Clinic, 56*(3), 283.

National Center for Education Statistics. (2015). *Children and youth with disabilities.*
https://reurl.cc/3Lqe49

Ockerman, M. S., Mason, E. C. M., & Hollenbeck, A. F. (2012). Integrating RTI with
school counseling programs: Being a proactive professional school counselor. *Jour-
nal of School Counseling, 10*(15), 1-37.

Ohio Department of Education. (2012). *Whose IDEA Is This? A parent's guide to the In-
dividuals with Disabilities Education Improvement Act of 2004. (IDEA).* https://reurl.
cc/zzn6k7

Poon-McBrayer, K. F., & Lian M. J. (2002). *Special needs education: Children with ex-
ceptionalities.* The Chinese University of Hong Kong Press.

Reddy, L. A., Newman, E., De Thomas, C. A., & Chun, V. (2009). Effectiveness of school-
based prevention and intervention programs for children and adolescents with emo-
tional disturbance: A meta-analysis. *Journal of School Psychology, 47*(2), 77-99.

Rivera, M., Al-Otaiba, S., & Koorland, M. A. (2006). Reading instruction for students
with emotional/behavioral disorders and at-risk of antisocial behaviors in primary
grades: A literature review. *Behavioral Disorders, 31*(3), 323-339.

Rosvold, H. E., Mirsky, A. F., Sarason, I., Bransome, E. D., & Beek, L. H. (1956). A con-
tinus performance test of brain damage. *Journal of Consulting Psychology, 20*(5),
343-350.

Salovey, P., & Mayer, J. D. (1990). Emotion intelligence. *Imagination, Cognition, and
Personality, 9*, 185-211.

Scott, T. M., Meers, D. T., & Nelson, C. M. (2000). Toward a consensus of functional be-
havioral assessment for students with mild disabilities in public school contexts: A
national survey. *Education & Treatment of Children, 23*(3), 265.

Simmons, C. A., & Lehmann, P. (2013). *Tools for strengths based assessment and evalu-*

ation. Springer.

Slonski-Fowler, K. E., & Truscott, S. D. (2004). General education teachers' perceptions of the prereferral intervention team process. *Journal of Educational & Psychological Consultation, 15*(1), 1-39.

Smith, D. D. (2007). *Introduction to special education: Making a difference* (6th ed.). Allyn & Bacon.

Swanson, H. L., Mink, J., & Bocian, K. M. (1999). Cognitive processing deficits in poor readers with symptoms of reading disabilities and ADHD: More alike than different? *Journal of Educational Psychology, 91*(2), 321-333.

Swanson, J. M. (1995). *SNAP-IV Scale*. Child Development Center, University of California.

Swanson, J. M., Nolan, W., & Pelham, W. E. (1982). The SNAP Rating Scale. *Resources in Education*.

Vacca, J. S. (2008). Crime can be prevented if schools teach juvenile offenders to read. *Children & Youth Services Review, 30*(9), 1055-1062.

Van Acker, R., Boreson, L., Gable, R. A., & Potterton, T. (2005). Are we on the right course? Lessons learned about current FBA/BIP practices in schools. *Journal of Behavioral Education, 14*(1), 35-56.

Wagner, M., Friend, M., Bursuck, W. D., Kutash, K., Duchnowski, A. J., Sumi, W. C. et al. (2006). Educating students with emotional disturbances: A national perspective on school programs and services. *Journal of Emotional and Behavioral Disorders, 14*(1), 12-30.

Wehby, J. H., Lane, K. L., & Falk, K. B. (2003). Academic instruction for students with emotional and behavioral disorders. *Journal of Emotional & Behavioral Disorders, 11*(4), 194.

Willcutt, E. G., Pennington, B. F., Boada, R., Ogline, J. S., Tunick, R. A., Chhabildas, N. A., & Olson, R. K. (2001). A comparison of the cognitive deficits in reading disability and attention-deficit/hyperactivity disorders. *Journal of Abnormal Psychology, 55*(1), 159-169.

Wynne, M. E., Ausikaitis, A. E., & Satchwell, M. (2013). Adult outcomes for children and adolescents with EBD: Understanding parents' perspectives. *Sage Open Journals, 3*(1), 1-14.

第十三章

學習障礙

孟瑛如、簡吟文

　　學習障礙（learning disabilities，簡稱 LD）研究的興起為近年來特殊教育的新興潮流。《精神疾病診斷與統計手冊》（第五版）（DSM-5）（American Psychiatric Association [APA], 2013）將學習障礙的英文名稱由 learning disabilities 改成 specific learning disorder（特定的學習障礙症，簡稱 SLD），但因國內的《特殊教育學生及幼兒鑑定辦法》並未跟隨其更正相關名稱，故本章仍以學習障礙（learning disabilities）一詞稱之。

　　以目前的趨勢來看，各類障礙人口數的正常出現率上，學習障礙的人數在世界各國所占的比例都是比較高的。美國教育部在 2008 年的統計資料顯示，全美 6 至 17 歲的學習障礙學生占全部障礙學生的 46.2%，列入高發生率的障礙類別（Lerner & Johns, 2012）。根據美國國家學習障礙中心（The National Center for Learning Disabilities，簡稱 NCLD）之推估，學習障礙的比例約占整體學生的 5%；進一步分析 2011 年的特殊教育學生數，學習障礙約占 42%，為障礙類別中最高（Horowitz, 2014）。根據《精神疾病診斷與統計手冊》（第四版修訂版）（*Diagnostic and Statistical Manual of Mental Disorders*, 4th ed., 簡稱 DSM-IV-TR）（APA, 2000）的推估，美國學習障礙的出現率在 2～10% 之間，其中約有 5% 的公立學校學生被鑑定為學習障礙，而依據新的 DSM-5（APA, 2013），推估約 5～15% 的學齡階段兒童被鑑定為學習障礙。從國內學習障礙所占比例來看，周台傑（2006）認為學習障礙的比例應在 4～5% 之間。根據教育部的數據推估（教育部，2023a），112 學年

度國內高中職以下學習障礙學生約占整體學生數的 2‰，顯示國內的學習障礙學生整體出現率可能因鑑定普及率及民眾接受度等原因而未如先進國家水準。但從整體身心障礙人數來看，學習障礙總人數占身心障礙總人數的 33%，國小階段學習障礙人數則占身心障礙國小階段人數 40%，國中階段學習障礙人數則占身心障礙國中階段人數 47%，在國內也幾乎是身心障礙中比例最高的一類。

綜合上述，學習障礙是普遍而易見的障礙類別，依照現行法規，學習障礙需經由縣市政府特殊教育學生鑑定及就學輔導會（簡稱鑑輔會）鑑定後才能接受相關的服務。以下針對學習障礙的定義與身心特質、鑑定與評量、適性教學輔導策略，以及服務現況與問題進行討論。

第一節　學習障礙的定義及身心特質

壹、學習障礙的定義

依據《特殊教育學生及幼兒鑑定辦法》（教育部，2024）第 11 條，學習障礙的定義如下：

> 「本法第三條第九款所稱學習障礙，統稱神經心理功能異常而顯現出注意、記憶、理解、知覺、知覺動作、推理等能力有問題，致在聽、說、讀、寫或算等學習上有顯著困難者；其障礙並非因感官、智能、情緒等障礙因素或文化刺激不足、教學不當等環境因素所直接造成之結果。
>
> 前項所定學習障礙，其鑑定基準依下列各款規定：
>
> 一、智力正常或在正常程度以上。
>
> 二、個人內在能力有顯著差異。
>
> 三、聽覺理解、口語表達、識字、閱讀理解、書寫、數學運算等學習表現有顯著困難，且經確定一般教育所提供之介入，仍難有效改善。」

在國外，關於學習障礙兒童的定義中，美國 2006 年的《身心障礙者教育促進法案》（Individuals with Disabilities Education Improvement Act of 2006，簡稱 IDEA '06），對學習障礙的描述如下：

> 「所謂特定的學習障礙症（specific learning disability）指兒童有一項或多項在心理歷程上的異常，導致在語言理解或使用、說話或書寫上出現困難，並進一步影響到聽、思考、說話、閱讀、書寫、拼字或數學計算的能力。特定的學習障礙症包含了以下的障礙：知覺障礙、腦傷、小腦功能異常、識字障礙、發展性失讀症，但排除視覺障礙、聽覺障礙、動作發展障礙、智能障礙或情緒困擾，也不包含導因於環境、文化與經濟條件等差異所引起的學習問題。」

世界衛生組織（WHO）所頒布的「國際疾病分類」（第十版）（International Statistical Classification of Diseases and Related Health Problems, 10th Revision，簡稱 ICD-10），將學習障礙兒童分為七種：特定學業技巧發展障礙症、特定閱讀技巧障礙症、特定拼音障礙症、特定算術障礙症、混合性學業技巧障礙症、其他特定學業技巧發展障礙症，以及未分類特定學業技巧發展障礙症。其中，特定算術障礙症可以再分為下列三項：算術發展障礙、數學計算障礙，以及傑氏症候群（WHO, 2000）。

學習障礙在 DSM-IV-TR 中原稱為學習疾患（learning disorder），被歸類於第一軸向：通常初診斷於嬰兒期、兒童期或青春期的疾患，其中再細分為閱讀疾患（reading disorder）、數學疾患（mathematics disorder）、書寫表達疾患（disorder of written expression），以及其他未註明之學習疾患。到了 DSM-5，則更名為特定的學習障礙症（SLD），且由於新版的 DSM-5 已經取消軸向分類，因此學習障礙被歸類於第一部分：神經發展障礙症（Neurodevelopmental Disorders）（包含：智能不足、溝通障礙症、自閉症類群障礙症、注意力缺陷過動症類群、特定的學習障礙症、動作障礙症，以及其他的神經發展障礙症等六類），其中再細分為在閱讀能力具有障礙（315.00/F81.0）、在書寫表達能力具有障礙（315.2/F81.81），以及在數學能力具有障礙（315.1/F81.2）等三類（孟瑛如、簡吟文，2014；APA, 2013）。

關於學習障礙在 DSM-5 的診斷準則，請參閱表 13-1。

表 13-1　DSM-5 對於特定的學習障礙症之診斷準則

A. 在學習和使用學業技巧上有困難，至少出現下列所指出的症狀之一，並且持續至少 6 個月，儘管提供一般教育介入後仍出現明顯的困難：

　1. 不正確或讀字緩慢、費力（例如：不正確地大聲讀單字，或緩慢且遲疑、很頻繁的猜測生字，讀出生字會有困難）。

　2. 對於了解閱讀內容的意義具有困難（例如：可能可以正確讀文本，但不理解其中的順序、關係、影響，或閱讀內容的深層涵義）。

　3. 拼字困難（例如：可能會增加、省略或替代母音或子音）。

　4. 書寫表達困難（例如：造句時會有使用文法或標點的多重錯誤；段落組織運用貧乏；缺乏清晰想法的書寫表達）。

　5. 精熟數感、算術公式、算術定理或計算具有困難（例如：缺乏對數字大小或關係的了解；對於個位數加法仍用手指數算，無法像同儕採用回憶算術定理的方式計算；在數學計算過程中出現錯誤，也可能在轉換過程中錯誤）。

　6. 數學推理困難（例如：對於應用數學概念、公式或過程有嚴重的困難，尤其是在解決量的問題時）。

B. 會實質的影響學業技巧，成就表現遠低於對個別實際年齡所預期應有的水準，同時造成顯著妨礙其學業或職業成就，或是日常生活活動，藉由個別地實施標準化成就測驗和完整臨床診斷測驗作評量。針對 17 歲以上的個人，學習困難或妨礙的歷程檔案可以用來替代標準化測驗。

C. 該學習困難開始於就學期間但可能不會完全的顯現出來，直到被影響的學業技巧要求超過個別原本有限的能力（例如：在限時的測驗中，在緊湊的時限中需閱讀或書寫較長且複雜的報告，過重的學業負荷等）。

D. 該學習困難不能以智能障礙、未經矯治的視覺或聽覺能力、其他心智或神經系統疾患、心理創傷做更好的描述，非文化刺激不足或是教學不當所造成。

註：上述四項診斷標準必須符合個人過去臨床完整歷程的綜合資料（發展的、醫學的、家庭的、教育的）、學校報告和教育心理評量。

註：引自 APA（2013）。

貳、學習障礙的身心特質

Kirk 等人（2015）對於學習障礙的定義指出，學習障礙是一種隱性的障礙或缺損，包含個體本身學習與認知的特定障礙，其主要原因非智能障礙、行為障礙、缺少學習機會、重要感官功能缺損所造成，同時學習障礙往往表現出不符合預期標準的低成就與個體內在差異。Kirk 等人更進一步指出學習障礙定義的涵義如下：

1.學習障礙是高異質障礙群體，其中可能再包括不同特徵的次群體或亞型。

2.學習障礙不僅在學齡階段出現，也可能在幼兒或成年階段出現生活適應困難。

3.學習障礙源自個體本身中樞神經系統的功能異常。

4.學習障礙可能與其他障礙並存，也可能出現在具有文化或語言差異的群體中。

參、學習障礙的亞型

學習障礙亞型的綜合研判在鑑定安置中是需要重視的一環，因為亞型有其教育上的特殊性，對於鑑定後的教學介入輔導與課程設計具有極大參考價值。學習障礙在亞型分類上有不同的解讀，國外常見的分類方式，主要為語文或非語文（Kirk et al., 2015）、發展性或學業性（Smith & Tyler, 2010），或是利用特定學科分類，例如：閱讀、書寫、數學等（APA, 2013; Bender, 2008; Lerner & Johns, 2012; Smith & Tyler, 2010; WHO, 2000）。而國內觀點大致與國外類同，主要分類方式有語文與非語文（孟瑛如，2019a；單延愷等人，2008；楊坤堂，2007），或是特定學科技能之分類（周台傑，2006；孟瑛如，2019a；柯華葳，2005；洪儷瑜，1996；陳榮華、陳心怡，2007）。

國外針對學習障礙的分類與特徵之闡述略有不同。精神與臨床醫學領

域中常用學習障礙症（learning disorders）來命名，DSM-5（APA, 2013）中將特定的學習障礙症（specific learning disorders）再分為閱讀障礙（315.00/F81.0）、書寫障礙（315.2/F81.81），以及數學障礙（315.1/F81.2）。世界衛生組織（WHO）所頒布的「國際疾病分類」（第十版）（ICD-10）將學習障礙兒童分為七種，其中一類「特定算術障礙症」（dyscalculia）可以再分為下列三項：算術發展障礙、數學計算障礙，以及傑氏症候群（WHO, 2000）。

「魏氏兒童智力量表」（第五版）（WISC-V）（陳心怡，2018）根據DSM-IV-TR 的診斷標準，對學習障礙進行心理衡鑑並提出測驗表現之組型，根據測驗的特殊組型表現將學習障礙再分為閱讀障礙、讀寫障礙（reading and writing expression disorder，簡稱 RWD）、數學障礙（mathematics disorder，簡稱 MD），以及讀、寫、數學障礙（reading disorder, disorder of writing expression, and mathematics disorder，簡稱 RWMD）。另外，「魏氏兒童智力量表」（第四版）（WISC-IV）也進一步指出，學習障礙與注意力缺陷過動症（ADHD）具有共病現象，因此部分的學習障礙也可能會伴隨有注意力缺陷或過動的問題（陳榮華、陳心怡，2007；Kauffman & Landrum, 2013）。

第二節　學習障礙學生的鑑定與評量

　　學習障礙是一異質性極高的類別，其特徵不若一般顯性或感官障礙來得明顯易發現，因此在鑑定上往往也容易有爭議之處。學習障礙的鑑定往往是一個連續觀察、評量與資料蒐集的過程，對於鑑定結果的判定也需依照綜合研判的原則而不能僅靠單一測驗或評量結果。以下針對學習障礙的鑑定過程與相關評量解釋分別進行說明。

壹、學習障礙的鑑定

　　根據《特殊教育學生及幼兒鑑定辦法》（教育部，2024）第 11 條對於

學習障礙的鑑定標準，學習障礙必須符合下列三點：(1)智力正常或在正常程度以上；(2)個人內在能力有顯著差異；(3)聽覺理解、口語表達、識字、閱讀理解、書寫、數學運算等學習表現有顯著困難，且經確定一般教育所提供之介入，仍難有效改善。根據上述的標準，關於學習障礙在鑑定上的重點說明如下。

一、轉介篩選

　　學習障礙在鑑定的初期必須經過普通班教師或家長的觀察，在發現其障礙特徵或是學習反應後，提出個案轉介之需求。首先，必須先了解被轉介的個案在普通班教師的教學過程中出現的學習問題，同時針對轉介的個案，普通班教師做了哪些輔導或介入方法，而介入的效果如何？如此是在確認被轉介的疑似學習障礙個案，其學習問題非導因於教師教學或環境不利因素所造成，關於了解普通班教師輔導介入之相關內容可參閱表 13-2、13-3。同時，輔導室也能適時提供「特殊需求學生轉介表」（100R/C125）或是「國民中小學學習行為特徵檢核表」（LCC）（孟瑛如、陳麗如，2001）由普通班教師進行填寫，以了解轉介個案之問題特徵與其特殊需求所在，再評估後續的鑑定需求。

　　轉介篩選階段之目的在了解疑似學習障礙個案的問題與特殊需求所在，並提供適度的教學資源來了解疑似個案的反應，以作為後續判定障礙與提供服務參考之用，提高學習障礙鑑定的準確率。美國 2004 年在修訂 IDEA 中，將介入反應模式（RTI）（IDEA, 2006）的概念納入學習障礙之鑑定過程（Kirk et al., 2015; Lerner & Johns, 2012; Salvia et al., 2013; Smith & Tyler, 2010）。RTI 是一種服務的模式，其目的在滿足每一個學生不同層次的服務需求，對於學習障礙而言，RTI 的概念便是確保每一個學習障礙學生在被確定診斷前，都已經獲得充足的普通教育資源，但因其障礙而必須更進一步接受特殊教育服務。換言之，對於學習障礙的鑑定而言，必須排除在普通教育的不利因素，而 RTI 即在提供充分的普通教育、外加補充的補救教學和特定的特殊教育等三種不同層次的服務模式。以實務面來說，針對學習障礙學生轉介前介入的第一級輔導由班級老師進行，針對學習困難的學生在

表 13-2　普通班教師實施補救教學或學習輔導訪談大綱

普通班教師實施補救教學或學習輔導訪談大綱

編製者：洪儷瑜、邱上真、柯華葳

1.您所轉介的學生在班級學習上有哪些困難？
(1)國語科
☐識字：
☐閱讀：
☐書寫：
(2)數學科
☐計算：
☐解題：

2.在您的班級中，針對您所轉介學生的困難，您曾經為他做了些什麼？
☐(1)提醒他要更用功
☐(2)給予特別的或額外的鼓勵支持
☐(3)安排對他有利的座位
☐(4)調整教學方式（例如：分組教學）
☐(5)利用小組比賽給予團體壓力
☐(6)請家人在家多加督導
☐(7)調整作業內容、份量或方式
☐(8)調整考試的方式或內容
☐(9)調整學習內容或目標
☐(10)允許上課使用輔助物品（錄音機、計算機或講義）
☐(11)允許在不干擾上課的情況下暫時不參與學習
☐(12)安排小老師協助指導
☐(13)尋找校內資源協助指導（例如：資源班、愛心媽媽）
☐(14)額外補救教學
☐(15)針對他的困難教導他學習方法或策略
☐(16)其他相關策略或輔導方式，請說明：

3.就你所知，此生的學習困難從什麼時候開始的？曾經試過哪些方法補救？
　根據誰的說法，從開始出現學習困難，曾經採用的方法有：
☐(1)參加課後補習
☐(2)教師額外補救
☐(3)參加資源班
☐(4)看醫師
☐(5)請家教
☐(6)教師請班上同學當小老師指導
☐(7)利用他喜歡的增強物獎勵
☐(8)順其自然，未曾採用任何補救方式或輔助物品
☐(9)其他相關策略或輔導方式，請說明：

表 13-3　學生轉介前介入輔導紀錄表

*colspan 學生轉介前介入輔導紀錄表			

學生轉介前介入輔導紀錄表

學生基本資料　　　　　　填表人姓名：

學校：　　　　　　　　　與個案關係：□普通班導師　□父母
　　　　　　　　　　　　　　　　　　□特教班教師　□其他
班級：
　　　　　　　　　　　　對個案了解程度：□非常了解　□了解
姓名：
　　　　　　　　　　　　　　　　　　　□尚了解　　□不了解

困難項目	學生特徵行為描述	轉介前介入輔導方式	輔導效果
□注意力問題			
□記憶力問題			
□聽覺理解			
□閱讀理解			
□口語表達			
□社交技巧			
□知覺動作			
□思考力			
□書寫表達			
□數學			
□識字			
□拼音			
□寫字			
□其他			

註：本表由對學生學習概況了解者填寫。

班級或部分休息時間進行加強輔導；在班級教師的輔導下仍無改善，可進行第二級介入輔導——即外加的補救教學或學習支持。二級介入的重點在於解決學習落差（差距），當個案在一級輔導介入無明顯成效時，就必須考量是否存在學習落差，並了解個案的能力起點提供補救教學，針對學習落差提供介入輔導。目前，教育部國民及學前教育署於各縣市推行之「國民中小學學生學習扶助科技化評量系統」即屬二級學習輔導措施，透過有效的評量篩選出班上學習能力低落的個案，進行外加式（早自修）或課後

的補救教學，提升其學習能力，此階段的介入仍由普通教育實施，特殊教育人員也可以針對個案需求給予評估、觀察或建議；若在第二級介入仍無顯著效果，則可蒐集個案在一、二級輔導之相關資料，轉介輔導室（處）進行鑑定安置之程序，再進入第三級的介入——即特殊教育的輔導。有關轉介前介入之輔導辦法與相關人員配合措施，請參閱本章附錄 1 與 2 之內容。

若轉介的個案也伴隨有情緒問題或困擾，在初期階段也可啟動校內三級輔導機制，與特殊教育服務進行結合，提供疑似個案完整的服務。有關三級輔導制度與特殊教育結合之內涵，請參閱表 13-4。

表 13-4　學校三級輔導制度與特殊教育結合措施

	普通教育	特殊教育
初級輔導	針對一般學生及學習適應困難學生進行初級預防、一般輔導，以減少偏差行為的發生。	針對疑似情緒行為障礙學生進行轉介前介入，以確定是否需進行鑑定。
二級輔導	針對初級輔導無法奏效及瀕臨行為偏差之學生，進行專業之輔導諮商。	針對鑑定後確認之特殊需求學生，提供學校本位特殊教育服務。
三級輔導	針對偏差行為及嚴重適應困難學生，進行專業矯治與諮商及身心復健。	針對提供學校本位特殊教育服務無顯著成效之特殊需求學生，提供整合性輔導團隊支援服務。

二、診斷評量

在轉介篩選階段，若確認疑似學習障礙個案在普通班教學與輔導介入無效的情形下，便可以進入特殊教育的服務階段，唯在接受服務前必須先確認障礙類別之身分後才能得到相對應的資源服務，因此診斷評量階段即在運用相關評量工具進行診斷，確認其障礙與亞型。目前運用在學習障礙的診斷評量工具甚多，最常使用的是「魏氏兒童智力量表」（第四版）（WISC-IV）（陳榮華、陳心怡，2007）、「魏氏兒童智力量表」（第五

版）（WISC-V）（陳心怡，2018），以及「魏氏幼兒智力量表」（第四版）（WPPSI-IV）。前者可提供資優與身心障礙兒童鑑定診斷之用，除了了解其整體智力表現外，亦可了解受試者在語文理解、知覺推理、工作記憶與處理速度等四項的能力表現，同時進一步分析神經心理歷程之能力與特定測驗組型之表現（簡吟文等人，2014）；而後者則可作為資優與發展遲緩或具有特殊需求兒童認知衡鑑之用，以了解受試者整體認知與各分項能力表現（張世彗、藍瑋琛，2018）。

　　除了智力測驗可作為學習障礙鑑定診斷之用，相關的發展測驗或學科成就測驗亦能進行評量，以作為障礙或亞型判定參考之用，了解學習困難與能力弱勢所在，例如：「國小語文及非語文學習障礙檢核表」（Elementary School Verbal and Nonverbal Learning Disabilities Checklist，簡稱 LDC），可檢核區分語文型學習障礙或非語文型學習障礙的行為特徵，作為綜合研判時亞型判斷之參考（孟瑛如、朱志清等人，2014）；「學前至九年級注意力缺陷過動症學生行為特徵篩選量表」（K-9 ADHDS）可了解學生在注意力缺陷過動症特徵符合診斷標準情形，篩選出伴隨有過動問題的學習障礙者（孟瑛如等人，2016）；「電腦化注意力診斷測驗」（CADA），可評量學習障礙在注意力因素中多向度的表現情形，篩選出伴隨有注意力問題的學習障礙，以協助其在特殊教育的鑑定與安置（孟瑛如、簡吟文等人，2014）；「國民小學數學診斷測驗」（Elementary School Mathematics Diagnostic Assessment, MDA/Grades 1-2, 3-4, 5-6），則可針對國小階段疑似學習障礙學生進行數學診斷，確認其是否具有數學障礙問題，並由錯誤題目中了解其對應能力指標進行教學（孟瑛如等人，2015）。相關學習障礙鑑定工具可參閱「教育部有愛無礙」網站[For Teachers]（https://teachers.dale.nthu.edu.tw/）中有關鑑定工具之內容說明，測驗使用流程則可參閱圖 13-1。

三、安置服務

　　經過縣市的特殊教育學生鑑定及就學輔導會（以下簡稱鑑輔會）之心評人員診斷評量確認障礙存在，透過教育安置會議便可依其特殊需求提供相對的教育安置環境與相關服務。目前學習障礙的安置以不分類身心障礙

圖 13-1　學習障礙學生鑑定之建議流程

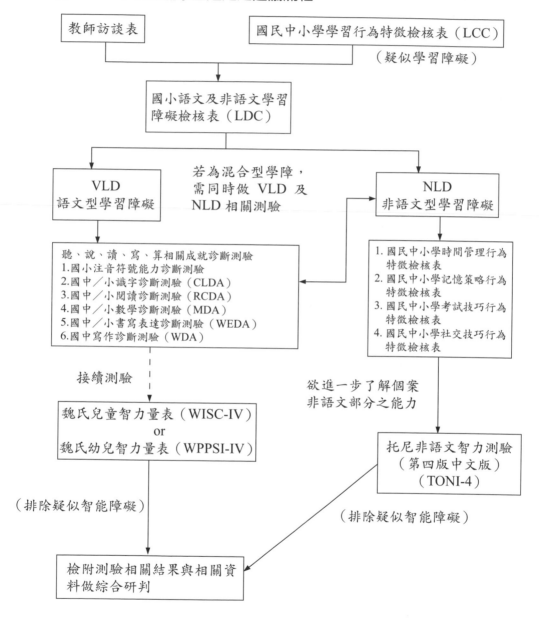

資源班與普通班兩種為主。前者提供教學、輔導與諮詢等相關服務，學習障礙學生以外加或抽離的方式至資源班接受補救教學或相關輔導；後者不需另外安排教學課程，特殊教育相關人員可提供諮詢、輔導或其他相關資源服務。學習障礙除了接受教學、輔導或諮詢服務外，其他相關服務如專業團隊（物理治療師、職能治療師、語言治療師或心理師等）則視個別特殊需求提供。

貳、學習障礙的評量

學習障礙學生因其障礙限制，對於普通班的評量與考試常出現無法適應的狀況。根據《特殊教育法》（教育部，2023b）第 22 條：「特殊教育之課程、教材、教法及評量，應保持彈性，適合特殊教育學生、幼兒身心特性及需求。……」從上述法源可以發現，不論對於學習障礙或其他身心障礙學生，課程教學、教材、考試或評量都應適性而彈性。

《身心障礙學生考試服務辦法》（教育部，2023d）第 4 條規定：

「考試服務之提供，應以達成該項考試目的為原則。各級學校及試務單位應依身心障礙考生（以下簡稱考生）障礙情形、程度及需求，提供考試服務。……」

而第 5 條也指出：

「考試服務應衡酌考生之考試科目特性、學習優勢管道及個別需求，提供適當之試場服務、輔具服務、試題（卷）調整服務、作答方式調整服務及其他合理調整之服務。」

由上述辦法來看，對於學習障礙或其他身心障礙學生的考試或評量應根據其特殊需求進行調整，避免因其障礙而導致考試不利。而教師在普通班或資源班如何實施考試評量調整呢？以下針對學習障礙學生適用的動態評量與無障礙評量進行說明。

一、動態評量

動態評量（dynamic assessment）是一種非正式評量，在教學的過程中，利用因應和調整評量的方式，對學習者的認知改變進行連續的記錄評量，以了解學習者在教學介入與認知改變的關係，進一步發現學習者所能發揮最大的潛能表現（張世彗、藍瑋琛，2018）。一般來說，傳統的評量（如紙筆測驗）容易低估身心障礙和文化不利的學習潛能與表現，而動態評量正好可以彌補傳統評量的缺點。動態評量強調觀察教學過程與學習效果的改變，重點在學習者的歷程與改變，而非侷限在某個時間點的單一表現。

動態評量適合融入教學─評量的過程中，亦適用於任何學科之學習，能從學習歷程中了解協助與提示的程度，評量學習者的反應，而後進行教學調整。孟瑛如（2019b）指出，伴隨有注意力問題或衝動性問題的學習障礙學生，在進行數學應用題解題教學時，便可利用動態評量的概念，輔以標準化提示流程進行教學，以了解學生對於教學協助的反應與表現，同時也有助於教師發現學生的錯誤類型和思路過程。有關數學解題的動態評量之評分過程可參閱圖 13-2。

二、無障礙評量

無障礙（barrier free）的概念來自於全方位設計（universal design，或譯為通用設計）的概念，其目的在符合所有具有需求的個人，是以人性化考量為出發點。因此無障礙評量強調藉由適性化的調整，將障礙所帶來的限制降到最低，進而達到評量的目的。Wood（1984）指出，考試的調整（adapted test）可藉由三種變通方式達成：

1.考試結構（construction）：通常是針對考試內容的建議與調整，包括：試題敘述調整、符號圖像的提示，或是試卷版面安排等。

2.考試實施（administration）：如時間安排、作答方式，或提供報讀等。

3.考試場所（site）：是指針對有特殊需求的學生提供額外的考試場地。

圖 13-2 動態評量介入與提示流程圖

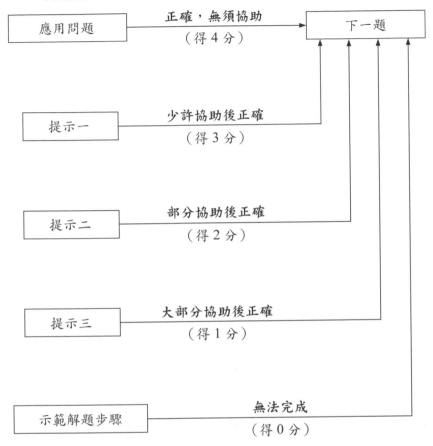

依據《身心障礙學生考試服務辦法》（教育部，2023d）：

第 4 條：「考試服務之提供，應以達成該項考試目的為原則。各
級學校及試務單位應依身心障礙考生（以下簡稱考生）
障礙類別、程度及需求，提供考試服務。……」

第 5 條：「考試服務應衡酌考生之考試科目特性、學習優勢管道
及個別需求，提供適當之試場服務、輔具服務、試題
（卷）調整服務、作答方式調整服務及其他合理調整之
服務。」

第 6 條：「前條所定試場服務如下：

一、調整考試時間：包括提早入場或延長作答時間。

二、提供無障礙試場環境：包括無障礙環境、地面樓層
　　或設有昇降設備之試場。

三、提供提醒服務：包括視覺或聽覺提醒、手語翻譯或
　　板書注意事項說明。

四、提供特殊試場：包括單人、少數人或設有空調設備
　　等試場。……」

第 8 條：「第五條所定試題（卷）調整服務，包括調整試題與考
　　生之適配性、題數或比例計分、提供放大試卷、點字試
　　卷、電子試題、有聲試題、觸摸圖形試題、提供試卷並
　　報讀等服務。……」

　　另外，Polloway 等人（2013）認為，針對具有特殊需求的學生，評量方式不應只限於紙筆測驗，對於成績的評定可以採計如回家作業、檔案作品、口頭發表等方式，成績的計算也可以適度改變計算標準或提供額外加分的機會。Lerner 與 Johns（2012）也指出，學習障礙學生可以利用檔案評量來了解其閱讀和寫作的學習成果，利用多次的資料蒐集來記錄成就水準和發展情形，亦是針對學習障礙學生變通的評量方式之一。

　　在《國民教育階段身心障礙資源班實施原則》（教育部，2011）中，也針對國民教育階段之身心障礙學生評量與成績考查提供說明如下：

六、評量與成績考查

（一）學生之學習評量應採用多元評量，可採用紙筆評量、檔案
　　　評量、觀察評量、操作評量等方式。

（二）應給予學生適性之評量調整，包括評量方式、評量地點、
　　　評量工具、評量標準或評量人員等之彈性調整。

（三）學生成績評量應以公平合理為原則，其評量方式、標準與
　　　成績採計方式應於個別化教育計畫中載明，必要時應經特
　　　殊教育推行委員會審議。

（四）學生成績評量範圍包括學習領域評量及日常生活表現評量，學習領域評量分為平時評量及定期評量，其成績各佔學期成績百分比依各直轄市、縣（市）政府相關規定辦理。

（五）平時評量成績採計方式：

　　1.抽離式課程由資源班教師進行該學習領域平時成績考查，並應將考查結果與原班教師商議，以做為該生該學習領域之平時成績。

　　2.外加式課程由原班任課教師進行該學習領域平時成績考查，並應將考查結果與資源班教師商議，以做為該生該學習領域之平時成績。

（六）定期評量成績採計方式：

　　1.學生之定期評量應以使用原班試題為原則，必要時應提供學生所需之相關試題調整或試場服務，例如：延長考試時間、口語作答、電腦作答、提供獨立考試空間、試題報讀服務、放大試卷、點字卷、提供輔具等。

　　2.學生若因障礙特質無法適用原班試題考試，可採用資源班試題或多元評量方式，其原班定期評量成績應依學生能力水準及其於原班之相對位置調整，並應將定期評量成績與原班教師商議；必要時經特殊教育推行委員會審議後得僅採資源班定期評量成績。

第三節　學習障礙學生的適性教學輔導策略

依據《特殊教育法施行細則》（教育部，2023c）第 14 條：「……特殊教育相關課程，其內容應包括特殊教育學生及幼兒身心特質與輔導、融合教育、通用設計學習、教導不同學習需求之學生與幼兒之能力及合理調整等知能。」對於學習障礙學生的教學，課程調整與適性教材已是必然的作法，而納入特殊需求課程更能落實最少限制的精神，同時教師在教學過程中

的教學方法和策略，也應根據學生的個別差異進行多層次與差異化的實施。針對資源班中的學習障礙學生教學，以下提供常用的幾項教學方法與策略（王淑惠，2013；周台傑，2006；孟瑛如，2019b；楊坤堂，2007；Bender, 2008; Lerner & Johns, 2012; Polloway et al., 2013/2013; Polloway et al., 2013）。

壹、直接教學法

直接教學法為資源班常用的補救教學法之一，其主要特色有下列三項（孟瑛如，2019b）：(1)結構化的課程設計；(2)著重教師的教學演示技巧；(3)課程內容具有組織、次序性。周台傑（2006）認為，實施直接教學的重點在於教師教學的過程，以教師主導課程，強調分析教學的內容概念，教材內容是有組織且連續性。在直接教學的過程中，能讓學生充分了解學習的目標，並針對學生反應給予立即且迅速的回饋。楊坤堂（2007）認為，直接教學法符合精熟學習和有效教學的教學原理，同時直接教學法採用高度組織的序列性進行課程編排與設計，符合數學課程的本質與內涵。運用直接教學法能有效改善學習障礙學生的數學成就表現。舉例如圖 13-3 所示。

貳、合作學習法

合作學習係由異質能力學生組成小組或團體進行學習、解決問題或完成工作任務。小組中能力較弱勢者（如學習障礙學生）能藉由其他能力優勢者的指導或協助完成學習，而能力優勢者也可以藉由指導過程獲得成長。周台傑（2006）指出，教師運用合作學習法不僅有助於增強學習障礙者的學習動機，同時也對學科之學習有一定的幫助，並對社會能力的發展有正向提升的作用。

為能有效達到合作學習的目標和效果，孟瑛如（2019b）建議教師可以依照思考、配對，以及分享三個步驟實施，讓學習障礙學生在同儕中有互動、表達與分享的機會。

圖 13-3　利用學習步驟分析進行數學直接解題

示範題　陳太太買了一瓶沙拉油，上星期用了 $\frac{2}{5}$ 瓶，這星期用了 $\frac{1}{5}$ 瓶，請問她兩個星期共用了幾瓶沙拉油？

關鍵字句
請問她兩個星期共用了幾瓶沙拉油？

列式

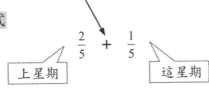

$$\frac{2}{5} \quad + \quad \frac{1}{5}$$

上星期　　　　　　這星期

計算

$$\frac{2}{5} \ + \ \frac{1}{5} = \frac{1+2}{5} = \frac{3}{5} \text{（瓶）}$$

答： $\frac{3}{5}$ 瓶

練習題　王老闆買了一桶醬油，昨天用了 $\frac{3}{8}$ 桶，今天用了 $\frac{2}{8}$ 桶，請問他兩天共用了幾桶醬油？

找出關鍵字句

_____

列式

_____

計算

答：

參、認知訓練法

認知訓練法強調學習機會和主動學習（周台傑，2006；孟瑛如，2019b；楊坤堂，2007；Lerner & Johns, 2012）。運用策略訓練加強學習障礙學生的認知結構與能力，讓學生能提高學習的動機並主動參與學習，同時培養解決問題的能力。孟瑛如（2019b）認為，學習障礙學生的認知結構是能夠激發而成長的，因此應該給予學生比其能力略高難度的課程或教材，以激發學生挑戰的潛能並解決所遭遇到的問題。而教師在教學過程中也必須注意下列原則：

    1.設計課程時，應配合學生能力給予適性化的教材教具。

    2.善用合作學習讓學生與同儕間互相激發潛能。

    3.教導學生數學及生活之概念，必須活用數學知識和概念。

認知的訓練或激發可能包含行為改變技術與後設認知的策略方法。周台傑（2006）建議，教師在教學中進行認知訓練時，可優先從自我監控、關鍵字記憶、自我教導，以及交互教學等四種策略著手，對於學習障礙學生學習成效之提升有明顯的幫助。如圖 13-4、圖 13-5 所示。

肆、問題解決法

問題解決法通常運用於數學科的教學，主要在處理與數學文字相關的應用問題，必須具備並整合思考語言以及數學概念技巧兩項能力（楊坤堂，2007）。問題解決法強調，學生必須主動積極找尋解決數學問題的方法，並利用已習得的數學知識和技巧類化到解決數學問題的過程中（Lerner & Johns, 2012）。因此，教師必須教導學生數學文字或應用題的解題程序與方法，並學習將思考語文和數學概念技巧做有效的整合，以用來處理應用問題。孟瑛如（2019b）指出，教師進行數學應用問題教學時，應教導學生各種可能的數學問題解決法以及表達技巧，除了優先指導數學問題中常用的詞彙或關鍵字句外，對於中、高年級學生也應指導解題步驟，利用自我

圖 13-4　運用思考圖策略──泡泡圖（bubble map），進行識字教學

圖 13-5　運用思考圖策略──橋梁圖（bridge map），進行造句教學

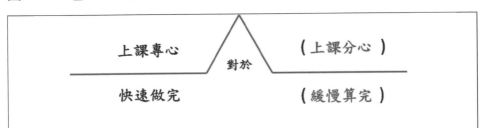

指導方式完成解題。

　　楊坤堂（2007）建議，教師在教導數學障礙學生解決應用問題時，除了要給予足夠的練習機會外，更應多利用師生對話進行互動，並鼓勵學生說出想法且嘗試不同的解題策略。教師可以指導學生利用下列五步驟進行應用問題解題之練習：閱讀題目、重讀題目、思考題目、開始解題，以及檢查答案。

伍、多媒體教學

　　資訊科技與網路媒介之發展使得教學朝向數位化，過去單純以電腦進行教學的電腦輔助學習（computer assisted learning，簡稱 CAL）也進化為多媒體輔助學習（multimedia assisted learning）。多媒體（multimedia）是結合多種數位媒材，例如：文字、圖形、靜態影像、光碟音樂、聲音、電子合成樂、動畫、動態視訊影像和特殊效果的多種媒體素材，利用電腦整合在一起的數位系統（吳雅齡，2009；魏銘志等人，2012）。許多學者專家對於利用多媒體輔助學習抱持正向的看法，認為電腦輔助或數位教材對於學習障礙的學習是具有效果的（王淑惠，2013；周台傑，2006；孟瑛如，2019a，2019b；楊坤堂，2007; Bender, 2008; Lerner & Johns, 2012; Mayer, 2003; Polloway et al., 2013/2013）。Mayer（2003）指出，多媒體教學的內容提供富有視覺性、聲色動態效果的畫面，強調如果能善加利用多媒體教學，將有助於教學上提高學生的學習理解。孟瑛如（2019b）則更進一步指出，使用互動性的多媒體教材進行教學或教育訓練之工具，不僅可以降低教學過程中所需要的成本，更能有效率的節省學習時間。舉例如圖 13-6、圖 13-7 所示。

　　多媒體與電腦輔助學習對於數學障礙的教學，有下列幾點特色值得參考（孟瑛如，2019b；楊坤堂，2007）：

　　1.具有練習和複習效果，課程進度可以重複進行。

　　2.具有個別化學習效果，教師可以依學生的能力差異給予不同的教材與進度。

圖 13-6　運用電腦多媒體教材進行教學與評量

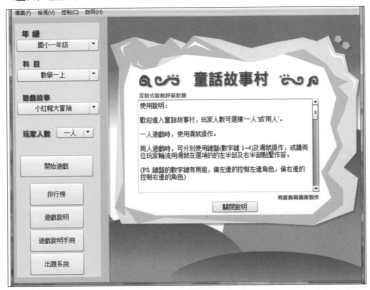

註：引自有愛無礙融合教育網站。

圖 13-7　運用多媒體教材進行分組競賽，提升學習樂趣

註：引自有愛無礙融合教育網站。

3.具有遊戲本位學習（game-based learning）的特性，能適度維持學生的動機和注意力。

4.具有立即回饋與增強的功能，多媒體與電腦輔助的視覺、聽覺與觸覺操作效果提供學生多感官學習，讓學生在學習過程中具有互動性。

5.結合動態評量概念，讓教師能掌握學生進步情形，並能即時記錄錯誤型態。

陸、遊戲本位教學

兒童從出生的那一刻開始，便透過「玩」來探索和了解所處的環境、學習技能、與人溝通互動，以及表達情感等。藉由遊戲把經驗過的事傳達出來或是重新整理，也可以由遊戲中獲得「我能感」，增強對自我的了解，在與他人遊戲時彼此學習人際相處的能力（王芯婷，2012）。而近年來興起的桌上遊戲（tablegame，簡稱桌遊）融入教學便是以遊戲本位的考量，將遊戲帶入學習或思考中，讓學生藉由遊戲的過程中發展學習策略，培養問題解決的能力。

桌遊也可以適時和學業課程結合，以作為課程教學的教材之用，例如：孟瑛如等人（2014）所發展的「心想是{乘}」桌遊系列，便是將數學中的乘法概念融入桌遊之中，搭配相對應的遊戲學習單，從連加法、乘法、因數、倍數到公因數與公倍數之概念，讓學生在桌遊中發現，桌遊要運用到課堂上學到的數學知識：乘法，或是九九乘法，而乘法並不是死背，在桌遊中必須靈活運用。大多數的國小三年級學生都能背 $8 \times 7 = 56$，但學生可能無法了解 8×7 也可以等於 $4 \times 2 \times 7$，甚至是 $2 \times 2 \times 2 \times 7$。雖然上述的內容要到高年級才會學到，但藉由桌遊便能讓孩子提早了解到乘法的變化，學習的進度和內容是可以提前加速的。有關適合一般學生與學習障礙學生之桌遊教材，可以參閱心理出版社（https://www.psy.com.tw）或桌遊粉絲團（https://www.facebook.com/psytablegames）之相關介紹，如圖 13-8 所示。

圖 13-8　運用桌遊融入數學教學

註：引自心理出版社網站「心想是{乘}」桌遊系列。

　　對於學習障礙的孩子而言，桌遊的使用讓他們在遊戲的情境下進行學習，可減低學習的焦慮與無助感，同時提升其學習自信，並且靈活運用課堂習得的資訊，甚至藉由主動預習、複習課堂學習內容來進行桌遊並獲取勝利，達到遊戲學習的效果。

柒、特殊需求與課程調整

一、特殊需求

　　為達到融合教育的理想，特殊教育在十二年國民基本教育的實施下，除了現有特殊教育實施規範外，也因應總綱而訂定「十二年國民基本教育身心障礙相關之特殊需求領域課程綱要」（教育部，2019b），依身心障礙學生之個別需求，實施其中所訂之支持性課程，包括：生活管理、社會技巧、學習策略、職業教育、溝通訓練、點字、定向行動、功能性動作訓練、輔助科技應用科目。

　　和學習障礙最為相關的學習策略一科，強調學習所需之方法或技巧，透過培養學習者在認知、動機、態度、環境、學習工具，以及後設認知的策略能力，以增進學習效果。為呼應十二年國民基本教育發展核心素養能力，學習策略發展的學習重點以呼應核心素養，學習重點包含學習表現（學習者面對生活環境、議題與情境時所展現的能力、態度與行動），以及學習內容（認識人類探索世界累積的系統知識，作為解決問題過程中的必要基礎）。學習策略的學習表現，包括：提升認知學習（特學 1）、提升態度動機（特學 2）、運用環境與學習工具（特學 3），以及發展後設認知策略（特學 4）等四個向度；學習內容則包括：認知策略（特學 A）、態度和動機策略（特學 B）、環境調整和學習工具運用策略（特學 C）、後設認知策略（特學 D）等四個主題。

　　針對學習障礙學生運用特殊需求課程，應尊重學生之多元性與自我價值，課程設計應考量個別差異，並以學生需求為本位，經特殊需求評估，並結合個別化教育計畫，提供適性課程；課程規劃上應兼顧獨立式與融入式課程設計，課程設計可採獨立式開設課程，以提供充足的學習時間，發展該課程的學習重點；亦可採取融入相關領域或科目的課程設計方式，提供特殊教育學生有效學習及展能機會。有關學習障礙學生在特殊需求領域所需要之課程發展、教材編選、教學實施、教學資源，以及學習評量等五

個面向要點，可參閱教育部（2019b）所公布之「十二年國民基本教育身心障礙相關之特殊需求領域課程綱要」。

二、課程調整

　　課程調整包括學習內容、學習歷程、學習環境、學習評量，而且需要考量學習障礙學生在每一個學習領域（或科目）的學習表現狀況。所以，在思考課程調整時，可以參考下圖的流程。從圖中可知，教師要針對學生的學習能力和特殊需求，考量其在每一個領域（科目）上的適切性，包括：學生是否能適合學習該領域（科目）的學習重點、參與課程學習模式、學習教材呈現方式、學習評量形式等。如果學生適合該領域（科目）的學習重點，則該領域（科目）需依據總綱與該領域課程綱要之規劃與安排。但是，學生若伴隨感官、動作、溝通、注意力或情緒行為等方面的困難和需求，則需要再提供適切的教育輔助器材（學習環境調整）、教室布置與座位安排（學習環境調整）、教學策略和方法（學習歷程調整）、學習反應或表達方式（學習評量調整）、學生助理人員或志工支援（學習環境調整）等調整方式。此外，配合個別化教育計畫的發展規劃，也需要行為功能介入方案與其他支持策略或相關服務（例如：復健服務、職業訓練、正向支持等）。以下針對學習內容、學習歷程、學習環境、學習評量在調整上的需要做扼要介紹（教育部，2019a，2019c）。

（一）學習內容

　　學習內容的調整包含「十二年國民基本教育課程綱要」中各領域（科目）之學習節數／學分數與學習重點（含學習表現與學習內容）的調整。針對學習障礙學生的課程規劃，學習重點的調整係依據在各領域／科目的學習功能缺損情形，主要常用的方式為：「簡化」、「減量」、「分

解」、「替代」、「重整」，其餘方式如「加深」、「加廣」及「濃縮」的調整，則多用於資賦優異學生。但上述各調整方式在選用時仍應保持適性與彈性，應回歸到學生的學習表現和特殊需求之評估。以下針對學習障礙學生常用的調整方式簡要說明：

　　1.簡化：是指降低各領域／科目學習重點的難度或程度。

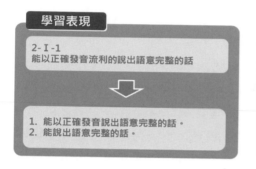

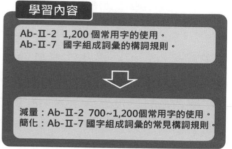

　　2.減量：部分學習重點對學生而言過於繁重，需要減輕分量，保留對學生關鍵且重要的項目。因此，減量是刪去領域／科目學習重點的部分內容。

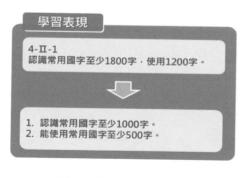

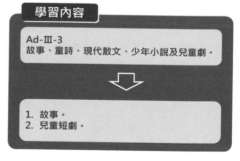

　　3.分解：有些學習重點的內涵較為複雜，學生在一段時間學習後，可能會出現困難。因此，將各領域／科目學習重點轉化為數個小目標或學習內容，在同一階段或不同學習階段分段學習，讓學生的學習能夠循序漸進。

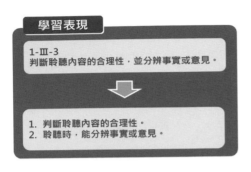

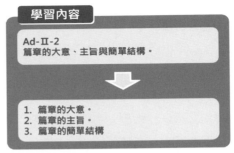

4.替代：部分學生因其障礙的因素，無法以原來的方式完成學習目標，而需以另外一種適性方式達成原來的領域／科目之學習重點。

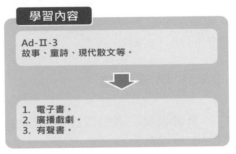

5.重整：將該學習階段或跨學習階段之學習重點重新詮釋或轉化，適合學生生活化或功能化的學習重點與學習內容。

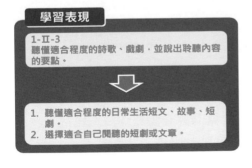

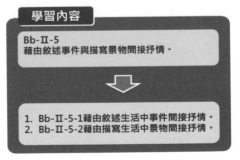

（二）學習歷程

學習歷程的調整是指，依特殊教育學生的個別需要，藉由有效的教學

策略、教學活動安排和正向學習氣氛，促進學生有效參與學習。常見的調整作法包括：

　　1.善用各種能引發其學習潛能之學習策略，並適度提供各種線索及提示。

　　2.採用工作分析、多元感官、直接教學、合作學習、合作教學、多層次教學或區分性教學（差異化教學）等教學方法，並配合講述、示範、發問、多媒體運用、圖解、操作、實驗、角色扮演等不同的策略及活動進行教學。

　　3.調整教學場域和情境，以激發並維持學生的學習興趣與動機。

　　4.穿插一些遊戲活動或將教學活動分段進行，並多安排學生表現的機會。

　　5.提供適度的讚美、足夠的包容，並施以有效的應用行為分析策略和積極的回饋方式調整。

（三）學習環境

　　學習環境的調整以提供特殊教育學生友善校園，以及安全、安心且無障礙的學習環境為首要考量。常見的調整作法，包括：物理環境的調整、心理與社會環境的調整、人力支援、行政支援。

（四）學習評量

　　依學生之個別化教育計畫實施多元評量，包括學生起點行為之評估及持續性的形成性評量，並依據學年與學期教育目標作總結性評量。此外，為了讓學生可以參與學校的學習評量，學校也應根據各領域／科目之特性、教學目標與內容、學生的學習優勢管道，以及個別需求，依《身心障礙學生考試服務辦法》提供考試服務。常見的評量調整作法，包括：試場服務、試題（卷）調整服務，以及作答方式調整服務。

　　以上簡單針對學習障礙學生在特殊需求和課程調整上提出可能需要注意的重點，但最重要的仍在於學生的需求評估和了解，在課程規劃和調整上保持適性與彈性，才是真正達到適性發展的理想。

第四節　學習障礙學生的服務現況與問題

　　學習障礙學生經過鑑定後，以安置於普通班或資源班接受服務為主。資源班針對學習障礙學生提供外加與抽離的課程，並且由老師規劃撰寫學生的個別化教育計畫（IEP），定期開會檢討。對於學習障礙學生而言，雖然在現行法規之下能得到適度的教學資源與輔導，但仍面臨許多相關的課題。以下針對鑑定、就學安置與人數三方面做簡單說明。

壹、心評工作與鑑定的問題

　　學習障礙的鑑定一直存在爭議，除了現行鑑定辦法對學習障礙的鑑定描述保有彈性外，各縣市鑑輔會對於鑑定的標準程序也不盡相同，因而心評工作的進行也因各縣市之規定而有差異。在心評工作與鑑定方面有三點值得關注。

一、轉介前介入不易落實

　　陳淑麗（2010）指出，國內普通教育普遍缺乏適當的轉介前介入措施，普通班教師難以實施有效的普通班補救教學，缺少在第一級與第二級對疑似學習障礙學生的教學輔導，也是心評教師在蒐集學生相關資料時的困擾，容易造成後續判讀時出現假性障礙的結果。張彧銘與張瓊穗（2010）亦指出，RTI 之推行不易往往是心評人員在學習障礙鑑定上首要的難題，落實 RTI 的介入對於提升學習障礙鑑定率將有很大的幫助。

二、心評人員培訓與管理制度有待落實

　　目前國內僅有少數縣市能落實校校皆有心評人員的措施，其他縣市在各校仍缺乏心評人員，對於學習障礙在鑑定上造成現有心評人員工作負荷過重的問題。因此，各縣市鑑輔會應規劃心評人員培訓制度並有效管理，

將有助於提升學習障礙鑑定之工作效率。

三、綜合研判的標準不一

學習障礙者是一群高異質性的團體，尚能因其障礙特徵再細分出若干亞型，但目前國內的鑑定辦法對學習障礙的鑑定綜合研判並無明確規範，而各縣市鑑輔會對於學習障礙亞型的綜合研判與註記也各自為政，標準不一。因此，建議教育界結合學界在這部分可多努力，提供心評教師明確的研判標準，讓心評教師在學習障礙的綜合研判上有所依循，降低在執行鑑定工作時的困擾。

貳、高中職階段就學安置的問題

十二年國民基本教育是近年來重大的教育政策，對於身心障礙學生來說提供了繼續升學的良好機會。教育部（2012）公布《十二年國民基本教育身心障礙學生就學安置高級中等學校實施要點》，並於 103 學年開始實施，其目的在規劃身心障礙學生多元入學管道，提供學生多元安置機會，以實現教育機會均等之理想。同時，也提供身心障礙學生適性安置機會，以充分發揮潛能，強化就近入學安置，達成就學安置社區化之目標。然而，對於學習障礙學生來說，卻也相對出現部分問題，例如：對於高中職階段學習障礙學生缺乏適當的評估工具、就近安置造成非適性安置、高中職階段資源教師與資源不足等。對於學習障礙在十二年就學安置仍需要必須的配套措施，才能落實十二年國民基本教育的理想。

參、人數與教學品質問題

近年來，隨著鑑定評量工具多元，學習障礙鑑定人數也隨之提高，但各縣市在學習障礙鑑定的標準不同，也造成學習障礙的鑑定率和人數有所差異，但積極鑑定的結果造成資源班師生比失衡，也衍生出教學品質下降

的情形。在特殊教育課綱的推行下，學習障礙學生多採取外加或全抽離的方式進行，學生人數過多也容易出現排課協調上的困擾。在鑑定與服務的考量下，有效降低資源班的師生人數比才能兼顧教學品質，讓學習障礙學生得到更充分的教育資源。

問題與反思

基本題

1. 根據《特殊教育學生及幼兒鑑定辦法》，學習障礙的定義與分類為何？
2. 學習障礙學生有哪些身心特質？
3. 學習障礙學生是一項異質性極高的類別，可再細分為哪些亞型或分類？
4. 學習障礙學生的鑑定需經過哪些步驟或過程？
5. 學習障礙學生有哪些可行或適性的評量方式？
6. 適用於學習障礙學生可行的教學或輔導策略有哪些？試舉一項簡要說明。
7. 目前國內對於學習障礙的服務有哪些問題？
8. 試說明你所曾接觸過的相關個案、書籍、影片、圖文資料等，有關學習障礙者適應教育與社會的心得？

進階題

1. 試討論適用於學習障礙的鑑定工作有哪些？如何運用這些工具鑑別學習障礙的亞型？
2. 試討論在學習障礙的轉介前介入過程中，學校人員與特教教師如何配合？責任分工如何進行？
3. 試討論從無障礙評量的觀點，教師如何調整學習障礙學生的評量考試？試舉實例說明。
4. 試討論從特殊教育特殊需求課綱與融合教育的精神來看，如何對學習障礙學生做到區分性課程調整的實施？請由普通班教師與特教教師的合作觀點進行說明。
5. 試討論目前在普通教育中倡導的翻轉教育，如何將其中的優點和精神與學習障礙的教學輔導策略作結合？
6. 試討論學習障礙學生在安置與教育現況的可能問題與建議。

參考文獻

中文部分

王芯婷（2012）。桌上遊戲運用於兒童培力團體之初探。社區發展季刊，**140**，94-106。

王淑惠（2013）。國小數學學習障礙學生的教學策略。雲嘉特教期刊，**18**，28-34。

吳雅齡（2009）。多媒體電腦輔助教學在識字教學之應用。特教園丁，**25**（1），23-29。

周台傑（2006）。學習障礙者教育。載於許天威、徐享良、張勝成（主編），新特殊教育通論（頁71-105）。五南。

孟瑛如（2019a）。**學習障礙與補救教學：教師及家長實用手冊**（第二版）。五南。

孟瑛如（2019b）。**資源教室方案：班級經營與補救教學**（第三版）。五南。

孟瑛如、朱志清、黃澤洋、謝瓊慧（2014）。**國小語文及非語文學習障礙檢核表：指導手冊**。心理。

孟瑛如、邱佳寧、簡吟文、林幸宜、陳虹君、楊佩蓁（2014）。**心想是{乘}：乘虛而入／乘龍快婿／接龍與吹牛**。心理。

孟瑛如、陳麗如（2001）。**國民中小學學習行為特徵檢核表：指導手冊**。心理。

孟瑛如、簡吟文（2014）。由DSM-5的改變談學習障礙未來的鑑定與教學輔導趨勢。輔導季刊，**50**（4），28-34。

孟瑛如、簡吟文、邱佳寧、陳虹君、周文聿（2015）。**國民小學數學診斷測驗系列（MDA/Grades 1-2、3-4、5-6）：指導手冊**。心理。

孟瑛如、簡吟文、陳虹君、張品穎、周文聿（2014）。**電腦化注意力診斷測驗（CADA）：指導手冊**。心理。

孟瑛如、簡吟文、陳虹君（2016）。**學前至九年級注意力缺陷過動症學生行為特徵篩選量表（家長版／教師版）（K-9 ADHD-S）**。心理。

柯華葳（2005）。數學學習障礙學生的診斷與確認。特殊教育研究學刊，**29**，113-126。

洪儷瑜（1996）。**學習障礙者教育**（第二版）。心理。

張世彗、藍瑋琛（2018）。**特殊教育學生評量**（第八版）。心理。

張彧銘、張瓊穗（2010）。探討心評人員執行學習障礙鑑定工作之現況與困境。

桃竹區特殊教育，**20**，7-12。

教育部（2011）。國民教育階段身心障礙資源班實施原則。作者。

教育部（2012）。十二年國民基本教育身心障礙學生就學安置高級中等學校實施要點。作者。

教育部（2019a）。十二年國民基本教育特殊教育課程實施規範。作者。

教育部（2019b）。十二年國民基本教育身心障礙相關之特殊需求領域課程綱要。作者。

教育部（2019c）。十二年國民基本教育課程綱要身心障礙學生領域課程調整應用手冊（調整建議篇）。作者。

教育部（2023a）。中華民國特殊教育統計年報。作者。

教育部（2023b）。**特殊教育法**。作者。

教育部（2023c）。**特殊教育法施行細則**。作者。

教育部（2023d）。**身心障礙學生考試服務辦法**。作者。

教育部（2024）。**特殊教育學生及幼兒鑑定辦法**。作者。

陳心怡（2018）。**魏氏兒童智力量表（中文版第五版）：技術和解釋手冊**。中國行為科學社。

陳淑麗（2010）。轉介前介入在學障鑑定的重要性與可行性。**特殊教育季刊**，**115**，14-22。

陳榮華、陳心怡（2007）。**魏氏兒童智力量表（中文版第四版）：技術和解釋手冊**。中國行為科學社。

陳榮華、陳心怡（2013）。**魏氏幼兒智力量表（中文版第四版）：指導手冊**。中國行為科學社。

單延愷、洪儷瑜、陳心怡（2008）。非語文學習障礙篩選量表編製研究。**特殊教育研究學刊**，**33**，95-123。

楊坤堂（2007）。**數學學習障礙**。五南。

簡吟文、謝佳燕、孟瑛如（2014）。學習障礙學生在魏氏兒童智力量表第四版（WISC-IV）表現之研究。**課程與教學季刊**，**17**（4），229-256。

魏銘志、孟瑛如、簡吟文（2012）。教學多媒體運用對國小普通班學生社交技巧反應之試探性研究。**特教論壇**，**13**，12-29。

Polloway, E. A., Patton, J. R., Serna, L., & Bailey, J. W.（2013）。數學教學〔葉靖雲譯〕。載於**特殊需求學生的教材教法**〔林素貞、陳佩玉、王秋鈴、葉靖雲、蔡曉楓、詹孟琦譯〕（頁 ch.8:1-41）。華騰。（原著出版年：2013）

英文部分

American Psychiatric Association [APA] (2000). *Diagnostic and statistical manual of mental disorders (IV-Text revision)* (4th ed.). Author.

American Psychiatric Association [APA] (2013). *Diagnostic and statistical manual of mental disorders* (5th ed.). Author.

Bender, W. N. (2008). *Learning disabilities: Characteristics identification and teaching strategies* (6th ed.). Allyn & Bacon.

Horowitz, S. H. (2014). *The state of learning disabilities: Facts, trends and emerging issues* (3rd ed.). National Center for Learning Disabilities.

IDEA Regulations, 34 C.RR. § 300 (2006). *Individuals With Disabilities Education Act.* 20 U.S.C. § 1400 (2006).

Kauffman, J. M., & Landrum, T. J. (2013). *Characteristics of emotional and behavioral disorders of children and youth* (10th ed.). Merrill Prentice-Hall.

Kirk, S., Gallagher, J. J., & Coleman, M. R. (2015). *Educating exceptional children* (4th ed.). Cengage.

Lerner, J. W., & Johns, B. H. (2012). *Learning disabilities and related mild disabilities/ teaching strategies and new directions* (12th ed.). Wadsworth Cengage Learning.

Mayer, R. E. (2003). The promise of multimedia learning: Using the same instructional design methods across different media. *Learning and Instruction, 13*(2), 125-139.

Polloway, E. A., Patton, J. M., Serna, L., & Bailey, J. W. (2013). *Strategies for teaching learners with special needs* (10th ed.). Merrill Prentice-Hall.

Salvia, J., Ysseldyke, J. E., & Bolt, S. (2013). *Assessment: In special and inclusive education* (12th ed.). Cengage Learning.

Smith, D. D., & Tyler, N. C. (2010). *Introduction to special education: Making a difference* (7th ed.). Allyn & Bacon.

Wood, J. W. (1984). Adapting the presentation of academic content for the mainstreamed student. *Clearing House, 58*, 174-177.

World Health Organization [WHO] (2000). *International Statistical Classification of Diseases and Related Health Problems* (10th Revision) (ICD-10). Author.

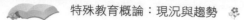

多重障礙

孟瑛如、田仲閔、黃姿慎

第一節　多重障礙的定義及身心特質

壹、多重障礙的定義

一、定義

多重障礙係指身心障礙學生具有兩種或兩種以上的障礙類別，是屬於一種異質性相當高的族群，通常會伴隨著嚴重的智能障礙和一種或兩種以上的感官或知動方面之損傷（林宏熾，2000）。

美國 2004 年《身心障礙者教育法修正案》（Individuals with Disabilities Education Act Amendments of 2004，簡稱 IDEA'04）指出：

> 「多重障礙係指同時伴隨有多種障礙（諸如：智能障礙兼視覺障礙、智能障礙兼肢體障礙等），此種合併障礙會造成嚴重的教育需求，以致於不能適應於僅為一種障礙類別所設計之特殊教育方案來加以調整與改善。此種障礙類別並不包括盲聾在內。」

我國《特殊教育法》（教育部，2023）第3條提到：「本法所稱身心障礙，指因下列生理或心理之障礙，經專業評估及鑑定具學習特殊需求，須特殊教育及相關服務措施之情形……」，包括十三類，其中一類即為多重障礙。

而在2024年4月29日修正發布之《特殊教育學生及幼兒鑑定辦法》第13條，將多重障礙學生之鑑定基準明定如下（教育部，2024a）：

> 「本法第三條第十一款所稱多重障礙，指包括二種以上不具連帶關係造成之障礙，致影響學習。
>
> 前項所定多重障礙，其鑑定應參照本辦法其他各類障礙之鑑定基準。」

上述所稱的連帶關係是指障礙本身所具備的特徵，例如：自閉症學生因神經心理功能異常而同時兼有溝通障礙、社會性障礙及行為問題，雖然這些障礙造成其在學習及生活適應上有顯著困難，但因這三種障礙為同一原因造成，故不認定為多重障礙，但是若同時出現視覺障礙或聽覺障礙時，則可認定為多重障礙，此稱為自閉症兼視覺障礙或聽覺障礙，因為視覺障礙或聽覺障礙與自閉症並無連帶關係（李翠玲，2012）。另外，極重度及重度智能障礙者通常為多重障礙者，然而有些多重障礙學生並不一定會有智能障礙，在特殊教育領域當中，特殊需求學生的特徵與需求往往與其障礙類別有明顯的關聯，但是有些學生的障礙並非只是單一一種，而是兼具兩種或兩種以上，若將這些學生給予單一的名稱，則無法真正了解其障礙情況（葉瓊華，2005）。因此，在探討多重障礙學生的各項議題時，便需要具體了解其所包含的障礙類別。

二、出現率

隨著現今醫療設備的進步，生存權觀念深入群眾，許多病重的孩子被救活下來，也留下了重度和多重障礙的狀況，因此這類人口的數字隨著醫療的進步而有增加的趨勢（李翠玲，2012）。此外，根據文獻資料中發現，多重障礙學生的出現率會隨著年齡層的不同與居住區域的不同而有所

差異，例如：學齡階段的出現率最高，而學前階段與離校後的出現率則較低；男性的出現率要比女性高；嬰幼兒、學齡人口與中老年人口偏多的地區，其障礙比率亦會偏高（林宏熾，2000）。

　　而整理自教育部特殊教育通報網（教育部，2024b）之《特殊教育統計年報》的統計資料顯示，近十年來我國高級中等以下學校多重障礙學生的出現率占所有障礙學生約介於 1～7% 之間（如表 14-1 所示），且隨著特殊教育的推展、特教鑑定工具的建置，以及特教鑑定流程的明確化，可以見到所有身障類別進入校園的人數逐年增加，但或許在產前檢查工作的落實、新生兒疫苗接種的普及化、相關醫療與教育制度的進步，以及早期療育工作的推展下，多重障礙學生的出現率可喜的呈現下滑趨勢。

表 14-1　高中以下多重障礙的出現率

學年度	多重障礙			所有障礙類別			出現率
	男	女	合計	男	女	總計	
103	4,718	2,884	7,602	73,313	35,247	108,560	7.09%
104	4,090	2,498	6,588	74,352	35,034	109,386	6.02%
105	3,373	2,155	5,528	74,221	34,414	108,635	5.09%
106	2,759	1,813	4,572	75,278	34,264	109,542	4.17%
107	2,306	1,575	3,882	76,982	34,639	111,621	3.48%
108	1,930	1,406	3,336	78,225	34,802	113,027	2.95%
109	1,642	1,184	2,826	80,512	35,542	116,054	2.44%
110	1,467	1,093	2,560	84,413	36,946	121,359	2.11%
111	1,354	1,006	2,360	88,225	38,464	126,689	1.86%
112	1,276	947	2,223	92,015	39,869	131,884	1.69%

註：引自教育部（2024b）。

三、成因

　　多重障礙的成因從懷孕初期至胎兒出生後，大致可以分為四個時期（葉瓊華，2005；Kirk et al., 2015）：

1.胚胎期：起因於基因異常、遺傳或先天性新陳代謝異常，導致受精卵或胚胎發生嚴重變化，或無法發展出正常的新陳代謝，造成唐氏症（Down syndrome）或泰薩克斯症（Tay Sachs disease）；許多異常的情況若未能處理，將導致重度智能障礙。

2.出生前：起因於母親受德國麻疹或其他病毒感染、母親使用毒品或RH 血型不相容等，妨礙中樞神經系統的發展，造成視覺障礙、聽覺障礙、動作障礙或智能障礙。

3.出生時：(1)起因於缺氧，導致腦細胞受損，造成腦性麻痺、智能障礙等；(2)起因於體重過輕或早產，導致器官未成熟而無法適應外在環境刺激或腦部受損，造成不同程度的智能障礙或其他障礙。

4.出生後：起因於腦炎、腦膜炎或身體受虐，導致腦細胞受損，造成癲癇、智能障礙或動作障礙。

四、類型

多重障礙學生的異質性很高，很難一以概之，而在教育體系中較常出現的障礙組合，包括：智能障礙、感官障礙、自閉症為主要障礙類別，而兼具其他障礙的多重障礙（李翠玲，2012；Kirk et al., 1997），茲分述如下：

1.智能障礙兼具其他障礙：針對這一類的學生進行區別性的診斷是必要的，例如：智能障礙兼具聽覺障礙的學生，必須審慎了解是因聽覺障礙引起的學習問題，因而誤判為智能障礙，還是真正兼具智能障礙。由於智能障礙的學生有認知能力的限制，以及固執和不知變通的特性，以致於影響其生活適應，因此針對以智能障礙為主的多重障礙學生，其學習訓練的重點為生活自理能力和社會技巧。

2.視覺障礙兼具聽覺障礙：感官的缺陷除了盲聾的雙重感官缺陷外，亦有可能為三重感官缺陷或更多重感官缺陷，這類學生的教育重點應開發其溝通能力，使用各項有效且適性的溝通法來開啟學生的學習管道，以增進其獨立生活能力。

3.自閉症兼具其他障礙：自閉症的典型特徵是無法和他人互動溝通和固執性行為問題，以致於影響其語言和認知的發展，而呈現多方面的障礙，其學習訓練的重點為生活自理能力和溝通能力。

貳、多重障礙學生的身心特質

多重障礙學生的障礙類別不一，伴隨障礙的情況與嚴重性亦不一致，因此其身心特質也很難有一致的情形，概略特質歸納如下（王亦榮，2000；李翠玲，2012；林宏熾，2000；葉瓊華，2005；Friend, 2006; Guess & Siegel-Causey, 1988）：

1.認知能力與學科學習：多數的多重障礙學生在參與智力測驗時，其平均表現並不理想，例如：無法理解複雜的概念。另外，多重障礙學生在基本學科，如聽、說、讀、寫、算等方面的學習潛能是有限的，也因此影響其日常生活技能的發展。

2.生活自理能力：由於肢體及神經的損傷，多重障礙學生呈現生活自理能力困難或甚至缺乏生活自理能力，包括：飲食、咀嚼、穿著、如廁等方面皆有困難。而在學習這些技能上，均需要花一段較長的時間，甚至在學習這些技能上亦會發生困難。

3.感官動作能力：感覺與知覺不足或過度敏感，或因肢體障礙或視覺障礙而造成行動困難。

4.溝通技巧：多數的多重障礙學生有語言障礙的問題或根本無語言能力，例如：語言發展遲緩、語音不清或語意不明，因此容易出現不適當的行為，如哭泣、攻擊行為與發脾氣等。

5.社會行為：多數的多重障礙者缺乏與他人互動的能力，其表現出的社會行為往往呈現兩極化，包括反應不足或過度反應，例如：極度退縮以致於無法與他人互動或對他人的互動無反應；過度熱情以致於無法分辨場合與對象，而出現不適當的親密行為。

6.職業能力：包括基本能力、挫折累積、工作態度不佳，造成職業能力表現不佳。

7.其他特徵：有些多重障礙者會有自我刺激的行為，如身體或頭部的搖晃、磨牙、玩弄或咬手指等；或者有自傷行為，如以身體或頭部撞擊堅硬的物體或牆壁，或是打、抓、咬自己等。

第二節　多重障礙學生的鑑定、評量與安置

壹、鑑定

一、法源依據

依據《特殊教育學生及幼兒鑑定辦法》（教育部，2024a）第 13 條規定：「……前項所定多重障礙，其鑑定應參照本辦法其他各類障礙之鑑定基準。」第 23 條明定：

> 「特殊教育學生及幼兒之鑑定，應依轉介、申請或推薦，蒐集相關資料，實施初步類別研判、教育需求評估及綜合研判後，完成包括教育安置建議及所需相關服務之評估報告。
> 前項鑑定，各級主管機關鑑輔會應於每學年度上、下學期至少召開一次會議辦理，必要時得召開臨時會議。」

多重障礙學生的鑑定應以團隊方式進行，並結合相關領域的專業人員。《特殊教育法》（教育部，2023）第 27 條規定：

> 「……高級中等以下學校、幼兒園對於身心障礙學生及幼兒之評量、教學及輔導工作，應以專業團隊合作進行為原則，並得視需要結合衛生醫療、教育、社會工作、職業重建相關等專業人員，共同提供學習、生活、心理、復健訓練、職業輔導評量及轉銜輔導與服務等協助。……」

各級主管應設置專責單位，以團隊方式辦理學生的鑑定、安置、重新安置、輔導等事宜，並強調學生家長的參與度。詳見我國《特殊教育法》（教育部，2023）第 6 條之規定：

「各級主管機關應設特殊教育學生鑑定及就學輔導會（以下簡稱
鑑輔會），遴聘學者專家、教育行政人員、學校及幼兒園行政人
員、同級教師及教保服務人員組織代表、特殊教育相關家長團體
代表、身心障礙與資賦優異學生及幼兒家長代表、專業人員、同
級衛生主管機關代表、相關機關（構）及團體代表，辦理特殊教
育學生及幼兒鑑定、就學安置（以下簡稱安置）、輔導及支持服
務等事宜；……

各級主管機關辦理身心障礙學生或幼兒鑑定及安置工作召開會議
時，應通知學生本人、學生或幼兒法定代理人、實際照顧者，參
與該生或幼兒相關事項討論，該法定代理人或實際照顧者並得邀
請相關專業人員列席。……」

　　多重障礙學生的鑑定過程應注重多元性，以不同方式及資料蒐集進行
綜合研判。《身心障礙及資賦優異學生鑑定辦法》（教育部，2024a）第 2
條規定：

「身心障礙學生及幼兒之鑑定，應採多元評量，依學生個別狀況
採取標準化評量、直接觀察、晤談、醫學檢查等方式，或參考身
心障礙證明記載蒐集個案資料，綜合研判之。……」

第 24 條則規定：

「身心障礙學生及幼兒之教育需求評估，應包括健康狀況、感官
功能、知覺動作、生活自理、認知、溝通、情緒、社會行為、學
科（領域）學習等。……教育需求評估，應依學生或幼兒之需求
選擇必要之評估項目，並於評估報告中註明優弱勢能力，所需之
教育安置、課程調整、支持服務及轉銜輔導等建議。」

　　從上述法規可以得知，多重障礙學生的鑑定應由各級主管機關之專責
單位（鑑輔會）辦理之，鑑定過程中需注重不同專業的共同參與，透過多
元評量方式蒐集各項資料以綜合研判，過程中並注重學生家長的參與。

二、多重障礙學生的鑑定

多重障礙學生的鑑定目的、鑑定時機及鑑定原則說明如下（教育部，2013，2024a；葉瓊華，2005）：

1.鑑定目的：初步鑑定是在確認學生是否具有生理或心理障礙，是否需要進一步詳細診斷；障礙診斷則為確認學生的障礙名稱，以及所包括的障礙種類和程度，最重要的是其學習特殊需求，也就是需要特殊教育及相關服務措施協助的部分。

2.鑑定時機：可在嬰幼兒時期、生病或意外發生後、入學前、入學後時鑑定，若未能於上述鑑定期程內提出申請者，可視需要隨時向各縣市鑑輔會提出申請安排鑑定。

3.鑑定原則：多重障礙學生的鑑定應參照現行各類障礙之鑑定標準，鑑定的內容與範圍應視需要而定，其結果必須有助於了解及確認學生的障礙類別、程度及特殊學習需求；鑑定工作須由專業團隊合作方式進行鑑定，且需要家長積極參與，以提供重要資料；鑑定前應讓學生熟悉評量場所、與評量者建立關係，鑑定過程中應重視學生在日常生活的自然情境中之表現，以獲得最真實的表現，且透過多方面的途徑（例如：測驗、觀察、晤談等）蒐集資料，以確保資料的可靠性，而鑑定後亦應透過繼續的評量與觀察，方可驗證鑑定結果的可靠性；鑑輔會應依據學生各項診斷評量資料，進行綜合研判，並提供最適當的教育安置方式。

貳、多重障礙學生的評量

多重障礙學生的教育評量類型相當多，綜合國內學者看法，生態評量、發展評量及適應行為評量是其中較主要的三種評量方式。茲分述如下。

一、生態評量

生態評量為透過各種方法，對學生在各種生態環境中的能力需求及具備能力進行綜合評估，以利於教師為學生設計功能性的適性學習目標，並

進行評量與教學（陳麗如，2009）。評量的重點在了解身心障礙個人與環境需求之間的關係，以及其與他人互動時所需要的能力與生態環境條件之間配合的情形（Jackson, 1992/1992）。評量的方法是從學生所處的生態環境進行觀察或晤談等活動，把學生平日與假日在家庭、學校和社區中的主要環境、次要環境裡進行的活動內容找出來，並記錄下學生在進行這些活動所需的能力為何，以便找出學生的起點行為與學習特殊需求，並據以擬定個別化教育計畫的目標（李翠玲，2012）。評量的目的除了提供可能的教學目標外，更講求如何透過評量去發掘更多的友善環境，以方便學生做更積極、有意義的參與，促進學生有效地與環境互動，達成所設定的適性學習目標（李翠玲，2008）。

二、發展評量

發展評量是依據非障礙學生的一般發展狀況，來診斷多重障礙學生在身心發展上的需求與發展狀況（Jackson, 1992/1992）。評量的方式通常是運用發展量表來進行評量。發展量表是根據孩子的發展年齡所展現在身體動作、溝通、認知、行為等表現所編製出來的評量表；評量者將學生的能力對照量表上的常模年齡，即可找出學生能力所屬的年齡層，據此做為起點行為的教學設計（李翠玲，2012）。其評量內容通常包括：精細與粗大動作、溝通表達、生活自理、人際關係、概念理解等，此評量模式對多重障礙學生來說，較具有常模性參考價值的意義，較不具有實用性與教學性的功能（林宏熾，2000）。

三、適應行為評量

適應行為評量是一種藉由逐一列出正常學生在家庭、學校與社區生活的所需技能，並依此來評估障礙學生能力的一種評量方式（林宏熾，2000）。適應行為評量的主要目的是協助教學者選擇學生尚未建立的各項行為來進行教學，其評量內容包括：生活自理能力、居家及社區生活技能、職業技能、功能性學科情形、社交及溝通技能等（Jackson, 1992/1992）。

參、多重障礙學生的安置

針對多重障礙學生的教育安置，依據其障礙程度與相關的能力，可以採下列幾項教育安置方式（王亦榮，2000；何華國，1992；教育部，2013，2024a；葉瓊華，2005）：

1.普通班接受特教服務：安置對象為障礙程度不致於影響學習，且未造成適應問題者；若障礙程度雖不致於影響學習，但適應方面稍有困難者，或適應良好，但學習困難或成效欠佳者，可由普通班教師接受特殊教育課程的訓練，或向學者專家諮詢，以協助多重障礙學生。

2.巡迴輔導：安置對象為障礙程度並未影響其適應行為的發展或校內無相關特教資源，但學習活動需輔助或協助完成者，可由特殊教育巡迴輔導教師或專業人員提供必要的學習協助。

3.資源班（教室）：安置對象為障礙程度對於部分學習活動及適應行為有不良影響，造成其學習成就不佳者，主要在普通班中學習，於特定時間至資源班接受特殊教育服務。

4.集中式特教班：安置對象為因障礙程度的影響，而無法學習普通班課程，且產生不良適應行為問題，可集合教育需求相近的身心障礙學生另成班級，由特殊教育教師為其設計特殊教育課程或訓練方案，大部分時間在該班級接受教育。

5.特殊教育學校：安置對象為因障礙程度的影響，集合身心障礙學生在特定的學校環境中，除了需要特殊訓練課程，更需要特別設計之教育環境、設備及特殊專門訓練的人員配合，提供完整的學習輔導及適應行為訓練。

6.在家教育：安置對象為障礙程度已嚴重影響其生活能力，無法自理、行動不便，或外界環境存在對其健康造成不良影響，需要住院、治療、休養或是長期復健，由特殊教育巡迴輔導教師到學生家中、醫院或是教養機構進行輔導與教學。

第三節　多重障礙學生的教學輔導策略

壹、多重障礙學生的教學輔導策略

美國 Center for Parent Information and Resources（n.d.）（簡稱 CPIR）指出，對於多重障礙學生的需求，主要是以增進生活能力的活動為主；美國聯邦法律定義的主要生活能力活動，包括：自我照顧、執行例行工作、感官動作（如看、聽、飲食、睡眠）、溝通、呼吸、學習、閱讀、專注與思考、工作等。當多重障礙學生在上述任一部分呈現困難時，則應給予支持服務，因此考量多重障礙學生在特殊需求領域的選擇，便可以上述需求作為考量。因應多重障礙學生的學習需求，將其與特殊需求領域相關的主要課程說明如下（王亦榮，2000；李翠玲，2012）。

一、生活管理

居家生活技能包含：自我照顧（如個人衛生、如廁、穿衣）、家庭生活（如清理房間、操作家電）和社區生活（如搭公車、搭捷運、購物）所需的相關技能。

二、情意課程

應排除一般對於多重障礙學生無法自我決策的迷思，讓多重障礙學生有做決定的能力，使其學習獨立生活技能。

三、溝通訓練

對於不具備口語溝通能力的多重障礙學生，必須訓練其能使用肢體語言、手語、溝通板或電子溝通輔助器材，讓其能夠表達或接受基本的訊息、情感與需要。對於多重障礙學生來說，可以使用手指語溝通法、物件

參照結構法、溝通板進行溝通。說明如下：

1.手指語溝通法：採用注音符號當作手指語的基礎，每一個音都有一個手勢形狀代表注音符號（例如：ㄇ由 m 而來，ㄈ由 f 而來），可以手指的彼此接觸來傳達訊息，例如：教師可學會手指語，並在盲聾啞學生的手上打手指語，進行溝通（曾怡惇，2010）。

2.物件參照結構法（objectives of reference）：是指透過物品的具體形象，來傳達溝通的訊息，主要採用索引法（運用日常生活中常用的事件或物品為代表物，例如：以購物袋代表購物活動）、圖像法（運用視覺或觸覺的相似性來代表其活動，例如：以湯匙圖卡代表飲食活動）、象徵法（透過使用者的習慣，將象徵的符號與活動做連結，例如：以木製品表示餐廳的門，代表餐廳）來設計（Park, 1997）。亦可使用圖卡兌換溝通技術，相關研究指出，其對多重障礙學生的溝通實有助益，並隨著辨識的圖卡數量增加，不具溝通功能的負向行為則可大幅減少（林淑莉等人，2012）。

3.溝通板：盲聾啞學生所使用的溝通板與一般的溝通板相似，一般的溝通板版面上主要是以文字、圖片或照片為主，而盲聾啞學生的溝通板版面則以點字為主，輔以注音符號標示，能夠讓一般懂得注音拼音法的人可以和盲聾啞學生溝通（曾怡惇，2010）。

四、職業教育

職業與工作相關技能訓練是課程中最重要的一部分。多重障礙學生能否自力更生，端視職業訓練的成效，而其所從事的技能訓練須與其能力相匹配（例如：居家打掃等），訓練的情境可結合課堂教學與實務經驗。

五、輔助科技運用

一般常見的科技輔具包含學習能力、溝通能力與動作能力等三大類（朱惠甄、孟瑛如，2014）。在學習能力部分，例如：語音報讀軟體、螢幕閱讀軟體、放大鏡軟體、點字顯示器等。可應用於閱讀；錄音及電腦搭配替代性輸入／輸出設備、語音輸入系統、點字機、利用圖示擬大綱，以

及組織學習內容之軟體等，可應用於寫作；萬用揭示板、電子白板、試算表、電子計算機等，可應用於計算。在溝通能力部分，例如：數位式助聽器、擴音設備、語言學習機、電腦 Windows 系統內建程式（簡報軟體應用）等，可協助學生訊息接收；擴音設備、語言溝通板、電腦化溝通器，可協助學生語言表達。在動作能力部分，例如：電動輪椅、鍵盤敲擊器、手機觸控系統結合家用電器等，能補償身心障礙學生的能力不足之處。

　　科技輔具若按功能來區分，可以分為十大類（Church & Glennen, 1992）：擺位輔具（positioning devices）、電腦使用輔具（computer access devices）、環境控制輔具（environment control devices）、擴大性及替代性溝通輔具（augmentative and alternative communication devices）、聽覺輔助系統（assistive listening system）、視覺輔助系統（visual aids）、行動輔具（mobility devices）、電腦輔助教學（computer assisted instruction）、休閒和娛樂輔具（recreation and leisure devices），以及日常生活輔具（daily activity living devices）。而依據特殊需求課程，亦可分為學習輔具、溝通輔具、視障輔具、行動與擺位輔具、生活輔具、休閒輔具、輔助科技需求表達與相關資源應用等七大主軸（教育部國民及學前教育署，2015）。「十二年國民基本教育課程綱要」中之「輔助科技應用領域課程綱要」核心素養，即從自主行動、溝通互動、社會參與之三大面向建構，並將與輔助科技應用課程較相關之項目納入。在自主行動面向上，納入身心素質與自我精進、系統思考與解決問題兩個項目；在溝通互動面向上，納入符號運用與溝通表達、科技資訊與媒體素養兩個項目；在社會參與面向上，納入道德實踐與公民意識、人際關係與團隊合作兩個項目（教育部國民及學前教育署，2015）。

　　對於多重障礙學生來說，障礙程度愈重，其對於輔助科技需求愈高（吳郁萱，2005）。輔助科技的重點除了將電子溝通輔助器材運用於溝通訓練上，另一面向則在於將資訊科技融入於課程、教材與教學中。對於師生來說，資訊科技為一項不可或缺的教學工具與學習工具，資訊科技的使用成為教師日常教學活動的一部分，在任何時間或地點均能夠透過資訊科技輔助尋找問題的解答（王全世，2000）。相關研究亦顯示，教師依據正向心理學原理，發掘個案優勢，可控制具有情緒行為問題的多重障礙學生

之情緒（李紹國，2013）。此外，電腦多媒體教學亦為現今教學應用最廣泛的方式之一，朱惠甄與孟瑛如（2014）指出，電腦多媒體教學的優點包括：結合聲光、動畫等，能夠帶給學生多重感官刺激，引起學生注意及增進學習動機；能依照學生個別能力和程度，呈現多元化教學內容與提供適切教材，有助於個別化學習；學生在面對電腦學習時，能保持新鮮感及愉悅心情，並能依其能力調控學習方式與內容，減低學習壓力及挫折感，提升學習成效；只要有電腦設備與網路，學生就能夠隨時隨地學習，減少時空限制；多媒體教材編輯軟體與電腦輔助教學的應用，使特殊教育教師能夠輕鬆地編輯教材，透過數位檔案整合多種媒體元素，再透過網路溝通與分享，提升教學效率。

六、心理輔導

多重障礙學生本身的障礙所帶來的困擾與不安，再加上環境安全感與隸屬感的威脅，常使得情緒困擾成為多重障礙以外的另一種障礙，因此需要家長、教師、輔導教師、心理師一同給予協助（廖淑戎、趙蕙慈，2009）。而針對多重障礙學生的心理感受層面，可以分為以下三個部分來輔導（葉瓊華，2005）：

1.維護自信自尊：經由徵詢其想法、喜好，可以培養其自我概念；將學生視為團體中的重要分子可以給予個人尊重的感受，進而培養其個人價值觀；教導學生對於自己生活狀況的認知，可以讓其察覺個人獨立的程度；透過舒適的感受，可以培養其對生命的熱愛，進而享受生命。

2.穩定情緒：教導學生以適當的方式表達及處理生氣或悲傷的情緒，他人將會以正向積極的態度回應。

3.教導行為問題的處理方法：教導學生學會內控行為，以友善、適當的態度及方式與他人互動，培養自我管理的能力。

貳、多重障礙學生教學輔導策略的執行注意事項

因多重障礙學生障礙類別的殊異性，教學過程中其策略的安排應進行

妥善評估、適切選擇，善用各種教學策略並運用各種輔助性策略，其注意事項如下（李翠玲，2000；林宏熾，2000；葉瓊華，2005；Snell & Brown, 1993）。

一、妥善評估影響教學因素，具體了解學生需求

教學策略應符合學生的學習需求，適切的評估將有助於教學策略的擬定、適時的調整教學結構，並決定所需的教學支援。藉由早期的發現與診斷，將醫療、教育及社會福利服務以專業整合的方式進行，透過早期療育計畫可以減少遲緩程度，增加兒童的適應能力、學習準備和刺激潛能（中華民國發展遲緩兒童早期療育協會，無日期）。在多重障礙學生身心特性的了解與著重上，教師除了可以運用正式的標準化測驗來了解學生外，也可以運用晤談（學生本人或熟悉學生的人）或觀察（在自然情境下）的方式進行。

二、運用多元模式，適切選擇教學方法與教學型態

包括界定目標行為的順序及範圍、教材選擇、教學時的型態與技巧安排等。其中，教學型態可以採用一對一教學、一輪一教學（一對一輪流教導每位學生）、一加一教學（第一位學生參與加入第二位學生的教學）、團體教學、組合小組教學（全班分成幾個小組，由教師輪流教學）、合作學習（小組間以互助合作的方式，透過問題解決、作業練習單及其他活動的方式學習），以及同儕教學（能力佳的學生教導能力弱的學生）。團體教學可以提供多重障礙學生有較多的觀摩與互動。將異質性較高的學生組成小組，則可以進行合作學習或同儕互相學習；而個別教學可以單獨為學生進行個別化、隱密性、特殊化的教學（林宏熾，2000）。

面對多重障礙學生，教師應依據教學單元、主題或需求，選擇適合之教學方式，或將不同的教學方式穿插運用，進而促進多重障礙學生之學習成效。有關教材的配合與編寫，需要考慮教學的原理、學習者特性、教學目標、教學策略，以及學習成效的評估等，尤其需考量到個別化教育計畫編寫及發展時的運用配合。課程的安排需要以生活的領域做為學生教育的

內涵，並強調實用性，讓學生能夠有效應用於目前的生活環境中，或可能繼續應用於未來的生活環境中。

三、善用各種輔助策略，提升孩子的學習動機

面對多重障礙學生，教師需要注意學生的學習動機與興趣，以及師生互動的程度與時間；而在互動環境品質上，需要注意互動的機會、互動的類型，以及互動時均衡參與。在教學過程中，教師要能夠有效運用教學策略，使教學活動獲得事半功倍的成效。可運用的策略如下：

1.行為改變技術：善用增強策略，以正增強（利用個案喜歡的增強物）或負增強（停止個案不喜歡的增強物），來加強或促使某一個受肯定行為的形成；處罰，以生理的痛苦或心理的傷害，使某一不良行為漸漸減少，終至不再發生；塑型，以逐步增強、漸進目標的方式，塑造應有的良好行為；削弱，經增強作用所建立之行為，以後當該行為再出現，若不繼續予以增強，則該行為出現的機率會逐漸降低；代幣制，是一種類化的制約增強物（如籌碼、點券），學生能夠用以兌換增強物；肌肉鬆弛法，透過各種指示使學生能感覺和經驗到肌肉緊張與鬆弛間的差別，學習控制調節身心肌肉，放鬆自己的身心；系統減敏感法，將會引起學生焦慮的各種有關聯的刺激或情境，建立一套焦慮層次表，然後逐層訓練其減輕或消除對這類刺激的敏感性；洪水法，經由飽足原則而削弱害怕的心理，讓學生長期面對自認會引起恐懼的事物，卻未有恐懼的發生，致使該行為降低出現的機率；嫌惡法，以一種令人厭煩的嫌惡刺激與一種愉快的刺激配對，使學生逐漸不對愉快的刺激（如吸菸）做反應，而達到行為改變（陳俊溢，2000）。

2.提示：係指教師運用任何方式使學生知道如何正確地表現出教師所要教導的目標行為。教學提示包括（林宏熾，2001）：姿勢／手勢提示、口頭提示、圖畫提示、模型／示範提示、部分及完全實體提示、混合提示等。王亦榮（2000）也指出，教師在教導多重障礙學生的教學過程當中，要適時地提供線索以協助學生形成正確的反應，其中所提供的線索可以分為：口語提示，以口語的提示當作刺激，以引導學生做出行為反應；身體

協助,大多運用於學生學習某一項技能的時候,給予肢體上部分或全程的協助;動作提示,是指提供一種行為或姿勢給予學生觀察模仿,讓學生能夠做出正確的反應。

3.多感官刺激:因為多重障礙學生的障礙類別多元且複雜,教學過程中若能透過多元感官的刺激,促進多重障礙者的感官輸入與接收的環境,必能有效提升學習成效。相關研究顯示,多感官教學能改善多重障礙學生活動參與度的提高、選擇性注意力的促進,以及攻擊行為的減少(謝協君等人,2011)。

四、發展個別化輔助性策略,提升基本能力

教師應視多重障礙學生的學習及活動之需要,發展個別化的輔助性或替代性方式,以補足其基本能力的不足,促進其能夠更完全的參與活動。替代/輔助性策略可為了彌補身心障礙學生基本技能的不足而發展,或可以發展為表現活動的替代性方案,或重度身心障礙學生的獨特技能。其方法包括(Holowach, 1989/1997):活動的替代/輔助性策略,例如:改變物理環境、改變規則、改變活動的順序或表現方式;技能的替代/輔助性策略,例如:採用新材料、增加刺激特性的資訊或改變技能的要求。其中,輔助科技與科技輔助器材的使用,可以協助學生適應所處的環境和社會對其造成的不便和障礙,更可以輔助學生進行有效的學習活動。有效的運用輔助科技,可以協助多重障礙學生在就醫、就學、就業、就養方面,克服障礙的影響,獲得公平的機會,不但可以減輕照顧者的負擔,更可以提高生活自主性及提升生活品質,透過科技輔具不但可以補償身心障礙者失去的能力,更可以大幅提升他們殘存的或較為不足的能力,進而落實教育均等、充分就學與平等就業的理想(祝旭東,無日期)。

五、支持普通環境融合,促進學生完全的參與

融合教育是指結合不同類型、不同障礙程度的學生,進入普通教育環境中接受教育,讓身心障礙學生能夠和普通班學生在一起學習。學校應該提供個別化的教育計畫和適性的教學,特殊教育和相關的專業服務及支援

系統也都應該跟著進入普通班當中提供必要的服務，以支持身心障礙學生融合於普通教育環境中（鈕文英，2015；簡明建，邱金滿，2000）。在融合環境中，須注意到最少協助與部分參與原則：

1.最少協助的原則：多重障礙學生雖然因為本身的限制，導致其在參與學習或活動時有所限制，需要額外的協助，唯在提供協助之前，也應該給予多重障礙學生嘗試看看與獨自完成的機會，因此應該依據學生的能力給予不同的協助，而非一開始即給予完全的協助，才能使其有機會能夠從獨自嘗試中獲得成就感，讓學習能夠獲得最大的成效（簡明建、邱金滿，2000）。

2.部分參與的原則：多重障礙學生由於生理與心理的損傷，以致於不能有效地參與學習活動，而部分參與是指不管身心障礙學生的程度如何，均有機會可以參與學習活動；當學生障礙程度太重無法參與學習活動時，也要設法讓學生在旁參與、間接參與或與同儕互動，例如：多重障礙學生由於肢體障礙而無法在籃球比賽當中上場參賽，透過部分參與的理念，老師可以安排多重障礙學生在旁協助登記分數、協助發球等（林宏熾，2001）。

第四節　多重障礙的趨勢與困境

壹、多重障礙的教育趨勢

隨著人權的興起與融合教育的影響，多重障礙學生接受教育的觀念逐漸受到重視，多重障礙教育之趨勢可以歸納如下。

一、教學規劃更趨個別化與適性化

個別化教學，是一種尋求適應每一個學生學習需求的教學策略或設計，強調以學生為中心的教學，透過教學活動的設計，運用創新的教學方

法、靈活的教學活動，以適應學習者的個別差異，達到因材施教的效果（黃富順、李咏吟，2000）。多重障礙學生的障礙與程度多樣化，且彼此之間個別差異大，必須針對個人需求加以評估與設計教學才能達到成效。因此，針對多重障礙學生量身製作符合其需求的教學有其必要性，為其進行個案研究也有其必要（李翠玲，2012）。

二、課程規劃結合生態模式

在教育課程規劃方面，應該以居家生活技能、社區生活技能、溝通技能和休閒技能為主要課程領域，教材的選取以實用為主，且適合其年齡。其中，生態模式的課程規劃即符合此一概念，藉由生態調查的結果，設計實用的個別化教學方案，讓教學者的教學內容符合學習者的實際需求，讓多重障礙學生可以將所學習的各種技能，應用於現實生活環境中，增加其獨立生活的能力（王亦榮，2000）

三、教育環境首重融合參與

綜合國內外學者對融合教育內涵的看法，融合教育主張不管學生存有任何障礙，將其安置於普通教育環境中，而學校都會顧及社區中每位學生的特殊需求，在教學計畫、教學內容及策略上依學生需求調整，其所呈現的是一種尊重與積極服務弱勢族群的觀念。另外，在提供服務的過程中，特殊教育教師、普通班教師和相關專業人員需要協同合作，並強調尊重個別差異，使得身心障礙學生與普通班學生雙方均能獲益（高宜芝、王欣宜，2005；鈕文英，2015）。王亦榮（2000）亦指出，在教育環境上應該盡量捨去機構化的安置方式而採混合方式，讓多重障礙學生與普通班學生有更多互動的機會，以為未來步入社會生活奠定良好的基礎。

四、科技輔具應用廣泛多元

科技的應用對於多重障礙學生在溝通、學習、行動、生活自理、休閒與職業教育上均有所助益（王亦榮，2000）。特殊教育近年來重視如何讓身心障礙學生盡可能在融合的教育環境中接受教育，而輔助性科技在這方

面扮演重要的角色，藉由輔助性科技的提供，可以解決課程可及性的問題，讓學生可以更容易的使用課程來學習（吳亭芳、陳明聰，2013）。「十二年國民基本教育課程綱要」中之「輔助科技應用領域課程綱要」更強調：(1)應用輔助科技提升獨立生活與問題解決能力；(2)應用輔助科技增進自主學習與提升學業效果；(3)應用輔助科技增進社會參與及提升社會適應能力；(4)應用輔助科技探索自我，實現自我價值，並不斷自我精進，追求優質生活品質（教育部國民及學前教育署，2015）。隨著科技日新月異，輔助科技成了輔助特殊教育學生學習的最好幫手，並讓特殊教育之教學理想得以付諸實行，其對於促進特殊教育學生之學習及技能的提升有良好的效果，若能善加運用，對於多重障礙學生的教學勢必達到事半功倍之效。

五、轉銜計畫落實無縫接軌

身心障礙者的轉銜是連續的、終生的，因此需要團隊的協助，以個人、家庭為核心，依據身心障礙者個人的能力與需求，設計合宜良善的課程、服務、活動、方案等，提供身心障礙者適宜、適時的生涯規劃與安置（林宏熾，2014）。現階段的教育、社政、勞政單位皆建立跨處室機制，針對身心障礙者各階段的轉銜工作進行掌握與規劃，除了書面資料或是系統檔案的轉銜外，對多重障礙學生來說，更重要的是能夠以生涯宏觀來被看待需求，並在面對不同階段、類別需求時，能夠獲得更為全面性與廣泛性的專業協助。

貳、困境與因應之道

多重障礙教育是一項極具挑戰性的工作，雖然目前已是融合教育的趨勢，但是很多時候在某些地方未達共識，加上配套措施未臻完善，不論在環境或人力支援上仍有阻力，而這些困境仍然有待化解。目前的多重障礙教育之困境如下所述。

一、透過充裕準備，提升安置場所支持度

　　目前已將重度或多重障礙學生安置於教室或社區活動，讓他們與非障礙的同儕共同學習及生活雖然是現今的趨勢，但是仍有所爭議，部分研究指出在此種安置下的多重障礙學生，其發展較安置於特殊教育班級的學生緩慢，且部分普通班教師為非自願性的接受多重障礙學生進入自己的班級，他們同時也缺乏在普通教育班級中教導這類學生的技巧。但大多數的研究都指出，融合的安置環境對於多重障礙學生與非障礙的學生均有所助益（Education Encyclopedia, n.d.）。而現行之《十二年國民基本教育特殊教育課程實施規範》亦強調應該視學生的需要，調整其學習內容、歷程、環境與評量，並安排特殊需求領域課程（教育部，2019）。由此可知，重度及多重障礙學生的教育涉及人力與設備支援，必須要有完備的人力與設備及接納的氣氛，融合教育的理想才能達成（李翠玲，2012）。

二、透過資源統整與合作，使專業團隊間凝聚共識

　　雖然專業團隊對重度與多重障礙學生的教育是最理想的方式，但是不可否認，各單位間的聯繫與合作仍有其困難，角色釋放的難度仍高，尤其更需要龐大的經費挹注（李翠玲，2012）。有效的溝通是達到專業整合最重要的因素，唯有透過不斷的正式溝通（例如：檔案、病例的書寫以及個案會議等）與非正式溝通（例如：面對面、電話或溝通簿等），專業之間才能了解彼此的想法，達成團隊的共識（吳亭芳，2013）。

三、透過專業知能提升，增進教學士氣與效能

　　由於重度與多重障礙學生的教學成效在短時間內不易呈現，且教學挑戰性高，因此老師較難獲得成就感，教學壓力也較高，造成教師的流動率過高，多重障礙教學的經驗不易累積，相對的教學效果不易彰顯（李翠玲，2012）。為因應師資欠缺的情況，應加強培訓重度及多重障礙教育師資及專業人員，以從事重度及多重障礙教育工作（葉瓊華，2005）。在《十二年國民基本教育特殊教育課程實施規範》中，亦強調各該主管機關

應定期對各級教育之專業人員與工作人員進行培訓，舉辦特殊教育課程與教學相關之多元形式研討活動及會議，且培訓之內容應包括障礙意識與學習使用適當之輔助替代性傳播方法、模式及格式、教育技能及教材，以協助身心障礙學生有效學習（教育部，2019）。因此，各縣市教育局（處）可以委託大專校院於暑假期間，規劃辦理重度及多重障礙教育學分班，也可以於學期當中辦理重度及多重障礙教育的相關知能研習課程，教師藉由參與相關課程與研習，不但可以增進專業知能，也可以透過課堂參與增進互動的機會，達到相互支持之效果。

四、透過充分提供家庭支持服務需求，提升家長對教育之參與度

在《十二年國民基本教育特殊教育課程實施規範》中提到，可以鼓勵家長成立特殊教育之家長學習社群或親師共學社群，並透過定期邀請家長參與教師公開授課或其他課程與教學相關活動，建立親師生共學的學校文化（教育部，2019）。唯研究顯示，多重障礙學生的家長在主管機關所提供的課後照顧、教師助理員、輔具借用及專業團隊治療等方面的需求和現況有所落差，例如：在課後照護方面，大多數家長均很需要，又如合併障礙類別較多的學生在復健、療育及輔具使用方面的支出會較高等，但因應政府經費及人力支援有限，很難滿足家長的需求，因此相關單位在提供服務時，應該先深入身心障礙者的家庭，審慎評估其實際需求，提供更適切於家長需求的支持服務（魏玉琳，2014），並透過相關支持性服務，減低家長在生活上或是教育上的負擔，使其有餘力參與孩子的教育。

問題與反思

基本題

1.試敘述如何定義多重障礙？

2.試敘述多重障礙者的身心特質？

3.試敘述如何鑑定多重障礙學生？

4.試敘述多重障礙學生評量方式中較主要的三種評量方式？

5.試敘述多重障礙學生的教育安置方式？

6.試敘述多重障礙學生的教學輔導策略？

7.試敘述在對多重障礙學生執行教學策略時，有哪些注意事項？

8.試敘述多重障礙的教育趨勢？

9.試敘述多重障礙教育目前所遭遇的困境與因應之道？

進階題

1.試舉例說明如何對多重障礙學生進行生態評量？

2.試舉例說明如何應用輔助科技協助多重障礙學生？

3.試舉例說明如何規劃多重障礙學生的融合教育？

4.試說明多重障礙學生在教育現場可能的安置方式為何？假設學校來了一個多重障礙學生，可以彙整哪些資料提交鑑定，以綜合研判孩子的安置方式？

5.試舉例說明多重障礙學生在融合教育環境下可能遭遇的問題與建議。

6.試說明在為多重障礙學生執行 IEP 時，應該參與的團隊人員有誰？其各自的工作任務為何？

7.試說明可以透過哪些策略或福利，提供多重障礙學生的家庭支持服務，提升家長對教育之參與度？

參考文獻

中文部分

中華民國發展遲緩兒童早期療育協會（無日期）。**早期療育的定義**。http://www.caeip.org.tw/

王亦榮（2000）。多重障礙者之教育。載於王文科（主編），**特殊教育導論**（第三版）（頁 495-528）。心理。

王全世（2000）。資訊科技融入教學之意義與內涵。**資訊與教育，80**，23-31。

朱惠甄、孟瑛如（2014）。資訊科技融入特殊教育現況與趨勢探討。**特教論壇，17**，52-71。

何華國（1992）。**特殊兒童心理與教育**。五南。

吳亭芳（2013）。相關專業服務團隊。載於林寶貴（主編），**特殊教育理論與實務**（第四版）（頁 517-542）。心理。

吳亭芳、陳明聰（2013）。輔助科技的應用。載於林寶貴（主編），**特殊教育理論與實務**（第四版）（頁 543-588）。心理。

吳郁萱（2005）。**特殊教育學校高職階段多重障礙學生輔助性科技需求與現況之調查研究**（未出版之碩士論文）。https://reurl.cc/gmX66Q

李紹國（2013）。**指引迷津：使用 IPAD2 於一名具有情緒行為問題的多重障礙學生之教學歷程與教學經驗**（未出版之碩士論文）。https://reurl.cc/MdKjjL

李翠玲（2000）。多重障礙學生的特質與教學策略。載於新竹縣特殊教育資源中心辦理之特殊教育知能研習手冊。新竹縣特殊教育資源中心。

李翠玲（2008）。生態評量在多重障礙兒童教育之意義與應用。**雲嘉特教，7**，29-35。

李翠玲（2012）。**重度與多重障礙**。五南。

林宏熾（2000）。**多重障礙學生輔導手冊**。教育部特殊教育小組。

林宏熾（2001）。多重與重度障礙教育課程與教學。**特教園丁，17**（2），1-15。

林宏熾（2014）。**身心障礙者生涯規劃與轉銜教育**。五南。

林淑莉、胡心慈、趙玉嵐、邱滿艷（2012）。圖卡兌換溝通系統訓練對一位多重障礙兒童之功能性溝通行為的改變。**特殊教育季刊，122**，1-12。

祝旭東（無日期）。**科技輔具：身心障礙者的好幫手**。http://disable.yam.org.tw/life/767

高宜芝、王欣宜（2005）。當前我國融合教育實施成敗相關因素之探討／特殊教

育教學與趨勢。特殊教育學會年刊，**9401**，55-68。

教育部（2019）。**十二年國民基本教育特殊教育課程實施規範**。作者。

教育部（2023）。**特殊教育法**。作者。

教育部（2024a）。**特殊教育學生及幼兒鑑定辦法**。作者。

教育部（2024b）。**中華民國特殊教育統計年報**。作者。

教育部國民及學前教育署（2015）。**辦理十二年國民基本教育課程綱要特教、藝教分組領綱計畫結案報告**。作者。

陳俊湋（2000）。行為改變技術。載於林寶貴（主編），**特殊教育理論與實務**（頁 445-480）。心理。

陳麗如（2009）。**特殊學生鑑定與評量**（第二版）。心理。

曾怡惇（2010）。盲聾生的溝通與輔具之探討。**國小特殊教育**，**49**，53-61。

鈕文英（2015）。**擁抱個別差異的新典範：融合教育**（第二版）。心理。

黃富順、李咏吟（2000）。**個別化教學**。取自雙語詞彙、學術名詞暨辭書資訊網。https://reurl.cc/Ez56gm

葉瓊華（2005）。多重障礙者教育。載於許天威、徐享良、張勝成（主編），**新特殊教育通論**（頁 383-416）。五南。

廖淑戎、趙蕙慈（2009）。**特殊教育學生評量與輔導**。考用。

謝協君、汪姿伶、張育菁（2011）。融入教具改造之多感官課程在多重障礙學生課堂專注成效。**特教論壇**，**11**，59-73。

簡明建、邱金滿（2000）。教育安置。載於林寶貴（主編），**特殊教育理論與實務**（頁 333-360）。心理。

魏玉琳（2014）。**中彰地區國小特教班多重障礙學生家庭支持服務需求及現況調查研究**（未出版之碩士論文）。國立臺中教育大學。

Holowach, K. T.（1997）。**中、重度障礙者有效教學法：個別化重要技能模式**〔李淑貞譯〕。心理。（原著出版年：1989）

Jackson, L.（1992）。生態評量之實例應用〔林千惠譯〕。載於國立彰化師範大學（主編），**國際特殊兒童評量研討會論文集**（頁 302-315）。國立彰化師範大學。（原著出版年：1992）

英文部分

Center for Parent Information and Resources (n.d.). *Multiple disability*. https://reurl.cc/MdKj6p

Church, G., & Glennen, S. (1992). *The handbook of assistive technology*. Singular.

Education Encyclopedia (n.d.). *Severe and education of individuals with multiple disabilities: Definition and types of severe and multiple disabilities.* https://reurl.cc/Z7LV4W

Friend, M. (2006). *Special education: Contemporary perspectives for school professionals.* Prentice-Hall.

Guess, D., & Siegel-Causey, E. (1988). Student with severe and multiple disabilities. In E. L. Meyen & T. M. Skrtic (Eds.), *Exceptional children and youth: An introduction* (pp. 239-320). Love Publishing.

Kirk, S. A., Gallagher, J. J., & Coleman, M. R. (2015). *Educating exceptional children* (14th ed.). Cengage.

Park, K. (1997). How do objects become objects of reference? *British Journal of Special Education, 24*(3), 108-114.

Snell, M., & Brown, F. (1993). Instructional planning and implementation. In M. Snell (Ed.), *Instruction of students with severe disabilities* (4th ed.) (pp. 99-151). Macmillan.

第十五章

自閉症

陳國龍

小明在 1～2 歲時，父母和他說話，他的眼睛不會看著父母，叫他的名字也沒有反應，也不會張開雙手要求父母抱抱。進入幼兒園就讀後，只喜歡玩他喜歡的拼圖，要他玩別的玩具都沒什麼興趣。在遊戲場時，也無法和其他小朋友玩在一起。

進入小學後，上課時眼睛不會看老師，常在座位上做和上課無關的事情，嘴巴有時會喃喃自語的說：「肯德基哪裡去了？」但老師和同學都無法理解他這句話是什麼意思。另外，他有時會不斷彈弄自己的手指，有時會用手背快速的拍打自己的下巴，卻不覺得痛，甚至露出滿足的笑容。

小明從念幼兒園時就能記很多的字，包含招牌的字、廣告上的字，上小學一年級時寫國語月考考卷也沒有太大的問題，但回答老師的問題時卻有困難，也沒辦法和班上小朋友一起聊天。

下課 10 分鐘，他會重複一遍又一遍地從操場一端跑到另一端，或在溜滑梯的上頭不斷拍打自己的手掌，而不是像一般的小朋友一樣從溜滑梯上頭溜下來。整個下課時間，他都是像這樣自己玩自己的，不會和其他小朋友玩在一起……

後來，小明被醫師診斷為自閉症，然而自閉症的定義是什麼？自閉症兒童有哪些特徵呢？以下將詳細的加以介紹。

第一節　自閉症的定義

壹、我國的定義

我國對自閉症的正式界定，乃依據《特殊教育學生及幼兒鑑定辦法》（教育部，2024）第 12 條之規定：

「本法第三條第十款所稱自閉症，指因神經心理功能異常而顯現出溝通、社會互動、行為及興趣表現上有嚴重問題，致在學習及生活適應上有顯著困難。

前項所定自閉症，其鑑定基準依下列各款規定：

一、顯著社會溝通及社會互動困難。

二、表現出固定而有限之行為模式及興趣。」

貳、美國的定義

國外最早提出自閉症定義的是美國兒童精神科醫師 Leo Kanner，他在 1943 年發表的論文〈情感接觸的自閉困擾〉中提出自閉症的症狀，包含：

1. 極端的孤獨。

2. 對事物強烈的要求同一性。

3. 對物品有特殊的偏好，並能以極佳的精細動作操弄它們。

4. 沒有語言，或者雖然有語言但無法使用在和他人溝通。

5. 有良好的智力潛能。

此外，Kanner 醫師指出，這些兒童都在 2 歲之前發病。

Kanner 醫師所提出的自閉症定義對後來的自閉症之診斷標準有長遠的影響，第 1 和第 4 項就是現在的社會溝通障礙，第 2 和第 3 項就是固執的、

重複模式的行為、興趣或舉動。

　　雖然 Kanner 醫師提出自閉症特有的行為特徵，但在 1970 年代之前，美國精神醫學會（APA）的《精神疾病診斷與統計手冊》（DSM）第一版（DSM-I）（American Psychiatric Association [APA], 1952）和第二版（DSM-II）（APA, 1968）中，自閉症仍被歸類為「兒童期精神分裂症」，一直到了 DSM-III（APA, 1980），才將幼兒自閉症歸類於「廣泛性發展障礙」（pervasive developmental disorder，簡稱 PDD），也就是認為幼兒自閉症是一多種能力發展遲緩的障礙，而非精神疾病。

　　到了 1994 年，美國精神醫學會（APA）的 DSM-IV 仍然將「自閉症」（autism）歸類於「廣泛性發展疾患」，並將自閉症的特質分為三大項：社會互動能力的缺陷、語言溝通能力的缺陷，以及狹窄、反覆和刻板的興趣行為和活動，說明如下（APA, 1994）：

　　一、社會性互動質的障礙（二項以上）
　　　　1. 使用多種非語言行為（如眼對眼的凝視、面部表情及手勢）來協助社會互動有明顯的缺陷。
　　　　2. 不能發展出與其發展水準相稱的同儕關係。
　　　　3. 缺乏自發尋求與他人分享快樂、興趣或成果。
　　　　4. 缺乏社交或情緒相互作用（reciprocity）。
　　二、溝通上有質的障礙（至少一項）
　　　　1. 口說語言的發展遲緩或完全缺乏。
　　　　2. 在語言能力足夠的個案，引發或維持與他人談話的能力有明顯障礙。
　　　　3. 刻板及重複的使用語句或使用特異的字句（idiosyncratic language）。
　　　　4. 缺乏與其發展水準相稱的多樣而自發性之假扮遊戲或社會模仿遊戲。
　　三、行為興趣及活動的模式相當侷限、重複而刻板（各項至少一項）
　　　　1. 包含一或多種刻板而侷限的興趣模式，興趣之強度或對象

二者至少有一項為異常。

2. 明顯無彈性地固著於特定而不具功能性的常規或儀式行為。

3. 刻板而重複的動作舉止。

4. 持續專注於物體之一部分。

5. 於 3 歲之前就初發，在下列領域中至少有一項以上功能遲緩或異常：

(1)社會互動。

(2)使用語言為社交溝通工具。

(3)象徵或想像遊戲。

而此障礙無法以 Rett 氏疾患或兒童期崩解性疾患作更佳解釋。

在 DSM-IV 中，廣泛性發展疾患（PDD）包含了亞斯伯格症（Asperger's Disorder，簡稱 AS）、Rett 氏疾患（Rett's Disorder）、自閉性疾患（Autistic Disorder）、兒童期崩解性疾患（Childhood Disintegrative Disorder，簡稱 CDD），以及其他未註明之廣泛性發展疾患（PDD-NOS）。分別介紹如下：

1.亞斯伯格症（AS）：智力屬正常或偏高，缺乏同理心、有社會互動上的困難。思考模式缺乏彈性，且有刻板而侷限的興趣模式。另外，亞斯伯格症患者在動作協調方面也較一般人差。與自閉症的差異主要在口語溝通上，亞斯伯格症並無口語溝通發展上的遲緩，有些甚至偏好使用艱澀的語詞，但未必了解其意。

2.Rett 氏疾患：其成因與 X 染色體中的 MECP2 基因有關，主要發生於女童。患此疾患的兒童，在產前以及出生後 5 個月以前都發展正常，但在出生 5 個月後，開始出現發展停滯、失去對社會互動的興趣等現象，5 至 30 個月間，失去已習得的語言和手部技巧，並發展出類似自閉症的徵狀，例如：眼神的迴避、刻板的手部動作（如洗手、搓手、扭手等）。頭部的生長速度則在 5 至 48 個月間趨緩。個體整體呈多面向的退化和發展遲緩之情形。

3.兒童期崩解性疾患（CDD）：患此疾患的兒童，和Rett氏疾患兒童狀況相似，發病後呈多面向的退化，但發病時間不同。此兒童在2歲以前發展正常，有同一般兒童的口語和非口語溝通能力、社會互動等表現，10歲前會病發，並造成語言、社會互動、大小便控制、遊戲或動作技能等兩項以上技巧消失。

4.其他未註明之廣泛性發展疾患（PDD-NOS，含非典型自閉症）：有社會互動或語言及非語言溝通上的發展障礙，或有刻板的行為、興趣和活動等，雖具自閉症傾向，然無法符合上述其他PDD類別的診斷。

2013年，美國精神醫學會（APA）在DSM-5中，將DSM-IV的廣泛性發展疾患改成泛自閉障礙症候群（autism spectrum disorder，簡稱 ASD），或有國內學者稱為自閉症光譜症候群或自閉症類群障礙症。在 DSM-5 中，其診斷標準如下（APA, 2013）：

一、在社交溝通和社交互動的能力上，必須有持續性的缺陷，但不包括一般發育的遲緩。

　　1. 在社交情緒（social-emotion）的互動關係上有缺陷；從異常的社交接觸、到無法繼續有交換的對話；侷限於不能分享興趣、感受，以致於影響、且不足以開始社交互動。

　　2. 在社交互動的非語言溝通（nonverbal communication）關係上有缺陷；從拙劣的整合言語和非語言的溝通、到不正常的眼目相交和肢體語言；或是沒有能力理解和使用非語言的溝通，整體缺乏面部的表情或手勢。

　　3. 在發展和維持人際關係（除卻與主要照顧者的關係）以及心智合宜的發展上有缺陷。從面對不同的社交狀況、有困難調整自己的行為；難以加入共同想像力的活動以交到朋友、到對人或對同儕不感興趣。

二、必須有固執的、重複模式的行為、興趣或舉動，至少具有下列兩種以上的表現：

　　1. 固定或重複的語音、肢體動作或操弄物件（例如：單一的固定動搖、語言回音，重複性的操弄物件或只有少數人能

懂的怪異語句）。

2. 過度遵守常規慣例、語言或非言語的行為有儀式化的模式或極端的拒絕改變（例如：行動的表彰、堅持相同的路線或食物，重複提問相同的問題；或針對一個小小的變動，會引發劇烈的情緒反彈和焦慮）。

3. 極端不容變化的固執興趣，且是異常的激烈或集中（例如：不尋常的依戀或專注特定的物體，並顯現出極端的著迷或不容中斷的興趣；撕紙、凝視旋轉的物體、不斷地唸數字、持續且重複的看同一幕的 DVD 片段、不容中斷地做同樣的數學簿）。

4. 強烈尋求或強烈反應於感官的輸入；或在有感官刺激的環境下，表現出不尋常的興趣（例如：針對特定聲音或質料、過度敏感的嗅覺、過度觸摸某件物體、迷戀光線或旋轉的物體、對疼痛和冷熱明顯的無動於衷）。

DSM-5 和 DSM-IV 的不同，根據邱彥南等人（2011）的看法，主要有以下幾點：

1. DSM-5 的特色，PDD 包含自閉症、亞斯伯格症、Rett 氏疾患、兒童期崩解性疾患，以及 PDD-NOS 等亞型，但 ASD 不再定義亞型，而強調 ASD 是僅基於行為所定義的症候群。所以原有的 AS、PDD、PDD-NOS 需重新診斷。而 Rett 氏疾患因有確定之病因，故不再歸類於 DSM-5 中。

2. 自閉症的主要症狀從 DSM-IV 的三大特徵改為 DSM-5 的兩大特徵，即將原本的社交互動缺損與溝通缺損二者歸為同一大類，而侷限重複行為及興趣本身仍為另一大類之特徵。

3. 發展的年齡不再如 DSM-IV 規定自閉症之症狀須於 3 歲前出現，DSM-5 僅註明症狀須於兒童早期出現。

4. 很多學者提出的「對感覺刺激過高或過低的反應性」之特徵，首次被列入診斷的症狀。

第二節　自閉症的出現率

　　早期研究者認為，自閉症兒童是屬於低出現率的特殊兒童，為萬分之四至五之間（Lotter, 1966），但近期自閉症的出現率卻有提高之趨勢。根據美國疾病管制局（Centers for Disease Control and Prevention，簡稱 CDC）資助的「自閉症及發展障礙監測網」（Autism and Developmental Disabilities Monitoring Network，簡稱 ADDM）的報告，2006 年 8 歲兒童約有 1/110 被確定為自閉症，2010 年自閉症的發生率約為 1/68，2016 年自閉症的發生率增加至 1/54，兒童男女比約為 4：1（CDC, 2020）。而根據我國 109 年度和 104 年度比較，5 年間高級中等以下學校的自閉症學生增加了 4,502 人，增加率為 38%。

第三節　自閉症的成因

　　在 1970 年代之前，普遍認為是因為照顧者的忽視或虐待而造成兒童罹患自閉症，尤其是母親的冷漠人格特徵，又被稱為「冰箱媽媽」，是造成自閉症的重要原因。但 1970 年代之後的研究指出，中樞神經系統的功能失常才是造成自閉症的因素。而中樞神經系統中和自閉症有關的部位則包含了大腦皮質中的額葉和顳葉，以及小腦、腦幹和邊緣系統。另外，神經傳導物質，例如：血清素、多巴胺的異常，也被發現和自閉症的發生有關。

　　然自閉症的成因，除了上述的中樞神經系統和神經傳導物質外，目前發現自閉症和遺傳基因最為相關。根據簡意玲（2015）一書的描述，同卵雙生子中的其中一位若患有自閉症，則另一位也患有自閉症的機率會比一般兄弟、姊妹或異卵雙生子患有自閉症的機率高出很多。基因異常的結果，造成部分自閉症患者可能會同時合併 X 染色體脆弱症或結節性硬化症兩種遺傳性疾病；或因第 15 號染色體的異常，使天使症候群（angelman syndrome）、小胖威利症者（Prader-Willi syndrome）可能出現類似自閉症的症狀。

此外，自閉症的發生也可能和疫苗注射、病毒細菌感染、藥物及酒精使用等有關，亦有研究發現自閉症患者比起一般人在自體免疫、腸黏膜免疫方面的問題比例偏高，出現腦神經細胞遭部分過多的自體抗體攻擊、腦部或迴腸與大腸的交界處發炎等情況。

以上皆為自閉症發生的相關因素，但目前的研究卻未能證明兩者有直接的關係，甚至有研究認為自閉症的發生可能是由多項因素所造成，因此還有待未來研究進一步釐清。

第四節　自閉症兒童的特質

壹、社會互動的特徵

社會互動的缺陷是自閉症的主要特徵，分別敘述如下：

1.眼神的接觸：自閉症兒童從小時候就眼睛不看人；和人打招呼或說再見時眼睛不會看對方，即使眼睛朝對方的方向，但卻視而不見。

2.共享式注意力（joint attention）：自閉症兒童很少會和他人分享他們的興趣或成就，例如：和家人出去玩時，很少像一般兒童一樣用手指著一隻蝴蝶或一架飛在天空的飛機，然後對家人說：「蝴蝶」或「飛機」。在學校有好的表現或得獎時，也很少主動和家人分享。

3.模仿能力與遊戲：由於自閉症兒童有眼神接觸和共享式注意力的困難，造成其無法模仿他人的行為。也因此一般兒童經由模仿很自然就學會的遊戲能力，自閉症兒童卻有嚴重的困難。所以自閉症兒童在自由遊戲時間比起一般兒童，較少出現合作性、功能性或象徵性的遊戲，而較常出現自己一個人玩或自我刺激的行為。有學者認為自閉症兒童之所以會有模仿的困難，可能是他們在觀察他人的動作或行為時，腦中的鏡像神經元（mirror neuron）活化不足有關。這些學者也進一步假設鏡像神經元和同理心、心智理論能力都有密切關係。

4.心智理論（theory of mind）能力：心智理論能力又稱為讀心術，也就

是能推測他人的感覺、想法或信念的一種能力。此理論來自於著名的 Sally-Anne Test。在該實驗中，研究者為受試小孩介紹了兩個娃娃——Sally 與 Anne，並利用該兩個娃娃演出。首先，Sally 將一顆球放進自己的籃子後離開，接著 Anne 把該顆球移到自己的盒子裡。此時研究者問受試小孩，當 Sally 回來時，會到哪裡找球？研究發現，一般兒童大約在 3～5 歲就能回答要到籃子找球，也就是他們已經發展出心智理論能力，但是自閉症兒童卻大多回答要到盒子去找，也就是說他們無法站在 Sally 的角度去思考球在哪裡的問題。研究發現，自閉症兒童的心智理論能力不但發展得比一般兒童慢，甚至比相同心智年齡的智障兒童也來得慢，所以有些學者認為心智理論能力的缺陷是自閉症患者的重要特徵。自閉症兒童也常因為心智理論能力的缺陷，在日常生活中容易造成和他人社會互動的困難，例如朝會時會直接到司令台上跟校長說：「你講太久了！」

貳、語言和溝通的特徵

1.語調平淡：自閉症兒童說話的語調平淡或語調過高，且缺乏抑揚頓挫。

2.仿說：或稱為鸚鵡式語言，分為立即性的仿說和延遲性的仿說。立即性的仿說就是把對方所說的話再講一遍，例如對方問：「你喜歡吃什麼？」自閉症兒童會立即回答：「你喜歡吃什麼？」或「吃什麼？」延遲性的仿說則是自閉症兒童沒有把聽到的話馬上再說一遍，而是隔了一段時間再把聽到的話重複說出，比如不斷地唸電視上的廣告詞。

3.代名詞反轉：自閉症兒童常將代名詞的「我」說成「你」，其可能的原因是當別人對自閉症兒童說話時都會說：「你如何如何」，所以自閉症兒童就會把「你」這個代名詞當作是自己的稱呼，而出現代名詞反轉的現象。

4.語用的困難：有些自閉症兒童雖然學會了很多字詞和句子，但卻不太能用在日常生活中與人溝通，常常說話文不對題，無法讓話持續下去，所以他們和同儕不容易發生聊天的行為。

參、刻板和重複的行為特徵

1.固著行為：自閉症兒童的固著行為，包含：走路走固定的路線、只吃固定的食物且嚴重偏食，或對某些特殊物品有強烈的興趣（例如：塑膠袋或電池），也有可能只對某一個學習領域或主題有興趣，另外也有可能對教室桌椅的排法或房間的布置有非常固定的模式。

2.自我刺激行為：部分自閉症兒童上課聽不懂而感到無聊時會尋求感官的刺激，他們會使用自我刺激的活動來滿足他們感官上的需求，例如：在本章開始時，案例中的小明有時會不斷彈弄自己的手指、有時會用手背快速的拍打自己的下巴，有可能是因為無聊或是那樣的刺激可以帶給他感官上的滿足。

肆、認知上的特徵

1.中心聚合（central coherence）能力薄弱：具備中心聚合能力的人，能將蒐集到的資訊整合起來，而成為更具完整意義的訊息。然因自閉症患者的中心聚合能力薄弱，常因專注在小細節上，而無法將所蒐集到的資訊整合到更高的層次，是以在訊息處理上多呈現見樹不見林的狀況。所以，自閉症兒童常會有注意細節或細微的事物，但卻缺乏整體的理解能力。

2.自閉症學者（autistic savant）能力：有部分的自閉症兒童具有和他們的心智能力不相稱的驚人能力和才華，這種能力稱之為「自閉症學者」能力。這些能力包含美術、音樂、背誦電話或火車站站名等資訊的能力、萬年曆的推算能力等。在自閉症患者中有自閉症學者能力的比率大約是10%。

3.執行功能（executive function）的缺陷：執行功能是指運用計畫組織來達成目標、控制衝動和彈性思考的能力，執行功能的缺陷是自閉症的特質之一，會導致自閉症者在計畫或執行與認知相關行為時有困難，另外也可能導致衝動抑制的困難或欠缺彈性的思考。

伍、共病

1.智能障礙：意指患者的智能低於智商平均值 2 個標準差以上。約有75%的自閉症患者同時伴隨智能障礙，但與單純智能障礙者所不同之處在於，患者於社交互動、語言溝通上有明顯困難，例如：眼神無法與他人相對、仿說等問題，但卻無法只用智力解釋這些困難的原因。

2.注意力缺陷過動症（ADHD）：有些自閉症患者也會有過動、衝動的情形，例如：難以靜靜坐在位置上、喜歡活動或是難以控制自己的情緒，甚至出現較攻擊性的行為。除了透過社交技巧訓練、行為治療等課程外，亦可透過藥物治療，減輕其過動和衝動的狀況，使其穩定學習。目前常用的藥物有利他能（Ritalin）、專司達（Concerta）和思銳（Atomoxetine）。

3.癲癇：25%的自閉症患者會在兒童早期或是青春期出現癲癇的症狀，其症狀不一定可觀察到，有可能會以自傷等問題行為或認知退化、學業退步等情況表現。由於癲癇的症狀不一，且可能對患者造成不良影響，因此家長可帶孩子至醫院透過腦波檢查了解是否患有癲癇，以便進一步治療。

4.其他遺傳症候群：約有10%的自閉症患者同時有X染色體脆弱症、結節性硬化症、天使症候群或苯酮尿症等。由於目前自閉症的成因被認為主要是遺傳基因問題，但可能是多重基因異常互相影響的結果，因此有部分的自閉症患者同時患有其他的遺傳症候群。

第五節　自閉症兒童的鑑定與評量

目前我國自閉症學生之鑑定包含以下幾個項目。

壹、轉介前介入

當老師或家長發現學童為疑似自閉症學生時，由學校輔導室（處）的輔導人員協助導師擬定和實施轉介前介入方案。當轉介前介入無效時，經家長同意，就開始蒐集自閉症鑑定資料，在經過校內特推會審核通過後，向鑑輔會提出自閉症鑑定申請。

貳、直接觀察

在直接觀察方面，可使用的工具有：「自閉症診斷觀察量表」（Autism Diagnostic Observation Schedule，簡稱 ADOS）、成人用的「成人亞斯伯格量表」（Adult Asperger Assessment，簡稱 AAA）等。前者為半結構式的遊戲式觀察評估工具，由 Lord 等人（2000）編製，適用範圍從幼兒到成人，能依據其口語能力和年齡適用於四個不同的模組，分別是沒有語言或無法使用片語的兒童、能使用片語但說話不流暢的兒童、語言流暢的兒童，以及語言流暢的青少年和成人；採一對一的方式進行，其內容包含各種活動，使評估者可以觀察到個案在社會互動、語言溝通、遊戲等方面的行為和情形。而後者則用於可能是亞斯伯格症的成人，由 Baron-Cohen 等人（2005）編製。為避免誤判，其評斷標準較 DSM-IV 更為保守；測驗內容有23題，也包含用空格描述個案整體的現狀。

參、一般智能評估

在一般智能評估方面，使用的工具除了需要符合個案的生理年齡和發展年齡外，亦要考慮其口語和非口語的能力。由於智力測驗的結果是判別自閉症兒童障礙程度的重要參考指標之一，但自閉症兒童在口語溝通上確有其困難。因此，在施行智力測驗以了解其智能狀況時，對於有口語困難

的自閉症兒童，應盡量選擇非口語、屬操作性的方式進行，且一次的測驗時間避免超過自閉症兒童的注意力極限，或可採分次測驗方式實施，務求讓其能在最佳狀態下表現其能力。又或在測驗上，主要參考其在「魏氏智力量表」作業分數上的表現，使解釋上更具有意義，特別是較小的自閉症兒童，更須加以考慮。除了賴孟泉與高淑芬（2011）所建議的「魏氏智力量表」和「比西量表」（第五版）（Stanford-Binet Intelligence Scale, 5th ed.，簡稱 SB-5）外，或可使用非口語相關的測驗，例如：「托尼非語文智力測驗」（第四版中文版）（TONI-4）、「中華畫人測驗」等，以能更確實的了解自閉症兒童的真實能力。相關智力測驗說明如下。

一、「魏氏智力量表中文版」（WPPSI－幼兒版、WISC－兒童版、WAIS－成人版）

「魏氏智力量表中文版」主要用於資優、智能障礙、學習障礙等特殊兒童的鑑定，主要分為三種，幼兒版適用 2 歲 6 個月至 7 歲 11 個月、兒童版適用 6 至 16 歲 11 個月、成人版適用 16 至 90 歲，包含語文量表、作業量表兩部分，可細分為 13（第三版）、14（第四版）、16（第五版）個分測驗。研究發現，此智力量表在區辨亞斯伯格症、自閉症和注意力缺陷上的正確率達 63%（陳心怡等人，2004）；該研究亦發現大部分年紀愈小的自閉症兒童，與普通班學生、其他類特殊生在作業智商對語文智商的差異上有顯著不同，作業智商顯著高於語文智商，此種魏氏智商上的組型可以做為診斷之參考。

二、「比西量表」（第五版）（SB-5）

本測驗為 Gale H. Roid 於 2003 年修訂，適用年齡為 2 至 85 歲以上，以了解個案在流體推理、知識、數量推理、視覺空間處理，以及工作記憶方面的能力（Roid, 2003）。國內於 1991 年進行第五次編修，是以 1986 年版為藍本，因此包含的領域為語文推理、數量推理、抽象／視覺推理，以及短期記憶（臺北市立師範學院，1991）。

三、「修訂畢保德圖畫詞彙測驗」（Peabody Picture Vocabulary Test, Rev. ed.，簡稱 PPVT-R）

本測驗於 1994 年由陸莉、劉鴻香修訂成中文版，1998 年再版，適用年齡為 3 至 12 歲。測驗方式是讓兒童聽過語詞後，指出四幅圖畫中的一幅作為答案。但因自閉症兒童可能受到語言理解能力方面的限制，因此，PPVT-R 可否直接代表該兒童實際的智能狀況，可能還需要搭配其他測驗做進一步的評估來佐證。

四、「托尼非語文智力測驗」（第四版中文版）（TONI-4）

本測驗為 L. Brown 等人在 2010 年編製，由林幸台、吳武典、胡心慈、郭靜姿、蔡崇建、王振德於 2016 年修訂成中文版，分為幼兒版（適合 4 歲至 7 歲 11 個月）及普及版（適合 7 歲 6 個月至 15 歲 11 個月），各有甲乙式複本。對於語言能力發展較慢或較差的自閉症兒童可以使用（林幸台等人，2016）。

五、「中華畫人測驗」

本測驗為邱紹春在 1997 年所編製。測驗是以人物畫的方式進行，以推測兒童的認知發展狀況，篩選出智能障礙的兒童，適用年齡為 2 至 12 歲（邱紹春，1997）。對於口語能力較弱或障礙程度較嚴重，無法實施「魏氏智力量表」之兒童，可使用此測驗。

肆、心智理論能力和適應行為的評估

自閉症學生在心智理論能力上的發展，比相同心智年齡的一般學生或智能障礙學生都來得比較慢，所以很適合用自閉症的評估工具來協助鑑定，國內目前有葉在庭（2017）編製的「心智理論量表」可以使用。此量表包含語文心智理論作業和非語文心智理論作業兩部分，可以用來評估理解別人想法和感受的能力，適用於 12 歲以上的自閉症者。

除了用於智能障礙的鑑定判別外，也可以透過適應行為的評估，以了解個案解決生活中所遭遇問題的能力。在這方面，可使用的工具有「文蘭適應行為量表第 3 版」（中文版）（Vineland-3），另有「修訂中華適應行為量表」可使用。前者由張正芬、陳心怡、邱春瑜所修訂，於 2020 年出版，幼兒版適用 2～5 歲，兒童版適用 6～17 歲，成人版適用 18～90 歲以上，由熟悉受評者日常適應技巧功能的父母、教師或其他接觸頻繁的人填寫（張正芬等人，2020）。後者為徐享良於 2007 年編修，分為中小學版和幼兒版，主要是用來評估 4 至 18 歲兒童在居家、學校、社區和工作等四個環境中，其生活自理、溝通能力、獨立生活、安全衛生等十三項，或幼兒版十二項適應行為的情形（徐享良，2007）。

除了上述認知發展部分的評估和測驗，可用來得知自閉症患者的能力和程度外，賴孟泉、高淑芬亦有建議相關的神經心理測驗，以了解其在生活和學習上的困難，例如：注意力、執行功能和計畫能力方面等。在注意力方面，若自閉症患者同時患有注意力缺陷過動症，可施予「連續性操作測驗」（Continuous Performance Test，簡稱 CPT），以評估個案在持續性注意力上的情形，其施行方式主要是要求受試者持續的對測驗所釋出的刺激給予回應。

在執行功能方面，常用來評量執行功能的測驗有「威斯康辛卡片分類測驗」（Wisconsin Card Sorting Test）（Heaton et al., 1993），以及可用來評估計畫能力的「河內塔測驗」（Tower of Hanoi），亦有「叫色測驗」（Stroop Task），可用來評量自閉症患者在執行功能上的情形。

而教育方面在為自閉症兒童進行診斷與評估時，主要使用診斷及篩選性的標準化測驗工具。由於不同的量表，其所適用的年齡階段也不同，因此以下將依年齡階段──學前、國小及其他，做進一步的分類與說明。

僅適用於學前階段的量表，包含：「克氏行為量表」（Clancy Behavior Scale）和「自閉症幼兒篩檢量表」（Screening Tool for Autism in Two-Year-Olds, Taiwan Version，簡稱 T-STAT）。前者是在 1969 年由 Clancy 編製，謝清芬、宋維村、徐澄清於 1983 年修訂成中文版，共 14 題；施測時間約 10 分鐘，適用於 2 至 5 歲兒童；總分大於 14 分者有自閉症傾向，約可篩選出 84%

的自閉症兒童，但因為此量表編製的年代距離現在較久，所以題目類型未涵蓋目前認為與自閉症兒童有密切相關的幾種能力，例如：共享式注意力、假裝性遊戲和心智理論能力等。後者則是近年發展出的量表，臺灣版是由姜忠信、吳進欽、劉俊宏、侯育銘以STAT為藍本於2012年所修訂，主要用來篩檢自閉症幼兒。

可用於學前至國小階段的量表，則有「自閉症評量表」（Childhood Autism Rating Scale，簡稱CARS）和「修訂自閉症兒童發展測驗」。前者是由Eric Schopler等人於1980年所編製（Schopler et al., 1980），無正式的中文版本，共分為15個項目，得分30分以下為正常，30至36分屬輕度或中度自閉症，而37分以上或其中有5個選項是3分以上者為重度自閉症。後者是由張正芬、林月仙於2019年編製，採透過動態評量及觀察的方式來了解自閉症兒童的發展現況，以做為教師及家長為其教育安排和設計的參考，適用於1.5足歲至5歲11個月兒童。

其他自閉症檢核表的適用年齡，則橫跨較廣或適用於年齡較大的自閉症患者，例如：

1.「自閉症兒童行為檢核表」：由張正芬、鄒國蘇、王華沛於2005年編製，分為學齡前、國小低年級，以及國小中年級以上至國中三年級等三種（張正芬、王華沛，2005）。

2.「自閉症行為檢核表」（Autism Screening Instrument for Educational Planning, 3rd ed.，簡稱ASIEP-3）：由Krug等人（2008）所編製，臺灣版簡稱ABCT（Autism Behavior Checklist: Taiwan Version），由黃君瑜與吳佑佑修訂（2013），適用於幼兒至九年級。

3.「高功能自閉症／亞斯伯格症兒童行為檢核表」：由張正芬、吳佑佑、林迺超、陳冠杏編製，包含學齡前、國小，以及國高中等三種版本，適用於智力在正常範圍之疑似高功能自閉症或亞斯伯格症兒童（張正芬、吳佑佑，2006）。

4.「廣泛性發展障礙：自閉症暨智能障礙者量表」（Pervasive Developmental Disorder in Mental Retardation Scale，簡稱PDD-MRS）：中文版於2007年修訂，適用於2至70歲伴隨智能障礙的廣泛性發展障礙及泛自閉症障礙者（林宏熾、黃湘儀，2007）。

5.「自閉症光譜量表」（Autism-Spectrum Quotient）：由Baron-Cohen、Wheelwright、Skinner、Martin 及 Clubley 編製，中文版由劉萌容所修訂。適用於高中以上，採自我評量的方式，愈具自閉症特質者，得分愈高（劉萌容，2008）。

第六節　自閉症學生的教學輔導策略

壹、應用行為分析教學法

本策略的主要目的在透過蒐集問題行為的資料並將其行為分析，以協助個體改善問題行為。因自閉症患者有其過度或不足之行為問題，因此，此教學法強調給予學生立即性的增強，當學生做出適當行為時即給予正增強，以增加適當行為的發生，使不足的能力和技能獲得改善，或是針對過度的問題行為給予削弱，以減少其行為發生。此教學法可分為三個部分：A（antecedents）前因：行為前的刺激、B（behavior）行為：動作或反應本身，以及 C（consequence）結果：行為結果的反應，例如：自閉症學生上課尖叫，可能是因為衣服材質造成的不舒服，引起觸覺防禦的反應，使其發生上課尖叫的問題行為，因此可建議家長更換、選擇適合之衣料，以改善問題行為。另外，應用行為分析教學法亦常使用增強來針對學生能力不足的地方來教導其新的能力，例如：年紀較小或障礙程度較嚴重的自閉症兒童沒有顏色概念時，可先只學習紅色的概念；在下達請學生拿起紅色糖果的指示後，只要學生有做出拿的動作，即給予增強。當學生能達成 80%的目標時，再進行下一個顏色的學習。當學生單一顏色的目標都達成時，才進行兩個顏色以上的區別學習。

貳、整合性遊戲教學

本策略為 P. J. Wolfberg 與 A. L. Schuler 於 1992 年所發展出來。由於自閉症患者的重要特徵為缺乏和同儕的社會互動，其中最重要的就是他們沒辦法和他人玩在一起，所以透過遊戲提升他們的遊戲能力層次，增加他們和同儕的互動就是整合性遊戲教學的目標。Wolfberg（2009）提倡將 Vygotsky 社會建構主義的精神用在遊戲團體（play group）中，由遊戲生手的自閉症兒童和遊戲高手的一般兒童彼此互動，增進自閉症兒童的社會互動和遊戲能力。

參、多感官教學

有些自閉症學生可能是視覺學習型的學生，因此如果老師上課只使用講述的方式，可能會使他們有聽沒有懂，造成學習上的困難。另外，有些自閉症學生偏向具體學習，有抽象概念理解上的困難，若老師不讓他們體驗具體的經驗，他們往往只會死背但無法真正理解其意義。

肆、結構式教學法

本策略為美國北卡羅來納大學 Schopler 博士及其同事所提倡的一種教學方式，簡稱為 TEACCH（Schopler et al., 1995）。他們認為自閉症患者有其固執性及特殊的學習方式，而其教學方法被稱為結構式的教學，所以適合發展遲緩及自閉症兒童使用。本策略主要分為物理環境結構化、作息時間結構化、工作制度結構化，以及視覺結構化。分別敘述如下。

一、物理環境結構化

教師應妥善安排教室內的工作區域，讓自閉症學生在不同工作區域進

行不同的學習，例如：可分為團體學習區、獨立學習區、轉換區、遊戲區，以及電腦區。

二、作息時間結構化

由於自閉症學生對非預期性的事情或作息變化，容易產生焦慮性的情緒，例如：調課、常問幾點幾分吃午餐等。因此，利用文字、圖片或圖表等呈現學生個別的作息表，可協助學生理解現在要進行的活動和完整的作息順序，以降低學生不安、焦慮的情緒。

三、工作制度結構化

可將不同課程在學習時所需要的材料和需完成的目標物放置於不同的籃子，並依課程時間的順序由上而下或由左而右排列。當學生完成目標工作後，再將完成之項目放置於完成籃，當所有項目都放入完成籃後，即表示學生完成了所有需要完成的工作。

四、視覺結構化

多數自閉症學生具有視覺學習上的優勢，因此可利用圖卡等視覺上的提示來協助，例如：排路隊時，可利用腳印的貼紙標示出等待的位置讓學生了解。

伍、社會性故事

許多自閉症兒童很容易和其他同儕產生人際關係的衝突，但又對老師的指令聽而不聞，或無法接受老師對他的教導與糾正，因此在學校容易發脾氣。美國的 Carol Gray 在 1991 年提出社會性故事的教學方法，由老師或家長將日常生活中所出現的人際關係衝突，以視覺化的故事題材之方式呈現，讓自閉症兒童透過朗讀社會性故事，將解決衝突的方法內化成他自己的語言。Gray 提出的社會性故事包含七種句型，大致可分為五類，而其中

描述句為基本句型，再搭配其他的其中一種以上之句型，以形成完整的社會性故事。以下進一步說明各句型（Gray, 2015/2020）：

1.描述句（descriptive sentences）：用來描述、說明客觀的事實或情境，例如：一個星期中有許多不同的課。

2.觀點句（perspective sentences）：用來點出、描述出個人或他人（們）的內在想法等，例如：許多同學覺得數學課很困難。

3.輔導句（coaching sentences）：共包含三種，如個體對建議的回應、傳遞小組成員的資訊或回應，以及個體的自我提示。其主要目的是用來引導個體或小組成員的行為，例如：我會試著照陳老師教的解題步驟列出算式。

4.肯定句（affirmative sentences）：主要目的為加強重點的說明、提升前項敘述的意義，或以安穩個體在部分情境的情緒，例如：在上數學課時，有時候會計算錯誤，這是沒關係的。

5.部分句（partial sentences）：將句子部分挖空以填空，讓個體猜測該情境下將發生的事或他人、個體的反應等，也用來確認個體理解的狀況，例如：當我聽不懂上課內容時，我可以＿＿＿＿＿＿＿＿＿＿（問陳老師／看旁邊的人怎麼做）。

陸、圖片兌換系統教學（PECS）

障礙程度較嚴重或年紀較小之自閉症兒童因缺乏溝通管道，容易引發他們的情緒問題或出現攻擊性的行為，因此 Bondy 和 Frost 在 1985 年提出圖片兌換溝通系統（PECS）的概念，讓這些自閉症兒童培養出非口語的溝通能力，以減少他們因為缺乏溝通管道所出現的問題行為。此教學法主要是利用圖片和兒童喜好之增強物，由交換圖片兌換物品，漸進到以句型來表達需求或想法，以達到與人溝通之目的。進行方式是由兩位教學者負責，一位教學者坐在自閉症兒童的前面教學；另一位坐在自閉症兒童的後方以便協助他。訓練過程包含了六大階段：圖片拿取、引發主動性、圖片分辨、句型結構、搭配不同屬性的圖片組合成完整的句子，以及最後一個階

段──自發性的表達，各階段說明如下（Bondy & Frost, 2002）：

　　1.圖片拿取：當兒童欲拿取物品時，協助者以動作協助其拿取相對應的圖卡給教學者，讓教學者在拿到圖卡後，將其物品給予兒童。

　　2.引發主動性：(1)主動拿圖片給予教學者；(2)拉長兒童與教學者、溝通圖卡之距離。

　　3.圖片分辨：訓練兒童從多張圖卡中拿取想要的物品圖卡，教導兒童分辨不同符號和物品的圖片，以協助兒童表達更加明確。

　　4.句型結構：教導兒童能利用句型──「我要」，搭配想要之物品的圖卡，由左至右排列後交給教學者，以換取物品。

　　5.搭配不同屬性的圖片組合成完整的句子：能利用「我要」的字卡搭配想要的物品之圖卡，以及其他屬性的圖片組合成句子，以和教學者進行交換，例如：「我要」「藍色」的「糖果」。

　　6.自發性的表達：利用不同問句，例如：「你看到什麼？」、「這是什麼？」，增加兒童自發性的反應和回答問題。

　　有家長質疑 PECS 是否會阻礙自閉症兒童發展出他們的口語能力？Bondy 等人認為，PECS 的學習會增加自閉症兒童溝通的意願，反而有助於發展自閉症兒童的口語能力。

柒、打字溝通法

　　雖然 PECS 可幫助障礙程度較嚴重或年紀較小的自閉症兒童學會非口語溝通方式，但使用圖片溝通還是有其侷限，也就是溝通範圍會受到所使用的圖片限制，而無法表達出自閉症兒童更完整或更複雜的想法。因此，有一位印度媽媽──索瑪（Soma），使用了打字溝通法來教導其患有自閉症的兒子──提托（Tito），結果發現有非常好的成效。而會進行打字溝通的契機，是因為提托迷戀月曆，索瑪想要測試他對於數字的認識，發現他可以學習和辨識，因而教他數數、算術，進一步想到學習字母。在學習過程中，索瑪反覆地教導提托指出答案，從手拉著手、拉手腕、拉手肘，直到只要一根手指放在提托的肩頭提示；從會指、會寫、會用電腦打字，直到

不需要動作上的協助。另外，索瑪也提到把握提托專注的時間，如同她所說的：「你的動作得比他開始自我刺激更快」（Iversen, 2007/2008）。目前認為打字溝通法適用於低口語高理解能力的自閉症兒童。

捌、感覺統合

本策略為 Ayres 於 1972 年所提出（Ayres, 1972）。因多數自閉症兒童在感覺接受上有觸覺防禦或感覺過度敏感等狀況，也在平衡感或注意力有過動、衝動等問題。因此，治療師會針對兒童的個別問題與需求，利用有組織性的遊戲方式，搭配滑板、大龍球、平衡木或翹翹板等，給予兒童不同的感官刺激，讓自閉症兒童能藉由活動有適當的調節機會，進而改善其注意力、觸覺防禦、手眼協調或動作協調等狀況。這個策略通常由學校或醫院的治療師來進行。

玖、動物輔助治療和機器人輔助治療

因自閉症患者與他人的互動性較差，但有教學者發現其與動物的互動性較佳，例如：天寶・葛蘭汀（Temple Grandin）曾表示過牛讓他感覺舒服。動物輔助治療（animal-assisted therapy）方式是以受過訓練的動物為媒介，在專業的治療師、醫療人員引導下，促使自閉症患者改善其行為問題或引發其口語溝通、社會互動之能力。常用的動物有狗、馬匹和海豚（黃毓涵，2012）。目前，馬術治療主要用於腦性麻痺患者，但近期亦有研究認為此治療對自閉症兒童有所輔助，可透過觀察、撫摸和馬互動，進而引發自閉症兒童的口語能力。在中壢有專為身心障礙者設立的「臺灣馬術治療中心」，提供個別課程、特殊學生戶外教學和選手訓練等服務。

近年來，由於人工智慧的快速發展，機器人應用在自閉症學生的輔助治療已經有非常多的實證研究支持。機器人由於外型可愛，能引起自閉症學生的高度興趣；這對於周遭環境缺乏反應的自閉症學生來說，是很好的教學或治療的切入點。目前發現自閉症學生會模仿機器人的動作、觀察它

的表情和嘗試和它說話，這些都會對自閉症學生的社會溝通能力有所幫助。國內比較常看到的是 Kebbi Air S（凱比）機器人，這款外觀可愛，可以進行簡單對話，手臂會做簡單動作；另外，也有研究使用的 Nao 機器人，它比較像人的形狀，可以做比較複雜的對話和動作，大約 58 公分高，但售價比較高，所以至今比較少使用在國內中小學的教學現場。

拾、表達性藝術治療

表達性藝術治療（expressive arts therapy）是指，透過音樂、繪畫、戲劇、舞蹈或遊戲等做為媒介，選擇適合的多元素材以達治療效果，多由具專業背景的諮商師、治療師引導實施。其中，與自閉症較為相關的有藝術治療、音樂治療和遊戲治療。藝術治療是指藉由繪畫或使用藝術媒材等方式，呈現出個體內心的壓抑，並使個體獲得抒發或滿足，以達治療之目的。因多數自閉症患者以視覺為主要學習方式，因此有些治療者認為這是符合其特性的治療方式。音樂治療則是利用音樂介入進而影響個體，進行方式可能是由治療師演奏樂器給予兒童刺激，或由兒童主動地自由敲打，其樂器以打擊類為主。有些研究認為，音樂治療對於提升自閉症兒童的專注力、學習動機和穩定情緒等有所助益。而遊戲治療則是治療師透過遊戲，引導兒童在遊戲過程中表達內心的情緒或想法。

拾壹、地板時間

地板時間（floor time）策略又稱為「發展個別差異、關係本位模式」（developmental individual-difference, relationship-based model，簡稱 DIR），係由 Greenspan 與 Wieder 在 1999 年所發展，主要是因為通常在地板上進行活動而命名，並著重兒童的三個面向：功能性情緒發展、感覺動作的處理和計畫，以及人際關係。進行方式是以兒童為中心，治療師或父母配合兒童的遊戲，使雙方建立平衡的夥伴關係來互動，並進一步提高兒童人際互動的動機（Wieder & Greenspan, 2003）。

拾貳、充電卡策略

由於自閉症兒童的固著性，他們可能對特殊的事物有強烈的偏好，所以在教學上可善用這個特徵，例如：某位自閉症兒童非常喜歡麵包超人，他的老師可設計一張小卡片〔充電卡（power card）〕，在卡片上貼上或畫上麵包超人，再透過麵包超人的口吻，將要這位自閉症學生遵守的重要規定寫在或印在這張卡片上。另外，可編一個故事將麵包超人為什麼要這位自閉症學生遵守這些規定的理由以說故事的方法講給他聽，等他熟悉並喜歡這個故事後，老師就可拿出這張充電卡或請學生拿出這張充電卡，提醒他應遵守的行為。

第七節　自閉症學生的服務現況與問題

目前，我國的自閉症學生之特殊教育安置類型有下列幾種：特殊教育學校、自足式特教班、資源班、自閉症巡迴輔導，以及在普通班接受特教服務等。有些家長和老師以為鑑定為自閉症之後，就都應該接受相同的特殊教育安置，而忽略了自閉症學生有很大的個別差異。

在表 15-1 的資料中，104 至 109 年度學前階段至高中職階段的自閉症學增加 4,502 人，增加率為 38%，目前僅次於學習障礙學生和智能障礙學生，是各類特殊教育學生第三高的類別。104 至 109 年度學前階段的自閉症幼兒之主要安置方式為巡迴輔導，由約占 54%增加為 61%，普通班接受特教方案者次之，從 27%減少至 13%；國小階段以資源班為最多，由 72%增加為 78%，集中式特教班第二，從 17%略降至 15%；國中階段在資源班者由 62%增加為 70%，集中式特教班約 24%略降至 21%，普通班接受特教方案者約 11%略降至 7%；高中職階段的資源班由 43%略增加為 46%，普通班接受特教方案者由 28%降為 23%，集中式特教班人數由 27%略增加為 29%。

透過以上的數據可以發現，學前階段以巡迴輔導為主，至國小階段才有大比例的機會獲得資源班服務。該數據的差異有可能是設班不足或許多

表 15-1　104 和 109 年度高中職以下學校各教育階段自閉症學生人數統計表

	學前		國小		國中		高中職	
	104	109	104	109	104	109	104	109
集中式特教班	189	296	896	1,147	771	819	670	1,064
資源班	14	32	3,834	5,844	1,968	2,765	1,042	1,714
巡迴輔導	547	797	260	335	67	81	39	41
普通班接受特教方案	271	174	353	194	361	288	689	866
特殊教育方案（專案）								16
總人數	1,021	1,299	5,343	7,520	3,167	3,953	2,440	3,701

註：1.本表根據 104 年度和 109 年度《特殊教育統計年報》摘要整理。

　　2.引自教育部（2015，2020）。

　　自閉症幼兒就讀私立幼兒園的現象，使得學前的自閉症幼兒大多只能接受巡迴輔導或在普通班接受特教方案之服務，因此在學前教育階段中，政府應提供足夠的教育機會給予自閉症幼兒，以安排更為完善的特教服務。而國小階段的自閉症孩子大多安置於普通班，並搭配資源班、巡迴輔導或特殊教育方案，但至國中和高中職時，自閉症進入特教班的人數比例明顯增加。自閉症高中職學生在普通班接受特教方案者由 28% 降為 23%，但比起國小和國中階段卻仍高出許多，這樣的情形是否會使這些孩子在學校適應上出現問題，值得關注。

　　然而，除了上述安置上的問題以外，目前我國自閉症學生在教育階段的狀況，還有以下幾個教育問題，主要有早期療育資源的不足、入學人數和安置類型的受限，以及普通班教師輔導自閉症學生能力的不足等。

　　早期療育對於自閉症孩子來說，是相當重要的，然而自閉症孩子被鑑定出來之後，就能立刻接受完整早期療育方案者並不多。目前，在比較大的都市醫院有提供自閉症的早療方案，例如：臺北的臺大醫院、長庚醫院、臺中和高雄的大醫院，但其他縣市較少提供完整的自閉症早療方案。所以家長大部分只能透過醫院安排零星的語言治療、職能治療來增進自閉症幼兒的能力，而這樣的結果會使他們的能力發展受到限制。

　　而學前階段，在公立學前教育方面，自閉症雖會被安置在學前特教班

或學前融合班中，但許多縣市可提供自閉症幼兒入學的人數相當有限，且要到 3 足歲之後才能接受學前特殊教育，所以有待政府積極增加自閉症幼兒接受學前教育的機會。

　　至於就學階段的安置類型方面，有些偏遠地區的學校缺乏資源班或集中式特教班，使得自閉症學生無法依其能力獲得適合的特殊教育。即便進入普通班，卻也可能面臨教師輔導能力不足的問題，多數普通班教師雖是正向接納自閉症學生，但對於其輔導自閉症學生的專業特教能力卻是有疑慮的。

問題與反思

基本題

1. 自閉症的診斷標準為何？
2. 自閉症的成因為何？
3. 自閉症學生的社會互動特徵為何？
4. 自閉症學生的語言特徵為何？
5. 自閉症學生的刻板和重複行為特徵為何？
6. 自閉症的出現率是多少？
7. 自閉症的診斷工具有哪些？
8. 哪種治療方式最適合自閉症學生？
9. 自閉症學生最合適的特殊教育安置型態是普通班、特教班，還是特殊學校？
10. 目前臺灣的自閉症學生教育之主要問題為何？

進階題

1. DSM-IV 和 DSM-5 中的自閉症診斷標準有何改變？
2. 自閉症學生和 Rett 氏疾患學生的特徵有何不同？
3. 自閉症的成因主要是心因性還是生理的因素？
4. 自閉症學生的心智理論能力缺陷為何？
5. 自閉症學生的仿說特徵為何？
6. 自閉症學生的觸覺防禦特徵為何？應該如何協助他們解決這個問題？
7. 自閉症的出現率最近十年有改變嗎？改變的原因是什麼？
8. 評量自閉症兒童的智力應該注意什麼？
9. 為什麼結構式教學對自閉症學生有幫助？

參考文獻

中文部分

林宏熾、黃湘儀（2007）。**廣泛性發展障礙：自閉症暨智能障礙者量表**。心理。

林幸台、吳武典、胡心慈、郭靜姿、蔡崇建、王振德（2016）。**托尼非語文智力測驗（第四版中文版）：指導手冊**。心理。

邱彥南、賴孟泉、徐如維、劉弘仁（2011）。兒童青少年精神疾病工作小組報告之一：自閉症類群障礙、溝通障礙症、智能發展障礙症、學習障礙症、注意力不足過動症之 DSM-5 草案內容相較於 DSM-4 之變革。**DSM-5 通訊，1**（3），17-21

邱紹春（1997）。**中華畫人測驗：指導手冊**。心理。

姜忠信、吳進欽、劉俊宏、侯育銘（2012）。2-3 歲自閉症幼兒篩檢量表的發展：T-STAT 的初究。**中華心理衛生學刊，25**（1），135- 154。

徐享良（2007）。**修訂中華適應行為量表**。教育部。

張正芬、王華沛（2005）。「自閉症兒童行為檢核表」之編製及相關研究。**特殊教育研究學刊，28**，145-166。

張正芬、吳佑佑（2006）。亞斯柏格症與高功能自閉症早期發展與目前症狀之初探。**特殊教育研究學刊，31**，139-164。

張正芬、林月仙（2019）。**修訂自閉症兒童發展測驗**。國立臺灣師範大學特殊教育中心。

張正芬、陳心怡、邱春瑜（2020）。**文蘭適應行為量表第 3 版（中文版）**。中國行為科學社。

教育部（2015）。**特殊教育統計年報：104 年度**。教育部特殊教育工作小組。

教育部（2020）。**特殊教育統計年報 109 年度**。教育部特殊教育工作小組。

教育部（2024）。**特殊教育學生及幼兒鑑定辦法**。作者。

陳心怡、張正芬、楊宗仁（2004）。自閉症兒童的 WISC-III 智能組型研究。**特殊教育研究學刊，26**，127-151。

陸莉、劉鴻香（1994）。**修訂畢保德圖畫詞彙測驗：指導手冊**。心理。

黃君瑜、吳佑佑（2013）。**臺灣版自閉症行為檢核表：指導手冊**。心理。

黃毓涵（2012）。動物輔助治療在自閉症兒童療育之應用。**桃竹區特殊教育期刊，19**，1-8。

葉在庭（2017）。**心智理論量表**。中國行為科學社。

臺北市立師範學院（1991）。比西智力量表第五次修訂本。作者。

劉萌容（2008）。「自閉症光譜量表」——Autism-Spectrum Quotient 中文成人版之預測效度及相關因素分析。**特殊教育研究學刊，33**（1），73-92。

賴孟泉、高淑芬（2011）。自閉症類群。載於李明濱（主編），**實用精神醫學**（頁 267-276）。國立臺灣大學醫學院。

謝清芬、宋維村、徐澄清（1983）。自閉症：克氏行為量表的效度與研究。**中華民國神經精神醫學會會刊，9**，17-26。

簡意玲（2015）。**依然真摯與忠誠：談成人亞斯伯格症與自閉症。**心靈工坊。

Gray, C.（2020）。**社會性技巧訓練手冊**（第二版）〔楊世華譯〕。心理。（原著出版年：2015）

Iversen, P.（2008）。**奇蹟的孩子：一段開啟封閉心靈的旅程**〔莊安祺譯〕。時報。（原著出版年：2007）

英文部分

American Psychiatric Association. [APA] (1952). *Diagnostic and statistical manual of mental disorders* (DSM). Author.

American Psychiatric Association. [APA] (1968). *Diagnostic and statistical manual of mental disorders* (2nd ed.) (DSM-II). Author.

American Psychiatric Association. [APA] (1980). *Diagnostic and statistical manual of mental disorders* (3rd ed.) (DSM-III). Author.

American Psychiatric Association. [APA] (1994). *Diagnostic and statistical manual of mental disorders* (4th ed.) (DSM-IV). Author.

American Psychiatric Association. [APA] (2013). *Diagnostic and statistical manual of mental disorders* (5th ed.) (DSM-5). Author.

Ayres, A. J. (1972). *Sensory integration and learning disorders*. Western Psychological Services.

Baron-Cohen, S., Wheelwright, S., Robinson, J., & Woodbury-Smith, M. (2005). The adult Asperger assessment (AAA): A diagnostic method. *Journal of Autism and Developmental Disorders, 35*(6), 807-819.

Bondy, A. S., & Frost, L. A. (2002). *The picture exchange communication system training manual*. Cherry Hill.

Centers for Disease Control and Prevention. [CDC] (2014). Prevalence of autism spectrum disorder among children aged 8 years: Autism and developmental disabilities monitoring network, 11 sites, United States, 2010. *MMWR Surveill Summ, 63*(2), 1-21.

Centers for Disease Control and Prevention. [CDC] (2020). *Data & statistics on autism spectrum disorder*. https://reurl.cc/bRKWey

Heaton, R. K., Chelune, G. J., Talley, J. L., Kay, G. G., & Curtiss, G. (1993). *Wisconsin Card Sorting Test manual: Revised and expanded*. Psychological Assessment Resources.

Korkman, M., Kirk, V., & Kemp, S. (1998). *NEPSY: A developmental neuropsychological assessment*. The Psychological Corporation.

Krug, D. A., Arick, J. R., & Almond, P. J. (2008). *Autism Screening Instrument for Educational Planning (Third Edition): Examiner's Manual*. Pro-ed.

Lord, C., Risi, S., Lambrecht, L., Cook Jr., E. H., Leventhal, B. L., DiLavore, P. C., Pickles, A., & Rutter, M. (2000). The Autism Diagnostic Observation Schedule-Generic: A standard measure of social and communication deficits associated with the spectrum of autism. *Journal of Autism and Developmental Disorders, 30*(3), 205-223.

Lotter, V. (1966). Epidemiology of autistic conditions in young children: 1. Prevalence. *Social Psychiatry, 1*, 124-137.

Robbins, T. W., James, M., Owen, A. M., Sahakian, B. J., McInnes, L., & Rabbitt, P. (1994). Cambridge Neuropsychological Test Automated Battery (CANTAB): A factor analytic study of a large sample of normal elderly volunteers. *Dementia, 5*(5), 266-281.

Roid, G. H. (2003). *Stanford-Binet Intelligence Scales* (SB5). Riverside.

Schopler, E., Mesibov, G. B., & Hearsey, K. (1995). Structured teaching in the TEACCH system. In E. Schopler & G. B. Mesibov (Eds.), *Learning and cognition in autism* (pp. 243-268). Springer.

Schopler, E., Reichler, R. J., DeVellis, R. F., & Daly, K. (1980). Toward objective classification of childhood autism: Childhood Autism Rating Scale (CARS). *Journal of Autism and Developmental Disorders, 10*, 91-103.

Skuse, D., Warrington, R., Bishop, D., Chowdhury, U., Lau, J., Mandy, W., & Place, M. (2004). The developmental, dimensional and diagnostic interview (3di): A novel computerized assessment for autism spectrum disorders. *Journal of American Academic Children and Adolescent Psychiatry, 43*(5), 548-558.

Wieder, S., & Greenspan, S. I. (2003). Climbing the symbolic ladder in the DIR model through floor time/interactive play. *Autism, 7*(4), 425-435.

Wolfberg, P. J. (2009). *Play and imagination in children with autism* (2nd ed.). Teachers College Press.

第 六 章

發展遲緩

謝協君

第一節　發展遲緩的定義及身心特質

　　發展遲緩兒童係指，6 歲以前因神經肌肉的疾病所導致認知、生理、語言溝通、心理及社會互動等方面有落後或異常的兒童，根據 2015～2018 年國外統計資料顯示，發展遲緩發生率約為 17.4～19.8%（Zablotsky & Black, 2020）。其常見的原因，包括：染色體異常、先天性畸形症候群、腦部發育異常、早產、缺血、缺氧、腦病變，以及心理社會環境因素（如文化剝奪、忽視、虐待等）。發展遲緩兒童的高危險群為出生體重 1,500 公克以下或妊娠期少於 32 週、個體在生產期間缺氧、顱內出血，或有其他心肺功能或其他先天性異常者。發展遲緩兒童常見的問題類別分為：認知發展遲緩、生理（動作）發展遲緩、語言及溝通發展遲緩、社會情緒發展障礙，以及非特定性發展遲緩，說明如下。

壹、認知發展遲緩

　　認知發展遲緩是指，個人對事物、概念及邏輯、記憶、理解等，較同年齡者落後。發展遲緩兒童在概念邏輯及抽象概念的推演和想像方面常出

現問題：在記憶方面，不容易將吸收到的新訊息儲存到長期記憶中；在理解方面，無法將習得的訊息或概念加以連結與解釋。

貳、生理（動作）發展遲緩

生理（動作）發展遲緩包括粗大動作、精細動作及動作靈巧與協調度等的遲緩。這些兒童常會出現動作不協調、害怕嘗試不熟悉的活動，以及在動作操作上有困難，在身體的表現上分高張力和低張力兩種類型：低張力的孩子較會喊累、流口水；高張力的孩子在動作操作上有困難。

參、語言及溝通發展遲緩

語言及溝通發展遲緩包括說話、語言表達、語言理解等的遲緩。發展遲緩兒童常見的語言問題包括構音障礙、語暢障礙、聲音異常等。構音障礙是指，在發出語音的過程中因構音器官、氣流、舌位等因素而造成語音錯誤進而改變語音，又分為替代音、省略音、歪曲音、添加音（Kumar et al., 2022），說明如下：

1.替代音：用其他的語音去替代正確的音，例如：蘋果→蘋口。
2.省略音：未將該發出的音正確發出，例如：小狗→咬偶。
3.歪曲音：用改變歪曲的音來發音。
4.添加音：在正常音之外另加別的音，例如：很肥ㄏㄨㄣˇㄈㄨㄟˊ。

語暢障礙是指說話時，語句的開始有某些語音重複、延長或結巴，亦會造成首語難發、連發、延長或口吃的狀態。而造成聲音異常的原因有：過多使用聲音、不當的發聲方式或尖叫，以致於聲帶發炎、水腫而造成音調異常、音量異常、音色異常等症狀。

肆、社會情緒發展障礙

社會情緒發展障礙包括情緒失調及社會適應等的障礙。在嬰兒出生到半年內，基本的情緒逐漸成熟，6～10 週會出現社會性微笑，6～24 個月的階段會出現分離焦慮，2 歲時自我意識情緒開始建構，像是害羞、困窘、忌妒和自豪。

伍、非特定性發展遲緩

非特定性發展遲緩的問題包括視知覺、聽知覺及感覺統合等感官覺知發展的落後所導致的能力缺損，其中發展遲緩的非特定性知覺能力（謝協君，2019），包含：

1.視覺敏銳度（visual discrimination）：是指區分對象、形狀、大小和微小細節的能力。新生兒一開始是個大近視，其看大約 6 公尺內物體的清晰度，與成人看 180 公尺內物體的清晰度差不多；大約 2 個月大時，嬰兒物體聚焦的情況可以和成人一樣好，6 個月～1 歲後的視力才跟成人相同。

2.深度視知覺：是指評斷物體之間以及物體與我們之間距離的能力，2～7 個月之間漸漸發展。

3.視覺集中（visual attention）：新生兒的視覺調節機能焦點無法改變，2 個月時才能調整，4 個月時才跟成人相同 。

4.顏色視覺（color discrimination）：新生兒從 3～4 個月起可以分辨彩色和非彩色，喜愛波長較長的暖色系（如紅、橙、黃），不喜歡波長較短的冷色系（如藍、紫）。

5.視覺形象背景知覺：指能從形象之背景，區別形象，並能對這個形狀賦予意義，或是指能將形象或組成形象的因素，予以結合統整之能力。

6.視覺恆常：指物體在表面、大小、顏色、線條、亮度和形狀上有所變化時，仍能正確地認知物體相同的部分。

其他的非特定性發展遲緩，包含：

1.觸覺：新生兒的觸覺發達，例如：刺激嘴唇時，有覓食及吸吮反應；刺激腳掌時，有巴賓斯基反應（4個月後減弱，2歲後消失）。

2.本體覺：可稱為肌肉運動感覺或者運動覺，只對肢體所處的位置與肢體動的感覺，兒童的平衡能力早年以視覺占優勢，長大後以本體覺占優勢。

3.前庭覺：指頭部的內耳，可偵測到行為加速過程中的各種變化，及頭部在空間位置的感覺。

4.聽覺辨別能力：指區辨聲音、頻率、音質、音調大小之能力。

5.身體基模（body schema）：感覺動作的基本要素，指身體的能力和限制的知覺。

6.身體形象（body image）：意思是個體對身體的感覺，身體形象的形成整合了觸覺、本體感、視覺及前庭覺。

第二節　發展遲緩兒童的鑑定與評量

政府應建立6歲以下兒童發展之評估機制，對發展遲緩兒童應按其需要給予早期療育、醫療、就學及家庭支持方面的特殊照顧。目前，在國內的發展遲緩兒童評估是由衛生福利部指定之各縣市發展遲緩兒童聯合評估中心執行，參與聯合評估的專業團隊人員，包含：醫師、心理師、物理治療師、職能治療師、語言治療師、社會工作師及特教教師。聯合評估中心的評估會議主要在診斷兒童是否為發展遲緩，並提供跨專業團隊的服務。關於兒童的鑑定基準，如表16-1所示。

目前，國內法規上沒有明確定義發展遲緩兒童的標準，國內的醫療單位則依孩子的嬰幼兒發展評量落後達2個標準差以上，稱為異常，而美國則是以標準化測驗工具落後達1.5個標準差以上，作為發展遲緩兒童的鑑定標準。

動作發展可分為粗大動作和精細動作發展。粗大動作的評量常用「粗大動作功能測量」（Gross Motor Function Measure，簡稱 GMFM），其內容

表 16-1　發展遲緩兒童的鑑定基準與作業標準

流程	對象	工具或方法	負責人員
校內轉介與初篩	學前疑似發展遲緩學生	教師或家長填寫發展遲緩相關篩檢量表	班級老師、特教業務承辦人員
各校提報	學前疑似發展遲緩學生	各項轉介及初篩紀錄、觀察紀錄	特教業務承辦人員
心評教師進行測驗與資料蒐集	學前疑似發展遲緩學生	適應行為量表、智力評估、其他佐證資料	心評老師
安置會議	學前發展遲緩學生	有疑義者參與會議並協調結果	心評老師、鑑輔會委員、專業團隊、老師、家長

可分為五個項目，分別為躺／翻身、坐、爬／跪、站、走／跑／跳來評分，依動作的完成度從 0～3 分來給分。精細動作的評量則用「皮巴迪動作發展量表」（第二版）（Peabody Developmental Motor Scales, 2nd ed.，簡稱 PDMS-2），其測驗內容包括：移位（locomotion）、靜態移位（stationary control）、反射（reflex）、球類操控（object manipulation）、視動協調（visual-motor integration），以及抓握（grasping）；計分方式：0 分為不通過；1 分為接近通過標準，但未完全符合；2 分為通過（Schafmeyer et al., 2024）。

第三節　發展遲緩兒童的教學輔導策略

感覺統合是指，大腦可以對環境的各種訊息（包含：前庭覺、本體覺、觸覺、視覺、聽覺等）加以統整，再對這些環境的感覺作出適應性的反應。兒童在感覺統合失調的常見症狀：如果**前庭覺**有問題時，粗大動作活動方面容易出現害怕高度、旋轉刺激或是過度喜歡此類刺激，在書寫方

面則會出現漏字與跳行等問題。如果**本體覺**有問題時，粗大動作活動會笨拙不靈活、兩側手腳協調不良、容易跌倒，在書寫方面會有類似刻字、寫字緩慢的問題。如果**觸覺**有問題時，孩子會不喜歡被擁抱、梳洗或是特別喜歡觸覺刺激，像是東摸西摸。如果**視覺**有問題時，眼球自主動作發展會產生障礙，包括：注視、凝視、轉移、追視和掃描物體的能力會出現問題。如果**聽覺**有問題時，會有定位、區辨、持續處理和聽能表現的問題；聽能表現是指聲調類同的聽辨、詞彙理解、口語理解。

壹、口語發展的階段

第一個階段為聲音的產生；其次為超語段的出現，超語段就是能區辨兩種（含）以上的聲韻特徵；韻母與雙韻母為第三個階段；個體以發聲的方法分類出子音（例如：ㄅ、ㄇ、ㄏ）、以有無聲音分類出子音（例如：ㄅ與ㄆ、ㄉ與ㄊ、ㄍ與ㄎ）分別為第四、五階段；最後一個階段為以發聲位置分類出子音，分為前位發音（例如：ㄅ、ㄇ、ㄈ）、中位發音（例如：ㄉ、ㄋ、ㄕ）、後位發音（例如：ㄍ、ㄏ）。

貳、語言發展遲緩兒童的輔導策略

1.與孩子在生活中的對話需輕聲細語和掌握抑揚頓挫，讓孩子可以聽到並分辨聲音。

2.從遊戲與生活經驗中讓孩子有自我修正與聽覺回饋的機會，從中讓孩子覺得語言是好玩的。

3.讓孩子可以在不知不覺中多累積聽的經驗，家長可扮演好的仿效對象，以增加孩子更多詞彙與模仿的經驗。

4.避免一直矯正孩子的發音，盡量以生活化的語言與孩子互動。

5.透過日常生活的活動來學習語言，例如：用餐、洗澡等，讓孩子察覺正確的用語。

參、情緒問題處理

　　自傷行為是一種反覆性的固著動作形式，此自傷的行為表現並不只是出現於自閉症患者，它也常發生於發展障礙、智能障礙或感覺功能障礙者（Gal et al., 2009; Reese et al., 2005）。自傷行為的產生，有部分原因是為了獲得他人注意或逃避要求，另有部分是希望從自傷行為中獲得愉悅感，因此設計了以物件操作（object manipulation）來降低自傷行為的介入策略，研究結果證實：可透過讓自傷者操作其渴望的物件，來控制其自傷行為產生的頻率（Lindberg et al., 1999; Shore et al., 1997; Zhou & Goff, 2000）。這種為了獲得感官刺激的後果所造成的自我傷害行為，被假定這些自傷者能經由反覆的自我傷害刺激，提供個體感官的自我輸入，而得到自我快感；個體會以此自傷行為來調整感官輸入的滿足程度，以因應外界環境刺激的改變對個體所造成的壓力（Patel et al., 2000; Tang et al., 2003）。個體在獨處或缺乏環境刺激下，常以重複的自傷行為，來滿足感官刺激的需求（Lovaas et al., 1987）。此外，林惠芬（2001）使用功能分析的研究中證實，發展障礙者的自傷行為多半出現於獨處的情境，其可能是為了獲得感官刺激的正增強所造成的。Horn（1980）研究也證實，在提供各種不同的玩具或材料的環境下，機構裡的極重度智能障礙者之自我刺激行為出現的比率減少很多。

　　國內較少關注發展障礙兒童以物件操作介入自傷行為的議題，因為發生自傷行為時，很難界定這些發展障礙兒童是因為發展上受到限制而產生無法控制之自我傷害表現，還是真正的情緒障礙。目前，針對發展障礙兒童自傷行為的治療模式，以採行為治療和認知—行為治療為主，介入方式以區別性增強策略、提供個案偏好的物品（如玩具）、自我刺激行為的中斷或限制、穿防護物品（如頭盔、手套）、消弱反應和逐漸減敏感原理等（Gal et al., 2009; Harchik et al., 1992; Kemp et al., 2008; Lang et al., 2010; Symons & Thompson, 1997; Vollmer, 1994）。從文獻後所提到對介入的方式，依行為處理可朝四個向度來區分和整理，如表 16-2 所示。

表 16-2　目前發展障礙者自傷行為的處理和介入方式

處理向度	介入方式
前瞻性預防	去除控制環境中會引發自傷行為的誘因，例如：環境噪音干擾、調整活動難度、訂定規則、口頭提示自傷行為後果等。
行為後果	自傷行為出現以後，安排立即的（懲罰性或鼓勵性）後果，使不理想行為終止。 1.消減法：把引致自傷問題行為的增強物拿走，讓自傷行為漸漸消失，例如：撞頭得不到任何關注。 2.隔離：限制個案在安全角落，沒有不當的表現再回到原處。 3.反應代價：自傷行為出現時，剝奪學生的既得利益（如早期獲得的增強物），或撤除特定喜愛的活動。
技能拓展	以發展性的行為訓練，教導其被社會認可的行為來取代。 1.替代行為的訓練：上課不停敲打桌面，安排其接受敲擊樂訓練。 2.社會技能的訓練：加入社會技能的培育，能減少其行為問題，增進社會適應。
環境改造	建立環境安全性和可及性，例如：穿防護物（如頭盔、手套）。

肆、適合發展障礙兒童治療目標的玩具類型

　　根據學者針對學前教育內容所做的研究發現，學前教育的重點在利用粗大動作活動（如球類運動）、手部精細動作活動（如畫畫）、認知活動（如故事人物的角色扮演），以及社會化活動（如團體活動時間）等，以促進幼兒生理、心理、認知與社會發展（曹純瓊，2001；鈕文英，2002）。依據玩具活動對促進發展障礙兒童能力的研究指出，在日常生活中適當的親子玩具操作活動，確實可以促進發展障礙兒童在平衡、物理操作、手部抓握，以及視動整合的發展（謝協君，2010；謝協君、何東墀，

2008；Hsieh et al., 2020）。

　　兒童透過玩具可促進其八種層面的發展，包括：(1)知覺；(2)平衡和協調；(3)精細功能和手眼協調；(4)視覺；(5)空間和時間的覺察；(6)社會化；(7)語言；(8)創造力（Abrams & Kauffman, 1990）。因此，玩具的選擇首重功能性，一般玩具的功能主要分成五大類，包括：動態玩具、操作玩具、扮演遊戲、創意遊戲，以及學習遊戲，分類的目的主要是方便家長參考。一般玩具的分類方式詳如表 16-3 所示。

表 16-3　國內現有的玩具分類方式

類型	說明
動態玩具	推拉玩具、可騎乘玩具、戶外和體育配備、運動配備
操作玩具	建造玩具、益智遊戲、製作樣式玩具、穿戴鞋帶和串線玩具、沙和水遊戲
扮演遊戲	娃娃、填充玩具、玩偶、角色扮演材料、戲劇扮演（包含小型玩偶）、交通工具玩具、子彈玩具
創意遊戲	樂器、藝術和工藝材料、視聽設備
學習遊戲	遊戲、特殊技巧發展玩具、書籍

註：引自經濟部（2005，第 17-43 頁）。

　　在遊戲治療中的玩具選用，以配合治療目標和個案特質為主，適合的玩具分成四大類：(1)扮演遊戲：以模擬真實家庭生活的玩具為主，如人形布偶、餐具組、茶具組和玩具屋；(2)動態玩具：以發洩孩子體力為主的玩具，如玩具兵、拳擊套、軟質球和玩具槍；(3)操作或創意遊戲：以供表現創造力或抒發情緒的玩具，如積木、黏土、彩色筆和沙箱；(4)其他類型學習玩具：如繪本、大富翁（羅明華，2002；Malone & Langone, 1998; Niel & Landreth, 2001）。依據發展障礙兒童操作玩具時的表現和輔導人員建議的玩具，以下整理出合適於發展障礙兒童治療的玩具，包括：黏土、家具組、改裝之玩具電話、沙箱、玩具槍、手掌布偶、積木、改裝之電動吹泡泡機、球池、結合特殊開關之聲光玩具等（謝協君，2010；羅明華，2002；Hsieh, 2008）。針對過去發展障礙兒童的相關玩具研究中提到，由以

上分析可知，由於需考量幼兒興趣和個人特質，所以玩具介入方案著重家長可根據自己孩子的特質，來選用教室中的玩具和引導其操作合適的玩具。

伍、玩具本身的安全和功能性考量

發展障礙兒童因常伴有自傷行為，故玩具本身的安全性也是介入方案設計的重點。因此，在玩具本身安全和功能性選擇上，應盡可能選用符合下列特質的玩具：(1)吸引且符合幼兒興趣；(2)考量幼兒身心發展特質；(3)符合兒童的能力和程度；(4)避免尖銳或玻璃製品，以防打破傷害兒童；(5)少用過於精緻、複雜的玩具，以防弄壞而導致兒童挫折或自責；(6)減少過於結構化或成套的玩具，以免限制兒童的創造性（歐滄和，1993；謝協君，2010；Lieber & Beckman, 1991）。筆者整理相關文獻以及 2009 年的國家科學委員會計畫研究結果，建構玩具之安全指標，如表 16-4 所示。

陸、多感官環境

多感官環境（multi-sensory environment，簡稱 MSE），或被稱為「史露西倫室」（Snoezelen room）、「多感官室」（multi-sensory room）、「多感官（功能）教室」、「多感官訓練室」等，儘管有許多相似的名稱，但其實都是指一種藉由聲音、彩光等外在刺激以喚醒個體之感覺，並引起其注意，激發其學習興趣的環境或空間。對於感知反應低下或感知反應不足的重度與多重障礙者而言，如果不設法喚醒他們的感覺，就無法開始學習（李翠玲，2003）。因此，多感官環境透過大量的聲光刺激，打造一個足以促進多重障礙者的感官輸入與接收之環境，進而幫助他們開啟學習之門。

多感官環境的概念是由荷蘭的 Hulsegge 與 Verheul 開始的，他們為了要讓 Hartenburg 教養院內之重度及多重障礙的住宿者有更多變化的休閒場所，而設計了人工化的多感官環境，希望能在沒有失敗與壓力的環境下，打造

表 16-4　玩具安全指標

□　是否有「ST 安全玩具」標誌。

□　是否有經濟部標準檢驗局核發之「合格標誌」。

□　選購填充玩具（如洋娃娃或絨毛玩具等）時，應拉一拉玩具之眼睛及鼻子等物件，檢查是否容易脫落，以免誤食發生危險。

□　玩具附有繩索時不得超過 22 公分，以免纏繞脖子發生危險。

□　檢查是否具有危險尖端或銳利邊緣，以免割傷或刺傷發生危險。

□　玩具或其配件之大小，若小於 50 元硬幣，應避免 3 歲兒童使用。

□　是否有易燃性（耐燃性）：避免使用賽璐珞、硝化纖維素等燃燒猛烈之材料，防止燒傷或燙傷等。

□　是否有毒性：經皮膚接觸或引起皮膚過敏、刺激，使皮膚紅腫、潰爛等傷害。

□　是否有化學性（重金屬）傷害：塗裝材料含有過量重金屬成分，乃不慎經兒童口嘴、咬啃進入體內，逐漸累積而導致體內器官之變異，如鉛中毒。

□　是否有物理（機械）性傷害：因結構設計不良或材質不良，而刺傷、刮傷、撞傷、夾傷、絞傷，或過小配件脫落而吞食窒息。

出信任與放鬆的氣氛，以安排多感官刺激。而後來「史露西倫室」流傳到英國後，英國人取其意義，以「多感官環境」（multi-sensory environment）來稱呼，並將其應用於特殊教育中（李翠玲，2009）。多感官環境的基本理念就是打造一個沒有威脅性的環境，透過各項人工產品或是特殊設備提供一個充滿各項感覺，如視覺、聽覺、嗅覺、觸覺等的感官刺激，讓使用者獲得愉悅的感受與經驗，以激發個體的主動性，並且有助於降低個體的焦慮或不適當行為（Thompson & Martin, 1994）。多感官課程的設計理念，主要是希望能透過多元且豐富的感官教具，幫助多重障礙者開啟接收各種感覺的能力（謝協君，2014）。

一、多感官環境之功能

　　最初，多感官環境的設置是為了要豐富多重障礙者的休閒環境，成功打造出一個輕鬆、休閒且具備有多元外在刺激的環境，很適合用於情緒困擾者、自傷行為者、多重障礙者、自閉症患者、其他各類障礙或有需要感覺刺激的人（李淑玲，2009）。而多重障礙者礙於本身智力、體能或心理健康的問題，從感官體驗引發的學習不若普通人，在日常生活中獲得感官經驗的機會也較缺乏，若能透過多感官環境的感官刺激活動，讓其可以從中學習主動參與，並依興趣探索環境，除了可以藉由他們自己操控各類觸控裝置，而獲得獨特和印象深刻的感官體驗外，更可以增加其感覺輸入的刺激量，開啟學習之門（Martin et al., 1998）。多感官環境對多重障礙兒童之教學有多項助益，筆者將多感官環境所能提供之功能統整，如表 16-5 所示（石筱郁、唐榮昌，2006；李淑玲，2008；李翠玲，2003；Schofield & Payne, 2003）。

表 16-5　多感官環境的功能分析

功能	內涵
放鬆	多感官環境能提供一個信任與放鬆的氣氛，藉由輕鬆、沒有失敗或壓力的環境和適當的活動，讓學生進入放鬆狀態。
刺激	藉由多感官環境的布置，引導學生使用室內的各項器材，以獲取視覺、聽覺、嗅覺、觸覺等多元的感官刺激，藉以提升其各項感官發展。
溝通	在有趣的環境中營造出學習的氣氛，透過多感官器材的聲光回饋，增強學生的溝通能力。
互動	透過聲光效果和互動性佳的多感官環境之設備，吸引學生的好奇心，進而主動探索身邊事物，並透過多感官器材操作的選擇與喜好，讓學生主動與環境和人互動。
治療	藉由多感官環境的各項刺激，消除或減少學生因缺乏外在刺激的自傷行為；透過吸引人注意的聲光刺激，增加治療或訓練時的趣味性。
教育	透過有趣的動態器材，可以提高學生的注意力、掌控感與手眼協調的能力，並培養其控制環境的能力，教師更可以延伸課堂活動至多感官環境中進行，以配合學生的學習目標，加深學生之學習效果。

此以強調刺激、互動和教育功能設計之多感官課程，透過大量的外在刺激能喚醒多重障礙者的感官能力，並以互動式的回饋誘發並培養他們主動探索環境、嘗試適應環境的變化、積極參與活動，以及體驗各項身邊轉變。

二、多感官環境之布置

　　多感官環境的設計包含各種技術性或功能性的資源，藉由一系列的感官刺激設備，以提供個體多重刺激的機會。雖然多感官環境的理念簡單明瞭，但多感官環境的設備與器材皆相當昂貴，要設計一個多感官環境所費不貲，相對的就降低了多感官環境實施的可行性。然而，在了解多感官環境的背景與基本理念後，如何應用其理念並善用其他替代資源，找出適合多重障礙學生的喜好，以打造一個小規模或類似多感官環境的空間，一樣能達到其在多感官環境中的效果，才是特殊教育教師值得思考的重點。

（一）多感官環境的空間

　　依照多感官環境的不同設計理念與應用，從文獻中可以分析出多感官環境的設計類型，如表 16-6 所示（李淑玲，2008；李翠玲，2003；謝協君、汪姿伶、張育菁，2011；Lancioni et al., 2002; Minner et al., 2004; Pinkney, 2000）。

　　總而言之，在進行多感官課程的設計時，教師可以視需要與空間的安排來決定環境之大小，但基本上仍建議以獨立的空間做為環境設計的基礎。室內的設計可以白色、簡單為主，搭配各項多感官器材或設備，但須特別注意保持通道的暢通，以提供足夠的活動空間。多感官課程的理想時間應以不超過 45 分鐘為原則，且可視學生的需要與情形，安置楔型板、滾筒等於空間中以供擺位使用，或脫下矯正支架時可以無拘無束的在完全鬆弛之狀態下自由活動。有研究以開、關電源和窗簾控制，產生黑白屋效果，但為了使學生適應環境中光線的轉變，會依序逐漸開、關燈光，以避免學生產生恐懼或不安，也會避免突然的強光而使得學生不舒服，或被突如其來的聲響嚇著，引發癲癇發作。

表 16-6　多感官環境的類型和設計原則

類型	設計原則	優點
白屋	教室的四周鋪上白色軟墊，天花板上的鏡球透過四色旋轉投影機的照射，反射出不斷移動的光點於白色地板及牆面上。	1.學生可以舒適地躺臥，能引發孩子主動觸摸或追逐光點。 2.對於有自傷傾向者，有助於轉移學生對身體的注意力。
黑屋	在漆黑的教室內，利用黑色會將光線吸收並凸顯有光線之部分。	1.適合應用於視覺追視的活動。 2.一般教室可加裝不透光的窗簾，以達到黑屋的效果。
有聲屋	以製造出一個充滿聲音的環境進行之聽力評量、聽覺刺激和聽能訓練活動中延伸而來。	1.進行聽能訓練或利用聲音玩遊戲。 2.可達到舒緩學生情緒的效果。
互動屋	在環境中布置多種互動式或可操控的多感官設備。	1.學生可藉由操弄特殊開關，以發展自己主動控制環境的能力。 2.可激發學生的知動能力、自我選擇與做決定能力的發展。
水屋	以嬰兒在媽媽子宮中的安全感為奇想，讓學生在適當的溫水中將他的身體包裹著，以營造有如回到母親子宮中的舒服與溫暖感。	1.因為水有浮力，可以支持學生的體重，可讓多重障礙的學生更容易移動身體去探索因果關係。 2.可以搭配不同大小水柱的刺激和按摩，讓孩子感到放鬆。
探險屋	設置於帳篷或花園中，利用各式材料以做成有聲的雕塑。	此空間可讓兒童自由進行各項探索活動。
溫和的玩具屋	各項能夠激發學生視、聽、觸、嗅覺的設備，如球池、玩具或硬塑膠積木。	1.可以讓身障兒童去從事建構、攀爬、跑、跳、滾、滑等活動。 2.藉由各種遊戲或主動探索的活動，為學生提供愉快且沒有壓力的安全之地。

（二）多感官環境中的設備

多感官環境因為透過多樣化的感覺刺激而營造出愉快的氣氛，能夠有效提高重度與多重障礙學生的學習主動性。筆者蒐集相關文獻後（石筱郁、唐榮昌，2006；李淑玲，2009；Hsieh, 2008; Pinkney, 2000），整理出多感官環境的設備或器材外，也提供一些市面上可以製造出多感官環境的材料與物件，以供特殊教育教師使用於教學中（如表 16-7 所示）。

總之，即使沒有龐大的經費可以購置一個理想中的多感官環境，以融入教具改造並把握住多感官環境的設計理念——在特教班中，布置充滿視覺、聽覺、嗅覺、味覺、觸覺等各項感覺刺激的課程，透過改造的教具和自製的多感官環境，仍有機會可以引導出學生參與課程的動機。且透過專業團隊和特教教師精心的教具改造之下，找出學生的喜好與需求，運用多感官環境的理念，打造出一個有趣、愉悅的多感官環境將不再是遙不可及的事情。

柒、玩具介入法在發展遲緩兒童之應用

藉由學習區時間讓幼兒在其中習得感覺、認知、語言、動作等功能。學習區又稱角落，在幼兒園常設的學習角，包括：圖書角（語文角）、創作角（美勞角）、益智角（小肌肉操作角）、扮演角（娃娃角、家事角）、積木角、科學角等（Alabay, 2009; Tu, 2006），藉由提供適性的教具讓幼兒操作。目前國內已有部分針對學前幼兒教具或玩具發表的有關研究，多在探討教具選擇或學習角材料之提供及設計等方向（郭春在，2013；謝協君、何東墀，2008）。

目前市面上的教具種類有下列幾種分類，依「教具的製造材料」可分為：塑膠教具、鐵皮教具、布質教具、橡膠教具、木質教具、針織梳毛，以及絨毛教具等；依幼兒的「年齡」為標準來做區分，例如：2 歲兒童玩插棒教具、4 歲兒童玩建構教具等；以「教具的特性」可區分為：教育性教具、真實教具、建構教具；以「教具外表及物理功能」來分類為：如在水中使用的教具則分類為水中教具；以「教具功能」來分類，依對幼兒所提

表 16-7 多感官環境設備和教具的改造方法

功能	現有的多感官器材／多感官設備	多感官教具的改造方法
聽覺	1. **音樂復健水床**：藉由躺在水床上的舒適感，減低情緒障礙孩子的焦慮，並且有音樂可以幫助其放鬆。 2. **聲控燈箱**：孩子透過麥克風輸入聲音，燈箱上即會根據其音量的大小，顯示出不同反應程度的圖案。這種視覺效果的訓練，可以增進孩子的專注力，同時對於發聲意願較小的孩子，也可藉此激發其發聲或表達意願。	透過多媒體音響或器材的應用，製造充滿韻律的音樂，配合不同的拍子、抑揚頓挫的音調，隨著多感官環境的主題選擇各式音樂做為搭配，再加上如鳥叫聲、海濤聲或不同樂器發出的聲音，以提供多樣化的刺激。也可以在窗戶邊布置鈴鐺，或者以不同材質的罐子裝入各式小物，例如：沙子、豆子、鈕扣、硬幣等，讓孩子玩變音配對的遊戲。
視覺	1. **彩色光帶**：主要提供安全可接觸光的感覺，不發熱、不導電、可彎曲、可觸摸、不怕水等特性，可從事多項活動設計，適用於多重障礙或手部動作不佳的腦性麻痺者進行手部操作能力，藉由多感官刺激的搜尋，減少不正常的張力變化。 2. **彩色旋轉輪放映機**：藉由燈光與背景的對比，增加重度與多重障礙孩子的感官刺激。 3. **泡泡水柱**：持續移動的泡泡能夠訓練孩子注視、主動進行追視的能力，並且也能夠加深色彩的概念。 4. **太陽燈、隧道燈**：能刺激孩子目光之追視轉動與凝視的能力。	可運用的工具非常多，如黑暗中最能引人注意的──光，**手電筒的應用在多感官環境中可以製造出許多活動，將手電筒同時搭配各種顏色的玻璃紙，就能製造出五彩繽紛的顏色**。而市面上也有許多螢光棒、螢光粉、螢光色筆（蠟筆）等，可以讓教師自由地設計圖形或應用，就可以運用於多感官環境中。更方便的還有現成的螢光貼紙，隨手即可使用來布置環境，也可製造出令人驚奇的效果。**投影機、電腦等科技產品**，能由教師自由選擇圖形、顏色、快慢、變換等，也能幫助教師更輕易地打造出豐富的多感官環境。

表 16-7　多感官環境設備和教具的改造方法（續）

功能	現有的多感官器材／多感官設備	多感官教具的改造方法
嗅覺	1.**香精**：透過各種不同香味，以增加孩子嗅覺的區辨力。 2.**氣味選擇機**：機器內裝入各種味道的精油，孩子根據不同顏色的按鈕啟動機器，即會散發其所選擇的香味，不僅可舒緩情緒，並兼具主動學習色彩認知的功能。	以**自製乾燥花**，做成芳香袋，隨機布置於環境中，讓孩子自由尋找與發現，同樣也可進行配對及尋找不同味道的香包活動。另外，嗅聞可以讓孩子有放鬆或警醒效果，利用**小塑膠瓶罐放入不同味道的固體或液體物**（也可用棉花沾著液體放入），剛開始以孩子生活中熟悉的味道進行，像是不同口味的食物、常吃的水果、媽媽身上的香水味等，讓孩子說出聞到該味道的感覺。教師也可以使用市面上的**水氧機**，透過搭配各種香精油的方式，達到嗅覺刺激的效果。
觸覺	1.**透明球池**：隨著池內的燈光變化，池底會產生不同的振動變化，進而帶動池內數百個塑膠透明球的振動，提供有如按摩般的不同觸覺刺激，以增進觸覺能力。 2.**散狀光纖束**：其尾端或屈區處會發出彩光，可提供視覺能力不佳者視覺刺激，也因為它摸起來相當柔軟的特質，可讓孩子增加其觸覺刺激，更可以進行長短、多少、顏色辨別等的學習活動。	**舉凡各種材質或觸感**的物品，皆是增進孩子觸覺能力的可用資源，如毛毯、瑜珈墊、地毯、**任何可震動的玩具**，如簡易按摩坐墊、可震動的嬰兒玩具、不同觸覺或按壓式可發音的絨毛玩偶、有**不同觸感的美勞材質**，如砂紙、棉紙、不織布、厚紙板、瓦楞紙、保麗龍等，皆是教師可利用於環境中的物品，透過相關的活動設計，能讓孩子在多感官環境中感受不同觸覺的刺激。

表 16-7　多感官環境設備和教具的改造方法（續）

功能	現有的多感官器材／多感官設備	多感官教具的改造方法
	3.觸覺光板：透過互動，培養孩子獨立的能力，並且從中訓練其對色彩的認知。	
	4.泡棉搖椅：藉由不同材質所提供的觸覺感受，讓孩子在放鬆的情境下，跟隨教師引導發揮想像力。	
	5.甲蟲振動墊：透過墊內三個感應器的振動，讓坐在墊上的孩子感受觸覺的刺激，以及甲蟲的螢光色觸角與眼睛所引發的視覺刺激。	

供的刺激方式，可分成視聽觸、運動、動力、組合類等；而依「消費者文教基金會」之教具類型，可分為：嬰幼兒教具類、電動類教具、暴力類教具、食品教具、組合性教具（郭靜晃，2000）。整合上述分類概念，由於著重於教師使用的「操作教具」，從幼兒發展需求的角度來切入，因此筆者在此提出玩具要素分析表（見本章附錄 1），該內容融合特殊幼兒的教具使用需求，並結合先前研究之操作式玩具功能要素分析概念（謝協君，2010；Hsieh, 2008），針對學齡前發展障礙兒童的研究指出，可以利用「學齡前發展障礙兒玩具檢核表」（見本章附錄 2）來選擇適齡適性的教具進行活動，可有效促進其認知能力和動作能力，包括粗大動作和精細動作（謝協君、何東墀，2008）。在幼兒遊戲文獻中，提出前庭系統、本體覺和觸覺系統的整合是學習的基礎，而在遊戲過程中，大量製造其觸覺、本體覺及前庭覺等感覺，以產生愈多愈複雜的適應性反應，因此當幼兒玩的種類（教具的類型及遊戲的種類）愈多，對於一般幼兒及特殊幼兒的感官發展、認知發展、語言發展、動作發展等方面，可刺激其相關發展（張翠娥、吳文鶯，1997）。

幼兒課程內容常分為六大領域，其中包括認知、語言發展、社會、心理發展、精細動作，以及粗大動作等領域。此外，學者還提出特殊幼兒的課程需著重下列部分：自理技巧與自我概念、粗大動作、精細動作、溝通活動、視覺活動、聽覺活動、認知活動，以及社會活動等（Trawick-Smith et al., 2011）。教師透過情境的布置，如角落活動區的設計，讓特殊幼兒經過探索及具體的操弄中，來習得各種不同經驗及知識（何香蓮，2002）。

　　為讓特殊幼兒滿足其發展需求的操弄性為考量，角落課程常見類型，依提供的物品可分類如下：(1)娃娃角：提供服飾、家具、電器或道具及玩偶、紙偶等真實性或模擬性教具（Hsieh et al., 2020）；(2)語文角：又稱圖書角，提供繪本、字卡，及其他視聽設備；(3)美勞角：又稱創作角、工作角，提供多樣化的素材（如紙、布、顏料、木材等），以及美勞工具；(4)積木角：提供多種材質與大小的積木等；(5)益智角：又稱認知角、小肌肉操作區等，提供拼圖、七巧板、配對卡、串珠或釘板等；(6)音樂角：放置多樣樂器等（Cook et al., 1992; Hall, 2005）。教學環境設置檢核表及其訓練項目定義及教具範例，請參閱本章附錄 3、4、5。

第四節　發展遲緩兒童的服務現況與問題

　　我國學者界定早期療育是為學齡前兒童（0～6 歲）而服務，而早期療育的內容為對發展遲緩兒童及家庭提供治療、教育、預防及家庭支持的服務。目的是藉由愈早提供這些服務給兒童，來提高兒童未來成功的可能性，並且務必儘早在兒童成長家庭調適的重要期間給予支持。在早期療育服務中，為了協助家庭促進身心障礙幼兒能力，有個別化家庭服務計畫（IFSP）的設計。個別化家庭服務計畫是為了配合個案的需求所設計的服務計畫，與個別化教育計畫（IEP）最大的不同是，IFSP 乃專為以家庭為主要活動場所的幼童所擬定，故 IFSP 的長短期目標，可依照孩子發展分為六至七個領域，包括：感官知覺、精細動作、粗大動作、生活自理、認知能力、語言溝通、人際社會等。而 IEP 則是針對幼童進入日托幼兒園就讀全日或半日托時，幼兒園會藉 IEP 來設計課程活動以達成學童的能力目標。

問題與反思

基本題

1. 根據《特殊教育學生及幼兒鑑定辦法》，發展遲緩的定義為何？
2. 非特定性發展遲緩兒童的感官表現為何？試從視聽觸和本體覺等分別描述之。
3. 發展遲緩學生有哪些身心特質？
4. 發展遲緩兒童在使用玩具時，其本身的安全和功能性考量需經過哪些步驟或項目？
5. 發展遲緩兒童的教學輔導策略有哪些？試任舉一項並做簡要說明。
6. 適合發展障礙兒童治療目標的玩具類型有哪些？

進階題

1. 試討論根據發展遲緩學生的身心特質，如何規劃一個適合發展遲緩學生的多感官環境？如何配合多感官原則來規劃多感官教室？
2. 試討論適用於發展遲緩兒童的評量工具有哪些？如何解釋其中的結果？
3. 試討論發展遲緩兒童在使用玩具的特質和課程教學如何結合？如何尋求學校資源進行整合？
4. 試以玩具選用原則為例，說明您所曾接觸過的相關個案、書籍、新聞影片等有關玩具和教具選用的部分，並說明您的使用心得？

參考文獻

中文部分

石筱郁、唐榮昌（2006）。多感官室（multi-sensory room）對重度障礙學生多感官刺激的應用。**特教園丁，22**（1），33-39。

何香蓮（2002）。選擇教具的高招。幼教資訊，**139**，7-8。

李淑玲（2008）。多感官環境對重度與多重障礙者教育之初探。**特教論壇，5**，1-13。

李淑玲（2009）。多感官環境虛擬實境遊戲對腦性麻痺學生遊戲動機之影響。載於**特殊教育「情緒障礙與兒童藝術治療」國際學術研討會論文集**（頁709-724）。國立臺中教育大學。

李翠玲（2003）。多感官環境對多重障礙教育之啟示與應用。國小特殊教育，**36**，10-17。

李翠玲（2009）。**重度與多重障礙**。五南。

林惠芬（2001）。功能性評量對智能障礙學生固著行為介入處理成效之研究。**特殊教育學報，15**，85-105。

張翠娥、吳文鶯（1997）。**嬰幼兒遊戲與教具**。心理。

曹純瓊（2001）。**學前融合教育**。啟英。

郭春在（2013）。**幼兒教具設計與應用**。洪葉。

郭靜晃（2000）。適齡玩物的選擇。蒙特梭利雙月刊，**32**，10-13。

鈕文英（2002）。國小階段融合教育實施模式與策略初探。**特教園丁，18**（3），1-20。

經濟部（2005）。**玩具安全使用手冊**。

歐滄和（1993）。如何為遊戲治療選擇玩具和材料。測驗與輔導，**118**，2414-2416。

謝協君（2010）。親子玩具活動對腦性麻痺幼兒動作發展的影響。**特殊教育研究集刊，35**（2），81-101。

謝協君（2014）。虛擬實境動作復健機對腦性麻痺兒童上肢動作訓練之成效。國立臺灣科技大學人文社會學報，**10**（3），203-223。

謝協君（2019）。視覺追視裝置在腦性麻痺兒童之視知覺與手眼協調能力運用成效。**特殊教育季刊，151**，11-21。

謝協君、何東墀（2008）。玩具檢核表在學齡前發展障礙兒之運用成效。**特殊教**

育學報，**27**，157-176。

謝協君、汪姿伶、張育菁（2011）。融入教具改造之多感官課程在多重障礙學生課堂專注成效。**特教論壇**，**11**，63-77。

羅明華（2002）。遊戲治療在國民小學的實施與考量。**輔導季刊**，**38**，1-6。

英文部分

Abrams, B., & Kauffman, N. (1990). *Toys for early childhood development: Selection guidelines for infants, toddlers, and preschoolers*. Center for Applied Research in Education.

Alabay, E. (2009). Analysis of science and nature corners in preschool institutions. *Procedia-Social and Behavioral Sciences, 1*(1), 857-861.

Cook, R. E., Tessuer, A., & Klein, M. D. (1992). *Adapting early childhood curricula for children with special needs* (3rd ed.). Merrill.

Gal, E., Dyck, M. J., & Passmore, A. (2009). The relationship between stereotyped movements and self-injurious behavior in children with developmental or sensory disabilities. *Research in Developmental Disabilities, 30*(2), 342-352.

Hall, W. (2005). Making the most of the teaching assistant for special educational needs. In A. Campbell & G. Fairbairn (Eds.), *Working with support in the classroom* (pp. 24-39). Sage.

Harchik, A. E., Sherman, J. A., & Sheldon, J. B. (1992). The use of self-management procedures by people with developmental disabilities: A brief review. *Research in Developmental Disabilities, 13*(3), 211-227.

Horn, R. D. (1980). The effects of an environmental enrichment program on the behavior of institutionalized profoundly retarded children. *Journal of Applied Behavior Analysis, 13*, 473-491.

Hsieh, H. C. (2008). Effects of ordinary and adaptive toys on preschool children with developmental disabilities. *Research in Developmental Disabilities, 29*(5), 459-466.

Hsieh, H. C., Liu, C.-K., & Chen, K. H. P. (2020). Lego robots in puppet play for children with cerebral palsy. *Lecture Notes in Computer Science, 12188*, 465-476.

Kemp, A. S., Fillmore, P. T., Lenjavi, M. R., Lyon, M., Chicz-DeMet, A., Touchette, P. E., & Sandman, C. A. (2008). Temporal patterns of self-injurious behavior correlate with stress hormone levels in the developmentally disabled. *Psychiatry Research, 157*, 181-189.

Kumar, A., Zubair, M., Gulraiz, A., Kalla, S., Khan, S., Patel, S., Fleming, M. F., Oghomitse-Omene, P. T., Patel, P., & Qavi, M. S. S. (2022). An assessment of risk factors of delayed speech and language in children: A cross-sectional study. *Cureus, 14*(9), e29623. https://doi.org/10.7759/cureus.29623

Lancioni, G. E., Cuvo, A. J., & O'Reilly, M. F. (2002). Snoezelen: An overview of research with people with developmental disabilities and dementia. *Disability and Rehabilitation, 24*, 175-184.

Lang, R., Didden, R., Machalicek, W., Rispoli, M., Sigafoos, J., Lancioni, G., Mulloy, A., Regester, A., Pierce, N., & Kang, S. (2010). Behavioral treatment of chronic skin-picking in individuals with developmental disabilities: A systematic review. *Research in Developmental Disabilities, 31*(2), 304-315.

Lieber, J., & Beckman, P. J. (1991). The role of toys in individual and dyadic play among children with handicaps. *Journal of Applied Developmental Psychology, 12*, 189-203.

Lindberg, J. S., Iwata, B. A., & Kahng, S. W. (1999). On the relation betweenobject manipulation and stereotypic self-injurious behavior. *Journal of Applied Behavior Analysis, 32*, 51-62.

Lovaas, I., Newsom, C., & Hickman, C. (1987). Self-stimulatory behavior andperceptual reinforcement. *Journal of Applied Behavior Analysis, 20*, 45-68.

Malone, M. D., & Langone, J. (1998). Variability in the play of preschoolers with cognitive delays across different toy sets. *International Journal of Disability, Development and Education, 45*, 127-142.

Martin, N. T., Gaffan, E. A., & Williams, T. (1998). Behavioral effects of long-term multisensory stimulation. *British Journal Clinical Psychology, 37*, 69-82.

Minner, D., Hoffsetter, P., Casey, L., & Jones, D. (2004). Snoezelen activity: The Good Shepherd Nursing Home experience. *Journal of Nursing Care Quality, 19*(4), 343-348.

Niel, B., & Landreth, G. L. (2001). Have toys will travel: A traveling play therapist in the school setting. In G. L. Landreth (Ed.), *Innovations in play therapy: Issues, process, and special populations* (pp. 349-360). Brunner-Routledge.

Patel, M. R., Carr, J. E., Kim, C., Robles, A., & Eastridge, D. (2000). Functional analysis of aberrant behavior maintained by automatic reinforcement: Assessments of specific sensory reinforcers. *Research in Developmental Disabilities, 21*, 393-407.

Pinkney, L. (2000). Assessment of the multisensory environment. *British Journal of Therapy and Rehabilitation, 7*(4), 158-162.

Reese, R. M., Richman, D., Belmont, J., & Morse, P. (2005). Functional characteristics of disruptive behavior in developmentally disabled children with and without autism. *Journal of Autism & Developmental Disorders, 35*, 419-428.

Schafmeyer, L., Losch, H., Bossier, C., Lanz, I., Wunram, H. L., Schoenau, E., & Duran, I. (2024). Using artificial intelligence-based technologies to detect clinically relevant changes of gross motor function in children with cerebral palsy. *Dev Med Child Neurol, 66*(2), 226-232. https://doi.org/10.1111/dmcn.15744

Schofield, P., & Payne, S. (2003). A pilot study into the use of a multisensory environment (Snoezelen) within a palliative day-care setting. *International Journal of Palliative Nursing, 9*(3), 124-129.

Shore, B. A., Iwata, B. A., DeLeon, I. G., Kahng, S., & Smith, R. G. (1997). An analysis of reinforce substitutability using object manipulation and self-injury as competing responses. *Journal of Applied Behavior Analysis, 30*, 21-41.

Symons, F. J., & Thompson, T. (1997). A review of self-injurious behavior and pain in persons with developmental disabilities. *International Review of Research in Mental Retardation, 21*, 69-111.

Tang, J.-C., Patterson, T. G., & Kennedy, C. H. (2003). Identifying specific sensory modalities maintaining the stereotypy of students with multiple profound disabilities. *Research in Developmental Disabilities, 24*, 433-451.

Thompson, S., & Martin, S. (1994). Making sense of multisensory rooms for people with learning disabilities. *British Journal Occupational Therapy, 57*(9), 341-344.

Trawick-Smith, J., Russell, H., & Swaminathan, S. (2011). Measuring the effects of toys on the problem-solving, creative and social behaviors of preschool children. *Early Child Development & Care, 181*(7), 909-927.

Tu, T. (2006). Preschool science environment: What is available in a preschool classroom? *Early Childhood Education Journal, 33*(4), 245-251.

Vollmer, T. R. (1994). The concept of automatic reinforcement: Implications for behavioral research in developmental disabilities. *Research in Developmental Disabilities, 15*(3), 187-207.

Zablotsky, B., & Black, L. I. (2020). *Prevalence of children aged 3-17 years with developmental disabilities, by urbanicity: United States, 2015-2018.* National Health Statistics Reports (no 139). National Center for Health Statistics.

Zhou, L., & Goff, G. A. (2000). Effects of increased response effort on self-injury and object manipulation as competing responses. *Journal of AppliedBehavior Analysis, 33*, 29-40.

第七章

資賦優異

黃澤洋

第一節　前言

　　特殊教育這門教育學科，從理論到實務充滿了各種爭議（Heward, 2012），而當中的資優教育，從過去、到現在或未來，不論在哪一個國家都是特殊教育工作者最難取得一致看法與作法的領域（Hallahan et al., 2014）。對於提供服務與協助身心障礙特殊需求學生，社會大眾多數都會認為這是符合道德正義的社會價值觀，但是對於資賦優異學生，國家是否應該投入更多的教育資源與經費來關注這群「菁英」學生，相對而言，就會有很多不同的聲音（教育部，2008）。當國家教育經費充足時，其資優教育政策會偏向「拓寬」的理念去規劃，讓所有擁有各種潛能的可能未來人才，都有機會接受服務；但是在經費拮据時，恐怕只能採取「拔尖」的策略。如果接受服務的對象是身心障礙者，經過特殊教育服務之後又能有特殊才能的展現，雖然成功的案例有限，但相信這是大家所樂見的。《一步一腳印，發現新臺灣：折翼的天使畫家陳姿蓉》節目當中所報導的事蹟，是值得進一步思索的真實案例。

　　從資優教育是否為「菁英主義」所涉及教育公平、平等、正義的爭議（吳武典，2013；Clark, 2002/2007; Davis et al., 2013），到北歐國家的教育理念，例如：芬蘭、瑞典、丹麥等國家的教育系列報導與書籍介紹（如陳

之華，2013），這些議題的爭論點最終都還是會回歸到教育的本質與目的，以及國家競爭力來討論與分析。我國教育傳承「有教無類」、「因材施教」到「適性揚才」（教育部，2008），足見教育是一門科學與藝術，如何在多元的教育、文化和社會觀點中異中求同、同中求異，更是從事資優教育工作者必須具備的專業能力之一（吳武典、張芝萱，2009）。

培養學生具有獨立、批判性思考以及終身自主學習的能力，不僅是現今世代所需具備的一項重要能力指標或基本素養，也是身為教師所需擁有的重要能力與特質。因為在教育現場，資優教育教師必須具有分析與評估各種可能選擇的利弊得失之習慣與能力，以及尊重家長與孩子需求的素養。因為在教學實務現場，經常會遇到家長所提出的問題，例如：是否要讓孩子提早入學？通過資優鑑定後，是否一定要進入資優班就讀？是否要跳級？是否要參加坊間的各種培訓或補習，參加國際競賽？是否有其他的選擇，能更適合孩子發展的教育場域？在不同的求學教育階段（學前、國小、國中、高中職），各種不同選擇的考量因素有哪些？在國內、外翻轉教室的風潮中，例如：國際線上教育平台（Coursera 與 Massive Open Online Courses，簡稱 MOOCs）、非營利的「可汗學院」（Khan Academy），以及國內均一教育平台資源中心等的出現與普及，家長是否可以選擇讓資優孩子在家自學？這些隨著現代科技發展而來，人工智慧應用的便利與普及，對教育現場可能產生的衝擊，勢必讓傳統的學校與教學的概念，甚至對於資優的界定都需要調整或重新定位（Karnes & Bean, 2008）。

第二節　資賦優異的定義及身心特質

壹、資優來自先天或後天

在人類歷史上，確實有許多從小就藏不住光芒，在童年時期就嶄露頭角的天才，例如：音樂神童莫札特、國際知名的小提琴家林昭亮，以及大提琴家馬友友等，他們都是從小就展現出音樂方面的天分與才華。然而，

也有在童年時被懷疑是有學習問題的發明家和科學家，例如：愛迪生、愛因斯坦等。對於許多家長和教師而言，孩子的資賦優異是否來自先天、與生俱來的天賦，或是經由後天的努力與教育學習？以及何時會開始出現這些資優的特質或才華？智商是否會改變或是能不能再進步？尤其是「不能讓孩子輸在起跑點」、「掌握學習的關鍵期」、「如何培育出資優兒」等的話題，在華人的文化社會中更是受到普遍且特別的關注。

貳、資賦優異的概念

對於資優的概念與詞彙描述，常聽到的形容有神童（prodigy）、天才（genius）、早熟（precocity）、才華（talent）、創造力（creativity）和洞察力（insight）等，大致上皆含有與其同儕或特定人士做比較時，擁有不凡的傑出表現。然而，關於資優的定義，必須了解其形塑的過程，均會受到其所身處的社會文化大環境之價值信念所影響，通常是最有用的或是生存所必需的特質愈會受到重視（Davis et al., 2013; Hallahan et al., 2014）（可參見 Ken Robinson 的 TED 演講：「學校扼殺創意嗎？」）。

而專家學者所發展出的資優理論與其所關注的特質表現，通常也會反映出他們自己所擁有的那些智能表現，例如：富有進取心、知識淵博、語言優異的 Terman，會鑑定出富有進取心、知識淵博、語言優異的資優生；Stanley 本身是數學家，因此將數學方面的早熟視為資優；Renzulli 似乎正是擁有適度的智能以及高創造力和高工作熱忱，並且他讓全美國及臺灣的資優教育界普遍接受這些特質及理論；而 Sternberg 則提出有別於上述的另一群人，發展出街頭智慧（street smarts）的資優理論，可參見電影《神鬼交鋒》（*Catch Me, If You Can*）中的主角。這些不同的資優理論與特質，都可以讓我們知道更多關於與眾不同的兒童和成人的各種特徵而不受限於某個學者的看法。儘管資優是社會文化所建構出來的概念，但是他們在某一或許多領域所展現出來的傑出表現，都是真實的才能（Kerr, 2007）。

參、資賦優異的定義

　　國內對於資賦優異的定義與看法主要來自於以下學者的論述。Renzulli 認為，資賦優異是由平均以上的智能，加上高創造力和高工作動機或熱忱（task commitment）等三要素共同結合而成，簡稱資優三環論（three ring model）。他主張唯有三環交集運作之後所展現出來的特徵，才是高成就或資優表現，並從充實三合模式（enrichment triad model）發展成為全校充實模式（schoolwide enrichment model，簡稱SEM），以提供合適的環境和機會來培育凡具有資優潛能的孩子。Sternberg 則認為，能夠充分發揮分析、整合、應用三種務實的智能，即是一種資優的表現；之後，進一步發展出分析、創造、應用的成功智能（successful intelligence），並結合其智慧平衡論（balance theory of wisdom）提倡 WICS（**W**isdom, **I**ntelligence, and **C**reativity **S**ynthesized）的資優教育模式（Colangelo & Davis, 2003）。

　　我國推行資優教育之服務對象，乃根據《特殊教育法》（教育部，2023a）第 4 條之規定：

　　「本法所稱資賦優異，指下列有卓越潛能或傑出表現，經專業評
　　估及鑑定具學習特殊需求，須特殊教育及相關服務措施協助之情
　　形：
　　一、一般智能資賦優異。
　　二、學術性向資賦優異。
　　三、藝術才能資賦優異。
　　四、創造能力資賦優異。
　　五、領導能力資賦優異。
　　六、其他特殊才能資賦優異。」

　　而依據《特殊教育學生及幼兒鑑定辦法》（教育部，2024）第 16～21條，六大類的資賦優異之定義內容說明如下：

　　「……一般智能資賦優異，指在記憶、理解、分析、綜合、推理

及評鑑等方面，較同年齡者具有卓越潛能或傑出表現。……」
（第 16 條）

「……學術性向資賦優異，指在語文、數學、社會科學或自然科
學等學術領域，較同年齡者具有卓越潛能或傑出表現。……」
（第 17 條）

「……藝術才能資賦優異，指在音樂、美術、舞蹈或戲劇等藝術
方面，較同年齡者具有卓越潛能或傑出表現。……」（第 18 條）

「……創造能力資賦優異，指運用心智能力，產生創新及建設性
之作品、發明或問題解決表現，較同年齡者具有卓越潛能或傑出
表現。……」（第 19 條）

「……領導能力資賦優異，指具有優異之計畫、組織、溝通、協
調、決策、評鑑等能力，而在處理團體事務上，較同年齡者有卓
越潛能或傑出表現。……」（第 20 條）

「……其他特殊才能資賦優異，指在肢體動作、工具運用、資
訊、棋藝、牌藝等能力，較同年齡者具有卓越潛能或傑出表現。
……」（第 21 條）

此即為我國資賦優異六大類型定義的法源依據。

肆、資賦優異者的身心特質

一般常見的資優生特質有記憶力強、理解力佳、喜歡挑戰困難的事
物、有追根究柢的精神、類推能力良好、好奇心十足、專注力持久、有豐
厚的學習潛能、要求完美的傾向，還擁有旺盛的精力等（Silverman,
1993）。儘管有些資優學生因其認知能力的發展，遠超越自己在社會及情
緒方面的發展，而有所謂的非同步發展（unsynchronous development）之現
象，加上其強烈的敏感特質或擁有過度的完美主義，而造成許多學業或生
活適應上的問題（Silverman, 1993），但是目前研究仍指出，大多數的資優
學生都是身心健康且在學業及學校生活方面皆適應良好（Hallahan et al.,
2014）。

此外，對於資優學生身心特質的關注，也已經從哪些特質是屬於資賦優異的表現，轉移至如何協助具有這些不同特質的孩子，能夠認識自己的興趣與優點，了解自己與眾不同之處，而善用自身的專長與能力，充分發展其多元潛能（multipotentiality）。波蘭學者 Dabrowski 所提出的過度激動特質（overexcitability）和正向非統整理論（theory of positive disintegration），對於家長、資優教育工作者及諮商輔導人員而言，如何認識及協助這群特殊的孩子，有極大的幫助（郭靜姿，2000a；Mendaglio & Peterson, 2006）。

第三節　資賦優異學生的鑑定與評量

壹、釐清鑑定的目的

在決定進行任何的資賦優異鑑定與程序之前，必須先仔細釐清所依據的資優概念，以及為何鑑定這些資優學生的理由（Hallahan et al., 2014）。因為不同類型的資優、所依據的理論與教育目的，會發展出不同的鑑定工具和鑑定程序；即使是同一類型的資優，也會因為所根據的理論不同而有不同的鑑定工具。第二項考量為，通過鑑定的資優學生所欲接受的教育服務目的，也會影響鑑定工具與程序的選擇，例如：要**篩選**出凡具有卓越潛能或是**認定**已經展現出傑出才能者（Lohman, 2005; Lohman & Korb, 2006），這對於甄選與鑑定藝術才能領域資優以及雙重殊異學生，在實務上就會面臨直接的挑戰，例如：通過鑑定具有音樂性向的雙重殊異學生，但仍未有過學習音樂的基礎（樂器），音樂班是否有合適的師資和額外的時間提供教學與輔導？

貳、鑑定標準的訂定

目前我國所公布的《特殊教育學生及幼兒鑑定辦法》（教育部，2024），除了其他特殊才能資賦優異外，其餘五類資賦優異的鑑定基準，皆明訂在鑑定工具的表現得分須在平均數正 2 個標準差或百分等級 97 以上，屬於門檻相當保守的嚴格標準。此門檻的決定，除需參酌各學者專家對於資賦優異的定義、各類型資優的出現率，以及實施資優教育的理念之外，也會受到社會、文化、經濟等政策性因素的影響。因此，在賦予通過或不通過的鑑定意義時，資優教育工作者必須理解這是在特定的時空脈絡下，依據其判定基準，所做出的主觀決定；換言之，此鑑定結果並非是絕對或永久不變的（Hallahan et al., 2014）。

參、鑑定原則與鑑定工具的限制

Hunsaker 與 Callahan（1995）曾針對創造力與資賦優異鑑定工具的使用問題，提出八項原則，以確保鑑定的公平性，分述如下：

1.評量要超越狹隘的資優概念。

2.不同資優類型的鑑定策略應該要分開而且合宜。

3.鑑定資優的工具和策略，需要具有信度和效度。

4.對於缺乏特殊教育服務的族群，應該使用合適的工具。

5.覺知每一個孩子都應該被視為是獨特的個人，任何測量的單一分數都有其限制。

6.依循多元評量和多元標準的取向。

7.尊重單獨個案研究的價值，以及結合各種分數的限制。

8.鑑定與安置是基於個別學生的需求和能力，而不是受到人數上的限制。

在運用鑑定工具及解釋評量結果時，除了必須檢視測驗工具本身的信度、效度與常模的時效性之外，尚須留意測驗工具編製時的原理，例如：

運用智力測驗在鑑定資優時，許多智力測驗工具編製的考量依據為**時間**（when）而不在**內容**（what）（Kirk et al., 2015）。舉例來說，當同一個或一組問題，有些孩子 6 歲時答對，有些是 10 歲時才答對，前面 6 歲的孩子就是所謂的智商比同儕高；有些孩子在 10 分鐘之內可以正確做完所有的題目，他們的智商也會比花 30 分鐘才做完的同儕來得高。因此，當某些測驗題目的難度是依據在何時或多少時間內可以完成，作為和同儕的比較標準時，便不難得知這類題目是可以經過練習而獲得更好的成績，這是資優鑑定測驗工具必須保密的理由，也是在鑑定社經與文化不利、少數族群或雙重殊異學生時，必須注意的問題。在鑑定時，應當如何選擇適當的評量工具或運用其他評估的標準與程序，才能真正得知學生的潛能或才能，是資優教育工作者經常面對的挑戰之一。

第四節　資賦優異學生的教學輔導策略

　　人才培育始終是國家重要的教育目標與全民共識，也是國家競爭力與社會資本的基礎。對於這群充滿發展潛力的孩子，應當如何教導才不會枉費他們的天賦，避免揠苗助長，實是家長與教育工作者非常關注的話題。國內、外的教育專家學者也提出了相當多元觀點的資優教育模式，可作為資優教育教師在考量學生不同的興趣、特質、能力與需求時，如何在各領域課程做規劃設計與實施教學的參考架構（參見郭靜姿主編，2015）。

　　《十二年國民基本教育資賦優異相關之特殊需求領域課程綱要》擬定涵蓋情意發展、領導才能、創造力、獨立研究等四科目之核心素養與學習重點，以及學校得另依學生優勢領域之學習需求，自行規劃「專長領域」課程，並納入學校校訂課程及學生之個別化教育計畫／個別輔導計畫（教育部，2019）。資賦優異學生個別輔導計畫（IGP）內容應包括下列事項：(1)學生能力現況、家庭狀況及教育需求評估；(2)學生所需特殊教育、相關服務與支持策略；(3)教育目標與輔導重點（教育部，2023b）。說明以素養導向的資賦優異學生課程設計上應持續注重與社會議題連結，在學習歷程上亦強調引導學生對於生活情境中真實問題的探究與實作，能夠運用高層

次思考、溝通互動、實踐反思進行自主學習，以達社會共好之願景。

壹、資優教育模式與區分性教學

　　培育孩子具有自主學習的能力與習慣，啟發創意思維與實踐力，已是當今知識社會與網路世代的關鍵教育指標與素養，也是資優教育工作者長期以來致力的扎根基礎工作。除了上述曾提及 Renzulli 的充實三合模式與 Sternberg 的 WICS 模式，Betts 所提出的自主學習模式（autonomous learner model）和 Treffinger 的自我引導學習模式（self-directed learning model），對於如何培育啟發資優孩子的潛能，均提出詳細的規劃與策略，尤其是在指導學生進行專題或獨立研究時，如何將資優學生從知識的消費者，轉化為知識生產者的過程，提供了具體完整的實施步驟（毛連塭，2001）。而 Clark 所提出的統整教育模式（integrative education model）是基於對人類大腦運作的認識，與我國五育融通的教育理念互相呼應（教育部，2007，頁 VII）：

　　　　　　　　以德育為本源，可據以整全人道；
　　　　　　　　以智育為經緯，可循以建構人文；
　　　　　　　　以體育為命脈，可憑以充實人生；
　　　　　　　　以群育為體用，可藉以和諧人際；
　　　　　　　　以美育為表裡，可資以豐富人存。

　　當教師致力於實踐五育融通的教育理念時，除了可以培育每位孩子的多元智能之外，同時也可以引導班上能力較佳或是資優學生做加深加廣的延伸學習，這是在普通班中實施資優教育的可行模式。然而，為達成前述資優教育模式的理念以及成就每一個孩子，教師如何進行區分性或稱差異化教學（differentiated instruction），即如何在課程的內容、過程、成果和環境，根據每個孩子不同的能力、興趣、準備度和學習需求做適當的調整，則是當今不可或缺的重要關鍵教學實務技能（郭靜姿，2013；黃澤洋，2013；Tomlinson & Allan, 2000）。

貳、重視情意教育與生涯發展輔導

在特殊教育的師資培育中，資賦優異類科將「資賦優異學生心理輔導與情意教育」列入必修的基礎課程，足見這門課程的重要性。同時，也是資優班在學科領域之外，以正式、非正式課程或運用融入的方式，必定會安排的課程內容。資優教育除了重視資優學生在智識方面的認知需求之外，也逐漸認識並加強他們在社會及情緒方面的心理需求，尤其是針對其可預測的發展危機，應當事先規劃發展性預防策略的情意課程，以及加強探索自己的志趣和將來生涯發展的各種可能性（黃澤洋，2005）。

此外，對於學者症候群（savant syndrome），例如：根據真人真事改編的 1988 年奧斯卡最佳影片《雨人》（*Rain Man*），片中擁有超高不可思議記憶能力的自閉症主角，或是具有雙重殊異的學生，也是目前特殊教育所關切的對象。在國內，雙重殊異的人物有：身障發明家劉大潭、看見自己天才的盧蘇偉、年少輕狂的流氓教授謝智謀、昆蟲老師吳沁婕、青年畫家李柏毅，以及視障小鼓手呂岳駿等，他們的生命成長故事都可做為雙重殊異學生如何克服困難、努力朝向夢想前進的成功典範。

讀書治療（bibliotherapy）是在諮商輔導過程中，經常使用的一種策略，尤其對於資優學生更是非常適用（Silverman, 1993）。從小就是資優學生的 Teach for Taiwan 創辦人劉安婷曾分享過，在臺中女中就學時代表學校參加全國國語文演講比賽，結果因為只得到第六名而徹底崩潰的歷程時，提到當時演講指導老師送她一本繪本《你很特別》（Max Lucado 著，Sergio Martinez 繪圖），看完後恍然大悟，同時累積已久的自責與壓力終於得到釋放。由於資優學生在認知發展方面都具有一定的程度及領悟力，因此若是用一般的方式想去處理他們的心理問題，可能就會遭遇到類似電影《心靈捕手》（*Good Will Hunting*）主角威爾（Will）的抗拒與挑戰，而這也是讀書治療適用於資優學生的理由之一，經由委婉的方式，引發個案自我洞察的覺知，了解自己的處遇到或問題所在，進一步達到自我療癒的功效。

同理，亦可將看電影當作媒介，從中探討資優教育有關的各項議題

（Karnes & Bean, 2008），例如：電影《神鬼交鋒》的故事主角法蘭克‧艾巴內爾（Frank Abagnale）曾經是高智慧罪犯，後來為聯邦調查局所重用，是至今仍活著的真人真事，可用以探討對於學業方面低成就，但是卻能充分發揮街頭智慧中輟生的啟示。而《無琴荒地有情天》（*Hilary And Jackie*）一片，則描述一對出生在音樂家庭的姊妹，後來妹妹的音樂成就超越姊姊，成為舉世聞名的大提琴家，卻英年早逝的真實故事，可以做為探究資優手足之間的互動問題以及家長教養態度的議題，亦可參看澳洲鋼琴家《閃亮的風采》（*Shine*）（1996）的真人傳記電影。教師或討論分享引導者可以根據不同電影的背景情節、人物角色、遭遇問題善加運用，做為觀後和學生一起分享討論的話題，從中了解並引導他們發覺自身的問題所在。目前網路上有許多的微電影創作或 Youtube 上的動畫短片、TED 演講等，例如：力克‧胡哲（Nick Vujicic）所主演的《蝴蝶馬戲團》（*The Butterfly Circus*）等，也非常適合做為分享與討論之用（黃澤洋，2013）。

　　可用於認識與討論資優相關議題的電影，諸如：資優生的認知、心理人格等特質、常見的各類問題以及雙重殊異等議題，可參看如：《想飛的鋼琴少年》（*Vitus*）（2006）、《X+Y 愛的方程式》（*X+Y*）（2015）、《模仿遊戲》（*The Imitation Game*）（2015）等，其他電影可參見如下：

　　國內：《魯冰花》（1989）、《我的兒子是天才》（1990）、《孩子的天空：新魯冰花》（2008）。

　　國外：《阿瑪迪斯》（*Amadeus*）（1984）、《春風化雨》（*Dead Poets Society*）（1989）、《我的天才寶貝》（*Little Man Tate*）（1991）、《秘密》（*The Secret*）（1992）、《天生小棋王》（*Searching For Bobby Fischer*）（1993）、《心靈捕手》（1997）、《十月的天空》（*October Sky*）（1999）、《心靈角落》（*Magnolia*）（1999）、《無琴荒地有情天》（1999）、《讓愛傳出去》（*Pay It Forward*）（2000）、《海上鋼琴師》（*The legend of 1900*）（2000）、《心靈訪客》（*Finding Forrester*）（2000）、《美麗境界》（*Beautiful Mind*）（2001）、《天才一族》（*The Royal Tenenbaums*）（2001）、《神鬼交鋒》（2002）、《死亡筆記本：決勝時刻》（*Death Note: The Last Name*）（2006）、《把愛找回來》（*August Rush*）（2007）、《我的火星小孩》（*The Martian Child*）（2007）、《街頭

日記》（*Freedom Writers*）（2007）、《死亡筆記本：改變世界》（*L Change the World*）（2008）、《三個傻瓜》（*Three idiots*）（2009）。

參、運用跨領域主題與真實問題探究

　　為滿足資優學生的學習需求，不至於在課堂上感到無聊，因此具有挑戰性、能引發學生好奇心、有趣又有意義的學習主題，讓他們可以參與掌控學習內容和進度的教材內容設計，是提升學生學習內在動機的四要素（黃澤洋，2013）。資優教師可以選用跨領域的學習主題，例如：當今的海洋教育、環境教育等重要議題，相關可用的素材諸如：《甘特寓言》故事系列、《西雅圖宣言》、Rachel Carson 的《寂靜的春天》（*Silent Spring*）、郁永河的《裨海紀遊》（又名《採硫日記》）等，就非常適合且容易設計成跨領域、跨學科學習的探究主題單元，同時可以結合五育融通的教育理念（教育部，2007），資優教師依據學生不同的特質、能力與興趣連結個別輔導計畫（IGP），分別設計不同的學習領域或單元，達到區分性教學之目的。茲依照五育融通與環境教育議題兩者的結合，引導學生連結聯合國永續發展 17 項目標（Sustainable Development Goals，簡稱 SDGs），以及企業永續發展（Environmental, Social, Governance，簡稱 ESG）、企業的社會責任（Corporate Social Responsibility，簡稱 CSR）等，探討如何在社會文化、經濟發展和環境保護三者之間取得平衡的思辨。課程規劃設計方向簡要舉例分述如下。

　　例如：2023 年龍潭科學園區第三期開發案與當地埤塘動植物生存保留等議題，以及 2012 年漢本遺址的保存與蘇花公路改建工程的延宕爭議，這些時事議題的爭議，可以設計為德育實踐方式的道德討論、價值澄清、關懷和諧等過程策略來實施（教育部，2007，頁 30）；關於未來家園與綠色能源方面的議題，可以充分運用智育三元素（頁 60）：論證、批判思考、探究等著重高層次思考與過程技能的學習目標來設計課程單元，鼓勵學生進行專題探究或獨立研究；在體育實踐方面，可善加運用冒險教育與體驗教育模式（頁 130），帶領學生進行在地家鄉附近的各式戶外活動，例如：

淡蘭古道、樟之細路等古道探索之旅，認識體驗先人們在臺灣這塊土地所走過的篳路藍縷，或是野宿、登山、水上活動等特色課程，而且在活動當中亦可結合群育中親身體驗的特色，藉此機會體驗人際與自然關係的覺知、知識與行動技能（頁 146），並融入培育領導才能的各項要素，相關實例可以參見新竹市光武國中的法拉第車隊；而美育目標的三面向：探索與表現、審美與理解、實踐與應用（頁 196），則可結合學校所在社區當地的地方創新發展或文創發展產業。從上述以主題統整設計的資優課程中，可以結合創造能力、領導才能、情意發展、獨立研究等四項特殊需求，引導資優學生對於所處環境與相關的實際議題，進行主動的深度探究，而這些理念取向也正是各種資優教育模式所共同一致主張最終欲達成的重要教育目標（Karnes & Bean, 2008）。

第五節　資賦優異學生的服務現況與問題

資優教育在臺灣的發展，若以 1973 年為起點，已經有五十年的歷史（吳武典，2013），在亞洲地區也算是推展的先驅；同時，臺灣的學生歷年來在國際的各項評比，諸如：國際數學與科學教育成就趨勢調查（Trends in International Mathematics and Science Study，簡稱 TIMSS）、國際學生能力評量計畫（Program for International Student Assessment，簡稱 PISA）、國際公民及素養調查研究（International Civic and Citizenship Education Study，簡稱 ICCS）和各類國際競賽活動中的表現也相當亮眼，顯示出臺灣的教育水準整體而言也有一定的品質。然而，面對現在與未來全球化的嚴峻局勢，為了提升國家整體的世界競爭力，政府教育決策當局必須對人才培育，尤其是十二年國民基本教育中的資優教育應持續投入更多的關注和資源（黃澤洋，2014）。有關臺灣實施資優教育的成效，長期追蹤這些資優生的發展情形，可以參見郭靜姿（2003）的研究報告。

目前，接受資優教育服務的資優類型，在國小階段以一般智能資賦優異為主要的服務對象，僅部分縣市（例如：苗栗、桃園、臺南等）有鑑定創造能力資賦優異。在國中、高中職階段，主要為學術性向資賦優異

（36%）以及國中階段的不分類資優資源班。若該地區未有設置資優資源班，則以巡迴輔導與資優方案提供服務（23%）。關於藝術才能資賦優異類型，例如：音樂、美術、舞蹈，在國中、小階段因為必須為分散式的資源班，而許多縣市為了集中成班，而另歸屬於普通教育的藝術才能班，以資優資源班形式成立者僅為少數，故人數較少；但到了高中職階段因可以集中成班，而人數遽增。對於領導才能及其他類型的資賦優異，則尚未普及其鑑定與服務。112 學年各教育階段資賦優異學生安置類型人數統計，詳如表 17-1 所示。

表 17-1　112 學年各教育階段資賦優異學生安置類型人數統計

階段 類型	一般智能	學術性向	藝術才能	創造能力	不分類資源班	巡迴輔導	資優方案	原班服務	合計
國小	5,224	0	69	80	81	645	1,350	0	7,449
國中	80	5,998	55	97	2,249	1,483	3,262	2	13,226
高中	0	4,753	4,103	0	0	103	61	0	9,020
合計	5,304	10,751	4,227	177	2,330	2,231	4,673	2	29,695

註：引自教育部（2023c）。

壹、資優教育的服務型態

對於資賦優異學生的教育服務型態，可以分為充實制和加速制兩大類（郭靜姿，2000b）。在各種資優教育模式中，除了 Stanely 針對數學資優學生的教育模式（Study of Mathematically Precocious Youth，簡稱 SMPY）之外，其餘皆以充實模式為主，雖然模式中也會安排有進階學習內容的課程規劃。國內目前資優教育的發展趨勢，也隨著特殊教育的融合教育發展趨勢，主張資賦優異學生在國中及國小階段，應採取分散式的資優資源班為主要之服務安置型態。平時資優學生分散在原班級上課，每週抽離或外加一定的時數到資優資源班接受加深及加廣的充實課程，此稱為充實式融合

（毛連塭，2001）。到了高中職階段，才有設置集中式的資優班；在大學階段，雖然仍未有明確的資優教育延伸服務之政策與作法，但是教育部已開放多所大學採用特殊選才的入學管道，並逐年增加名額比例，例如：清華大學的拾穗計畫和實驗教育計畫，讓更多具有非傳統課業成績表現以及在社經、文化不利的特殊才能學生，有機會進入高等教育和自訂學習課程。

貳、在普通班實施資優教育

由於並非各個學校均有足夠穩定的鑑定出資優學生人數可以達到成班的標準，因此如何在沒有設置資優班的學校，為安置在普通班的資優學生實施資優教育服務，即成為當前重要的課題與需求；依據112學年的統計資料顯示，以巡迴輔導與資優方案提供服務的人數已經超過二成（教育部，2023，詳見表17-1）。各個學校可以為校內資優學生發展以校本課程、特色課程或彈性課程的資優方案（陳長益等人，2009），結合校內既有的專長教師與外聘講師，為資優學生實施外加的充實課程。或是在各縣市實施區域型的資優假日方案，讓沒有設置資優班學校的資優學生可以利用假日時間，集中在一起參與充實課程。

雖然目前均有安排各種外加式的充實課程，提供資優學生的學習需求，但是大多數的上課時間，他們都還是在原班級上課學習，因此如何在普通班設計安排區分性課程與教學，以滿足資優學生的特殊學習需求，依然是許多教師必須面對的學習課題，尤其是在離島或偏遠地區。

參、被忽略的資優族群

目前不論國內、外的資優教育，都非常重視關切還有一些被忽略的資優族群，他們通常受限於鑑定工具或通過標準，許多低成就者、低社經地位及偏遠地區、少數文化或族群，以及伴隨身心障礙的雙重殊異者，特別容易被忽視或沒有機會接受資優教育的服務。我國《特殊教育法》（教育

部，2023a）第46條特別有說明：「高級中等以下各教育階段主管機關及學校對於身心障礙及處於離島、偏遠地區，或因經濟、文化或族群致需要協助之資賦優異學生，應加強鑑定與輔導，並視需要調整評量項目、工具及程序。……」另外，關於資優女性在求學階段的學習與生涯發展，尤其是在科學、科技、工程、數學領域及領導管理方面的議題可參見電影《關鍵少數》（*Hidden Figures*）（2016），也受到各國資優教育工作者與研究者的關注（吳昆壽，2010；郭靜姿、林美和，2003）。

肆、班級經營與親師合作

　　不論是集中式或分散式的資優班，班級經營都是資優教師與普通班教師必須一起共同學習的一大挑戰。由於資優學生所擁有的各項特質，如何在課室的學習情境中，讓他們能夠盡情發揮潛能與優勢，同時又能學習認識接受自己的不足之處，以及如何善用其好勝心、不服輸，彼此在互相競爭之中激發出挑戰的企圖心與堅持不放棄的毅力，又可以培育出團隊合作的領導與溝通能力，都是值得教師在班級經營與情意教育方面持續努力學習的方向。

　　此外，營造一個具有回應性的課室（responsive classroom），讓資優學生在各學科領域以及創造力，都能引領他們達到全人統整教育的最佳學習狀態，這些都是重要的班級經營目標（Clark, 2002/2007）。政府主管機關、學校行政方面的支持以及充分的親師溝通與合作，更是達到上述目標的關鍵要素與助力，讓家長能夠了解並支持學校和教師的資優教育理念，「資賦優異教育的目的，係在針對學習潛能優異而無法在普通課程中受益的學生，提供適性教育的機會，以使其能在彈性化的教材教法下，充分發揮學習潛能」（郭靜姿，2000c），彼此互相提供支援，共同為孩子的無限可能，開啟冒險探索之旅。

第六節　結語

　　教育當局致力於人才培育的重要性與推行資優教育的必要性，乃是基於國家、社會和個人層面的發展需求。在世界各國競相培育與獵取人才的趨勢中，雖然目前社會大眾對於資優教育仍存有相當的疑慮和迷思，以及相關法規和實施過程也未臻完善，但是臺灣資優教育的處境誠然是「逆水行舟，不進則退」；然而，掌握正確的航向而非盲目地拚命划槳，整合並善用有限的資源，正考驗著我們這些教育工作者！我們到底想要培育出怎樣的人才？

　　另一方面，對於這些資賦優異學生，在經過資優教育的培育之後，是否都能充分地發揮他們的潛能？是否都能認識自己的能力，了解自己的興趣和熱情，找到他／她們想要且願意投入一生的志業所在？目前社會上所公認的各領域傑出人士，當年他／她們受教育的過程為何？對他／她們的幫助在哪裡？如果當年他／她們有接受所謂的「資優教育」服務，會有什麼不一樣的結果嗎？是會更好，還是反而會阻礙他們的發展？如果資優教育僅著重在鑑定和服務「一般智能」或「學科領域」方面，對於李安、吳季剛、林懷民、吳寶春等人，是否合適？我們也可以反過來想，如果想要發掘和培養這類人才，目前的資優教育課程方案和服務內容應該如何設計？但是，著重「一般智能」或「學科領域」也沒有錯，因為這也是資優教育服務的類型與國家社會發展的需求，但顯而易見地這應當不是全部。

　　Ken Robinson 是《讓天賦自由》和《讓創意自由》兩書的作者，他在2006 年於 TED「學校扼殺創意嗎？」的演講中，清楚地闡釋全世界學校教育制度的起源和目的以及多樣化人才生態的重要性，但是在面對人類目前以及未來的各種問題時，就必須重新檢視這個培育過程和價值觀到底發生了什麼事情？因為，現今人類所面對的各項挑戰和生存需求，都是過去人類歷史中從未發生的，換言之，我們很可能都無法從過去的歷史經驗中找到解答。

　　在「翻轉教室」的教育改革風潮中，檢視過去教育所強調的是：「老

師應當要如何教」，翻轉成「學生如何學」的歷程改變。當然，老師的教學角色依然重要，只是因為現今數位原住民的生活形態，隨著科技的進步已經完全和上一世代截然不同。教師不再是「知識的權威」，或是獲得知識、資訊和文化的唯一管道，傳統上教師傳遞知識的功能已經可以被網路世界中的搜尋引擎、專業社群和教學網站所取代。這樣的轉變和影響，對於資優教育和資賦優異學生而言，已經不言而喻！如果學校或課室中的學習，仍限於有標準答案的題型，雖然對於升學有絕對的助益（因為目前臺灣的教育和升學制度仍是如此），但我們如何期望他們離開學校環境之後，可以處理或面對沒有標準答案的真實情境？根據長期投入選拔和培訓臺灣奧林匹克數學競賽選手的教授表示，許多優秀學生因習於不斷演練各種試題的類型，一旦面對開放式或沒有標準答案的問題時經常束手無策，不知從何下手。

從小就是資優生、就讀建中資優班，推動臺灣翻轉教育的葉丙成教授曾經提到：「臺灣的大學生缺乏自信、主動積極的學習態度，不會獨立思考，也不能清楚表達意見，更不會解決未見過的問題，也沒有自主學習的能力和習慣。」而以上這些態度和能力正是大學畢業生所應具備的基本素養，也是在十二年國民基本教育中，培育資賦優異學生的基本目標，從小就應養成這些態度和能力。除此之外，如何培養資賦優異學生的「智慧」也是一項重要任務，為了讓人類和地球都能夠永續發展，勢必在社會文化、經濟發展、環境保育三者之間取得平衡得以永續發展，這也是聯合國教科文組織多年以來一直推動的工作。地球暖化、極端氣候、海洋資源枯竭等問題接踵而來，各國彼此之間又為了爭奪各項資源，必定有所衝突（例如：因豐富的石油蘊藏，南美委內瑞拉欲吞鄰國蓋亞那六成領土、南海主權爭議等）；此時，如何溝通、協調，勢必仰賴 各國有智慧的專業領導者出面協商共倡合作，以謀求和平、共榮之道。因此，推動和從事資優教育工作的行政人員、教師和家長都必須擁有一個願景，能夠重視並培育多樣化的人才，投入並善用各項資源，提供每一位學生更適合他們的學習環境（黃澤洋，2014）。

建議延伸閱讀

王意中（2016）。資優生教養的頭痛問題。寶瓶文化。

Duckworth, A.（2020）。恆毅力：人生成功的究極能力（第二版）〔洪慧芳譯〕。天下雜誌。（原著出版年：2016）

Heffernan, M.（2016）。未來的競爭力不是競爭：從針鋒相對到合作共享，翻轉思維重寫經濟法則〔洪慧芳譯〕。漫遊者文化。（原著出版年：2014）

Pink, D. H.（2020）。未來在等待的人才（第二版）〔查修傑譯〕。大塊文化。（原著出版年：2006）

問題與反思

基本題

1. 如何定義資賦優異？在現今網路科技發達的世代，尤其是人工智慧的應用興起，對於此定義有何影響或啟示？

2. 如何鑑定資賦優異？在選擇鑑定工具和鑑定程序時，需考量哪些重要因素？對於雙重殊異的學生，需要注意哪些調整？

3. 資賦優異學生的心理與行為特徵為何？這些特質是否可以持續一生終身不變？

4. 資賦優異學生主要的教學模式有哪些？各模式所依據的教育與學習理念為何？

5. 資賦優異學生主要的輔導策略有哪些？這些策略和一般學生有哪些異同之處？

6. 哪些群體的資賦優異學生容易被忽視？依據不同群體，分別可能的原因為何？

7. 資優教育有哪些服務的型態？臺灣各縣市目前所施行的資優教育服務，分別有哪些型態？

8. 教師如何在普通班實施資優教育？教育當局需提供哪些資源和支援？

進階題

1. 社會、文化與價值觀如何影響臺灣資優教育的發展？
2. 在實施區分性教學策略時，需要考量哪些關鍵因素？
3. 舉例說明實施情意教育對於資賦優異學生的重要性？
4. 資優教師如何經營資賦優異學生所需的回應性課室？

參考文獻

中文部分

毛連塭（2001）。如何實施資優教育：培養多元智慧、主動學習的資優兒。心理。

吳昆壽（2010）。資優教育概論（第二版）。心理。

吳武典（2013）。資優教育中的爭議與平議：全球視野，在地行動。資優教育論壇，**11**，1-15。

吳武典、張芝萱（2009）。資優教育師資專業標準之建構。資優教育研究，**9**（2），103-143。

教育部（2007）。德智體群美五育理念與實踐。作者。

教育部（2008）。資優教育白皮書。作者。

教育部（2019）。十二年國民基本教育資賦優異相關之特殊需求領域課程綱要。作者。

教育部（2023a）。特殊教育法。作者。

教育部（2023b）。特殊教育法施行細則。作者。

教育部（2023c）。中華民國特殊教育統計年報。作者。

教育部（2024a）。特殊教育學生及幼兒鑑定辦法。作者。

郭靜姿（2000a）。談資優學生的特殊適應問題與輔導。資優教育季刊，**75**，1-6。

郭靜姿（2000b）。談資優生縮短修業年限的鑑定與輔導方式。資優教育季刊，**76**，1-11。

郭靜姿（2000c）。資優教育導論。http://trcgt.ck.tp.edu.tw/introduction.aspx

郭靜姿（2003）。三十年資優學生的追蹤研究：發現與啟示。資優教育季刊，**87**，1-17。

郭靜姿（2013）。如何實施資優學生的區分性教學？資優教育季刊，**127**，1-11。

郭靜姿（主編）（2015）。資優教育課程設計與教學模式應用。華騰。

郭靜姿、林美和（2003）。女性資優在哪裡。資優教育季刊，**89**，1-17。

陳之華（2013）。沒有資優班，珍視每個孩子的芬蘭教育。木馬文化。

陳長益、陳美芳、李乙明、張昇鵬、蔡桂芳、呂金燮、黃家杰、吳君珍、郭宗明、張哲智（2009）。校本資優教育適才服務方案之行動研究。資優教育研究，**9**（2），35-63。

黃澤洋（2005）。以預防性輔導策略建構資優生情意教育課程。**特殊教育文集，7**，229-248。

黃澤洋（2013）。資優教師專業角色與資優課程設計。**資優教育季刊，128**，1-6。

黃澤洋（2014）。資優教育願景。載於**新竹市教育電子報 72 期**。http://www.hceb.edu.tw/epaper/201407/tendency2.asp

Clark, B.（2007）。**啟迪資優：如何開發孩子的潛能**〔花敬凱譯〕。心理。（原著出版年：2002）

英文部分

Colangelo, N., & Davis, G. A. (2003). *Handbook of gifted education* (3rd ed.). Allyn & Bacon.

Davis, G. A., Rimm, S. B., & Siegle, D. (2013). *Education of the gifted and talented* (6th ed.). Pearson.

Hallahan, D. P., Kauffman, J. M., & Pullen, P. C. (2014). *Exceptional learners: An introduction to special education* (13th ed.). Pearson.

Heward, W. L. (2012). *Exceptional learners: An introduction to special education* (10th ed.). Pearson.

Hunsaker, S. L., & Callahan, C. M. (1995). Creativity and giftedness: Published instrument uses and abuses. *Gifted Child Quarterly, 39*(2), 110-114.

Karnes, F., & Bean, S. (2008). *Methods and materials for teaching the gifted* (3rd ed.). Prufrock Press.

Kerr, B. (2007). Science, spirit, and talent development. In S. Mendaglio, & J. S. Peterson (Eds.), *Models of counseling: Gifted children, adolescents, and young adults* (pp. 231-252). Prufrock Press.

Kirk, S. A., Gallagher, J. J., & Coleman, M. R. (2015). *Educating exceptional children* (14th ed.). Cengage.

Lohman, D. F. (2005). An aptitude perspective on talent: Implications for the identification of academically gifted minority students. *Journal for the Education of the Gifted, 28* (3/4), 333-390.

Lohman, D. F., & Korb, K. A. (2006). Gifted today but not tomorrow? Longitudinal changes in ability and achievement during elementary school. *Journal for the Education of the Gifted, 29*(4), 451-484.

Mendaglio, S., & Peterson, J. S. (2006). *Models of counseling: Gifted children, adolescents, and young adults*. Prufrock Press.

Silverman, L. K. (1993). *Counseling the gifted and talented*. Love.

Tomlinson, C. A., & Allan, S. D. (2000). *Leadership for differentiating schools and classrooms*. ASCD.

國家圖書館出版品預行編目（CIP）資料

特殊教育概論：現況與趨勢／孟瑛如, 陳志平,
陳虹君,周文聿,謝協君,胡瑀,李翠玲,黃國晏,
江源泉,簡吟文,田仲閔,黃姿慎,陳國龍,黃澤
洋作.-- 三版.--新北市：心理出版社股份有限
公司, 2024. 09
　面；　公分.--（特殊教育系列；61037）
ISBN 978-626-7447-34-5（平裝）

1. CST: 特殊教育

529.5　　　　　　　　　　　　　113011779

特殊教育系列 61037

特殊教育概論：現況與趨勢（第三版）

主　　　編：孟瑛如
作　　　者：孟瑛如、陳志平、陳虹君、周文聿、謝協君、胡　瑀、李翠玲、
　　　　　　黃國晏、江源泉、簡吟文、田仲閔、黃姿慎、陳國龍、黃澤洋
總 編 輯：林敬堯
發 行 人：洪有義
出 版 者：心理出版社股份有限公司
地　　　址：231026 新北市新店區光明街 288 號 7 樓
電　　　話：(02) 29150566
傳　　　真：(02) 29152928
郵撥帳號：19293172　心理出版社股份有限公司
網　　　址：https://www.psy.com.tw
電子信箱：psychoco@ms15.hinet.net
排 版 者：辰皓國際出版製作有限公司
印 刷 者：辰皓國際出版製作有限公司
初版一刷：2016 年 6 月
二版一刷：2021 年 2 月
三版一刷：2024 年 9 月
I S B N：978-626-7447-34-5
定　　　價：新台幣 600 元